中国社会科学院创新工程学术出版资助项目

中国特色消费经济理论与实证研究

A THEORETICAL AND EMPIRICAL STUDY
OF CONSUMPTION ECONOMICS
WITH CHINESE CHARACTERISTICS

杨圣明　著

社会科学文献出版社
SOCIAL SCIENCES ACADEMIC PRESS (CHINA)

前　言

当前，消费问题是个热门话题，不仅广大群众关注这个问题，党和政府也十分重视。解决好这个问题是全面建成小康社会、实现中国梦的伟大壮举的主要方面。

面前的这本《中国特色消费经济理论与实证研究》，是作者几十年不间断研究消费问题的结晶，是从118篇公开发表的论文中精选出34篇组成的。论文绝大部分都发表在《人民日报》《光明日报》《中国社会科学》《经济研究》等重要报纸、期刊上。

虽然是论文，但是由于研究成果多、时间跨度长、涉及方面广，因此选出的论文涵盖了消费领域的各个方面，形成了完整的体系，包括消费的作用、消费体制、消费结构、消费模式、消费指导、住房消费、消费理论等，其中确有不少创新。从这本书中可以看到中国消费问题研究的发展轨迹、演进过程、涉及的问题以及达到的水平；中国居民消费水平、消费结构、生活水平的变化；大量系统的研究资料；中国学者对消费问题研究的理论观点、争论焦点以及它的发展等。它是消费经济研究在中国发展的缩影。

本书还包含非常具有价值的三个附录，即《中国经济学界关于消费问题的讨论》《马克思、恩格斯、列宁、斯大林论消费》《杨圣明：消费问题研究成果目录》，便于读者学习和查找。

这是一本具有学习、参考、借鉴、保存价值的专业图书，这也是作者出版这本书的初衷。

杨圣明

2016年4月

目 录

一 消费的主导地位

谈谈消费的"生产"作用 …………………………………… 3
新经济发展战略与人民生活 ……………………………… 7
正确处理人民生活和社会主义建设的关系 …………… 17
论人民生活和生产建设 …………………………………… 21
正确处理生产和消费的关系 ……………………………… 31
让消费焕发无穷的"生产"作用 ………………………… 45
打破不依赖消费的封闭经济循环 ……………………… 50
消费直接也是生产 ………………………………………… 52

二 消费结构

关于我国人民生活情况的一些资料 …………………… 57
消费基金的性质、形成、动态及其内部的比例关系 …… 70
消费基金的分配与经济发展的关系 …………………… 89
收入、储蓄、消费 …………………………………………… 98
有关消费结构的几个理论问题 ………………………… 106
消费基金结构性膨胀与解决途径 ……………………… 126

三 消费模式

论中国式的饮食模式 …………………………………… 137

消费模式转换中的若干理论问题 …………………………………… 146
关于全面小康社会的消费模式的几点思考 …………………………… 170
畸形消费与投资结构形成的症结 ……………………………………… 177

四　消费体制

我国消费体制改革问题探讨 …………………………………………… 185
加入WTO后增加农民收入的八项建议 ……………………………… 195
当前怎样深化消费体制改革 …………………………………………… 205
让市场引领中国消费革命 ……………………………………………… 208
加快建立扩大消费需求长效机制问题 ………………………………… 213

五　消费指导

倡议编制生活消费计划 ………………………………………………… 229
论生活消费的科学指导问题 …………………………………………… 233
低消费再现及其治理 …………………………………………………… 255
关于消费与投资的统筹问题 …………………………………………… 263

六　住房消费

新加坡解决住房问题的成功之举 ……………………………………… 273
关于深化城镇住房制度改革的总体设想 ……………………………… 279
"三轨制"应成为城镇居民住房价格的目标模式 …………………… 299

七　消费理论

社会主义生产目的探讨 ………………………………………………… 305
消费理论研究的几个前沿问题 ………………………………………… 315
努力创新中国特色社会主义消费理论 ………………………………… 321
马克思主义消费理论的中国化问题 …………………………………… 327

八 附录

附录1 中国经济学界关于消费问题的讨论 …………………… 341
附录2 马克思、恩格斯、列宁、斯大林论消费 …………………… 363
附录3 杨圣明：消费问题研究成果目录 …………………… 405

一
消费的主导地位

谈谈消费的"生产"作用

开展社会主义生产目的的讨论,弄清我们的经济目标,明确生产建设的计划安排从何出发,这是有重大现实意义的工作。它对于当前的国民经济调整,加快实现四个现代化,都非常重要,我们一定要把这场讨论搞好。

满足广大劳动人民的物质和文化生活的需要,这不仅是社会主义生产的最终目的,也是国家全部经济活动的最高目标。对这样的经济目标,有的同志表示怀疑。他们认为,消费纯系消耗物质资料,是消极的,不能成为目标,而且消费多了,还会妨碍生产的发展,降低发展速度。这些同志不了解生产与消费的辩证关系,尤其不了解消费对生产的反作用。因此,为了坚持我们的经济目标,有必要谈谈消费的"生产"作用。

马克思在《〈政治经济学批判〉导言》中,精辟地阐述了生产与消费的辩证关系,深刻地论述了消费的"生产"作用。据个人体会,马克思指出的消费的"生产"作用有这样几个方面。

第一,"消费为生产创造了主体"。

认为消费仅仅具有消耗物质资料的消极作用,那是不对的。马克思说:"消费直接也是生产,正如自然界中的元素和化学物质的消费是植物的生产一样。例如,吃喝是消费形式之一,人吃喝就生产自己的身体,这是明显的事。"[①] 生活资料的消费过程同时也是劳动力的再生产过程。劳动者是生产的主体,劳动力再生产是社会主义再生产的重要组成部分。在这种意义上可以说,没有劳动者的消费,生产就不可能存在。消费不足,劳动力的

---

① 《〈政治经济学批判〉导言》,《马克思恩格斯选集》第2卷,第93页。

再生产萎缩，生产就不可能很快发展，甚至会下降、倒退。

第二，"消费生产出生产者的素质"。

这里所谓"生产者的素质"，既包括劳动者的技能，又包括劳动者的积极性和创造性。消费不但能生产出劳动者，还能生产出劳动者的积极性和创造性。只有关心并安排好劳动者的生活，群众才会积极搞好生产。有的地方劳动者的积极性不高，磨洋工，原因是多方面的，但根本原因之一是生活太差。有些地方狠抓了生活，解决了一大批生活上的问题，消除了劳动者的后顾之忧，群众的积极性和创造性大为高涨，有力地推动了生产的迅速发展。

现代化的大生产要求劳动者具有掌握现代科学技术的素质。劳动者没有这种素质，不仅不能进行生产，有时还会给生产造成损失。要使劳动者掌握现代科学技术，不仅要有物质生活的消费，还要有科学文化生活的消费。只有开设学校，兴办科学事业，培养人才，才能不断生产出劳动者的现代科学素质。有的国家以巨额投资用于文化、科学、教育方面，其结果是培养了大量掌握现代科学技术的人才，促进了生产迅速发展。我们的生产发展不快，原因之一是缺乏现代科学技术人才。为了加速四个现代化，一定要重视劳动人民的科学文化生活，这种生活消费的生产价值是无法估量的。

第三，"消费创造出生产的动力"，为生产提供了对象和目的。

我们的生产动力是什么？是需要，是几亿人民的生活需要，这是比什么都强大的生产动力。我们的生产目的只有一个，那就是满足人民的物质和文化生活的需要，舍此没有第二个目的。人民需要的一切东西就是我们生产的对象。"没有需要，就没有生产。而消费则把需要再生产出来。"由此推动着生产不断前进。只要我们的生产始终坚持满足人民生活的需要，它的前途就是无限的。生活资料生产的对象、动力和目的，是由消费提供的，这一点不难理解。至于生产资料生产的对象、动力和目的，也是消费提供的，则不易被人们所认识。生产资料生产的存在和发展，归根到底，是因为生活消费的需要。人民生活需要消费资料，而消费资料的生产又需要生产资料生产为它提供劳动手段和劳动对象。这就是我们进行生产资料生产的唯一动机。我们的重工业一定要为农业和轻工业服务，为人民生活服务，以人民生活的需要作为动力和目的。过去我们在这方面是有严重教训的，重工业基本上是自我服务的类型。1978年我国生铁和钢材的生产消费量中，用于农业及农业机械维修的比重，分别只为3.6%和15.5%；用于轻工市场的只为1.1%和11.7%。在用电量中，农业和轻工业分别只占11.5%和12.9%，而重工业则占53.6%。这些情况说明，重工业还没有纳入为农业、轻工业服务的轨道，还没有真正以人民生活的需要为动力和目的，所以调整重工业的内部结构不能不成为迫切的任务。

第四，"产品在消费中才得到最后完成"，或者说，消费"是使产品成为产品的最后行为"。

马克思说："一条铁路，如果没有通车、不被磨损、不被消费，它只是可能性的铁路，不是现实的铁路"，"一件衣服由于穿的行为才现实地成为衣服；一间房屋无人居住，事实上就不成其为现实的房屋。"[1] 马克思用这些通俗易懂的例子说明了这样一个深刻的道理：消费是"最后完成"产品的生产行为。有些工厂对其产品实行包修、包退和包换，就是承认消费的"生产"作用的表现。可是有些工厂，仅把产品出厂、出车间当作"最后完成"，不管消费如何。其结果，出了厂，进了仓库，堆积起来，不能在现实的经济生活中发挥作用。这些产品，没有被消费，即没有完成最后的生产行为，不能称之为现实的产品。

第五，消费会重新引起整个社会再生产过程。

社会再生产是由生产、分配、交换、消费四个环节组成的。在这里，生产表现为起点，消费表现为终点，分配和交换是中间环节。社会再生产过程到了消费阶段，既是完成了，又是没有完成。"消费这个不仅被看成终点而且被看成最后目的的结束行为"，"又会反过来作用于起点并重新引起整个过程"[2]。这就是说，因为消费的需要，又必须再进行生产、分配和交换。这样循环往复，以至无穷，就是社会生产发展的历史，而消费始终是其中的推动力。

---

[1] 《〈政治经济学批判〉导言》，《马克思恩格斯选集》第2卷，第94页。
[2] 《〈政治经济学批判〉导言》，《马克思恩格斯选集》第2卷，第92页。

总之，消费绝不是消极的，而是积极的；它同生产是统一的，而不是相互排斥的；它不仅不妨碍生产的发展，还从许多方面促进生产的发展。把不断提高亿万劳动群众的消费水平作为我们的经济目标，是非常积极的，它一定能够促进各项社会主义建设事业的蓬勃发展。

本文原载：《经济研究》1979年第11期

新经济发展战略与人民生活

一 新经济发展战略的突出内容

党的十一届三中全会以来,党和国家制订和执行了"调整、改革、整顿、提高"的一系列方针政策,体现着我国由传统的经济发展战略向新的发展战略转移,也就是放弃单纯追求总产值增长速度为目标的传统战略,代之以满足人民基本需要为目标的新战略。新战略的主要特点在于,它以提高经济效益为手段,取得持久的、稳定的、扎实的速度,保持国民经济按比例协调发展,使人民得到更多的实惠。

长期以来,我们在社会主义经济发展目标上,过分地追求总产值增长速度,背离了为满足人民生活需要的战略目标,吃了不少苦头。特别是1958年以后,片面发展重工业个别部门,孤立地突出钢铁生产,使轻工业和农业的发展受到严重损害,造成生产资料生产和消费资料生产、积累和消费之间的比例失调。结果是生产挤生活、积累挤消费,1958～1978年二十年间,我国经济发展速度和人民生活水平下降了:与"一五"时期相比,工农业生产总值年平均增长率从10.9%下降到6.5%;全民所有制职工实际工资从年平均增长5.5%变为下降0.21%。这种为速度而生产的传统发展战略,既不能保证社会再生产的顺利发展,也不能给人民生活带来真正的不断改善。

以追求产值速度为目标的发展战略是"左"的错误指导思想的反映。它好大喜功,不求实效,高指标、高积累,不顾国情国力,不顾人民生活可能承受的负担程度,片面扩大基建规模,膨胀重工业产值,而重工业又过多为自我服务，没有真正为农业、轻工业发展服务。在畸形经济结构和集中过死的经济管理体制的情况下，这种为生产而生产的发展战略，忽视了人民生活需要，造成人民需要的消费品严重不足。而人民生活不需要的生产资料和消费品又大量积压。结果，追求高速度反而欲速不达，人民付出了辛勤劳动却得不到实惠，社会主义积极性也就受到严重挫伤，反过来又影响生产的发展。所以，这种战略必须改变。

正因为如此，在经济调整中，我们实行了以满足人民生活基本需要为目标的新战略，采取大力发展消费品生产的方针，适当降低重工业的发展速度，以便逐步改变我国长期以来重工业偏重，农业、轻工业偏轻的畸形经济结构。三年多来，我们加快了农业、轻工业的发展，把重工业转向为农业、轻工业生产服务，为整个国民经济及其技术改造服务，使农轻重协调地发展。同时，调整积累和消费的比例关系，降低积累率，提高消费率。经过调整，1978～1981年三年间，农业生产连年增产，农业总产值每年平均递增5.6%，轻工业产值平均每年递增14%。农业总产值在工农业总产值中的比重已由1978年的25.6%上升到1981年的30.9%；轻工业在工业总产值中的比重已由1978年的43.1%上升到1981年的51.4%。这就为改善人民生活创造了物质基础。相应地，消费基金在国民收入中的比重已由1978年的63.5%上升到1981年的71.7%左右，并使消费品生产与消费基金相互协调，为消费品实现提供了条件。

把大力发展消费品生产放在重要地位，这是新的发展战略的要求，绝不是权宜之计。诚然，要使人民生活不断地得到改善，需要多发展轻工业，多发展农业。但是，如果重工业生产没有一定发展速度，不能为农业、轻工业提供更多有效的技术装备、动力和燃料，以及为轻工业提供更多的原材料等，那么农业、轻工业是不可能进行技术改造，从而使生产持续地迅速发展的。也就是说，消费资料生产必须同生产资料生产按比例地发展。所以，在大力发展消费品工业生产，加快农业、轻工业发展的同时，注意重工业的发展，这也是新的发展战略的要求。因此，不论片面发展消费品生产，还是孤立突出重工业，这种发展战略选择，都是不可能真正实现以满足人民生活需要为社会主义经济目标的。

二 人民生活的显著改善是检验新战略方针是否行之有效的标准

新的经济发展战略推行以来,人民生活到底有没有改善?这是人们关心的一个重要问题,同时它也是检验新的战略方针是否行之有效的标准。

十一届三中全会以来,在新战略指引下,人民的生活确有很大改善,这主要表现在以下几个方面。

(1) 城乡居民的实际收入显著增加。

自 1979 年起,党和国家在农村大幅度提高了农副产品的收购价格、扩大议价。1978～1981 年三年累计使农民增加收入 481 亿元,同时减免农业税累计 78 亿元;在城镇对职工调资升级,发放奖金,扩大就业,三年累计使职工增加收入 251 亿元;同期发给职工副食价格补贴累计 100 亿元以上,以及其他各种补贴累计约达 300 亿元。这样,就使绝大多数居民收入有了较多的增加。

据国家统计局的统计调查,1981 年平均每个社员的纯收入达 223 元,比 1978 年增加 89 元;1978～1981 年三年平均每年递增 18.5%。"文化大革命"十年中,全国农民每人每年只增加 2 元,近三年每人每年增加 28 元。职工家庭每人每年用于生活开支的收入,1981 年为 463 元,比 1978 年增长 46.8%,农民和职工收入的这种增长速度,是新中国成立以来所没有的。

有人也许提出,1978～1981 年三年农民、工人的收入虽然增加较多,但是市场物价也上涨不少,居民得到的好处是不是被抵消了呢?人民生活的改善在很大程度上取决于收入与物价之间的对比关系。如果居民货币收入增长速度落后于物价上涨速度,那么意味着实际收入下降;反之,如果收入增长速度超过物价上涨速度,那么生活水平就会随之上升。因此,需要具体分析收入与物价两者的增长速度,才能确切地说明生活有没有改善及其改善的程度如何。

1978～1981 年三年物价是上涨了,特别是蔬菜、副食品上涨的幅度较大，1981年比1978年上升32.1%，但并非所有的消费品都涨了价，而是有升有降，生活必需品的价格基本未动。①

总算起来，职工生活费用价格指数，1981年比1978年上升12.3%（平均每年上升3.9%），物价上涨的速度并没有超过居民收入增长的速度。据国家统计局公布的资料，全国城镇全民所有制和集体所有制职工年平均货币（名义）工资收入，1978年为614元，1981年为772元，增加158元，增长25.7%，三年平均每年递增7.9%，扣除物价上升因素，实际平均工资仍增长11.9%，平均每年递增3.8%。

收入与物价两者对比的具体分析和数量计算表明，收入增长幅度较多地超过物价上涨幅度，居民实际收入仍有较大幅度增长，生活得到显著改善。

（2）城乡居民消费额增长较多，消费构成也发生明显变化。

几年来，城乡居民不仅实际收入增加较多，而且消费额的增长也是很快的。撇开劳务方面增加的开支不说，仅就消费品的市场实现情况来看，城乡居民购买消费品总额，1981年比1978年增长60.4%，三年平均每年递增17.1%，扣除物价上升因素，1981年比1978年增长43%，平均每年递增12.7%。

再具体点说，全国平均每人每年的实物消费量，1981年同1978年相比，食用油由3.2斤增加到5.5斤，猪肉由15斤增加到22斤，布（包括化纤布）由24尺增加到31尺。三年城镇共建住宅2.2亿平方米，使城镇居民每人平均居住面积由1978年的3.6平方米增加到1981年的4.12平方米。农村三年建房达15亿平方米，1981年平均每人居住面积近10平方米。在用的方面，1978~1981年三年高档消费品和耐用消费品不断增加，如全国城镇平均每百户职工拥有自行车、手表、缝纫机、收音机、电视机的数量增长了12%至3.2倍。

近三年来，我国人民的消费构成也发生明显变化。对8715户职工家庭

---

① 三年来，在30多种主要消费品中，零售价格上升的有蔬菜、肉禽蛋、水产品、烟、酒、茶叶、水果、皮鞋、木器家具等，占37.6%；零售价格基本未动的有粮、油、糖、棉布、针棉织品、胶鞋、自行车、生活用煤等，占47.10%；涤棉布、电视机、电冰箱等还降了价，占15.3%（参见《人民日报》1982年5月10日，第四版）。

的调查显示，他们购买消费品支出的构成如表1所示。①

表1　1978~1981年居民消费结构变化

消费结构	1978年	1981年	1981年比1978年的增、降幅度
食品	64.0	61.6	-2.4%
衣服	15.1	16.1	+1.1%
日用品和文娱用品	14.0	16.6	+2.6%
其他	6.9	5.7	-1.2%
合计	100.0	100.0	—

从表1可以看出，1981年同1978年相比，吃的比重下降，而穿和用的比重上升了。随着收入的增加，居民把增加的收入更多地用于购买穿和用的消费品上面，这是生活水平提高的重要标志之一。消费构成的这种变化反映着人们对消费资料中的生存资料、发展资料和享受资料需求程度的变化。人们已经不满足于吃饱穿暖了，而是逐渐发展出对发展资料和享受资料的消费需求了。

（3）社会集体消费水平显著提高。

人是生活在社会之中的，除个人生活消费外，必须有社会集体消费。社会集体消费有两部分：主要部分是文教、科研、卫生、体育等事业费，即"用来满足共同需要的部分"，这一部分"将随着新社会的发展而日益增加"；另一部分是国家机关管理费和国防费，这一部分"将随着新社会的发展而日益减少"。②

近几年国家用于文教、卫生、城市公用事业等有关人民生活方面的建设投资逐年增加。1978年为83.3亿元，1979年为135亿元，1980年为182亿元，1981年为176亿元，1981年比1978年增加一倍以上，非生产性建设投资占全部投资的比重，已由1978年的17.4%上升到1981年的41.1%。

（4）科学文化生活水平明显提高。

人不但要有物质生活，还要有精神生活。我们不仅要建设高度的社会

---

① 参见《人民日报》1982年3月12日。
② 《哥达纲领批判》，《马克思恩格斯选集》第3卷，第10页。

主义物质文明，也要建设高度的社会主义精神文明。提高人民的科学文化水平是建设精神文明的重要组成部分，在这方面，我国三年来也取得不少成绩：1981年与1978年相比，生产电影故事片数量增加128%；艺术表演团体数量增加12%；文化馆数量增加7%；公共图书馆数量增加42%；报纸发行量增加9%；杂志发行量增加92%；图书出版量增加31%。

以上列举的事实证明，我国由传统发展战略转向新战略后，人民生活水平确有明显提高，这是毋庸置疑的。当然，由于执行新战略不久，国民经济调整任务尚未完成，人民生活方面的问题不可能全部解决。目前生活方面比较明显的问题是，一小部分职工没有升级调资，奖金也很少或根本没有，以致生活水平有不同程度下降；特别是相当数量的城镇居民住房仍很拥挤；消费品供不应求、市场紧张，物价有所上升等。这些问题毕竟是我们前进中遇到的问题，今后完全有可能逐步获得解决。

三　推行新战略需要解决的几个问题

我国实行以满足人民生活基本需要为目标的新的发展战略所取得的初步显著成效，究竟是怎样具体实现的，以及将采取什么对策解决目前存在的问题呢？我们认为，它是从国民经济全局出发，经过综合平衡，把人民生活消费同生产、分配、交换诸要素之间的互相协调放在战略地位，并据此采取适当的措施而实现的。这种战略抉择，也将是我们今后应当遵循的。

首先，要保持生活消费同生产的协调。

生产是生活的前提。人民生活基本需要由社会生产发展水平和发展速度决定。但生产也不能脱离生活消费而片面发展。没有生活消费，就没有劳动力再生产，就没有生产的主体、对象、目的和动力，生产当然无法发展。因此必须使它们协调起来。

在计划安排上，生产资料生产一定要同消费资料生产保持协调的关系。消费资料的生产要根据人民生活改善的需要，否则消费品会供过于求或供不应求，而生产资料生产发展则应与消费资料生产相适应。如果生产资料生产规模过大，发展速度过快，其中就业劳动者的需要超过了第二部类能够向第一部类提供的消费品，那么必然造成消费品供不应求。过去在这方面的教训是不少的。

在我国的消费资料生产中，农业生产占有特别重要的地位。我国10亿人口中有8亿农民，因此所谓满足人民生活基本需要，首先应当是满足农民的需要。另外，在我国人民生活消费构成中，吃是第一位的，城镇居民的食品支出约占全部生活支出的60%左右，农民的食品支出所占比重更大；穿是第二位的，而衣着的原料大部分又来自农业；用的东西也有不少是农业提供的，生产消费品的轻工业部门的原料70%来自农业。这些情况说明，搞好农业生产对于改善人民生活具有特别重要的意义。可以毫不夸张地说，农业生产发展的速度决定着人民生活水平提高的速度。若今后我国农业生产增长速度平均每年在4%左右，再考虑到人口增长速度，那就可以预计到，生活消费提高的速度每年只能在3%左右。要加快改善人民生活步伐，必须加快农业生产的发展。

国民收入生产的增长速度决定着人民生活改善的速度。最近一个时期内，我国农业、工业增长速度不会太高，国民收入每年大约增长4%左右。在积累与消费比例不变的条件下，消费基金与积累基金每年也只能增长4%左右。如果再考虑到人口增长速度，生活改善的速度大体只能保持在3%左右。再从新增国民收入绝对量来看，最近时期内，每年新增国民收入大体在150亿元~200亿元。若以新增国民收入中的30%用于扩大生产，70%用于消费，则每年消费基金大约可增加105亿元~140亿元，积累基金每年可增加45亿元~60亿元。从消费基金新增额中扣除新增人口需要外，能够用于改善生活的也只有几十亿元，每人每年只有几元钱。这就是目前阶段改善生活的规模。战略抉择不应超过这个数量界限。当然，随着国民收入生产量的增加，这个规模会不断扩大。

其次，要保持生活消费同分配的协调。

人民群众的生活水平取决于个人收入和集体福利事业发展的速度和水平。而这又取决于国民收入的分配和再分配。所以，生活消费同分配的关系很密切，二者也要协调。

在国民收入初次分配中，最重要的问题是确定必要产品与剩余产品的比例。这个比例关系实质上是劳动者的个人利益与集体利益、目前利益与长远利益的关系的反映。为了正确处理这个比例关系，从经济发展战略的高度看，在全民所有制生产单位，一定要保证劳动生产率的增长速度超过平均工资的增长速度；在集体所有制单位，一定要保证劳动生产率的增长速度大于劳动者从集体取得收入的增长速度。若考虑到今后一个时期每年都要安排大量劳动力就业这种情况，则在确定必要产品与剩余产品比例关系时，一定要保证产品产量的增长速度超过劳动报酬基金的增长速度。唯有这样的战略决策，才能保证国家除了改善人民生活外，能够有更多的资金用于扩大再生产，发展科研、文教、卫生、体育、国防等事业。而生产的扩大和各项事业的发展又会反过来成为人民生活改善的物质条件。如果选择另外的战略决策，使劳动报酬基金增长速度长期超过劳动生产率提高速度，似乎人民生活能更快改善，其实不然。国家没有积累资金去发展生产和其他各项事业，这样就失去了人民生活进一步改善的可能。当前要注意控制奖金和农产品价格，不使劳动报酬基金增长速度超过生产发展速度，平均工资增长速度超过工业企业全员劳动生产率增长速度。

在国民收入再分配中，在积累基金使用方面还要正确处理生产性投资与非生产性投资的比例关系。这种关系是生产与生活的关系在分配领域中的具体表现，也是更加注意增加社会集体消费的具体表现。

再次，要保持生活消费同交换的协调。

人民生活的需要在很大程度上表现为有支付能力的需求，而有支付能力需求的实现，则取决于商品生产和商品交换的发展。

在交换领域中，使居民货币购买力与消费品可供量在总额、构成、地区、时间四个方面保持基本适应十分重要。我国长期以来都是居民货币购买力大于商品可供量，近几年这种情况又有所发展，所以市场一直比较紧张，当前，要大力开辟货源，尽快实现供求总额的平衡。同时在构成上也要平衡，要注意品种、花色，避免脱销或积压。在地区上，过去由于在东北、西南等地区片面强调重工业，忽视农业和轻工业，所以那里的市场供应很紧张，以致出现在该地区投放钞票，而到京、津、沪等大城市购买消费品的现象，这对人民生活造成很大的不便。在时间上，目前我国市场状况在很大程度上取决于农业生产,而农业生产还不稳定。为了保证人民生活稳定,一定要以丰补歉,瞻前顾后,使消费品的供求保持较长时间的平衡。

在货币收入一定时,人民生活水平同商品零售物价水平成反比,物价的上升,意味着生活水平的下降。为了避免物价上升影响人民生活,必须保证居民货币收入增长速度超过物价上升速度。这是一项重要的战略决策。虽然实行这种决策会遇到很多困难,但是,如做出相反的决策,物价上升幅度超过收入增长幅度,则将会影响人民生活,引起群众不满。所以,党的十一届三中全会以后采取的新战略,使收入增长速度超过物价上升速度,是完全正确的。当然,居民货币收入增长速度也不能超过劳动生产率提高的速度。在每个历史时期内,劳动生产率、居民货币收入和消费品零售物价这三者之间究竟保持怎样的数量对比关系较为合适,很难定出具体数字来。不过,历史的经验也可借鉴。"一五"时期,工业企业劳动生产率提高52.1%,职工平均货币工资增长42.8%,商品零售物价上升8.6%,三者之间的比例关系是1:0.82:0.17。若以此推算今天和以后,若劳动生产率提高10%,则职工平均货币工资可以提高8.2%,商品零售物价可以上升1.7%。这样即使物价有所上升,也不会太影响人民生活,而人民生活水平的提高也不会影响国家建设。当然,对这种数量对比关系,今后要依据情况的变化进行适当的调整。

最后,保持生产、分配、交换之间的相互关系的协调。

除了生活消费同生产、分配、交换各自之间保持协调关系外,在生产、分配、交换这三者之间也要保持协调的关系。因为它们也直接或间接地影响人民生活。例如,在生产与分配之间,国家的生产性投资如何在农业、轻工业和重工业等生产部门之间进行合理分配,对于这些生产部门的发展速度有直接的决定作用,而这些生产部门的发展速度又直接关系着人民生活能否改善以及改善的程度如何。所以,要正确分配生产性投资,促进农业和轻工业发展。再如,在流通与生产之间,不论工商之间,还是农商之间,当前都有许多矛盾,也直接或间接地影响着人民的生活。有些农副产品,尤其是土特产品是人民生活迫切需要的,而某些商业部门或者怕麻烦,或者嫌赚钱少，就不组织收购。这样生产不能发展，生活需要也难满足。类似的情况在工商之间也屡见不鲜。所以，协调生产与流通的关系，也是改善人民生活所必要的。

总之，人民生活改善的程度，新经济发展战略实现的程度，要受许多社会经济条件的制约，也要受自然条件的限制。要解决好这个重要问题，必须从国民经济综合平衡的高度，正确处理各方面的关系，使整个国民经济协调发展。

本文原载：《经济研究》1982年第10期

正确处理人民生活和社会主义
建设的关系

胡耀邦同志在党的十二大报告中说的"一要吃饭，二要建设"，是指导我国经济工作的一项基本原则。这个原则给我们正确处理人民生活和社会主义建设的关系指出了方向。

人民生活的改善和社会主义建设的发展是密切相关的。最大限度地满足人民群众不断增长的物质和文化生活的需要是社会主义建设的目的，而社会主义建设的不断发展和扩大，则是达到这个目的的手段。这两个方面是有机地联系在一起的。我们既要在生产发展的基础上逐步改善人民生活，又要在人民生活逐年有所提高的前提下安排生产建设，统筹兼顾两个方面。我们认为应该根据党的十二大的精神，处理好下面的几个问题。

在生产发展的基础上提高人民生活水平。我们生产的目的是提高人民生活水平。只有把生产搞上去，人民生活水平才能提高。生活水平提高的速度，不能快于生产发展的速度。低生产、高消费，仅仅是一种不切实际的幻想。因此，为了更快地提高生活水平，必须大力发展生产，提高劳动生产率，提高包括节约物化劳动在内的经济效益。

从1981年算起到2000年，我国工农业年总产值预计将翻两番。与此相适应，国民收入如以7%的年平均速度增长，也将接近翻两番。假设2000年的人口达到12亿，则人均国民收入可达到1200元左右，堪称小康水平。这也意味着，今后二十年，若人均国民收入每年大约增长6%，则人均消费水平每年平均增长的速度就只能低于6%，这是我们必须清醒认识和正确处理的。

农轻重按比例协调发展。人均消费水平提高的速度,不仅要受人均国民收入增长速度的制约,而且进一步说,要受人均消费品增长速度的制约。众所周知,农业和轻工业主要生产消费品,它们的发展是保证人民生活水平提高的物质基础。我国人多地少,农村人口还占80%以上,人均粮食等重要农产品产量还比较低,农业这个国民经济的基础还相当薄弱。从我国实际出发,从经济发展战略上看,在今后一个长时期内,首先是在20世纪内,我国国民经济的发展仍需要把农业放在首位。假若今后农产品产量每年递增4%左右,扣除新增人口的需要,人均农产品消费水平的提高,每年就不过3%左右。如果不能保证农业的发展,则将会影响整个国民经济的发展。轻工业也要大力发展,但必须加强计划性,做好市场预测,并注意面向农村市场。为了有计划地发展耐用消费品的生产,要研究它们的使用年限和科学地预测它们的更新换代问题。值得注意的是,当对它们的第一轮的大量需求被满足后,在转入逐次更新换代的过程中,对它们新的需求往往就不再那样大量、那样集中。所以,盲目发展是不行的。重工业主要是为整个国民经济提供技术装备的,还是要大力发展,但在服务方向上要紧紧围绕农业和轻工业,为它们提供必需的生产资料,做到同农业、轻工业协调发展。当然,也要注意重工业还有它自己的发展特点,特别是它建设工期较长、投资较多。在长期规划中要充分注意重工业建设发展的这些特点,做出科学的安排,切忌缺乏远见,走一步说一步,使重工业机械地跟在农业和轻工业后面走。至于现在正处于严重短缺状态的某些基本原材料工业、能源工业和交通运输业等,更必须在中长期计划中早作安排。

确定适度的积累率。过去多年我国积累率偏高影响了人民生活。这几年经过调整,1981年积累率已降到28.3%,这是必要的。值得注意的是,1979~1981年这三年中,新增国民收入(共计874亿元)几乎全部用于生活消费(共计871亿元,包括个人消费和社会消费)。为了进行调整,为了把过去在生活方面的欠账尽可能补起来,这种现象是可以理解的。然而如果长期地这样继续下去就不对了,因为它势必使积累率不断下降,不符合一要吃饭、二要建设的基本原则。

考虑到确定适度积累率的重要性,近年来许多同志主张25%为最佳。

我们认为积累率要受一系列因素的制约，从而会在一定幅度内变动不居，不可能固定在某一点上。正如马克思在《哥达纲领批判》中所说，这是要根据当时的经济力量并部分地根据概率论来确定的。鉴于我国过去三十多年的经验教训以及外国的经验统计数字，今后我国积累率保持在25%～29%可能是比较适宜的。积累基金应该保持必要的规模，更为重要的是要提高积累效率，正确地确定投资的使用方向。

国家财权不宜过度分散。集中过多，管理过严，应该加以改革。因此，我们主张中央与地方分权，并主张扩大企业自主权，但要考虑适当的限度。

国家财政收入在国民收入中的比重，1978年为37.2%，显然偏高；1981年急剧降到27%，又偏低了。这几年地方和企业的钱增加得很多很快，国家财政却出现大量赤字，不得不向地方和企业"借钱"。这并非长远之计。通过国民收入再分配，国家掌握必要数量的财政资金，以保证骨干工程和重要项目的建设能顺利进行，是完全必要的，这既有利于社会主义建设，也是社会主义优越性的一个重要表现。

具体解决财政补贴问题。国家财政补贴1981年为1978年的2.7倍。财政补贴占国家财政收入的比重1978年为14.3%，而1979年、1980年和1981年直线上升，分别为25.9%、32.7%和42.7%，对国家财政造成很大的压力。看来，应对各种补贴逐项进行具体分析，分别采取不同的有效措施，妥善解决这个问题。这样做将是有利于建设和生活的大好事。

财政补贴中的主要部分是价格补贴。在价格不合理，又一时无法调整的情况下，由国家财政给予一定的价格补贴，是不得已的，但又是必要的措施。然而如果补贴不当、补贴过多，则既不利于生产，又不利于生活。党的十一届三中全会后，大幅度提高农产品价格是必要的。但在执行中有些产品提价幅度过大，某些地区又压低统购基数，增加超购加价和议价的数量，致使国家对价格的补贴过多。今后对农产品收购价格应该进行必要的整顿，坚决按国家的规定办事，消除各种变相的涨价。在财政补贴中还有一部分是企业亏损补贴，其中有相当部分是由于经营管理不善而来的。这实际上是用其他部门创造的国民收入来养活亏损单位，显然极不合理。应该结合企业整顿和必要的关停并转，努力减少这类财政补贴。此外，有些财政补贴一时难以取消或减少，也可考虑随着财权的下放，由地方、企业适当承担一部分补贴的任务。

解决上述各种矛盾，加速社会主义建设，改善人民生活，第一要依靠党的领导，第二要发动和组织亿万群众。现在，党的十二大已经完全正确地确定了我国经济建设的战略目标、战略重点、战略步骤和一系列方针，在这种极为有利的条件下，我们更需要重视发挥亿万群众的作用，因为生气勃勃的社会主义事业是依靠群众自己创造的。只要我们创造性地贯彻执行党的十二大规定的方针，把各方面的积极性统统调动起来，科学地组织起来，那么，我们就一定能够经过全国人民的共同努力，实现在20世纪末使工农业年总产值翻两番并使城乡人民的收入成倍增长的战略目标。

本文原载：《人民日报》1982年10月5日

论人民生活和生产建设

一 在社会主义制度下，人民生活和生产建设是目的与手段的关系

为了全面开创社会主义现代化建设新局面，力争20世纪末我国工农业年总产值翻两番，并在此基础上使城乡人民的收入成倍增长，使人民的物质文化生活达到小康水平，必须按照党的十二大的精神，统筹安排人民生活和生产建设，正确处理二者的关系。

在社会主义制度下，人民生活和生产建设是目的与手段的关系。最大限度地满足人民不断增长的物质和文化生活的需要是社会主义生产建设的目的。而社会主义生产建设的不断发展和扩大，则是达到这个目的的手段。这两个方面有机地联系在一起，不可分割、不可偏废。正如陈云同志指出的："第一要吃饭，而且要吃饱，不能吃得太差，但是也不能吃得太好。第二要建设。一个国家吃光用完，那个国家就没有希望，只有吃饱后，国家还有余力来建设，这才有希望。"[①]

人民生活与生产建设的关系，首先是由社会再生产运动的一般规律决定的。大家知道，社会再生产过程由生产、分配、交换、消费四个环节组成。生产是起点，消费是终点，分配和交换处于中介地位。生产、分配、交换、消费，再生产……循环往复，螺旋形上升，以至无穷，这种连续不断的矛盾运动过程具有不以人的意志为转移的客观必然性。这种客观必然

---

① 《人民日报》1982年1月26日。

性就是社会再生产运动的一般规律。这个规律表明，生产与消费彼此不可分离，生产媒介消费，消费亦媒介生产。生产为消费创造外在对象，创造出消费的规模和水平，创造出消费的结构和方式；消费又为生产创造出主体、对象和动力。生产和消费不仅互相依存，在一定条件下又互相转化。"没有生产，就没有消费，但是，没有消费，也就没有生产，因为如果这样，生产就没有目的。"① 由此可见，以满足人民生活消费需要为社会主义生产建设的目的，完全符合人类社会再生产运动的一般规律。

社会再生产一般仅仅是个科学的抽象。事实上，社会生产是具体的，它不简单是由工业、农业、建筑业等具体生产部门所组成，而是同各种不同的社会经济形态联系在一起的。在不同的社会经济形态中，生产的目的，生产与消费的关系又大相径庭。这主要是由社会生产关系的性质决定的。有什么性质的生产关系，就有什么样的生产目的。

在社会主义制度下，生产资料归全体劳动人民共同占有，劳动人民既是国家和社会的主人，又是生产的主人、生产资料的所有者。这就从根本上决定了社会主义生产建设只能为劳动人民谋利益，生产建设的目的只能是满足人民日益增长的物质和文化生活的需要。社会主义基本经济规律的要求就是使社会主义生产不断增长和不断完善，以达到满足人民生活需要的目的。

观察社会主义生产目的，要注重它的质的规定性，即社会主义生产目的所反映的社会主义生产关系的本质。在社会主义制度下，由于社会历史原因，劳动人民的生活水平可能暂时还比较低。然而必须看到，劳动人民已经成了国家的主人，从根本上消灭了剥削与被剥削的关系，社会发展生产的唯一目的就是满足劳动者的需要。劳动者是在为自己、为自己的社会而劳动，劳动成果是由他们自己享用。在这个根本方面，社会主义制度较之资本主义制度的优越性是显而易见的，无可置疑的。

以上分析说明，以满足人民生活需要为社会主义生产建设的目的，是社会主义经济制度优越性的集中表现。

---

① 《〈政治经济学批判〉导言》，《马克思恩格斯选集》第 2 卷，第 94 页。

我们党依据社会再生产运动的一般规律，以及社会主义基本经济规律的要求，并从我国实际情况出发，制定和执行了在生产发展的基础上逐步改善人民生活的方针。这条方针，体现着我们党和无产阶级的性质。我们党是为无产阶级和劳动人民谋福利的政党。除了无产阶级和劳动人民的利益外，没有任何其他的私利。党所领导的社会主义生产建设也是以满足人民生活需要为目的。关心人民群众的生活，一切从满足人民生活需要出发，这是我们党区别于一切资产阶级政党的显著标志之一，也是我们党的一个优良传统。早在第二次国内革命战争时期，尽管革命战争激烈地进行着，我们党还是发出了"关心群众生活"的号召。毛泽东同志把改良群众生活与组织革命战争规定为党的两大任务。新中国成立前夕，毛泽东同志在党的七届二中全会上的报告中指出："如果我们在生产工作上无知，不能很快地学会生产工作，不能使生产事业尽可能迅速地恢复和发展，获得确实的成绩，首先使工人生活有所改善，并使一般人民的生活有所改善，那我们就不能维持政权，我们就会站不住脚，我们就要失败。"[①] 粉碎"四人帮"后，党的十一届三中全会提出，新时期的总任务在于"加快社会主义现代化建设，并在生产迅速发展的基础上显著地改善人民生活"。这个任务正在有成效地实现中。

胡耀邦同志在党的十二大的报告中深刻地分析了当前我国人民生活和社会主义生产建设的各个方面，指出不断满足人民日益增长的物质文化需要是社会主义生产和建设的目的，号召我们要集中资金进行重点建设和继续改善人民生活。这是继承和发扬党的优良传统，实现我们党的根本目的的新的里程碑。

二 物质资料的生产是社会存在和发展的基础

没有物质资料的生产，就没有人类的物质生活。在社会主义社会，生产建设依然是人民生活的物质基础。唯有发展生产才是提高人民生活水平

---

① 《在中国共产党第七届中央委员会第二次全体会议上的报告》，《毛泽东选集》第4卷，1966年横排本，第1318~1319页。

的根本途径。除此之外,别无其他窍门。那种低生产、高消费的要求仅仅是某些人的不切实际的幻想。所以,要想更快地提高人民生活水平,必须大力发展生产,提高劳动生产率。

在如何发展社会主义生产问题上,像在一切革命问题上一样,第一是要依靠党的领导,第二是要发动和组织群众。党的领导和亿万群众的参与是搞好社会主义生产建设的根本保证。

社会主义生产不是要各个生产者和生产单位孤立地、自发地去干,而是要有组织、有领导地进行。怎样去组织领导呢?如果不是从具体工作上,而是从决策意义上来说,那就要由党的正确的路线、方针、政策去领导。党的路线、方针和政策的正确性主要有两个方面:一是正确地反映生产建设发展的客观规律,为生产建设指明前进的道路和方向,规定出战略目标;二是有利于调动亿万群众的积极性。无数历史事实证明,当我们党的路线、方针和政策符合这两个要求时,群情高涨,生产建设不断发展;反之,则起相反的作用。新中国成立前,在抗日战争和解放战争时期,我们党开展了大生产运动,发展了农业和工商业,不仅取得了丰衣足食的成果,还有力地支援了战争。新中国成立后,我们党又领导全国人民恢复国民经济,进行新解放区的土改运动,仅用三年的时间,就出色地扭转了旧社会遗留下来的生产凋敝、民不聊生的局面,社会生产基本上恢复到抗日战争前的水平。"一五"时期,在党的过渡时期总路线指引下,生产建设蓬勃发展,人民生活水平显著提高。在"大跃进"和"四人帮"横行时期,由于"左"倾蛮干,挫伤了群众的积极性,生产也下降了。打倒"四人帮"后,国民经济形势逐步好转,特别是具有重大历史意义的党的十一届三中全会为经济建设开辟了一条新路。短短三年多的时间,已经取得了巨大成就。1979~1981年,农业总产值平均每年递增5.6%,轻工业总产值平均每年递增14%,重工业总产值平均每年递增1.3%,国民收入平均每年递增5.1%,农民收入平均每年递增18.5%,职工平均工资每年递增7.9%,职工家庭每人每月用于生活费的收入平均每年递增9.4%。这些事实说明,党的十一届三中全会以来,党所确定的方针政策有利于生产建设的发展,有利于调动群众的积极性,特别是亿万农民的积极性。这是一个难以数字计量的新胜利。党的十二大为今后我国社会主义现代化建设设计了蓝图，确定了经济建设的战略目标、战略重点和战略步骤，提出了促进社会主义经济全面发展的一系列方针政策，这是我国生产建设今后取得更大胜利的可靠保证。不仅农业要靠党的政策，工业、建筑业、商业，以及科学、教育等，都要靠党的政策。我们要牢牢抓住党所确定的农业、能源和交通、科学和教育三个战略重点，执行这些方面的党的方针政策；要大力贯彻关于提高经济效益的各项政策，厉行节约、反对浪费，把全部经济工作转移到以提高经济效益为中心的轨道上来；要积极地执行党的各项技术政策，有计划地开展技术改造，推广各种已有的经济效益好的技术成果，采用新技术、新设备、新工艺、新材料。只要我们紧紧依靠党的十二大制定的路线、方针和政策，努力奋斗，扎扎实实地工作，进一步发挥社会主义制度的优越性，我国社会主义现代化建设的宏伟目标就一定能够达到。

首先，社会主义现代化建设是亿万群众的事业，是为了群众生活的需要。所以生产建设必须走群众路线，依靠人民群众。人人有责，人人动手，这是我国社会主义生产建设取得胜利的保障。要充分调动各方面的积极性，一定要正确处理当前利益与长远利益，个人利益与国家、集体利益的关系。

其次，要从"大锅饭"和"铁饭碗"的绳索中解放出来。我国现行的管理体制，不利于地方、企业和个人的积极性的调动，阻碍生产建设的发展。要改革劳动、计划、财政、价格、物资、外贸等方面的管理体制，以调动各部门、各地区、各单位、各企业和亿万群众的积极性，促进生产建设的发展。

最后，还要进一步完善我国的生产资料所有制结构。全民所有制是我国生产资料所有制结构的主体，但是要同管理体制的改革相结合做些必要的改进，特别是要建立和健全职工代表大会制度，加强职工群众的主人翁感。与此同时，集体所有制和个体所有制也要有相当发展。如果从经济发展的需要上看，不仅在商业、饮食业、服务业方面，而且在工业、建筑业等部门，也需要大力发展集体经济。要发动群众自愿互利地组织起来，兴办各种经济事业，为城镇人民生活服务，为大工业生产服务。这是社会主义建设中的群众路线的重要内容。要让集体经济与全民所有制经济比翼高飞。

三　正确处理人民生活和生产建设的
关系应采取的措施

为了正确处理人民生活和生产建设的关系，当前需要着重解决好下面三个问题。

第一，大力提倡艰苦奋斗和勤俭建国。毛泽东同志指出："要使全体干部和全体人民经常想到我国是一个社会主义的大国，但又是一个经济落后的穷国，这是一个很大的矛盾。要使我国富强起来，需要几十年艰苦奋斗的时间，其中包括执行厉行节约、反对浪费这样一个勤俭建国的方针。"① 这对于我们全面开创社会主义现代化建设的新局面仍有现实的指导意义。

生产建设的目的是为了不断提高人民生活水平。但是，只有把生产建设搞上去，人民生活水平才能提高。生活水平提高的速度不应该快于生产建设发展的速度。我国的工农业年总产值，要在20世纪末翻两番，与此相适应，国民收入也可能接近两个倍增。假设2000年的人口达到12亿，则人均国民收入可达1200元左右，堪称小康水平。1980年我国人均国民收入372.5元，如在2000年达到1200元，则人均国民收入年均增长速度约为6%，如此，则人均消费水平的年均增长速度，无论如何不能超过6%。而且，前十年处于调整改革阶段，工农业生产和国民收入的增长速度还比较慢，人民生活水平不可能有很大的提高。就近期的经济发展来估算，国民收入每年递增约4%~5%，每年国民收入新增额大体只有150亿元~200亿元。再以三与七之比分别用于积累与消费两个方面，每年积累基金只能大体增加50亿元~60亿元，消费基金每年大体只能增加100亿元~140亿元。从消费基金新增额中扣除新增人口的需要，能够用于改善生活的，每人每年只有几元钱。这就是近期人民生活改善的规模和速度。超过这个数量界限，就将影响生产建设资金的增加。再从农业来看，农业发展的速度基本上决定着我国人民生活水平提高的速度。若今后农业产值每年递增4%左

---

① 《关于正确处理人民内部矛盾的问题》，《毛泽东选集》第5卷，第399~400页。

右，扣除新增人口等的需要外，则人民生活水平提高的速度每年大体只能保持在3%左右。超过这个数量界限，农业可能承受不了。所以，我们一定要大力提倡勤俭建国、勤俭持家。只有经过几十年的艰苦奋斗，实现四个现代化，才能使我国人民生活水平大大提高。

在争取高速度问题上，过去我们有片面性和绝对化的错误。但是，决不能因为过去出现了问题，就从根本上否定高速度的必要性，似乎速度越低越好。要看到，经济发展没有必要的速度，生产建设长期徘徊不前，人民生活水平就不可能提高，还会出现更多更严重的问题。鉴于过去的教训，今后在争取高速度时，一定要注意速度和比例的统一、速度和效益的统一，真正做到多快好省。一定要把全部经济工作转到以提高经济效益为中心的轨道上来。

第二，集中使用资金，保证重点建设。解决资金问题的根本出路是努力发展生产，提高经济效益。同时要改变资金过于分散的现象。为了实现二十年的战略目标，国家必须集中必要的资金，分别轻重缓急，进行重点建设。如果重点建设得不到保证，能源、交通等基础设施上不去，那么国民经济的全局就活不了，生产建设难以更快地发展，人民生活也不易改善。

为了集中资金，就要适当调整中央、地方财政收入的分配比例和企业利润留成的比例。我们是主张中央与地方分权，并扩大企业自主权的。但是，要考虑适当的限度。国家财政收入在国民收入中的比重，1978年为37.2%，是偏高了；1981年急剧下降到27%，又偏低了。结果，地方和企业的钱多了，国家财政却入不敷出，有了大量赤字，又不得不向地方、企业借钱。由此看来，这并非长远之计。经过国民收入再分配，国家掌握必要的财政资金，集中使用于重要项目、骨干工程的建设和科学、教育的发展上，这是社会主义制度优越性的表现。集中过多，管理过严，是必须改革的，但矫枉不宜过正！国家财权下放时，约定期限为三年，现在需要研究如何重定了，希望善为之图，力争符合集中使用资金、保证重点建设的要求，财政补贴和价格问题是目前影响资金集中的另一个重要方面。我国财政补贴的数额越来越大，种类越来越多。1981年国家财政补贴为1978年的2.7倍。国家财政补贴在当年财政收入中的比重，1978年为14.3%；

1979年、1980年和1981年三年分别为25.9%、32.7%和42.7%（其中包括物价补贴、企业亏损补贴及外贸亏损补贴）。据国外经验，补贴占财政收入的三分之一就吃不消了。我国的补贴如此之多，确实已成为国家财政的一个大包袱，很有必要把各种补贴一一加以具体分析，必须补贴的继续坚持，不该补贴的就要认真解决。这样做既有利于生产建设，也有利于人民生活。

过去农产品价格偏低，妨碍了农业生产的发展和农民生活水平的提高。党的十一届三中全会后，大幅度提高了农副产品收购价格。实践证明，这是完全必要的。它已经有力地促进了农业生产的发展和农民生活水平的提高。可是，在执行中也出现了一些问题。如有的农副产品提价幅度较大，超过了农产品之间合理比价的要求；有些地区还任意降低征购基数，扩大议价范围，变相地提高价格。同时，又与减免农村的几种税收并行。这样就加重了国家财政负担，分散了国家财政资金。今后农民收入的增加，主要的应是努力增产，而不是依靠提高农产品价格，更不该依靠降低征购派购基数和扩大议价范围。我国农产品价格一般偏低，但只能在生产发展中逐步提高，走得太快反而不利于全面发展和综合平衡。

今后市场零售物价可能呈现稳中有升的趋势。为了保证人民生活安定和生活水平逐步提高，一定要使居民货币收入增长幅度超过物价上升幅度。当然，居民货币收入增长速度也不是无限的，它不能超过劳动生产率提高的速度。职工平均收入增长的幅度，只能低于劳动生产率提高的幅度。企业只有在劳动生产率提高、增产增收的条件下，才能按比例发放奖金和津贴。不顾生产和利润的实际情况而滥发奖金和各种津贴的现象，必须制止。把资金过多地用于奖金和各种津贴，必然影响生产发展，最终也会影响生活的改善。"无论如何，城乡人民生活水平的提高都只能靠努力发展生产，而不能靠减少国家必不可少的建设资金，否则将损害人民的根本利益和长远利益"。①

从各方面集中资金是为了保证重点建设。能源、交通这个战略重点和

---

① 胡耀邦：《全面开创社会主义现代化建设的新局面》，人民出版社，1982，第19页。

其他基础设施属于生产资料生产。从长期看，生产资料生产还是要优先发展的。我国正处于手工劳动向机器劳动过渡的时期。在这个时期中，生产资料生产必然优先增长。优先发展重工业的方针就是以生产资料生产优先增长为理论依据的。我们不能因为过去执行这个方针中出现了严重的偏向，就从根本上否定这个方针和它的理论依据。随着生产建设的发展，农业和轻工业对重工业的依赖程度越来越高，这就要求重工业提供更多的机器设备、燃料动力和原材料。没有重工业的发展，农业和轻工业也上不去，人民生活也难以改善。所以，从长远和根本上说，唯有努力发展重工业，把农业和轻工业放在更高的物质技术基础上，才能更加有利于人民生活水平的提高。不过有两点值得注意。一个是按照两大部类比例关系的原理，重工业的发展要与农业、轻工业的发展相适应。如果重工业发展过快，超过了农业和轻工业的承受能力，那么到头来，重工业还是上不去；如果重工业坚持为农业和轻工业、为人民生活服务的方向，那么它发展得越快就越有利于提高人民生活水平。另一个是重工业有它自己的发展规律，特别是重工业项目的建设工期较长，所以它也不能机械地跟着农业、轻工业走。某些基本原材料工业、能源工业、交通运输业等，都必须在长期计划中早作安排，不能临渴掘井。

第三，把消费资料的生产放在重要的战略位置上。在上文中我们强调发展重工业，并不意味着轻视农业和轻工业。农业和轻工业主要是生产消费品，它们的发展是保证人民生活水平提高的物质基础。人民生活水平提高的速度，要受国民收入增长速度的制约，而在使用价值上则要受人均消费资料增长速度的制约。所以，为了更快地提高人民生活水平，必须把消费资料的生产放在重要的战略位置上。

我们过去的教训是，重工业发展很快，而农业和轻工业发展较慢，阻碍了人民生活水平的更快提高。党的十一届三中全会后，调整了农轻重比例，加快了农业和轻工业的发展。这就为提高人民生活水平奠定了物质基础。今后，仍要继续把农业生产放在首位，作为发展国民经济的第一个战略重点。轻工业也要大力发展，但必须做好市场预测，有计划地发展。这两年盲目建设、盲目生产的项目、产品要进行整顿。今后轻工业发展应侧重于农村市场。对于耐用消费品的生产要考虑它们的使用寿命。第一轮的大量需求被满足之后，就将变为逐次更新，不再有那样大的需要量，还有产品换代的问题，切不可盲目发展。

为了使人民生活与生产建设的比例关系更加协调，一定要把农轻重的比例同积累与消费的比例联系起来，正确地确定积累的使用方向，并尽可能地提高积累的使用效率。今后生产建设的发展，除了依靠提高经济效益外，仍然需要大量的投资。非生产性建设也需要投资。没有资金，或资金不足，生产建设上不去，人民生活也难改善。过去多年的教训是积累率偏高，积累与消费比例失调，人民生活方面的问题长期得不到解决，最终不得不降低积累率，放慢生产发展。这对于生产建设和人民生活造成的损失是严重的。我们一定要使积累率保持在相对稳定的水平上。从我国过去三十多年的经验和外国的经验统计数字来看，要想使积累率固定在某一点（譬如说25%）上，事实上是不可能的。但是保持在25%~29%则是可能的，也比较适宜。

最后，我们还要看到，人民生活水平提高的速度，不仅取决于生产发展的速度，也决定于人口增长的速度。为了更快地提高生活水平，坚持实行计划生育、控制人口增长速度是十分必要的。

本文原载：《经济研究》1983年第1期

正确处理生产和消费的关系

党的十二大不仅提出了在不断提高经济效益的前提下力争20世纪末工农业年总产值"翻两番"的宏伟战略目标,还为实现这一目标制定了战略重点、战略步骤和一系列重要的方针政策,形成了一套现代化建设的发展战略。正确处理生产和消费的关系,在这一套发展战略中处于关键性的地位。

一 正确处理生产和消费之间的关系是选择经济发展战略的关键问题

经济发展战略选择得当与否,对于国民经济能否顺利发展关系极大。在同样的条件下,选择了正确的发展战略,国民经济就能发展得比较顺利;否则,即使主观上希望发展得多、快、好、省,结果也只能是少、慢、差、费。各种发展战略之间的差别表现在许多方面,其中,怎样处理经济过程的初始环节和终结环节之间,即生产和消费之间的关系,具有决定性的意义。这是为中外历史所反复证明了的真理。

从历史上看,帝国主义国家的传统发展战略是:依靠加强对本国人民和殖民地、半殖民地人民的剥削和掠夺,通过大资本对小资本的排挤和兼并来发展。由于经济发展的目的不是为了满足人民的需要,而是追逐最大限度的利润,因此资本主义经济的发展使生产迅速增长的趋势同劳动群众消费的相对下降之间的矛盾日益激化。这就造成了资本主义周期性经济危机的必然性。我国的社会制度和资本主义根本不同,我们决不能走资本主义的经济发展道路,这是显而易见的。

社会主义国家的经济发展，也有一个发展战略的选择问题。在第一个社会主义国家苏联建立之初，由于它的生产力发展水平不高，又处在资本主义的严重包围之中，因此经常受到帝国主义入侵的威胁。为了在当时极其严峻的国际形势下迅速壮大国防力量，尽可能地优先发展重工业，保证国民生产总值高速度增长，这是必要的，也是完全可以理解的。在这种发展战略的指导下，集中使用资源发展基础工业和国防工业，确实也为第二次世界大战中战胜德国法西斯提供了物质准备。然而，长期实行这种战略，不能不进行高额积累和压缩群众的消费，从而使生产同消费之间的正常联系受到破坏。

新中国成立初期，我国也采取了优先发展重工业的发展战略。这对于像我们这样一个经济十分落后、许多重要工业品不能自给，又面临着帝国主义的经济封锁和侵略威胁的国家来说，也曾经是必要的。但是在我国重工业的发展中也存在苏联那样片面突出的问题，从而不可避免地带来种种消极后果。特别是1958年以后在"以钢为纲"的方针指导下，重工业越来越片面发展，加上经济政策其他方面的"左"倾错误，使国民经济中比例关系严重失调。当前农轻重之间比例关系很不协调。首先，重工业某些部门，特别是其中为重工业本身提供原材料和设备的部门片面发展，日用消费品的主要供应者轻工业发展缓慢，农业这个国民经济的基础受到了破坏。其次，基本建设摊子越铺越大，建设周期越来越长，浪费越来越惊人，经济效果越来越差。最后，积累基金比重过大，其中投入重工业的生产性积累基金比重更大，投入农业、轻工业的生产性积累基金和非生产性积累基金，特别是消费基金比重过小，以致工业总产值增长虽然相当快，而经济效益却很差，人民生活远未得到相应的改善。这些比例失调给我国国民经济的发展所造成的严重恶果，是众所周知的。追根溯源，造成这种比例失调的根本原因在于破坏了生产和消费之间的正常联系；同时，人民物质文化生活缺少改善，严重影响了劳动者素质和积极性的提高，这就不能不造成经济效益的下降。

1978年12月召开的党的十一届三中全会，从根本上冲破了长期"左"倾错误的严重束缚，为我国社会主义经济的发展开辟了一条新的道路，在确定把全党的工作重点转移到社会主义现代化建设上来的同时，指出新时期的总任务在于："加快社会主义现代化建设，并在生产迅速发展的基础上显著地改善人民生活。"这标志着我国经济发展战略转变的开始。这次全会首先抓住农业这个中心环节，改变过去的一整套"左"的做法，使我国偏枯衰败的农业迅速变得欣欣向荣。这对带动整个经济形势的好转起了重大的作用。

1979年初，在党的十一届三中全会"解放思想，实事求是，开动脑筋，团结一致向前看"的方针指导下，通过总结三十年经济建设的经验教训，提出了以调整为中心的"调整、改革、整顿、提高"的新"八字"方针。当时提出的国民经济调整的主要要求是：①集中力量把农业搞上去，使粮食生产和其他农副产品生产的发展同人口的增长和工业的发展相适应；②加快轻纺工业的发展，使轻纺工业的增长速度赶上或略高于重工业的增长速度，使主要轻纺工业产品的增长大体同购买力的增长相适应；③努力增产和厉行节约，使燃料动力和交通运输的紧张局面有所缓和；④冶金、机械、化工等重工业部门，要在增加生产的同时，着重提高质量，增加品种；⑤坚决缩短基本建设战线，提高工程质量，降低工程造价，缩短建设周期；⑥使全国农民从集体分得的平均收入和全国职工的平均工资继续有所提高。十分明显，以上六个方面的调整，归根到底都是要在生产和消费之间建立起正常的联系。正如许多经济学家和经济工作者在党的十一届三中全会以后进行的关于社会主义生产目的的讨论中指出的，发展生产的目的是满足人民日益增长的物质和文化生活需要，这是我国国民经济调整的指导思想。

以调整为中心的"八字"方针在党的十一届三中全会召开后两年多的实践中得到了充实和发展。1980年提出的重工业调整服务方向，提高适应能力，更好地为农业和消费品工业服务，为国民经济的技术改造服务，为出口服务的方针，以及1981年采取综合措施，有计划地增长适销对路的消费品，迅速发展轻纺工业等等，都是为调整生产和消费之间的关系，落实"八字"方针做出的新的努力。在实践经验的基础上，1981年12月赵紫阳总理在党的五届人大四次会议上所做的政府工作报告中把"调整、改革、整顿、提高"的方针进一步具体化，提出了今后经济建设的"十条方针"，

"十条方针"围绕着提高经济效益,提出一条经济建设的新路子。党的十二大全面肯定了这条新路子,指出"为了促进社会主义经济的全面高涨,在全部经济工作中,必须继续贯彻执行五届人大四次会议批准的十条经济建设方针"。"十条方针"连同十二大提出的战略目标、战略重点、战略步骤和其他重要原则,构成了我国现代化建设的发展战略。

党的十一届六中全会通过的《关于建国以来党的若干历史问题的决议》早已明确指出:我国现阶段"所要解决的主要矛盾,是人民日益增长的物质文化需要同落后的社会生产之间的矛盾"。只要我们本着十二大规定的发展战略,本着"从一切为人民的思想出发,统筹安排生产建设和人民生活"的指导思想处理这一矛盾,我们在国民经济调整过程中已经遇到的其他各种矛盾,以及在实现宏伟战略目标过程中将会遇到的各种矛盾,都会比较容易得到解决。

二 发展社会主义生产,最大限度地满足人民日益增长的需要是马克思主义的一条根本原则

我们党处理生产同需要、生产同消费之间的矛盾的指导思想,不是任意规定的,而是根据马克思主义关于生产和消费的一般关系的原理,特别是社会主义制度下生产和消费的关系的原理,在总结我国社会主义建设的经验教训的基础上科学地制定的。

社会生产作为人类最基本的实践活动和经济过程的实际起点,是决定其他一切经济过程和其他一切社会活动的东西。但是,生产活动不是孤立的,它又受着其他条件的制约。在经济过程中,它与这个过程的终点——消费,处在辩证统一之中。生产与消费的统一是社会再生产的本质要求。

马克思在《〈政治经济学批判〉导言》里,对生产和消费的辩证关系,做了极为深刻的分析。首先指出,生产与消费有着直接的同一性,生产直接是消费,消费也直接是生产。其次,生产与消费彼此不可分离。也就是说,谁也离不开谁:一方面,生产为消费创造外在对象,创造出消费的材料,生产决定消费,包括决定消费水平和消费方式;另一方面,人们之所

以需要生产物质产品,是因为他们需要消费。产品只是在消费中才成其为现实的产品,产品被消费了,生产这种产品的生产行为才算最后完成。如果生产出来的产品没有使用价值,不能用来消费,这种"生产"也就不成其为生产。所以,消费又是生产的前提和推动生产不断发展的动力。再次,生产和消费在一定条件下可以互相转化。两者的每一方面不仅直接就是对方,不仅媒介着对方,而且,两者的每一方当自己实现时也就创造对方。这种创造对方的过程,也就是相互转化的过程。

由此可见,生产与消费在任何时候都是互相联系、互相制约的,在一定条件下又可以各自向着对立的方面转化。决不能把生产在社会再生产过程中的决定作用理解为消费对于生产只是消极、被动的因素。事实上,消费既是经济过程的最后目的的结束行为,又反过来作用于生产并重新引起整个过程,在一定条件下也决定着生产。生产——交换——分配——消费——再生产……循环往复,螺旋形上升,以至无穷,这种连续不断的矛盾运动过程,就是人类社会生产不断发展的过程,并决定着人类历史发展的进程。

明白了以上这些,我们就会懂得,为什么采取片面发展重工业的方针,脱离满足人民需要的目的,而单纯追求总产值增长的"高速度"是错误的。斯大林曾经说过,"跟满足社会需要脱节的生产是会衰退和灭亡的"。[①] 这是一条适用于一切社会经济形态的定理。

社会生产和消费的关系,在不同的生产关系下,又具有不同的性质。资本主义的生产目的是资本家为了追求最大限度的利润,为利润而生产导致了所谓"为生产而生产"的倾向。同时,劳动人民的消费完全从属于资本家榨取剩余价值的目的,被限制在狭小的范围内,人们需要的满足只有在保证取得最大限度的利润的这一任务的限度内,才是资本家所关心的。所以,在资本主义的条件下,只能通过市场保持生产同消费之间的关系,这种关系是在对抗性的阶级矛盾的基础上发展的,它们之间的正常联系经常遭到破坏却是必然的。

与此相反,社会主义生产的直接目的,就是为了人及其需要,即满足

---

① 《苏联社会主义经济问题》,《斯大林文选》(下),第632页。

社会成员的物质和文化的需要。列宁说："社会主义社会是一个为了消费而有计划组织生产的大消费合作社。"① 社会主义生产，说到底，也就是为了人民的消费。社会主义生产的发展决不会受到资本主义条件下经常发生的劳动群众消费不足的限制；相反，群众日益增长的消费，给发展生产提出了越来越高的要求，同时，消费的实现又能使劳动者的身心素质不断改善，积极性、主动性不断提高，从而使社会生产力不断提高。所以，社会主义生产的迅速发展，是人民消费水平提高的物质基础，而人民消费的扩大和需要的增长则又是生产发展的强大推动力。

认清社会主义制度下生产和消费的辩证关系就要把关心和不断提高人民的物质文化生活水平作为着眼点。我国是一个发展中的社会主义国家，由于生产力的发展水平还不高，充分满足人民日益增长的消费需要还有相当大的困难。然而，我们在处理生产和消费之间的矛盾时，决不能从降低消费方面来打主意（虽然按照国民经济的发展情况控制消费的增长速度是必要的），而要从发展生产方面来想办法。就是说，发展社会主义生产，满足人民群众日益增长的需要，只有这样做，才能真正督促我们的干部学会经营管理，才能激发亿万群众建设社会主义的积极性，才能促使我国社会主义建设蓬勃发展。

社会主义制度为正确处理生产同消费之间的关系提供了可能性，然而，这也加重了社会主义经济的领导者和计划机关按照马克思主义的发展生产、满足需要的原则去解决生产同消费的矛盾的责任。如果我们对生产和消费的同一性没有足够的理解，我们经济工作的指导思想就不清醒，就会犯错误。如果由于指导思想上的偏差或者计划工作中的失误，而使劳动者的消费没有得到足够的重视，使他们的生活长时期得不到改善，甚至企图用压缩群众消费的办法来解决生产同消费之间的矛盾，那么，社会主义制度的优越性就不可能得到发挥，整个社会再生产就不可能正常发展，弄得不好，甚至会发生下降、倒退的严重情况。

我国社会主义建设的实践充分证明了上述原理。三十多年来，凡是生

---

① 《"火星派"策略的最新发明：滑稽的选举是推动起义的新因素》，《列宁全集》第9卷，第356页。

产与消费的关系处理得好，积累与消费的比例安排得恰当，则整个国民经济发展得就快，群众的政治热情、生产积极性就高，市场繁荣，社会安定。反之，违背客观经济规律，片面强调重工业特别是钢铁工业的增长，实行高积累、低消费的方针，则人民的生活长期得不到改善，有时还有所下降。这种片面强调生产、轻视消费的观点，实质在于轻视人及其需要的满足，把人仅仅看作"劳动力"而不是目的本身。这样一来，一方面忽视人们多方面需要的满足，阻滞了生产的多样化发展；另一方面，即使作为劳动力的人，也不能发挥他们的积极性和创造性。所以，采取高积累、低消费的方针，带来的是高浪费、低效率和社会再生产过程的破坏。

这里，涉及一个基本理论问题，就是如何理解列宁关于扩大再生产过程中生产资料优先增长的原理以及它同发展生产、满足需要的原则之间的关系。在过去一个时期里，有的同志认为，既然第Ⅰ部类的优先增长是扩大再生产的实现条件，那么主要生产第Ⅰ部类产品的重工业增长得越快，扩大再生产实现得也就越顺利。有的同志还把联共（布）采取的"优先发展重工业"的方针同这一原理联系在一起，认为集中人力、物力、财力，从发展重工业开始工业化，才是社会主义的工业化道路。看来，这是对马克思主义关于扩大再生产过程中两大部类之间关系的原理的误解。

列宁从资本主义历史发展的事实中，总结出扩大再生产过程中生产资料优先增长的原理。他指出："增长最快的是制造生产资料的生产资料生产，其次是制造消费资料的生产资料生产，最慢的是消费资料生产。"① 这显然是用机器代替手工劳动的工业化时期的合乎规律的现象。但是由这一规律并不能得出应当片面发展重工业的结论。

首先，重工业是制造生产资料的主要生产者，生产资料优先增长，意味着重工业在扩大再生产过程中较之农业和轻工业增长得快些。但是，这并不是说，重工业可以脱离其他部门的发展，增长得越快越好。马克思主义的再生产理论清楚地告诉我们，两大部类的发展必须相互协调，第Ⅰ部类不能脱离第Ⅱ部类而孤立地发展。在扩大再生产的过程中，"就象第Ⅰ部

---

① 《论所谓市场问题》，《列宁全集》第1卷，第71页。

类必须用它的剩余产品为第Ⅱ部类提供追加的不变资本一样，第Ⅱ部类也要在这个意义上为第Ⅰ部类提供追加的可变资本"。① 片面地发展重工业，使之孤军突出，只能导致社会再生产的破坏，而不可能实现国民经济的持续发展。

其次，我们应当看到：生产资料的优先增长，是针对工业化过程的一个较长时期说的。至于在一个短时期中，第Ⅰ部类和第Ⅱ部类的增长则往往有快有慢，参差不齐。特别是在前几年我国的情况下，由于农、轻、重之间的正常比例关系受到破坏，重工业的比重过大，因此为调整不合理的比例关系，不能排除在一定时期中两大部类"轮流坐庄"、交互领先的可能性。

至于说到"优先发展重工业"的方针，它和第Ⅰ部类优先增长的原理既有联系，又相区别。既然要保证第Ⅰ部类在工业化的全过程中较之第Ⅱ部类有较高速度的增长，对原来基础薄弱的重工业给予某种程度的优先照顾是必要的。但是，所谓"优先发展重工业"，按照它的制定者斯大林的解释，指的是"从发展重工业开始来实行国家工业化"，使重工业"成为工业化的头一个对象"。② 换句话说，就是要集中人力、物力、财力，从发展重工业着手实现工业化。这显然并不是第Ⅰ部类优先增长的必然要求。例如，在资本主义各国的工业化过程中，生产资料是优先增长的，但这并没有妨碍它从轻工业开始实现工业化。正如前面已经指出的，用优先发展重工业的方法实现工业化，是苏联在特殊的国际和国内环境下采取的特殊对策，而不是社会主义工业化唯一可能的道路。即使苏联的工业化历史实际，也不能证明后一种论断。早在十月革命前，俄国就是一个重要的粮食出口国，轻纺工业也已经有了相当规模。在新经济政策时期，工业和轻工业已大体恢复到战前水平，其中某些部门还超过了战前水平。因此，二十世纪二十年代后期以重工业为重点的发展，并不是完全没有轻工业的先行发展为基础。所以从历史的顺序说，并不是先有重工业的发展再有农业、轻工业的发展，而是农业和轻工业的发展促进重工业的发展。正像马克思和列宁

---

① 《资本论》第2卷，人民出版社，1975（下同），第584页。
② 《在莫斯科市斯大林选区选举前的选民大会上的演说》，《斯大林文选》（下），第449页。

指出的："生产资料的制造必然是和消费品的制造联系着的，因为生产资料的制造不是为了生产资料本身，而是由于制造消费品的工业部门对生产资料的需要日益增加。"① 生产资料的生产和流通"最终要受个人消费的限制"②。所以，在通常的情况下，以农业、轻工业的发展促进重工业的发展，可能是一条更易见效和更少损失的道路。

以上的理论分析说明，以满足人民的需要为发展社会主义生产的出发点和归宿不仅不是违背，相反还是完全符合马克思主义的再生产原理的。我国国民经济调整工作已经取得的成效，也充分证明了这一点。在调整国民经济的初期，为了使农业和轻工业有较快的发展，我们有意识放慢了重工业和生产性基本建设的发展速度。经过几年轻工业超过重工业的发展以后，现在重工业已经重新回升。去年和今年一、二月份，重工业取得了较快的发展速度。造成重工业发展速度提高的一个正常的因素是，农业、轻工业得到发展以后，向重工业提出供应更多原料和技术装备的要求。目前在我国农业恢复和发展得最快的地区，已经出现了农民争购农业机具，小型以至中型拖拉机供不应求的情况。这为重工业的发展提供了广阔的市场。但是，我们仍要防止重工业脱离农业、轻工业而过快发展，造成新的比例失调。我们必须坚定地走经济建设的新路子，坚持发展社会主义生产、满足人民需要的方针。只有这样，才能完满实现我国经济发展战略的转变，呈现国民经济中农、轻、重互相促进，生产和消费共同提高的新局面。

三 正确处理生产和消费的关系，促进经济发展战略目标的完满实现

第一，以消费促生产，实现经济结构和生产组织的合理化。

党的十一届三中全会以来，我们改变了过去从压缩人民消费上打主意的老做法，努力发展消费品的生产，以满足人民的需要，开创了消费同生产互相促进的新局面。几年来，我们从满足人民生活需要出发，大力发展

---

① 《答普·涅日达诺夫先生》，《列宁全集》第4卷，第143页。
② 《资本论》第3卷，第341页。

农业和轻工业，又以农业和轻工业的发展带动重工业的发展，并使重工业逐渐转入为农业、轻工业服务的轨道上。这样做的结果是，不仅人民生活水平显著提高了，而且生产也摆脱了由于部门关系不协调而造成的困境，逐渐走上健康发展的轨道。

调整经济结构，其实质是改变生产与消费不相协调的结构，建立生产与消费比较协调的结构。这项工作现在还远没有结束。我们必须继续坚持依靠政策和科学、加快农业发展的方针，全面发展农村经济。继续把消费品工业的发展放在重要地位，并且要适应消费结构的变化及时调整生产结构和产品结构。重工业在把重点放在加强能源开发、大力节约能源消耗、加强交通运输建设的同时，还要进一步调整重工业的服务方向，扩大服务领域，提高服务质量，提高适应能力，更好地为农业和消费品工业服务，为国民经济的技术改造服务，为出口服务，为国防现代化建设服务。通过这些工作，使我国国民经济结构进一步合理化。

国民经济中生产与消费脱节状况的出现，还有经济组织方面的原因。我国过去的经济管理体制存在着权力过分集中和政企不分的缺点，加之分配方面存在的吃大锅饭、平均主义等毛病，使得生产单位往往忽视增加产品品种、改进产品质量、降低生产成本、薄利多销，以便更好地满足消费者的需要。相反，粗制滥造，"货不对路"，一方面产品短缺脱销，另一方面超储积压多有发生。为了消除这些缺点，首先，在近期内，要通过企业的全面整顿和必要调整，挖掘现有企业的潜力，改善经营管理，提高经济效益。其次，从长远来说，还要根据以计划经济为主、市场调节为辅的原则，对原有的经济管理体制坚决而有秩序地进行改革，逐步建立符合我国情况的经济管理体制。通过这一切，使企业在实现国民经济计划的过程中充分发挥它们的主动性，积极研究消费者的要求，增加适销对路的产品的生产，不断改进产品质量，降低生产成本，更好地满足消费者的需要。

第二，搞好国民收入的初次分配、再分配和最终使用，使积累和消费的比例更加合理。

在初次分配中，首先必须留出足够的必要产品，来保证人民生活水平不仅不会降低，而且逐步有所提高。当然，在确定的时期中，人民生活水平的提高，不是毫无限制的，它的提高受到生产增长和劳动生产率提高速度的制约。"一五"时期，工业企业全员劳动生产率提高速度与职工平均工资增长速度之比为10∶8，往后的近二十年间，生产虽有一定的增长，而劳动生产率却提高得很慢，职工的实际工资水平和农民收入水平非但没有提高，反而有所降低。粉碎"四人帮"以来，党和政府采取一系列措施，使职工平均工资和农民收入水平有相当大的提高。现在的问题是：人民生活水平的提高幅度，已经达到甚至超过生产发展和劳动生产率提高所能允许的最高限度。因此，为了保证今后人民生活水平的继续提高，必须在提高经济效益的前提下，努力发展生产，提高劳动生产率，使人民生活的持续改善有一个牢固的基础。

在再分配中，用于文教、科研、卫生、体育、城市公用事业以及居民住房等的非生产性投资，同人民的生活消费直接有关，必须得到保证。不重视消费，任意减少非生产性投资，也难以使国民收入再分配合理化。

目前在国民收入分配方面的突出问题，是国民经济的积累总额没有随着生产规模的扩大以及随之而来的建设要求的增加而增加，出现了建设资金不足的情况。1979～1981年三年中，新增国民收入使用额共874亿元，其中用于增加居民个人消费和社会消费的达871亿元，积累基本上没有增加。特别是国家预算掌握的积累资金，近年来非但没有增加，反而有所减少。过去我国预算收入占国民收入总额的比例，一般为34%，现在下降到24%，这就使国家的重点建设基金供应不足。我们知道，建设投资是为发展生产所必需，从而也是为保证长远的消费需要所必要的。如果重点建设资金不足的状态持续下去，国家财政收入保证不了国家重点建设的需要，当前国民经济的薄弱环节如能源和交通等上不去，那么势必阻碍生产的进一步增长，使人民生活水平的进一步提高发生困难。因此，我们必须采取有力措施，努力发展生产，大力开辟资源，并适当保证国家集中必要的资金，进行重点建设。与此同时，还必须提高积累的效率。第一个五年计划时期，我国每百元积累增加的国民收入为35元，第二个五年计划时期剧烈下降，直到现在还只达到"一五"时期的一半多一点。基本建设的许多技术经济指标也还大大低于历史最高水平。这种情况是很不正常的，需要采取措施加以改变。

　　同国民收入分配密切相关的一个重要问题，是如何看待和利用居民储蓄的问题。社会主义条件下的居民储蓄，是消费基金中延迟实现的部分。1981年与1978年相比，居民个人消费基金增加800多亿元，同期城乡居民储蓄由310亿元增加到624亿元，增加310多亿元，占居民个人消费基金增加额的近40%。出现这种情况的原因，一方面是居民手中的钱多了，他们把其中一部分贮藏起来，作为后备或者"持币选购"；另一方面由于消费资料不够，或不符合需要，因而消费基金不能很好实现。总的说来，由前一种原因引起的储蓄增加是正常的，由后一种原因引起的储蓄增加，却是不正常的，应当采取适当的措施，包括增加消费品品种，提高消费品质量等办法，使它们得到实现。居民存款余额，在它确有实物保证的条件下，可以也应当转化为生产基金使用，以保证社会产品的顺畅流通和有效利用。不过，储蓄转化为生产基金以后，不能很快再转化为消费品，用来满足居民的消费需要。尤其是生产资料的生产部门，这一转化过程往往是很长的。当我们使用储蓄作为投资时，必须考虑到居民或迟或早要提取存款，实现消费。因此，这部分由居民存款转化来的生产基金，主要应当用于扩大消费品生产，以便在较短时期内提供更多的适销对路的消费品供应居民的需要。

　　第三，以消费促交换，改进物资供应和商业工作，实现社会主义市场繁荣。

　　消费资料的流通规模和速度，直接取决于消费的规模和速度；而生产资料的流通规模和速度，则间接地取决于消费的规模和速度。因此，发展生产、增加消费，必然能够促使市场繁荣。为了发挥消费对市场的促进作用，要准确测定市场容量，摸清市场需要，使居民货币购买力与消费品可供量在总额、构成、地区、时间四个方面实现基本平衡。

　　形成居民货币购买力的主要因素，例如工资、农民出售农副产品收入、财政信贷投放等，都是由国家计划控制的，而主要消费品的供应量也是由国家计划安排的，因此，我们每年都可以预先计算出居民购买力有多大，商品可供量有多少，二者是否平衡，差额有多大。当然二者绝对相等是很难的，只要大体适应就可以了。为了消除垄断、鼓励竞争，商品可供量略大于购买力是必要的，可是，过去我国居民购买力长期大于消费品可供量，所以市场很紧张，消费对流通的促进作用难以发挥。近几年这种情况有所好转，也还没有根本解决问题，仍要大力开辟货源，增加适销对路的消费品供应，尽快实现供求总额平衡。

即使总额平衡了，也会出现某些商品供不应求，而另一些商品却滞销积压；一种商品在此地供不应求，在彼地却滞销积压；某些商品季节性强，同消费者经常需要不易衔接等问题。这就要经常注意商品供求在构成上的平衡问题。目前这方面的问题较多，需要从满足消费者的需要的观点出发，组织好商品的运销流转来加以解决。

过去消费对流通的促进作用之所以没有很好地发挥出来，重要原因之一，是流通领域中的主要依靠行政系统、行政层次和行政手段的管理体制束缚了经营者的主动性和创造性。而有些商业机构也就照章办事，不了解消费者的需求和市场行情，不主动进行购销活动，不注意改善经营管理，而且"官商"作风严重，这就不能不造成流通堵塞、生产和消费都受到损害的后果。要使消费促进市场繁荣，必须改革旧的经济体制，建立多渠道、少环节、开放的商品流通市场来代替过去那种渠道少、多环节的封闭的商品流通体系，使商业真正起到沟通生产和消费、促进生产和消费的作用。

第四，加强对消费的指导，保证全体人民的物质文化需要和全面发展。

社会主义生产的目的是满足人民的物质和文化需要。这里所说的物质文化需要，不是指任何一种需要，而是有利于他们全面发展的需要。所以，对于消费还有一个进行指导的问题。对消费的指导最重要的就是确定消费模式。各个国家的消费模式取决于自身的社会制度、经济发展水平、自然条件、历史传统等多种因素。我们不能盲目引进外国的消费模式作为自己的模式，而必须从中国国情出发，建立中国式的消费模式。我国人口多，底子薄，生产不发达。人民生活消费水平、消费结构和消费方式要适应中国的国情，同时，要引导人们建立正确的价值标准，合理地消费。剥削阶级追求金钱，骄奢淫逸，认为这些才是幸福。与此同时，为了推销商品和取得高额利润，他们还总是在社会上推销把挥霍浪费看作"体面生活"标志的观念。事实上，单纯的物质享受，并不能给人们带来真正幸福。社会主义追求的是高度物质文明和高度精神文明，是人的全面发展。因此，我们应当抵制剥削阶级思想的影响，倡导建立一种具有充实的物质生活和精神生活内容、舒适而不浪费、经济实惠而又丰富多彩的消费模式，使我国人民生活得愉快和幸福。

总之，十亿人民的生活消费需要是社会主义经济发展的强大推动力。只要我们坚持从满足人民的需要出发，处理好生产、分配、交换、消费之间的关系，做到"统筹安排，兼顾国家、集体、个人三者利益，把中央、地方、部门、企业和劳动者的积极性都充分调动起来，科学地组织起来，使之发挥出最有效的作用"[①]，就能够提高经济效益，促进社会主义经济的全面高涨，促进我国经济发展的宏伟战略目标的完满实现。

本文原载：《经济研究》1983年第5期

[①] 胡耀邦：《全面开创社会主义现代化建设的新局面》，人民出版社，1982，第27页。

让消费焕发无穷的"生产"作用

温家宝总理在政府工作报告中指出,"坚持扩大内需的战略方针,重点是扩大消费需求,增强消费对经济的拉动作用"。这里强调的"重点""增强"有重要的指导意义。

一 重点转移的辩证法

为了从理论上深刻理解和正确认识重点扩大消费需求的必要性,必须首先弄清楚消费需求与生产需求的辩证关系。尽管人们的需求从表面上看五花八门、千奇百怪、无所不有,但从根本上考察不外两大类:一是生产需求,又称投资需求;二是生活需求,又称消费需求。这两类需求之间存在着辩证统一关系。这种关系有如下三层含义。

(一)消费需求与生产需求之间有统一性

生产决定消费,没有生产需求也就没有消费需求;反之,消费又是生产的目的和动力,没有消费需求,也就根本不存在生产需求。人们之所以要进行生产,并不是为生产而生产,只是因为生活消费需要。简言之,没有生产的消费是不存在的;同理,没有消费的生产也不存在。因此,生产需求与消费需求相辅相成,相互促进,协同发展。

(二)消费需求与生产需求之间又具有矛盾性,即排他性或彼此消长性

任何国家或地区在社会经济发展的一定阶段上所拥有的财力都是有限度的。在这种条件下,用于满足生产需求的财力多了,用于满足生活需求的财力就会少了。例如,我国 2004 年的国内生产总值(GDP)是 14.2 万亿

元，国家财政收入是2.6万亿元。在这样既定的财力条件下，如果用于满足生产需求（或者说用于投资需求）的财力多一些，那么用于满足生活需求（或者说用于消费需求）的财力自然就少一些；反之，亦然。显然存在着矛盾。这种矛盾的双方具有排他性，即此消彼长。这就要求人们妥善处理。

（三）消费需求与生产需求在不同的社会经济发展阶段上所处的地位不同

一般说来，当生产力水平较低，急需加快发展生产时，生产需求处于重点地位，成为矛盾的主要方面，国家将更多一些财力用于满足生产需求，以促进生产更快发展。这个阶段在经济学上可称为生产主导阶段。当生产力水平发展到一定高度，急需加快改善人民生活时，消费需求则上升到重点地位，转化为矛盾的主要方面，国家将更多一些财力用于满足消费需求，以促进人民生活水平的更快提高。这个阶段，我们称为消费主导阶段。温总理提出的"重点扩大消费需求"政策主张，标志着我国开始进入消费主导阶段。

二 扩大消费需求为什么成为重点？

扩大消费需求之所以成为重点，从根本上说，这是我国生产力水平显著提高和综合国力大大增强的必然要求。具体地说，它是国内生产总值增长和结构演变的结果。

我国国内生产总值1978年仅为3605.6亿元，2004年则高达142394.2亿元，增长38.5倍，扣除价格因素后，增长8.5倍，平均年增长9.4%。这就表明，在25年间，按国家总体财力计算，一个中国变成了九个半中国，综合国力显著增强。这是重点扩大消费需求的最重要的物质基础。它为重点扩大消费需求提供了充分的可能性。

国内生产总值生产出来之后，将主要用于发展生产与改善人民生活两个方面，以满足生产建设的投资需求和提高人民生活水平的消费需求。改革开放以来的分配情况详见表1。

表1　GDP中投资与消费占比分析

单位：亿元，%

年份 项目	1978	1985	1990	1995	2000	2004	2005
国内生产总值	3605.6	8792.1	18319.5	58510.5	89340.9	142394.2	182300.0
（一）用于投资的总额	1377.9	3386.0	6444.0	23877.0	32499.8	62875.3	89144.0
投资所占的比重	38.2	38.5	35.2	40.8	36.4	44.2	48.9
（二）用于消费的总额	2239.1	5773.0	11365.2	33635.0	54600.9	75439.7	92426.7
消费所占的比重	62.1	65.7	62.0	57.5	61.1	53.0	50.7

资料来源：《中国统计年鉴》（2005）。

表1中的资料证明，2005年比1978年国内生产总值增长49.5倍，其中，用于投资的增长63.7倍，用于消费的增长40.3倍。由于投资的增长速度显著高于消费的增长速度，因而，投资在国内生产总值中所占比重由1978年的38.2%上升到2005年的48.9%；相反，消费在国内生产总值中所占比重由1978年的62.1%下降到2005年的50.7%。目前，我国的投资比重之高，消费比重之低，不论在发展中国家，还是在发达国家中，都是罕见的。或者说，它们的比例已经失调，非调整不可了。因此，调整投资与消费的关系，将重点由投资转向消费，重点扩大消费需求，提高消费在国内生产总值中的比重，实在太重要、太紧迫了。

重点扩大消费需求不仅不会影响生产，还会促进生产发展。消费不仅仅是物质资料的消耗，它还有"生产"作用。马克思认为，"消费为生产创造主体""消费生产出生产者的素质""消费创造出生产的动力""消费是使产品成为产品的最后行为"，消费既是生产的出发点，又是生产的归宿点。[①] 马克思主义的这些原理已被实践证明是千真万确的。今天我们强调重点扩大消费需求，必然能焕发出消费的无穷的"生产"作用，促进我国的生产建设再上一个新台阶。

---

① 《马克思恩格斯选集》第2卷，第92~94页。

三 落实重点扩大消费需求的若干建议

（一）坚决制止投资膨胀继续扩大的势头

实施扩大内需方针八年以来，虽然中央再三强调，要重视消费需求，但由于长期形成的投资饥渴症作怪，仍然重投资、轻消费，使扩大内需的方针，变成扩大投资的方针，重点一直放在投资需求上，投资率直线上升。这是目前低消费的最直接原因，也是重点扩大消费需求的最大障碍和"拦路虎"。为了使扩大内需的重点由投资转移到消费，必须继续严把信贷、土地两个闸门，坚决制止投资的盲目扩张。鉴于目前许多商品都供过于求，生产能力大量闲置，对那些重复建设、重复生产、重复科研以及污染环境、破坏生态、浪费资源的项目，要坚决制止，决不能手软。考核政绩的指标，不能局限于GDP或绿色GDP增长多少，要把居民消费增长多少、投资效果增长多少列入政绩考核指标之内，并定期公布，由社会评比和监督。为了落实重点扩大消费需求的方针，当前很有必要考核居民消费增长这个指标。

（二）采取渐进的方式，调整消费与投资的关系

目前我国GDP的绝对值已高达18.2万亿元，每个百分点的绝对值含量在1800亿元以上。而消费率偏低至少10个百分点，或者说投资率偏高10个百分点之上。在这种情况下，调整消费与投资的关系，如果采取一步到位的方式，震动实在太大，有可能打乱整个国民经济比例关系。我们建议，每年至多只能调整1个百分点，大约10年完成调整任务。可能有人觉得这太慢，不过瘾。能否迈出更大步伐？不行。试想一想，调整1个百分点意味着消费增加1800亿元，而相应的投资则减少1800亿元。这一增一减的影响不可小视，且连续10年。

（三）努力增加城乡居民收入

收入是消费的基础和前提。重点扩大消费需求，必须增加各阶层的居民收入。要更多地增加中低收入者的收入。合理调整和严格执行最低工资制度，制定和推行最低小时工制度，改革公务员工资制度，形成正常的工资增长机制，同时推动事业单位的工资改革。适当提高离退休人员的养老金标准。逐步解决农民工工资偏低问题。

（四）完善和强化社会保障体系

使失业者、离退休者、残疾者和低收入者都有基本的生活保障，消除他们的后顾之忧，稳定他们的支出预期，扩大即期消费，从根本上解决目前的消费不足与储蓄膨胀的矛盾。

（五）缩小城乡收入差距，走共同富裕之路

城乡居民收入差距将经历扩大、稳定和缩小三个阶段。过去的二十年（1985~2005年）是城乡居民收入差距扩大阶段。城乡居民收入比1985年为1:1.85，2005年达到1:3.4，扩大84%。最近公布的我国"十一五"规划纲要规定，在"十一五"期间，城乡居民收入将同步增长（平均每年都增长5%）。这标志着城乡居民收入差距将维持不变，即进入第二阶段。这是落实科学发展观、统筹城乡关系的重大举措，将成为我国现代化建设中的重要里程碑。当然实现城乡居民收入同步增长是有不少困难的。一定要千方百计地克服困难，增加农民收入，开拓农村消费市场，力争实现这个目标。

（六）净化消费环境，完善消费政策

当前，假冒伪劣消费品满天飞，坑蒙拐骗消费者的现象比比皆是，吃穿住行各个方面无不担心中毒受害，消费者已由"上帝"变成"阶下囚"。实在有必要对消费环境进行一次"大消毒"，严厉打击各种违法行为，切实保障消费者合法权益。要抓紧清理、修订现行的抑制消费的不合理规定和政策，合理调整消费税，规范和发展消费信贷，促进消费结构升级。

本文原载：《消费日报》2006年3月29日

打破不依赖消费的封闭经济循环

国际金融危机暴露了我国经济过于依赖外需,而内需特别是消费需求不足的突出矛盾。实际上早在1997年发生亚洲金融危机时,中央就做出了启动消费、扩大内需的战略部署。为什么消费与投资结构不合理的局面长期难以改变呢?其症结就在于我国经济在某些方面形成了不依赖消费的封闭循环。

我国消费与投资结构不合理的成因是复杂的,其中一个重要原因是生产资料生产内部(主要是重工业内部)形成了一种不依赖消费的封闭循环。这种循环,就是马克思所说的不变资本与不变资本之间发生的不断流通的过程,或者说,不变资本在社会生产第Ⅰ部类内部进行的价值补偿和实物替换的过程。比如,在煤矿与电厂之间,后者向前者提供用于采煤所需的电,即煤与电相互交换。换言之,煤与电之间不断地循环,以保证再生产过程的持续不断和逐步扩大。再如,在钢铁企业与机械企业之间也存在这种循环。类似于此的生产资料生产内部的循环与交换,虽然不直接满足生活消费需要社会再生产的必要条件,缺少了它们,社会再生产就无法进行,但问题在于这种不依赖个人消费的封闭循环和交换的规模应以多大为宜?近年来,我国最终消费率不断下降,不仅比发达国家低很多,而且赶不上大多数发展中国家。这表明,这种不依赖个人消费的封闭经济循环的规模已经过大了,它挤占了用于消费的资金,已经由生活消费的间接促进者变成了消费前进的绊脚石。如果不打破这种恶性循环,我国的低消费问题就不可能彻底解决。

不依赖消费的封闭经济循环的形成,既有主观原因,也有客观条件。打破这种封闭经济循环,首先需要解决一些思想认识问题。

生活消费与生产消费的混淆问题。生产消费是指物质资料生产过程中生产资料和劳动力的消费，而个人生活消费则是指为了满足个人生活需要而消费各种物质资料和文化产品。根据这两种消费的区别以及产品的最终用途，马克思把社会生产划分为两大部类：生产生产资料的第Ⅰ部类和生产消费资料的第Ⅱ部类。但在我国，还存在混淆两种消费的问题。尤其是在生产资料生产领域似乎存在着一种倾向：那里的一切生产及其产品会自然而然地既满足生产消费需要，又满足生活消费需要。其实不然，那里的多数产品永远不会进入生活消费。因此，它们的规模过大、投资过多，必然挤压消费资料生产和人们的生活消费。所谓的"为生产而生产""为积累而积累""为投资而投资"，就出现在这个领域。

生产资料优先增长绝对化问题。不仅社会生产两大部类各自的规模、比例关系决定着消费与投资的结构，而且两大部类的发展速度也对消费与投资的结构有着决定性影响。在社会生产两大部类的发展速度上，生产资料优先增长的规律作用的结果将会形成一种"不依赖个人消费"的生产。列宁指出："制造生产资料的社会生产部类应该比制造消费品的社会生产部类增长得快。"但如果过分强调生产资料优先增长，就必然出现生产发展的速度远远高于个人消费增长的速度，就成了一种"为生产而生产"。这就是我国居民消费增长速度长期显著低于经济增长速度的深层次的原因。

可见，改变消费与投资不合理的局面，必须打破不依赖消费的封闭经济循环。首先，进一步端正发展经济、发展生产的目的。在我国，不论哪种经济、哪种生产，都必须把满足广大人民群众的生活消费需求作为目的。其次，从调整产业结构入手，解决导致低消费、高投资的分配结构问题。分配结构根本上是由产业结构决定的。在重点扩大消费的今天，应该重新强调"重工业如何更好地为农业和轻工业服务""重工业如何更好地为人民生活服务"的问题。最后，在投资方面，一要改善投资结构，增加直接改善和提高人民生活方面的投资；二要提高投资效果。一旦投资效果提高了，资金用好了，就会使资金相对增多，有助于解决投资挤消费的问题。

本文原载：《人民日报》2010年7月23日

消费直接也是生产

加快转变经济发展方式需要高度重视消费，使经济活动立足于消费的基点上。传统观念往往把消费同生产对立起来，认为消费纯系消耗物质资料，是消极的，消费多了会妨碍生产的发展。为了澄清这样的错误观念，有必要谈谈消费的"生产"作用。

消费为生产创造主体。马克思说："消费直接也是生产，正如在自然界中元素和化学物质的消费是植物的生产一样。例如，在吃喝这一种消费形式中，人生产自己的身体。"生活资料的消费过程就是生产主体的生产过程，就是劳动力的生产过程，而劳动力再生产是社会再生产的重要组成部分。在这个意义上可以说，没有劳动者的消费，生产就不可能存在；消费不足，劳动力再生产萎缩，生产就不可能发展。

消费生产出生产者的素质。这里所说的生产者的素质，既包括劳动者的体质和技能，也包括劳动者的积极性、主动性和创造性。只有关心并安排好劳动者的生活，解除其后顾之忧，劳动者才会有积极性、主动性和创造性搞好生产。现代化大生产要求劳动者具有现代科技文化素质，这就不仅要有物质生活的消费，还要有科技文化的消费。加快转变经济发展方式，建设创新型国家，应当提倡科技文化生活消费，这种生活消费的"生产"价值是无法估量的。

消费创造生产的动力，为生产提供对象和目的。生产动力是什么？最大的动力就是广大人民的生活需要。生产目的是什么？最根本的目的就是满足人民日益增长的物质文化需要。人民需要的东西就是我们生产的对象。马克思指出："没有需要，就没有生产。而消费则把需要再生产出来。"只要我们的生产始终坚持满足人民不断增长的需要，其前途就是无限的。无论生活资料生产还是生产资料生产，其动力和目的都是消费提供的，因为生产资料生产的存在和发展归根到底是由于生活消费的需要。重工业一定要为农业、轻工业服务，为人民生活服务，以人民生活需要为动力和目的。否则，就会造成严重的经济结构问题。

产品在消费中才得到最后完成。马克思指出："一条铁路，如果没有通车、不被磨损、不被消费，它只是可能性的铁路，不是现实的铁路"；"一件衣服由于穿的行为才现实地成为衣服；一间房屋无人居住，事实上就不成其为现实的房屋。"这些论述说明一个道理：消费是最后完成产品的生产行为。企业对其产品实行包修、包退和包换，就是承认消费的"生产"作用的表现。相反，如果产品没有被消费，就没有完成最后的生产行为，就不能称其为现实的产品，企业也无法实现效益。

消费会重新引起整个社会再生产过程。社会再生产是由生产、分配、交换、消费四个环节组成的。在这里，生产是起点，消费是终点，分配和交换是中间环节。但正如马克思所说，"消费这个不仅被看成终点而且被看成最后目的的结束行为"，"又会反过来作用于起点并重新引起整个过程"。也就是说，因为消费的需要，又必须再进行生产、分配和交换。这样循环往复，以至无穷，就是人类社会生产发展的历史，而消费始终是其中的推动者。

可见，消费不是消极的，而是积极的；它同生产是统一的，而不是相互排斥的；它不仅不妨碍生产的发展，还从多方面促进生产的发展。

本文原载：《人民日报》2013年2月8日

二 消费结构

关于我国人民生活情况的一些资料

一 新中国成立以后，我国人民的生活水平有明显提高

（一）消费基金和消费额增长

1978年同1952年比较，我国国民收入使用额中的消费基金增长了2.9倍，平均每年递增5.4%；全国居民平均每人的年消费额增长1.29倍，平均每年递增3.2%；非农业人口平均每人的年消费额增长1.57倍，平均每年递增3.7%；农业人口平均每人的年消费额增长1.12倍，平均每年递增2.9%。以1952年的商品零售价格为基数100，则1978年全国国营商业零售物价指数为115.4，其中城市为118.5，农村为113.4。扣除物价的上涨，1978年比1952年居民消费额的实际增长是：全国居民为98.4%，平均每年递增2.7%；非农业人口为117.2%，平均每年递增3%；农业人口为86.3%，平均每年递增2.4%。

（二）大部分消费品的消费量增长

除粮食、食用植物油等消费品外，大部分消费品的每人平均消费量都有不同程度的增长，如表1所示。

表1 我国1978年与1952年主要消费品的消费增长比较

品名	计量单位	1952年	1978年	1978年比1952年增长（%）	品名	计量单位	1952年	1978年	1978年比1952年增长（%）
猪肉	斤/人	11.8	15.4	31	缝纫机	架/万人	1.8	46.2	2467
食糖	斤/人	1.8	6.6	267	手表	只/万人	6.8	145.9	2046

续表

品名	计量单位	1952年	1978年	1978年比1952年增长（%）	品名	计量单位	1952年	1978年	1978年比1952年增长（%）
棉布	尺/人	16.4	23.2	41	收音机	台/万人	0.3	145.9	48533
针棉织品（折布）	尺/人	2.2	6.2	182	肥皂	块/百人	1.3	4.0	207
					火柴	盒/人	14.4	18.8	30
胶鞋	双/百人	11.4	34.7	204	暖水瓶	个/百人	1.5	8.6	473
自行车	辆/万人	5.8	85.2	1367	搪瓷面盆	个/百人	1.4	7.9	464

（三）科学文化水平提高

1978年6月对科技人员的普查，我国科技人员共有514万人（不包括未从事科技工作的81万科技人员），其中科学家和工程师189万人，技术人员325万人，独立科研机构的科研人员27万人。另有一材料称，1978年全国共有科技人员434.5万人，比1952年增加9倍。

新中国成立30年来，全国共培养高等学校毕业生295万人，中等专业学校毕业生520多万人。1978年，全国高等学校达到598所，在校学生85万人；中等专业学校2760所，在校学生89万人；普通中学16.2万所，在校学生6548万人；小学94.4万所，在校学生14624万人。大、中、小学在校学生数比1952年分别增长3.5倍、20倍和1.9倍。

目前全国共有艺术团体3100多个，电影放映单位11.6万个，文化馆2700多个，公共图书馆1256个，广播电台93座，全国专区以上报纸全年发行128亿份，图书出版42亿多册（张）。

（四）社会集体福利增加

据有关部门计算，1978年每个职工除工资、奖金等收入外，从国家得到的各种补贴大约为526.7元，相当于职工平均工资644元的80%以上（见表2）。

表2 1978年国家对职工的各种补贴

项目	每人每年平均额（元）	相当于平均工资的比重（%）	项目	每人每年平均额（元）	相当于平均工资的比重（%）
劳动保险费	66.98	10.40	取暖补贴	10.10	1.57

续表

项目	每人每年平均额（元）	相当于平均工资的比重（%）	项目	每人每年平均额（元）	相当于平均工资的比重（%）
医疗费用	48.30	7.50	探亲假补贴	10.00	1.55
粮食、蔬菜副食品补贴	179.60	27.89	社会办的集体福利	84.59	13.14
房租补贴	85.32	13.25	企业办的集体福利	35.00	5.43
交通费补贴	6.28	0.98	合计	526.17	81.71

全民所有制单位职工的劳保福利费，1952年相当于当年工资总额的14.1%，1978年增至15.7%。

1978年，全国医院病床185.6万张，比1952年增长11倍，平均每万人拥有医生10人；全国农村有82%的生产队实行合作医疗，"赤脚医生"达到160多万人。1978年同1952年比较，全国人口死亡率由17‰降为6.3‰。据有关部门计算，目前全国人口平均寿命为68岁，比20世纪50年代的57岁延长11岁，比抗日战争前的35岁延长近1倍。

（五）全国城乡储蓄存款增加

全国居民的储蓄存款，1978年比1952年增长23.5倍，平均每年递增35%。其中城镇储蓄增长17倍，平均每年递增23%；农村社员储蓄增长556倍，平均每年递增68%。全国人口每人平均储蓄余额增长13.7倍。

二 1958～1976年人民生活方面存在的问题

30年来，我国人民生活水平虽然有明显提高，但是1958～1976年的近20年中，生活方面也存在许多问题。

（一）按人平均的粮、油、棉布等基本消费品的消费量有所下降

全国人口平均的粮食消费量，1956年为409斤，1976年为383斤，降低26斤；城镇人口平均的粮食消费量，1956年为527斤，1976年为442斤，降低85斤；农村人口平均的粮食消费量，1956年为410斤，1976年为372斤，降低38斤。

1977年有243个县集体分配口粮在300斤以下，占全国总县数的11.3%。1978年有46.3万个生产队集体分配的口粮在300斤以下，占生产队总数的10.6%。据估计，集体分配口粮稻谷地区达不到400斤，杂粮地区达不到300斤的，全国约有1亿人，缺粮大约100亿斤。

食用植物油的消费量，1956年全国居民平均为5.1斤，1976年为3.2斤，降低1.9斤；城镇居民平均为10.2斤，1976年为9.7斤，降低0.5斤；乡村居民平均为4.2斤，1976年为2斤，降低2.2斤。

棉布的消费量，1956年全国人口平均为24.8尺，1976年为22.7尺，降低2.1尺；乡村人口1956年平均为22.3尺，1976年为18.2尺，降低4.1尺。

（二）城镇居民住房相当紧张

全国城市人口平均每人居住面积，1952年为4.5平方米，1977年为3.6平方米，降低0.9平方米。其中，百万人口以下城市的每人居住面积平均只有3.4平方米。缺房户大约有689万户，占总户数的38.6%，其中无房户达131万多户。

据1956年上海职工家计调查资料，1956年上海市工人家庭每人平均居住面积为4.78平方米。另据1934年出版的《上海市工人生活程度》一书记载，1929~1930年上海市工人家庭每人平均居住面积为3.22平方米。1978年末，上海市全体居民平均每人居住面积为4.5平方米，低于20世纪50年代的水平，高于20世纪30年代的水平。上海市的缺房户，1978年末大约有87万户，占全市总户数的57.4%。重庆市每人平均居住面积仅有3平方米，缺房户达24.9万户，占全市总户数的68%。

苏联城市人口在1932年（第一个五年计划完成）每人平均居住面积为4.7平方米，1937年（第二个五年计划完成）为5.4平方米。我们至今尚未达到苏联20世纪30年代的水平。

（三）职工实际工资有所下降

全国城市国营商业零售物价总指数（消费品物价总指数），1978年比1957年上升8.2%（1978年比1956年上升10.3%）。其中食品上升17.6%，日用杂品上升9.1%，燃料上升5.2%，服装上升1.1%；医药和文化用品则是下降的。在食品中，粮食上升15.3%，蔬菜上升18.4%，副食上升20.1%，烟酒茶上升18.1%，其他食品上升9.5%。就各地情况来看，北京市调查46种商品，1977年消费品物价总指数比1957年上升12.48%；江苏省调查18个县市37种商品，1978年6月消费品物价总指数比1957年上升16.5%；湖南省长沙市调查31种商品，1978年消费品物价总指数比1956年上升31.9%。各省市的调查材料表明，1977年比1957年，包括国营牌价提价和商品质量下降、商品品种结构改变等因素使生活开支增加一般达20%左右；少数省市加上集市贸易因素达30%左右。

1978年全民所有制单位职工的平均货币工资是644元，比1957年的637元增长1.1%。按物价上涨8.2%计算，1978年的644元仅相当于1957年的595.2元，实际工资比1957年下降6.6%，21年间平均每年递减0.2%。按职工生活费指数上涨6.5%计算，1978年的644元相当于1957年的607.7元，实际工资比1957年下降5.1%，21年间平均每年递减0.2%。包括集市贸易因素在内的职工生活费指数上涨11.3%，按此计算，1978年的644元仅相当于1957年的578.6元，实际工资比1957年下降9.2%，21年间平均每年递减0.5%。北京市职工平均货币工资1977年比1957年下降12.8%，同期物价上升20.8%，这样，职工实际工资下降27.8%。据旅大市统计局对1700个职工家庭的调查，每人每月生活费（包括95种消费品和劳务支出），1957年需要17.68元，1977年需要22.71元，上升28.5%。其中，由于国家调整商品牌价多支出2.28元，由于消费品质量降低、使用时间缩短多支出1.51元，由于集市贸易价格上涨多支出1元左右。虽然同期收入增加17.4%，但实际工资仍然是下降的。

在消费品零售总额中，"吃"的一项1978年占50.9%。食品的价格，1978年比1957年上升17.6%。按此计算，每个职工每年多支出食品费大约58元（644×50.9%×17.6%）。

（四）工农收入水平的差距有所扩大

据典型调查资料，1955年全国职工家庭中平均每人收入148元，支出138元，农民家庭中平均每人收入98元，支出93元，职工同农民相比，收支都是1.5:1。

据1978年15个省、市、自治区的典型调查，除上海市、湖南省外，其余13个省、市、自治区的职工与农民收入差距都有不同程度的扩大。15个省、市、自治区综合计算，1965年职工家庭平均每人全年收入219元，社员家庭平均每人全年收入110元，职工收入为农民收入的1.99倍；1977年职工家庭和社员家庭的平均每人全年收入分别为260元和114元，职工收入为农民收入的2.28倍，比1965年扩大0.29倍。

如果按"文化大革命"前城乡差价30%来调整，则职工与农民的生活差距是：1965年职工收入为农民收入的1.53倍，1977年职工收入为农民收入的1.75倍，1977年比1965年也还是扩大0.22倍。

工农收入差距，1965年比1955年扩大0.03倍，1977年又比1965年扩大0.22倍。这不能不说明农民的实际收入比职工的实际收入下降得更多。

以河北省来说，1955年职工家庭中平均每人收支与农民家庭中平均每人收支的对比情况如表3所示。

表3 1955年河北省工农收入差距

单位：元

收支情况 \ 人群	职工（不包括天津）	职工（包括天津）	农民	职工比农民（不包括天津）	职工比农民（包括天津）
收入	138	149	109	1.3:1	1.4:1
支出	132	136	97	1.4:1	1.4:1

对河北省9个市8978户职工和23个县1825户社员的调查显示，1965年城市职工户平均每人全年收入为207.8元，农村社员户平均每人全年收入为88.4元，职工户的收入水平为社员户的2.4倍。1975年城市职工户和农村社员户分别为260元和93.2元，职工户为社员户的2.8倍。

从河北省的情况看，工农收入差距，1965年比1955年扩大1倍，1975年又比1965年扩大0.4倍。这比全国的情况还要严重一些。

（五）职工与农民中都有相当部分困难户

1977年全国有将近40%的职工家庭每人每月收入在2000元以下。武汉市买全定量供应的消费品，加上房租、水电费等生活必需的开支，每人每月需要 22.74 元，北京市则需要 24 元左右。据 1978 年调查，职工家庭中平均每人每月收入不足 15 元者，江西省占 27%，吉林省占 20%，河北省占 16%，哈尔滨市占 25%，抚顺市占 8.7%。

全国农村平均每人分配收入，1965 年为 51.24 元，1977 年为 65.44 元，1978 年为 74.67 元。在 1978 年的分配中，集体分配的口粮、食油、柴草等实物折款 55.1 元，占 73.8%。各地收入水平相差悬殊，高者每年收入达 300 元以上，低者不足 40 元。1978 年有 30% 的基本核算单位的每人平均收入在 50 元以下，其中 16.5% 在 40 元以下，每月只有 3~4 元。河北省涞源县全年集体分配收入平均每人只有 15 元，每月只有 1.2 元。宁夏南部山区，有的地方一户只有一条被子，有的社员春天全家到外地讨饭度荒。

1977 年农村社员累计欠款 74.9 亿元，1978 年仍有 74.7 亿元。超支欠款户累计达到 5369 万户，占社员总户数的 31.5%，平均每户超支 139 元。1978 年欠款户为 5368 万户，占总户数的 31.7%。

（六）医疗卫生、城市生活服务和公共交通等事业不适应实际需要

医院中每一床位负担的人口数，1974 年美国为 149 人，苏联为 86 人，西德为 87 人，英国为 112 人，法国为 98 人，罗马尼亚为 110 人，南斯拉夫为 169 人，而我国 1977 年为 532 人。每一医师负担的人口数，我国也远远超过其他发达国家。这就说明，群众就医的条件还是不够好。

经济比较发达国家的实际情况表明，从事商业、服务行业的劳动力的比重有逐渐增长的趋势。但我国则相反。据北京、广州、齐齐哈尔等 10 个城市的统计，工业职工由 1957 年占职工总数的 44% 上升到 1977 年的 56%，同一时期商业、服务业职工占职工总数的比重却由 14.5% 下降到 9.5%。1957 年全国的饮食、服务、零售网点是 100 万个，1962 年有 40 万个，到 1978 年只有 17 万个。现在全国平均每 1000 个城镇居民所占网点数不到 1.5 个。1977 年全民所有制单位的职工比 1957 年增加约 1.5 倍，商业部门只增加 1/3 左右，商业职工在国家职工总数中的比重由 1957 年的 1/8 下降为 1/12，平均每个商业人员的服务人口数增加了 45%。北京市的大小饭馆、饭摊，1949 年有 1 万多个，1954 年有 9000 多个，1964 年减少到 1100 多个，1972 年又减少到 600 多个，到 1979 年，包括商亭、流动车，才增加到 1000

多个,也还是很不够。1977年较之1957年,湖南省的服务行业职工在整个城镇就业人数中的比重,从22%下降到11.9%。集体所有制商业、服务行业职工人数1957年为10.75万人,而1978年只有8.11万人。

城市公共交通也很拥挤。湖南省1976年全省有城镇居民522万人,只有公共汽车477辆,平均每万人还不足1辆公共汽车。

（七）文化教育不适应四个现代化的要求

1978年底我国20岁以下年龄的人口约有4.6亿人,其中1~16岁的有3.9亿人,这是要上小学和中学的;17~20岁的有6600多万人,这是要上大学的。现在因学校不足,儿童入学率仅达94%左右,有12%的小学毕业生不能升入初中,有半数以上的初中毕业生不能升入高中,而高中毕业生能上大学的仅占5%。

每万人中的大学生数,我国1977年为6.6人,美国1977年为507人,苏联1974年为188.5人,日本1974年为195.7人,西德1975年为140.6人,英国1974年为112人,法国1974年为146.2人,印度1975年为37.7人。我们比印度的水平还低得多,这是不能适应四个现代化要求的。

三　解决问题的途径

产生以上问题的原因是多方面的,最基本的是林彪、"四人帮"的长期干扰破坏,而就我们的经济工作来说,主要有以下几个方面的不足。

第一,没有真正贯彻执行以农轻重为序的方针,农轻重比例严重失调,重工业挤了农业和轻工业。

生产决定消费。生活方面存在的问题,从社会再生产过程本身来说,究其原因,归根到底在于生产方面,尤其在农业生产方面。

1978年社会消费品零售总额中,吃的占50.9%,穿的占22.6%（其中化纤、涤纶布占4.1%）,用的占22.2%,烧的占4.3%。据北京市1979年7月家计调查资料,在生活费支出中,吃的占65.8%,穿的占13.65%,用的占18.34%,烧的占2.21%。按收入分组来说,平均每人生活费不足15元的,吃的占75%,从35元到50元各组,吃的都占到63%以上。至于农民，吃的要占其生活费的80%以上。以上情况说明，我国人民生活水平目前能否提高主要依靠农业。

1978年我国的农业人口有8.1亿人，占全国人口的84.6%；农业劳动者占社会劳动者的73.8%。虽然8亿多农民搞饭吃，但是粮、棉、油、糖等基本生活资料仍不能满足需要，还需要从国外进口。1978年净进口粮食139.2亿斤，棉花952万担，动植物油5.82亿斤，食糖132.8万吨。城市居民吃的粮食有40%要靠进口。我们要用1/5的外汇买粮、棉、油、糖等消费品。

长期以来我国农业发展速度是缓慢的。1953～1978年的25年间，粮食产量平均每年递增2.4%，棉花为2%，花生为0.1%，油菜籽为2.7%；芝麻递减1.5%。这种增长速度大体等于或低于人口的自然增长率，这当然就不能满足人民生活水平提高的要求。

我国农业劳动生产率也是很低的。1978年我国每一个农业劳动力平均粮食产量为1040公斤，同年美国为95352公斤，苏联为10265公斤，英国为32609公斤，法国为20155公斤，西德为18877公斤。

我国农业的落后还表现在结构上。在1978年的农业总产值中，种植业占67.8%，林业占3%，畜牧业占13.2%，副业占14.6%，渔业占1.4%。农业的这种结构，决定了我国人民的食品构成是以粮菜等碳水化合物为主，肉蛋鱼则是很少的。

由于农业落后，轻工业也远远不能适应人民生活需要。列入国家和轻工部管理的66种轻工业品，绝大多数都供不应求，像自行车、缝纫机、木器家具、文化用纸等都很紧张。就以纸张消费量来说，1977年我国每人平均约4公斤，1976年美国为290公斤、苏联为31公斤、日本为145公斤、西德为136公斤、英国为137公斤、法国为109公斤。相比之下，我国的造纸工业太落后了。而造纸的原料只能依靠农业。农业上不去，像纸张、木器家具等问题就难以解决。

造成农业和轻工业长期落后的原因很多，重工业过分突出不能不是原因之一。我国的重工业，同经济比较发达的国家相比，还是很不发达的，某些部门甚至是相当落后的，但是从目前我国的经济力量来看，它就过分突出了，挤了农业和轻工业。

1978年比1949年，农业产量增长2.4倍，轻工业产量增长19.8倍，重工业产量增长90.6倍。农业、轻工业与重工业的年平均增长速度，"二五"期间分别为-4.3%、1.1%、6.6%；"三五"期间分别为3.9%、8.4%、14.7%；"四五"期间分别为4%、7.7%、10.2%。不难看出，农轻重三者的增长速度悬殊，尤其"二五"期间，农业年平均增长速度大幅度下降，而重工业却以相当快的速度上升，这就不能不使农业与重工业的矛盾尖锐化。

我国的重工业直接为农业和轻工业服务的比重太小。1978年我国钢材生产消费量中，用于农业和农业机械维修的占15.5%，用于轻工市场的占11.7%；生铁消费量中，用于农业和农业机械维修的占3.6%，用于轻工市场的占1.1%。农业、轻工业与重工业用电量的比重分别为11.5%、12.9%、53.6%。这些数字说明，我国的重工业还没有真正纳入为农业、轻工业服务，为人民生活服务的轨道上。所以，调整农轻重比例关系，调整重工业内部的结构是很必要的。

第二，国民收入分配与再分配中的比例失调，对人民生活也有很大的影响。

我国国民收入总额1978年比1949年增长7.4倍，1950~1978年每年平均递增7.3%，这个速度是相当高的。可是，人民生活水平提高的速度却远远低于这个速度，重要原因之一就是积累过高，挤了消费。

"一五"时期我国积累率基本上稳定在24%左右，这是比较适合当时情况的。自"二五"时期起，积累率逐步提高，"二五"曾规定积累率为25%，实际达到30.8%，"三五"时期平均为26.3%，"四五"时期平均为33%，1976年为31.1%，1977年为32.3%，1978年为36.6%。积累率逐步增高，使得消费基金增长缓慢，职工工资和社员收入难以增加很多，有时甚至下降。例如，1959年积累率高达43.8%，其结果使人民生活水平下降。1959年全国农民人均消费额为65元，比1957年下降14元，按5.3亿农民计算，农民的消费额共计下降72.4亿元，下降21%以上。

在积累内部，生产性积累过高，挤了非生产性积累，从而影响了人民生活。"一五"时期，生产性积累占59.8%，非生产性积累占40.2%，二者比例大体为1.5:1，基本上符合当时的实际情况。自"二五"以后，生产性积累大幅度上升，生产性积累与非生产性积累的比例，"二五"时期分别为87.1%和12.9%，"三五"时期分别为74.5%和25.5%，"四五"时期分别为77.6%和22.4%。二者的比例变动大体是4:1。非生产性积累所占的比重比"一五"时期下降50%以上，这是不正常的。

生产性积累过高，还表现在基本建设投资的分配使用上。"一五"时期，全部基本建设投资中，生产性投资占71.7%，非生产性投资占28.3%，二者的比例大体为2.5:1，这个比例是比较合适的，生产发展了，生活也改善了。"二五"时期，生产性投资的比重上升到86.8%，非生产性投资下降到13.2%；1967~1976年，生产性投资的比重更上升为87.3%，非生产性投资更下降为12.7%。其结果，"骨头"与"肉"的比例不能不发生严重失调，给人民生活带来困难。例如居民住宅投资，"一五"时期占9.1%，而"二五"时期和1967~1975年分别下降为4.1%和5%，尤其是1970年仅为2.6%，这自然使住房相当紧张。至于城市交通拥挤、校舍紧张、文教卫生欠账甚多等，都同非生产性积累和非生产性投资比重下降过多有关。

在生产性积累内部，重工业使用的积累过多，挤了发展农业和轻工业的资金。"一五"后期，已经出现农业和轻工业相对落后于重工业的情况。进入"二五"以后，本应加快农业和轻工业的发展，给它们更多的资金，适当降低重工业投资的比重；但相反，却大幅度提高重工业投资的比重，由"一五"时期的46.5%增加到"二五"时期的56.1%。因此，发展农业和轻工业的资金更显得不足。针对已出现的情况，1963~1965年调整时，把重工业的投资比重由"二五"时期的56.1%降低为49.8%，农业的投资比重由"二五"时期的12.3%提高为18.8%。到了"三五"时期，由于要把国防放在第一位，重工业投资比重又提高到57.4%，超过了"二五"时期的比重，农业和轻工业的投资比重比"二五"时期还低。"四五"时期，重工业的投资比重为54.8%，仍比"一五"时期高得多，轻工业投资比重为5.4%，比"一五"时期的5.9%还低。由此可见，长时期内，发展农业和轻工业的资金被挤占，这不能不是农业和轻工业不能满足人民生活需要的重要原因之一。

三线建设的投资在投资总额中的比重，"一五"时期为30.6%，"二五"时期为36.9%，1963~1965年为38.2%，"三五"时期为52.7%，"四五"时期为41.1%。建设三线和国防是十分必要的，但是若要求过急，则自然就会影响国家的其他建设和人民生活的改善。

在援外上，我国也有大手大脚的现象，超越了我国的经济能力。援外支出占国民收入的比重，由20世纪50年代的0.5%左右，逐步增加到20世纪70年代的2%以上。全部援外资金超过了新中国成立后30年我国居民住宅投资的总和。

第三，我国人口增长过快，是人民生活水平不能迅速提高的重要原因。

我国人口自然增长率长期保持在20‰左右，最高的1963年曾达到33.5‰，最近几年才逐渐降低到12‰左右。我国现有的9亿多人口中，有6亿是新中国成立后出生的，占63%。扣除死亡，在30年中增加了4.2亿人，增长率为78%。1966~1971年，6年中净增人口1.2亿人，平均每年增长26‰，净增人口2000万人，相当于一个人口中等国家。这样高的人口增长速度，确实影响到社会生活的各个方面。

据有关部门计算，在我国抚养一个婴儿到16岁，农村需要1600元，中小城镇需要4800元，大城市需要6900元。新中国成立后我国出生人数是6亿人，按上述标准计算，国家、集体和家庭共同负担的抚养费约占新中国成立后各年累计国民收入的30%左右，其中国家和集体支出约占30%，家庭负担70%。仅国家和集体支出的抚养费大约相当于30年我国积累基金总额的1/3。我国30年所创造的国民收入有1/3被16岁以下的儿童和少年消费掉了，这是十分惊人的事情。

1950~1978年的28年间，我国国民收入总额平均每年增长7.3%，而人均国民收入每年平均只递增3.7%。1952~1978年消费基金增长2.9倍，但每人平均的消费额只增加1.3倍。由于人口增长过快，每年新增消费额中有58%用于满足新增人口的需要，剩下提高原有人口生活水平的只有42%。

1957~1977年，粮食产量年均增长1.87%，人口数量年均增长1.91%，人均粮食占有量一直在600斤左右徘徊，低于世界平均800斤的水平，所以粮食一直很紧张。1977 年我国粮食产量是 5655 亿斤，比 1951 年的 2874 亿斤增加了 97%，而人均粮食占有量由 510 斤增加到 598 斤，只增加了 88 斤，即增加了 17.3%。如果每年净增人口 2000 万人，每人按拥有粮食 600 斤计算，那么每年就需要增加粮食 120 亿斤。新中国成立后 30 年，每年平均增产的粮食也不过 100 亿斤左右。这就是说，每年增产的粮食几乎全部被新增人口吃掉。目前我国已有近 10 亿人口每人拥有的粮食从目前的 600 斤要提高到 1000 斤，需要再增产粮食大约 4000 亿斤，这是一个十分艰巨的任务。

1953～1978 年的 25 年间，全民所有制单位职工平均每年增加工资总额的 56% 用于发放新职工的工资，而用于提高职工工资水平的，只占增加工资总额的 44%。

1950～1977 年，我国共建住宅 4.94 亿平方米，同一时期，城镇人口由 6169 万人增加到 11495 万人，净增 5326 万人，以每人平均 3.6 平方米计算，共需要住房 1.9 亿平方米，即 1/3 以上的新建住宅用于城镇人口增加的需要。按目前我国已有城镇人口 11495 万人计算，每人居住面积要达到现在大庆的水平（每人平均 7.6 平方米），尚需增加 4.6 亿平方米，这几乎等于过去 28 年所建住宅的总面积。

每万人中的在校大学生人数，1977 年我国只有 6.6 人，还低于印度的 37.7 人。如果要超过印度，达到 50 人，那就要有约 2000 万在校的大学生。目前我国每年招生 30 万人，平均在校学生 120 万人。要达到 2000 万在校大学生的目标，就要再增加 1000 多所像清华大学那样规模的学校，每个省市至少也要办 30～40 所像清华大学那样规模的学校。如果要达到目前美国的水平，即每万人中有大学生 500 人，那么我国每个省、市也要办 300 所以上的像清华大学那样规模的学校，这是十分艰巨的事情。

我国人口增长过快，造成了严重后果，因此实在有必要控制人口的增长，否则，它将拖住四个现代化的步伐。

本文原载：《经济研究资料》1980 年第 18 期

消费基金的性质、形成、动态及其内部的比例关系

国民收入生产出来之后，经过分配与再分配，最终用于积累与消费两个方面。用于消费方面的那部分国民收入被称为消费基金。消费基金在国民收入使用额中一般要占3/4，至少也要占2/3以上，它是人民福利的直接来源。因此，当我们考察国民收入时，不能不特别重视对消费基金的研究。消费基金是个复杂的总体，其中问题很多，本文仅就它的性质、形成、动态及其内部的比例关系等问题谈一些意见。

一 消费基金的性质和特征

消费基金就其实物形态来说是一定的消费资料，就其价值形态来说是一定的货币基金。这些消费资料的生产、分配、交换与消费，或者说，这些货币基金的形成与使用，都是在一定的社会关系中进行的，它们都体现着一定的生产关系，在阶级社会中不能不打上阶级的烙印。所以，我们决不能仅仅把消费基金看成一些自然的物资和钱财，而必须看到它的社会性质和阶级性质。

在每一种社会经济生活中，消费基金具有什么样的社会性质和阶级性质，是由生产关系的性质决定的，尤其是由生产资料所有制的性质决定的。在一定的生产方式中，谁掌握着生产资料，谁在生产中处于支配者的地位，谁就使消费基金的形成与使用体现出自己的意志，服从于自己的利益。因此，有什么样的生产关系，有什么性质的生产资料所有制，也就有什么性质的消费

基金。由于社会主义生产关系与资本主义生产关系是根本对立的，所以社会主义社会的消费基金与资本主义社会的消费基金在性质上是完全不同的。

在资本主义制度下，生产资料归资本家私有，资产阶级是社会生产的支配者，而工人阶级和其他劳动人民则处于被剥削、被奴役的地位。这样的生产关系必然使资本主义社会的消费基金具有对抗的性质。马克思在《资本论》第二卷中，深刻地研究和揭示了资本主义社会的消费基金的对抗性矛盾，把全部消费资料划分为必要消费资料和只供资本家享用的奢侈品这样两个对立的方面。资本家把从工人阶级身上榨取的剩余价值的一部分用于自己的生活消费。显然，这部分消费基金建立在对工人阶级的剥削之上，是寄生性的。这部分消费基金使用的结果是再生产出剥削阶级分子，或者说，再生产出私有制的主体。工人阶级则把出卖劳动力取得的工资收入用于自己的生活消费。不言而喻，这部分消费基金乃是劳动力商品价值的体现。这部分消费基金使用的结果，不过是再生产出供剥削阶级继续进行剥削的材料，或者说，再生产出生产过程的主体。不难理解，在资本主义社会的消费基金中反映着资本主义的剥削与被剥削的生产关系，体现着资产阶级与工人阶级的对抗性矛盾。

第二次世界大战后某些资本主义国家的工人生活水平有了提高，不少资产阶级学者借此鼓吹劳资融合论，说工人阶级的消费与资产阶级的消费之间已经没有鸿沟，资本主义社会的消费基金不再具有对抗性质。马克思有个指示，是批判这种谬论的尖锐武器，他写道："在工人自己所生产的日益增加的并且越来越多地转化为追加资本的剩余产品中，会有较大的份额以支付手段的形式流回到工人手中，使他们能够扩大自己的享受范围，有较多的衣服、家具等消费基金，并且积蓄一小笔货币准备金。但是，吃穿好一些，待遇高一些，特有财产多一些，不会消除奴隶的从属关系和对他们的剥削，同样，也不会消除雇佣工人的从属关系和对他们的剥削。由于资本积累而提高的劳动价格，实际上不过表明，雇佣工人为自己铸造的金锁链已经够长够重，容许把它略微放松一点。"[①] 很明显，即使工人阶级的

[①] 《马克思恩格斯全集》第23卷，人民出版社，1972，第677~678页。

生活水平有些提高，也丝毫不能改变资本主义生产关系的性质，不能改变资本主义社会的消费基金的对抗性质。

同资本主义相反，在社会主义条件下，实现了生产资料公有制，劳动人民当家做了主人，从根本上铲除了剥削与被剥削的关系，发展生产的唯一目的是满足劳动人民的物质和文化生活的需要。消费基金全部用于提高人民的福利，每个社会成员的生活消费都建立在自己劳动的基础上，取决于自己的劳动收入，因而，社会主义社会的消费基金不具有对抗的性质。当然，在社会主义社会的消费基金内部也还存在着矛盾，比如职工消费基金与农民消费基金之间的矛盾，脑力劳动者的消费基金与体力劳动者的消费基金之间的矛盾，个人消费基金与社会集体消费基金之间的矛盾，等等。这些矛盾是非对抗性的，是人民内部矛盾，它反映着劳动人民的个人利益与集体利益、目前利益与长远利益之间的关系。这些矛盾的存在，不能改变社会主义社会消费基金与资本主义社会消费基金在性质上的对立状态。

社会主义生产关系的性质以及社会主义社会消费基金的性质决定了社会主义社会的消费基金具有两个显著特征：一是有计划，二是不断增长。社会主义经济是计划经济，生产、分配、交换与消费各个环节都是有计划的。如果仅仅有计划地生产、分配与交换，而无计划地消费，那是一种不完善的社会主义经济。社会主义经济的优越性也表现在消费基金的有计划上。社会主义不容许消费方面的无政府状态。在社会主义制度下，在每个历史时期内，消费基金如何增长、增长速度的快慢，以及消费基金的分配等问题，都是有计划地形成的。在这一方面，过去我们的工作是有缺点的。在计划体系中，由于缺乏正式的全面的人民生活消费计划，有关人民生活的项目，或者列不进国家计划，或者列在国家计划的最后部分，被其他项目一挤再挤，久而久之，人民生活问题就堆积起来了。有时国家安排了较多的消费基金，可是由于各项计划衔接不好，消费资料的生产不能相应增长，提高人民生活水平的决策还是不能实现。近几年来，农产品收购价格计划、工资奖金计划控制得不够好，使货币消费基金增长过快，造成市场相当紧张。上面这些缺点不但不能否定社会主义社会消费基金的有计划的特征，恰恰证明必须改进我们的计划工作，使消费计划更加完善。

同社会主义社会消费基金的有计划相对立的是资本主义社会消费基金的无政府状态。在那里，资本家挥金如土，过着花天酒地、穷奢极欲的腐朽生活，如果要求他们的生活消费能够有计划，那完全是幻想。它必然是无政府状态。工人阶级的消费基金完全取决于劳动力价格水平，它是在劳动力市场上盲目竞争的条件下形成的。劳动力商品的价格，像其他商品的价格一样，围绕着价值自发地、盲目地上下波动，因而工人阶级的消费基金也必然是自发地、盲目地形成的。工人阶级的不断斗争，迫使资本家有时不得不改善一下工人的生活，或者许下诺言，在未来一定期限内提高工人的生活水平。这种许愿往往是不会实现的，即使实现了，也不能把它称之为工人的生活消费计划。有些资本主义国家也编制各种计划，有的计划也规定出消费水平上升的幅度。能否根据这种情况认定资本主义社会的消费基金也是有计划的？不能。这种计划基于生产资料私有制的基础，在社会生产的无政府状态下，对各个地区、部门和企业没有约束力。资本家各行其是，往往同这种计划相抵触。因此不能把这种计划同我国的计划相提并论。

社会主义社会的消费基金的第二个特征是它的不断增长。这个特征反映了社会主义基本经济规律的要求。社会主义基本经济规律要求在高度技术基础上使社会生产不断增长和不断完善，以保证最大限度地满足劳动人民不断增长的物质和文化生活的需要。这些要求，既使消费基金有不断增长的必要，又使消费基金有不断增长的可能。从必要性上看，社会主义生产目的是满足劳动人民不断增长的需要，要实现这个要求，没有消费基金的不断增长是不行的。所以，消费基金的不断增长不是可有可无的，而是社会主义基本经济规律所要求的。再从可能性上看，社会主义基本经济规律要求生产不断增长和不断完善，这就为不断增加消费基金奠定了物质前提，使消费基金的不断增长有了实际的可能。在过去30多年中，我国1958年消费基金总的来说是不断增长的，但有时是下降的；1959年比1958年下降22亿元；1968年比1967年下降13亿元。这是由于我们的工作背离了社会主义基本经济规律的要求，不能将其归咎于社会主义经济制度，也不能否定社会主义社会消费基金不断增长的特征。

同社会主义社会的消费基金相比，资本主义社会的消费基金是另一种情况。资本主义的基本矛盾使资本主义经济周期性地爆发危机，高涨与危机交替出现。这种情况决定了资本主义社会的消费基金不断增长是不可能的。同整个资本主义经济周期循环相适应，资本主义社会的消费基金，尤其是工人阶级和其他劳动人民的消费基金，时而上升，时而下降，二者交替出现，也形成周期性循环。在经济高涨时期，劳动力的价格呈现上升，工人阶级和其他劳动人民的消费基金也随之增长，当经济危机到来后，劳动力价格下跌，工人失业增长，这时工人阶级和其他劳动人民的消费基金不但不能增长，反而要下降。经济危机使劳动人民的生活遭受种种苦难，使资本主义社会的消费基金下降，这是已由许多事实反复证明了的。

二 消费基金的形成

在社会主义社会，消费基金的形成过程是错综复杂的，其中犬牙交错着国民收入的生产、分配、再分配，以及使用过程中的各种关系。

消费基金的形成首先取决于国民收入的生产。凡是影响国民收入的一切因素，都会影响消费基金的形成。国民收入受三个因素的制约：一是物质生产领域中的就业人数，二是社会劳动生产率，三是物质消耗的节约。在劳动生产率不变的条件下，物质生产领域中的就业人数的多少与国民收入成正比，即劳动人数愈多，国民收入也愈多，反之亦然。所以应当使劳动者充分就业，并且尽量减少非生产人员。如果不提高劳动生产率，单靠增加劳动者去增加国民收入，在积累与消费比例不变的条件下，当然可以增加消费基金的总额，但不能增加人均消费额。要提高人均消费额，并在此基础上增加消费基金的总额，必须提高社会劳动生产率。如果劳动力已充分就业，并且在生产领域与非生产领域的分配比例不变，劳动者工作时间长短不变，积累与消费的比例不变，那么人均国民收入和消费额将与劳动生产率成正比。在社会主义制度下，提高劳动生产率是增加国民收入的主要途径，因而也是增加消费基金的主要途径。为了更快地增加消费基金，提高人民生活水平，除了继续解决就业问题外，必须把主要力量放在提高劳动生产率方面。节约生产资料，减少生产中的物质消耗，可以增加国民收入，进而也可以增加消费基金。所以，既要努力增产，又要厉行节约。这是提高人民生活水平、增加消费基金的可靠途径。

在初次分配中，国民收入首先划分为两大部分：一部分是物质资料的生产者为自己创造的必要产品，另一部分是这些生产者为社会、为集体创造的剩余产品。必要产品以工资、奖金、工分收入等形式，归生产者个人所有，绝大部分形成消费基金，目前成为消费基金的主要来源。必要产品中还有一个较小的部分用于个人消费资料的积累，例如，居民用其劳动收入建造房屋。这种情况在职工中不多，而在农民中却相当普遍。这一部分必要产品并不形成消费基金，而构成积累基金的一部分，当然这是非生产性积累，或者称为消费性积累。

既然目前必要产品构成消费基金的主要部分，那么确定必要产品的内涵及其同剩余产品的比例关系，对于研究消费基金的形成就有十分重要的意义。必要产品的内容大体有三项：一是直接生产者维持自己的生存所必要的生活资料；二是直接生产者赡养和抚养自己的家庭成员所必要的生活资料；三是生产劳动者的教育训练费用。前两项显而易见应列入必要产品之内，没有什么争议。第三项是列入必要产品之内，还是列入剩余产品之内，过去有不同的意见。我们认为，虽然培养和训练劳动者的责任已不是私人的事情，而是社会的义务，但是在社会主义现阶段，训练培养劳动力的费用主要地或相当一部分由劳动者自己负担，由劳动者的收入中开支，因此这部分费用应当列入必要产品之内。

必要产品与剩余产品的比例关系如何，对消费基金的形成有重大影响。为了正确地处理这个比例关系，必须研究劳动生产率增长速度与生产劳动者平均收入增长速度之间的对比关系。若劳动生产率不变，生产劳动者的平均收入增加，则在其他条件不变时，必要产品的比重上升，剩余产品的比重相应下降。若生产劳动者的平均收入不变，而劳动生产率提高，则在其他条件不变时，剩余产品的比重升高，必要产品的比重相应下降。若生产劳动者平均收入与劳动生产率的增长速度相同，则必要产品与剩余产品的比例关系不变。若二者增长速度不同，结果不是类似于上述第一种情况，就是类似于第二种情况。这些情况说明，我们研究必要产品，从而研究消费基金的形成时，不能孤立地看问题，必须首先联系着劳动生产率。只有把消费基金的形成与劳动生产率联系起来，才能更好地兼顾国家利益与个人利益。1957年同1952年相比，我国工业企业全员劳动生产率提高了52%，而职工平均工资增长了42.8%，这样的比例关系是比较正常的，它说明生活的改善建立在生产发展的基础上。1958～1976年，职工平均工资有些下降，这有多方面原因，其中主要原因是劳动生产率增长缓慢。粉碎"四人帮"后，尤其近两年来，职工平均收入增长速度超过了劳动生产率提高的速度。1979年全民所有制工业企业全员劳动生产率比上年提高6.4%，而平均工资却增长7.6%。1980年和1981年仍有类似情况。这种情况如果长期继续下去，势必影响国家的建设事业，应当予以纠正。

消费基金除了由必要产品构成外，还有一部分来自剩余产品。生产劳动者创造的剩余产品划分为两部分，一部分以集体收入的形式直接归生产单位支配，另一部分则以税收、利润提成等形式上缴国家统一支配。前者在集体农业生产单位称之为公积金、公益金，在全民所有制企业称之为企业基金。这些资金中的大部分用于生产，形成积累基金，也有相当一部分由生产单位用于兴办各种集体福利事业，对劳动者发放奖金等。这些用于改善劳动者生活的资金，虽然不是由劳动者个人支配，而是由生产单位支配，但也仍然是消费基金的一部分。随着经济管理体制的改革和生产单位财权的扩大，这一部分消费基金近两年来上升很快，而且相当混乱。看到这种情况，有人想走回头路，再回到企业没有盖个厕所的权力的那个时候。这样是不行的，回头路不能走。我们只能在加强管理方面下功夫。

生产单位将劳动者创造的剩余产品除自己留用的少部分外，其余绝大部分以税收、利润等形式上缴国家财政部门。国家财政将物质生产者创造的绝大部分剩余产品集中起来，形成财政收入的主要部分。这时，这部分国民收入就进入再分配领域。国家用于扩大再生产的资金中，有一部分作为新增劳动者的劳动报酬，这一部分当然构成消费基金的内容之一。国家用于发展科学、文教、卫生、体育等非物质生产领域各部门的资金可分为两部分：一部分用于这些部门建造房屋、添置仪器、设备等，这部分资金属于非生产性积累，是积累基金的一部分；另一部分资金则用于非物质生产部门职工的工资、奖金、福利补助，以及办公用品、水电费、房屋折旧等，这些资金形成消费基金的重要部分。

作为国民收入再分配重要杠杆的价格在消费基金的形成中起着相当重要的作用。农副产品收购价格的提高，支农工业品价格的降低，可以使农民获得很大的好处。仅1979年和1980年，国家通过农副产品提价给予农民的好处达258亿元，每一农村人口平均30多元，这笔资金支援了农业生产，改善了农民生活。职工的货币收入绝大部分用于购买消费品和劳务，而买价的高低直接关系着消费基金的实际水平。如果劳动者的货币收入不变，消费品零售价格和各种劳务的价格上升，那么就等于消费基金的下降，反之，亦然。由于今后相当长时期内价格变动的总趋势是稳中有升，因此就不能用降价的办法增加消费基金。用提价的办法减少消费基金也是行不通的，况且相当危险，绝对不可取。正确的方针应当使劳动者的货币收入增长速度与物价上升的速度保持合理的比例关系。在我国，由于不少消费品的购销价格倒挂，国家给予粮、棉、油、蔬菜、各种副食的补贴，每年已超过200亿元，如果再加上房租、水电、交通等补贴，几乎等于我国职工每年的工资总额。这笔巨额开支，名义上由国家支配，实际上用于个人生活消费，所以应当把它列入消费基金之内。

物质生产领域的劳动者，非物质生产领域的劳动者，以及他们的家庭成员，除了消费物质产品之外，还要消费各种劳务。生产劳务的部门将其营业收入的一部分以税收、利润提成等形式上缴国家后，用相当大的部分给本部门职工发工资、奖金，以及办各种福利事业。这些方面的资金也是消费基金的内容之一。

在国民收入使用过程中，还可以借助于外贸、外援、借款、贷款等方式调节国内的消费基金。比如，国内发生严重自然灾害，国际组织和其他国家给予的援助当然会增加国内的消费基金；反之，我国援助其他国家也会减少国内的消费基金。出口生产资料，进口消费资料，或者相反，出口消费资料，进口生产资料，都可以调节积累与消费的比例关系，从而影响消费基金的形成。仅就消费品来说，出口低档消费品，进口高档消费品，也可以调节消费基金的物质构成，起到调剂余缺的作用。我国人口众多，在消费基金上必须坚持自力更生的方针，尽一切努力自己解决问题，不要依赖于外国。

在讨论消费基金的形成问题时，有人建议将非生产性积累从积累基金中划分出来，列入消费基金之中，这是因为这部分资金实际上用于改善人民生活，而不是用于生产。的确，这部分资金有的用于建造居民住房，有的用于兴办各种社会福利设施，有的用于提高人民的科学文化水平，这都是增加人民福利的，直接同人民的生活有关。从这一方面看，这种资金与消费基金的最终效果是一致的。因此，可以把它计入消费基金之内，以说明劳动人民福利的总体情况。但是，我们不能因此而取消非生产性积累这个名称（最好称为消费性积累）。非生产性积累基金与消费基金相比，确有不同之处，它既满足于当前消费的需要，又为社会积累起一定的物质财富，为将来的生产和消费提供一定的物质条件。从这一方面来看，它同生产性积累又有相同的地方，所以把它列入积累基金之内也是够格的。

三　消费基金的动态

社会主义条件下，消费基金的动态集中表现为它的不断增长。这是人民生活水平不断提高的生动体现。随着生产的发展，我国的消费基金显著增长。1980年同1952年相比，消费基金增长4.2倍，平均每年增长6%，人均年消费额增长1.9倍，平均每年增长4%。若扣除价格上升因素，以可比价格计算，则人均消费额增长0.9倍，平均每年增长2.3%。当然，各个时期的增长情况是不同的，如表1所示。

表1　不同五年计划时期的消费基金增长变化

时期 \ 数量	平均每年消费基金增加数		平均每人每年消费基金增加数	
	增加额（亿元）	增加百分比（%）	增加额（元）	增加百分比（%）
"一五"时期	45.0	8.1	5.2	6.0
"二五"时期	29.4	3.9	3.0	2.8

续表

时期 \ 数量	平均每年消费基金增加数		平均每人每年消费基金增加数	
	增加额（亿元）	增加百分比（%）	增加额（元）	增加百分比（%）
1963~1965年	44.3	5.0	2.7	2.2
"三五"时期	55.2	5.1	3.0	2.3
"四五"时期	72.6	5.2	3.6	2.4
"五五"时期	171.0	8.8	13.2	7.2

注：本表数字都是以当年价格（现行价格）计算的。

消费基金的增长是由两类因素引起的，一类因素是需求性因素，另一类因素是供给性因素。这两类因素互相制约、互相促进。

使消费基金增长的需求性因素，主要有两个，一个是人口的不断增加，再一个是人民生活水平的不断提高。这两个因素都从需求方面要求消费基金不断增长，要求消费基金的总额以及按人口平均计算的消费基金的数量，计划期一定要高于报告期，后一个报告期要高于前一个报告期。只有如此，才能保证新增人口的生活问题以及提高全体人民的生活水平问题。为此，在编制人民生活消费计划时，必须确定报告期的消费基金总额，按人口平均计算的消费基金的数量，以及计划期的人口自然增长率，并在此基础上与其他计划衔接好，保证计划期的消费基金总额和按人口平均计算的消费基金的数量都高于报告期。这样，一个时期、一个时期地循环下去，就会形成消费基金的不断增长的运动过程。

据有关部门计算，在我国抚养一个婴儿到16岁，社会需要支出2500元。新中国成立后我国出生人数是6亿。按上述标准计算，社会要负担的抚养费大约为15000亿元。这相当于新中国成立后30年消费基金总和的45%左右。我国消费基金总额虽然增加不少，但由于人口增长过快，人均年消费额仅由1952年的76元增加到1980年的224元，仅增长1.9倍，远远低于消费基金总额的增长速度。由此看来，我国人口增长过快影响了人民生活水平的提高，今后不控制人口的增长是不行的。

使消费基金增长的除了需求性因素外，还有供给性因素。消费基金的增长不仅取决于人民生活的需要，也取决于社会生产能否提供出更多的消费资料。在一定时期内，社会究竟能提供出多少消费基金，不是任意规定的，而有其客观经济依据。在这一方面，消费基金的增长直接取决于两个因素，一是国民收入的增长速度，二是积累基金与消费基金的比例关系的变化。

根据生产决定分配和消费的原理，我们可以认为，在上述两个直接决定消费基金可供量的因素中，国民收入的增长速度这个因素是更为根本的。说到底，消费基金能够增长多少取决于国民收入的增长速度。当国民收入中积累基金与消费基金的分配比例不变时，消费基金与国民收入成正比例，即国民收入增长愈快，消费基金增长也愈快，反之，亦然。消费基金的增长速度可以等于国民收入的增长速度。上面已经指出，1952~1980年，我国的消费基金增长4.2倍。同一时期，国民收入增长5倍，超过消费基金的增长速度。这种情况说明，如果能处理好积累与消费的比例关系，消费基金的增长速度是可以更快一些的。

在国民收入一定的条件下，消费基金的增减变化取决于国民收入中积累基金与消费基金的比例关系的变动。这就是说，积累率的高低对消费基金的动态有重大的影响。首先，积累率的提高，必然使消费率降低，至于对消费基金总额的影响，则可能出现降低、不变或增加这样几种情况。表2用假设的数字说明这个道理。

表2 积累率的提高对消费基金的影响分析

类别	基期 绝对数（亿元）	基期 相对数（%）	计划期(1) 绝对数（亿元）	计划期(1) 相对数（%）	计划期(2) 绝对数（亿元）	计划期(2) 相对数（%）	计划期(3) 绝对数（亿元）	计划期(3) 相对数（%）
国民收入	1000	100.0	1100	100.0	1100	100.0	1100	100.0
积累基金	250	25.0	300	27.3	350	31.8	400	36.3
消费基金	750	75.0	800	72.7	750	69.2	700	64.7

表2中的数字说明，计划期的三种方案都提高了积累率，但它们对消费基金的影响却不一样：第一种方案增加了消费基金，第二种方案消费基金没有变化，第三种方案减少了消费基金。三种方案中，只有第一种方案是

可取的（当然，还要考虑其他因素），第二种方案和第三种方案都是绝对不可取的，因为生产发展并没有相应地提高人民生活水平。然而，在过去的30多年中后两种情况在我国的实际生活中都发生过。我们在积累问题上有急躁冒进的地方，使积累率过高，挤了消费。例如，"大跃进"的1959年，积累率猛增到43.8%，这是在降低消费基金的条件下达到的。这一年全部国民收入增加157亿元，而积累基金却增加179亿元，超过了国民收入的增加额。没有那么多的资金，硬要搞那么多的建设，那就只好降低人民生活水平，减少消费基金22亿元。由此我们可以看出，积累率有一定的限度，不能任意提高。这个限度就是保证按人口平均计算的消费基金不能下降或略有提高。

积累率过低也不利于消费基金的不断增长。把过高的积累率降下来也要有一个过程，不能操之过急；否则，过急过快降低积累率，一时似乎增加了许多消费基金，但从长远来看，从全局观察，也是不好的。消费品的生产不能立即上去，而生产资料生产立即下马也很难，会造成严重损失。例如，1967年的积累率由上个年度的30.6%猛降到21.3%，其结果并没有带来第二个年度消费基金的增加，反而使消费基金减少，1968年比1967年消费基金减少13亿元。粉碎"四人帮"后，为了归还人民生活方面的欠账，使消费基金在短期内更快地增长，这是应该的、合理的。但是，近两年来，由于奖金和农副产品收购价格控制不好，消费基金增加过多，而积累率下降得过猛，该保该上的项目缺乏资金，这不利于今后更快地增加消费基金。所以从长计议，对当前的消费要适当抑制一下，把改善人民生活的步伐稍微放慢一点，放在更加稳妥可靠的基础上。

如上所述，不论提高积累率，还是降低积累率，都会影响消费基金。这样，我们就可以利用积累率这个经济杠杆来调节消费基金的运动速度。当消费基金需要更快增长时，我们就适当降低积累率；相反，当消费基金的增长速度需要放慢时，我们又要适当提高积累率。在这里，困难的问题在于，调整积累率也不那么容易。众所周知，消费基金是由消费资料构成的，而积累基金主要是由生产资料构成的，这样的实物构成又受社会生产两大部类的制约。要降低积累率，增加消费基金，若不加快发展消费品生产，提供出更多的消费品，那也只能是空谈，或者多发钞票，造成市场紧张，物价上升。反过来，要提高积累率，放慢改善生活的步伐，也要从加快发展生产资料的生产入手，不然，积累率也是提不上去的。这就是说，利用积累率这个杠杆来调节消费基金的运动速度，不是任意的，它要受社会生产两大部类比例关系的制约。归根到底，消费基金的运动速度取决于消费品生产发展的速度。

四 消费基金内部的比例关系

消费基金是由各个部分组成的，这些部分之间的比例关系如何，直接关系着社会各阶层的物质利益与生活水平。正确处理这些比例关系，有利于正确解决人民内部矛盾。目前要着重处理好以下四个比例关系。

（一）吃、穿、用、住、行的比例关系

消费基金首先分别用于人们的吃、穿、用、住、行诸方面。这些方面的比例关系，在不同的国家、不同的地区、不同的社会阶层里是不一样的，并且随着生产力的发展和生产关系的变革，也经常发生变化。按1981年我国各类消费品零售额计算，吃的商品占51.1%，穿的商品占23.1%，用的商品占22.20%，烧的商品占3.6%。至于住和行的比重，由于缺乏统计资料，只能做个粗略的估计，其约占人们生活费用的5%和3%。这些事实说明，在我国人民生活中，目前吃是第一位的，穿是第二位的，用是第三位的。吃、穿、用的顺序是由当前我国生产力水平和人民生活水平决定的，它表明我国人民的生活还不够富裕。

在不同的消费水平上，吃、穿、用的比例关系是不一样的。据北京市统计局家计调查资料，1982年平均每人每月生活费在20元以下的户，吃、穿、用、烧的比重分别为71.9%、15.5%、8.1%和4.5%；平均每人每月生活费在60元以上的户，吃、穿、用、烧的比重分别为62.7%、16.8%、18.7%和1.8%。这些资料说明，个人收入的绝大部分用于生存资料，能够用于享受和发展的资料就所剩无几了。

在各个不同的地区，吃、穿、用的比例关系也有很大的差异。仅以

1979年的情况看,据上海市商业方面的统计,吃的商品占43.7%,穿的商品占23.7%,用的商品占31.3%;据重庆市家计调查资料,吃的占58%,穿的占12%,用的占13%,其他占17%;据北京市家计调查资料,吃、穿、用、烧的比重分别为65.3%、15.4%、17%和2.3%。至于广大农村,尤其是边远山区,生活水平较低,吃的比重一般都在80%左右。恩格尔系数(即食品支出占生活费的比重)在中国贫富地区可能相差近一倍。这说明各个地区的生活水平是很不平衡的。

从动态上看,吃、穿、用的比例关系也发生显著变化。按我国消费品零售额计算,1981年同1952年相比,吃的商品的比重由56.5%下降为51.1%,穿的商品的比重由19.3%上升为23.1%,用的商品的比重由20.9%上升为22.2%,烧的商品的比重由3.3%上升为3.6%。这个变动的总趋势,同其他国家的情况基本类似。在美国和日本的生活费用中,1975年食品支出的比重已降到23%和30%,衣服支出的比重也降到8.4%和10.4%,而用的比重则分别上升到60%和50%以上,实现了用、吃、穿的顺序。在我国,随着四个现代化的实现和人民生活水平的提高,吃、穿、用的顺序也必然会改变,成为用、吃、穿的顺序。

今后在吃的方面,既要解决吃饱问题,又要解决吃好问题。前者要求继续抓紧粮食生产,后者则要求切实抓好各种副食品生产,目前我国的食品中,鱼肉蛋比较少,这是我国的渔业、牧畜业不发达的表现。为了提高我国的食品质量,必须充分利用江、海等水力资源和广大的草原,实行农、林、牧、副、渔五业同时并举。穿的方面,目前仍以棉织品为主,化纤纺织品和丝毛麻织品比重还不高。今后应当大大提高化纤纺织品的比重,也要提高丝毛麻织品的比重,使我国人民的衣着质量更高。

用的方面,要着重解决耐用消费品的生产和供应问题。自行车、缝纫机主要应当面向农村,城市里基本上已经普及,只是更新问题。至于木器家具、电视机、洗衣机、电冰箱、录音机、照相机等目前主要面向城市,将来逐渐向农村发展。必须千方百计加快这些消费品生产,以解决供求矛盾。

住房问题相当紧张。城镇居民每人平均居住面积1952年为4.5平方米,

1978年为3.6平方米，下降0.9平方米。粉碎"四人帮"后，国家用很大力量解决这个问题，但仍没有根本解决。今后应从建设、分配和收费三个环节上采取切实可行的措施。农民建房需要的材料很多，而供应是个大问题，矛盾很尖锐，要及早解决。

在行的方面，市内交通拥挤是个急待解决的问题。湖南省有城镇居民500多万人，而公共汽车只有400多辆，平均每万人只有一辆，可谓少矣！北京市从1949年至1979年公共汽车数量虽然增加15倍以上，但客运人数却增长58倍。所以乘车难是个很大的问题。

（二）职工消费水平与农民消费水平的关系

职工生活水平与农民生活水平的差距是旧社会遗留下来的，是城乡生产力水平不同造成的，不可能在很短时期内消失。然而这个差距不能过大，不应再扩大，而要逐步缩小，以利于巩固工农联盟和发展农业生产。

从新中国成立初期至1980年，我国职工生活水平与农民生活水平的差距究竟是扩大了，还是缩小了？有些同志认为，这个差距缩小了，农民生活水平的提高速度快于职工生活水平的提高速度。我们认为，这种看法不符合实际情况。除个别农业生产发展较快的地区在这个差距上有所缩小外，就全国而论，工农生活水平的差距不是缩小了，而是扩大了，主要根据有下面两条。

其一，从职工与农民的年平均消费额之比来看有扩大的趋势。

1980年同1952年相比，职工年平均消费额由148元增加到477元，增长2.2倍；农民的年平均消费额由62元增加到168元，增长1.7倍。若扣除物价上升因素，按可比价格计算，1980年同1952年相比，职工年平均消费额增长1.3倍，农民年平均消费额增长0.7倍。由于前者的增长速度快于后者的增长速度，所以，职工年平均消费额与农民年平均消费额之比有扩大的趋势。1980年同1952年相比，大约扩大16.7%。当然，这个过程是曲折的。1952年职工年平均消费额与农民年平均消费额之比为2.4:1。这个比例关系在20世纪50年代逐渐扩大，至1960年上升为3.2:1。60年代这个比例关系又趋于缩小，到1970年降为2.3:1。70年代这个比例关系又逐渐扩大，到1980年达到2.8:1。尽管有曲折，总的趋势是扩大的，而不是缩小的。

其二，城乡居民每人平均的基本消费品的数量差距有扩大的趋势。

例如：食用植物油，1952年城镇每人平均10.2斤，乡村每人平均3.4斤，相差6.8斤；1980年城镇每人平均12.3斤，乡村每人平均3.1斤，相差9.2斤。两者比较，差距扩大2.4斤。猪肉，1952年城镇每人平均17.8斤，乡村每人平均11斤，相差6.8斤；1980年城镇每人平均42.8斤，乡村每人平均18.4斤，相差24.4斤。两者比较，差距扩大17.6斤。食糖，1952年城镇每人平均6斤，乡村每人平均1.2斤，相差4.8斤；1980年城镇每人平均20.1斤，乡村每人平均5.3斤，相差14.8斤。两者比较，差距扩大10.0斤。棉布，1952年城镇每人平均36.3尺；乡村每人平均13.7尺；相差22.6尺；1980年城镇每人平均55.2尺，乡村每人平均25.3尺，相差29.9尺。两者比较，差距扩大7.7尺。自行车，1952年城镇每万人平均44.9辆，乡村每万人平均0.4辆，相差44.5辆；1980年城镇每万人平均336.6辆，乡村每万人平均79.1辆，相差257.5辆。两者比较，差距扩大213.0辆。缝纫机，1952年城镇每万人平均13.5架，乡村每万人平均0.1架，相差13.4架；1980年城镇每万人平均196.4架，乡村每万人平均42.9架，相差153.5架。两者比较，差距扩大140.1架。

还有一些消费品也有上述的类似情况，不一一列举了。这些情况证明，工农生活水平的差距是扩大了。近两年，有所缩小。为了缩小这个差距，在今后相当长的时期内，应当采取各种措施，在生产发展的基础上，在职工生活水平和农民生活水平共同提高的前提下，使农民生活水平提高的速度略快于职工生活水平提高的速度。提高农民生活水平的根本办法是进一步落实党在农村的各项政策，调动农民生产积极性，加快农业生产的发展。此外，调整农副产品的收购价格，逐步缩小"剪刀差"，也不失为一个重要的手段。

（三）脑力劳动者消费水平与体力劳动者消费水平的关系

在社会主义阶段，脑力劳动与体力劳动存在着重大的差别。一般地说，脑力劳动者从事的是复杂劳动，对国家的贡献比较大，应当使他们有较高的收入和较高的生活水平。脑力劳动者的收入高一点，生活好一点，既能从物质方面鼓励脑力劳动者钻研业务，也能促使其他劳动者从物质利益上关心自己的文化科学技术水平的提高，有助于多出人才、快出人才，加速我国的科学技术现代化。

30年来，尤其1958年以后，我国脑力劳动者的收入和生活水平，非但不比体力劳动者的高，而且相反，还低于体力劳动者，存在着"倒挂"现象。以全民所有制内部各部门职工的年平均工资来看，在脑力劳动者比较集中的科研、文教、卫生部门，1980年的平均工资仅为741元，其他部门的平均工资则比较高。例如，工业部门为853元，基建部门为923元，交通运输、邮电部门为906元，国家机关、人民团体为807元，城市公共事业为789元，金融事业为760元。这许多部门的平均工资都比科研、文教、卫生部门的平均工资高，况且，高出的不是一点点，而是相当多。基建部门1980年的平均工资比科研、文教、卫生部门的平均工资高182元，高出24.6%。这种情况的存在不能不说是政策上的重大失误之一，应当引起我们的高度关注。

当前中年教师、医生、科技人员等脑力劳动者的工资一般都低于同龄工人的工资。据典型调查材料估计，可能低30%左右。即使有同等学力的大学毕业生，在生产部门工作比在学校、科研单位工作，收入大约多1/5。现在竟出现这样的情况，有的教师的孩子中学毕业当了工人，刚进厂不久每月就领到工资加奖金60多元，而在学校当了多年讲师的父母，现在工资才62元或69元。难怪有的教师说："斯文不如扫地的。"中、小学教师的工资尤其低下，比同龄工人低得多。脑力劳动者与体力劳动者在劳动报酬与生活水平方面的"倒挂"问题，违背按劳分配规律，妨碍我国科学、教育、文化、卫生等事业发展，也是人才外流的原因之一，应当迅速解决。

产生上述"倒挂"问题的重要原因是对待脑力劳动者的"左"倾思想和"左"倾政策，企图在一个早上消灭脑力劳动与体力劳动的差别。新中国成立前，文教、卫生、科技等部门的高级知识分子的工资是比较高的。天津北洋大学的院长、教授的最高月工资达600元，而该校工役最低月工资只有6元，相当于最高工资的1%，相差100倍。在一般大学、科研机关、医务人员中的最高工资相当于工人最低工资的50倍左右，为工人最高工资的8倍左右。这样的差距显然太大了。新中国成立后缩小这个差距是必要的。现在，这个差距已大大缩小。科研、文教、卫生、工程技术等人员的最高月工资为 345 元、333.5 元和 310.5 元，相当于工人或职员最低月工资的 11 倍左右，为工人最高月工资的 3 倍左右。保持这样的差距是可以的。问题不出在这里，问题产生于新中国成立后大学或研究生毕业的知识分子，他们的工资与职称严重脱节、名不符实。据北京大学调查，在全校教授中，工资等级与职称不相符的约占 3.5%，在副教授中约占 60%，在讲师中约占 75%；助教工资普遍在 56 元左右；新提升的教授、副教授、讲师的实际工资大大低于他们的职称工资，而体力劳动者，尤其是工人的工资与其技术级别基本上是一致的。这是形成脑力劳动者收入低于体力劳动者收入的重要原因，应当采取措施解决这类问题。

（四）个人消费与社会集体消费的关系

居民依靠个人收入进行的消费称为个人消费。人是社会的动物。除了个人消费外，还必须有社会集体消费。社会集体消费划分为两个部分：主要部分是科学、文教、卫生、体育等事业费，即马克思在《哥达纲领批判》中所说的"用来满足共同需要的部分"，这一部分"将随着新社会的发展而日益增加"；另一部分是国家机关管理费，也就是马克思在上述著作中所说的"和生产没有关系的一般管理费用"，这种费用"将随着新社会的发展而日益减少"。至于国防费是否也列入社会集体消费基金之内，那是有争议的。我们认为，鉴于国防费的特殊情况，可以单独列出，不要混同于一般的社会集体消费基金，它的增减变化视国际形势而定，战时多，和时少，灵活掌握。

个人消费与社会集体消费的关系很重要，它体现着劳动人民的个人利益与集体利益的关系。这个比例关系也不是任意规定的，它受社会生产力水平和人民生活水平的制约。在整个社会主义历史时期内，随着社会主义经济文化事业的发展和人民生活水平的提高，社会集体消费的比重将出现逐渐上升的趋势，而个人消费的比重则有下降的趋势。这是由社会主义生产关系的性质决定的。

目前我国的生产力水平还不高，个人消费水平还比较低。因此，社会集体消费所占的比重不能过大，增长速度也不能太快，决不能采取降低个人消费水平的办法来增加社会集体消费的比重。在这方面，一定要兼顾个人利益与集体利益。30年来，我国人民的个人消费与社会集体消费的比例关系变化不大：1980年同1952年相比，个人消费基金由434亿元增加到2202亿元，增长4.1倍；社会集体消费基金由43亿元增加到274亿元，增长5.4倍。由于社会集体消费基金增长速度快于个人消费基金增长速度，所以在整个消费基金中，个人消费基金的比重由1952年的91%下降为1980年的88.9%，而社会集体消费基金的比重则由1952年的9%上升到1980年的11.1%，这二者变动的总趋势基本上是正常的。然而，这个过程是曲折的，例如，"大跃进"中的1959年，社会集体消费基金猛增20亿元，使它的比重由7.4%猛增到10.5%。这样的速度太快了。问题还在于，它是在降低个人消费水平的条件下达到的。这种教训值得记取。

新中国成立后，我国的社会集体消费的各项事业都有很大发展，但是，无论其规模和水平都仍然不能适应国民经济发展和人民生活水平提高的需要。今后还要大力发展这些部门。文教、科研、卫生等部门有二重性质，起双重作用：一方面它们消耗一些物质资料，满足人们公共生活的需要，属于消费部门；另一方面它们又是精神生产的部门，而精神生产的成果日益重要。据估计，当代生产力的发展，有50%~70%是依靠科学技术进步取得的。我们要实现四个现代化，必须把文教、科学、卫生等事业迅速搞上去。

本文原载：杨坚白主编《社会主义社会国民收入的若干理论问题》，中国社会科学出版社，1983

消费基金的分配与经济发展的关系

在当前的城市经济体制改革中,必须突出抓住分配领域中的问题,正确处理分配中的各种关系,例如国家与企业的分配关系、企业与企业的分配关系、企业与职工的分配关系、职工与职工的分配关系等。本文试图从分配的角度谈谈体制改革中如何正确认识和解决消费基金分配中的问题。

一 集中使用的消费基金与分散使用的消费基金

我国的消费基金按其使用的主体划分,可分为集中使用的消费基金与分散使用的消费基金两部分。由国家通过预算直接分配和使用的那部分消费基金,可称为集中使用的消费基金。分散使用的消费基金是指各地区、各部门、各企业、各单位用于群众生活方面的支出以及居民个人消费支出。由于我国的消费基金是由国家、部门、地区、企业、单位和个人分别使用的,所以应当研究它们各自应有多大的消费权,也就是说,要正确处理集中使用的消费基金与分散使用的消费基金的关系。集中使用的消费基金与分散使用的消费基金的关系,反映着国家、地区、部门、企业、单位和个人的消费权利的分配情况及其变化的规律性。

我国各个历史时期集中使用的消费基金与分散使用的消费基金的比例关系变化情况,如表1所示。

表1 1957~1981年消费基金中集中使用与分散使用的比例关系变化

单位：%

年份 项目	1957	1965	1978	1981
消费基金总额	100.0	100.0	100.0	100.0
其中：集中使用的消费基金的比重	23.1	20.5	22.0	18.8
分散使用的消费基金的比重	76.9	79.5	78.0	81.2

表1显示，20多年间我国集中使用的消费基金在全部消费基金中的比重，除个别时期外，呈现下降趋势。其中，从1978年至1981年期间下降较多，主要是由于经济管理体制改革和财权下放的缘故。在消费方面，要兼顾国家、地区、部门、企业、单位和个人几方面的关系。近几年，我国进行了一些改革，扩大了企业、部门和地区的消费权，为群众办了许多社会集体福利事业，从而调动了各方面的积极性，促进了经济的发展。在这个过程中，也有分权过头的地方，使财力分散，影响经济的发展。所以，在今后的体制改革中，仍然需要正确处理集中使用的消费基金与分散使用的消费基金的关系。

我们这里所说的集中与分散这些概念，都是相对的，依其层次不同，范围大小不同，集中与分散的含义也不一样。在全国集中与分散的关系要正确处理。在部门、地区的内部也有这种关系，也要正确处理。甚至在一个大企业中，也有不少层次，同样也要正确处理各级之间的消费关系。只有这样，才能从上到下都有相应的消费权，以调动各方面的积极性，促进经济的发展。

消费问题不是孤立的，它受周围经济条件的制约。在消费权上，集中的程度有多高，分散的程度有多大，这取决于我们选择的经济模式是哪一种。过去我们的经济模式是一种带有军事共产主义因素的集中计划经济模式。在这种模式中，消费的集权程度比较高，部门、地区、企业和个人的消费权比较小，甚至个人对消费品的消费权也要受到一定程度的限制。今后，体制改革的目标模式是什么？尚在争议之中。笔者个人认为，根据社会主义经济发展的实践经验，从我国的国情出发，今后我国的经济模式若采用一种含有市场机制的计划经济模式可能较为有利。在这种模式中，只有宏观消费的决策权集中在国家手中，部门、地区和企业才有更多的消费权，个人和家庭的消费权也才有所扩大。

二　消费基金的使用与分配

在我国消费基金分配中，使用着不同的分配尺度。除劳动这个主要尺度外，还有非劳动尺度。根据消费基金分配的尺度不同，可以划分为按劳分配基金与非按劳分配基金。按劳分配基金是指劳动者根据按劳分配原则领取的劳动报酬中用于生活消费的部分。居民除劳动收入外，尚有一部分其他收入，例如助学金、抚恤金、利息等。居民的这部分收入和社会集体消费基金一起组成非按劳分配基金。

在社会主义阶段，消费基金的分配实行按劳分配的原则，有其客观的必然性。在整个社会主义阶段，我们必须坚持按劳分配的原则。与此相适应，在分配消费基金时，必须牢牢把握住按劳分配这个主要尺度。

我国几个主要历史年份的按劳分配基金与非按劳分配基金的比例关系变化情况如表2所示。

表2　1957~1981年消费基金按劳分配占比变化

年份 项目	1957	1965	1978	1981
按劳分配基金占消费基金总额的比重（%）	52.2	60.0	61.0	58.9
按劳分配基金占个人消费基金的比重（%）	56.6	65.9	68.8	65.9

表2显示，1957~1978年的20多年间，按劳分配基金无论在全部消费基金中的比重，还是在个人消费基金中的比重，都有上升。这种上升，并不是由于强调了按劳分配的结果，而是由于那个时期忽视或削弱了非按劳分配部分。1978~1981年，虽然我们强调按劳分配，但按劳分配基金的比重还是下降的，这是由于非按劳分配部分的大量增加形成的。从长远来看，这种情况是正常的。当前，劳动仍是谋生手段，必须把劳动报酬同劳动的

数量和质量联系起来,在消费基金的分配中,保证按劳分配基金占有适当的比重,会更好地调动劳动者的积极性,促进经济的发展。否则,不适当地降低按劳分配基金的比重,过多地搞非按劳分配,则会挫伤劳动者的积极性,妨碍经济的发展。

目前在我国的消费基金分配中,非按劳分配基础部分还占有相当大的比重。这一部分消费基金的分配所体现的不是按劳分配原则,它们基本上是按照实际需要分配的(当然,这不是共产主义的按需分配)。从长远看,这一部分消费基金的比重有上升的趋势。不过,其中以各种补贴(价格补贴、房租补贴、交通补贴等)形式分配的消费基金,随着经济体制的改革,尤其是价格体制的改革,将可能呈现下降的趋势。消费基金中的各种补贴,基本上是按人头平均分配的,它们是特殊形式的"大锅饭"。解决这一部分消费基金的分配问题,将是今后体制改革的一项重要任务。

三 1952~1982年消费基金在国家、集体与个人使用方面的比例关系

我国的消费基金分别用于社会集体生活消费与个人生活消费两个方面。根据这两个方面在性质上的不同,消费基金可以划分为社会集体消费基金与个人消费基金。这两部分消费基金的比例关系,在过去30多年没有很大的变化。1982年同1952年相比,个人消费基金的比重由91%下降到88.80%,而社会集体消费基金的比重则由9%上升到11.2%。这个比例关系反映着国家、集体利益与个人利益相结合的状况,需要正确处理它。

从整个社会主义历史时期看,社会集体消费基金的比重有上升的趋势。这是因为,文教、科学、卫生、体育的事业费、社会保证基金等社会集体消费基金,随着经济的发展,它的增长速度一般都超过个人消费基金的增长速度。社会集体消费基金比重的上升是一个历史过程,不能操之过急。这个比例关系的变化主要取决于三个因素:一是消费基金在个人消费与社会集体消费两方面的分配,二是国民收入在积累与消费两方面的分配,三是国民收入的增长速度。这三个因素有多种结合方式,因而可以从不同的

方向和程度上影响个人消费基金与社会集体消费基金的比例关系。

在消费基金总量一定时，个人消费基金与社会集体消费基金的比例关系，取决于消费基金的分配。提高社会集体消费基金的比重，必然会相应地降低个人消费基金的比重；反之，亦然。在这种情况下，要调整个人消费基金与社会集体消费基金的比例关系，只要改进消费基金内部的分配就可以了。然而，消费基金的总量是不断变化的。如果这个比例关系比较切合实际，需要相对稳定，那么，当总量增加时，要把净增额按照一定比例分别用于两个方面。过去大多数年份我们都是这样做的。当消费基金总量减少时，要把净减额按照一定比例分别从两个方面减下来，使个人消费基金与社会集体消费基金的比例关系大体未动。这样分配消费基金是正确的。

积累与消费的比例关系也制约着个人消费基金与社会集体消费基金的比例关系。一般说来，当消费基金的比重上升时（或者说积累率下降时），个人消费基金与社会集体消费基金的比例关系变动的幅度将会增大；反之，它将缩小。1979年比1978年，积累率由36.5%下降到34.6%，这就扩大了个人消费基金与社会集体消费基金比例关系变动的幅度。因此，尽管1979年比1978年社会集体消费基金的比重由11.3%上升到12.2%，但并未影响个人消费水平的提高。可见，处理好积累与消费的比例关系，有利于正确处理个人消费基金与社会集体消费基金的比例关系。

国民收入增长速度直接决定着消费基金总量增长速度，进而也决定着个人消费基金与社会集体消费基金比例关系变动的幅度。当国民收入显著增长时，个人消费基金与社会集体消费基金比例关系变动的幅度将扩大，这时可以适当提高社会集体消费基金的比重。1979年提高社会集体消费基金的比重，并未影响个人生活的改善，主要原因就在于当年国民收入有显著增长。当国民收入增长很慢或下降时，个人消费基金与社会集体消费基金的比例关系变动的幅度将是很小的，因而难于提高社会集体消费基金的比重。在社会主义条件下，国民收入一般不会下降，它的增长速度比资本主义的快得多，这就为逐步提高社会集体消费基金的比重提供了客观的可能性。

在以上分析的影响个人消费基金与社会集体消费基金比例关系的三个

因素中，国民收入增长速度属于生产性因素，而消费基金的分配和国民收入的分配则属于分配性因素。这三个因素互相制约，其中生产性因素起决定作用。因此，个人消费基金与社会集体消费基金的比例关系，归根到底是由生产决定的，它只能随着生产的发展而变化。

四　我国社会集体消费基金的使用

社会集体消费基金由国家、集体分配和使用，满足社会集体生活的需要。它大体包括四个部分：一是文教、科学、卫生、体育等事业费，二是社会保证基金，三是行政管理费，四是国防费。这四个部分虽然都是满足社会集体生活需要的，然而它们各有特性，对经济发展所起的作用也有很大不同。

文教、科研、卫生、体育等事业费，同经济发展的关系十分紧切。过去把文教、科研、卫生、体育等部门看成"纯消费"部门，"文革"中多年停课、停科研。这些"左"的错误思想和做法给我国的经济发展造成了严重的后果。这些部门对经济发展愈来愈重要。美国国民收入增长的70%直接与科学技术有关。苏联对科学事业投资1个卢布，大约可收回5个卢布的经济效果。第二次世界大战后日本的经济发展较快，其中科学技术所起的作用占51%~70%。我国必须尽快把科学技术、文化教育等事业搞上去，这是实现四化的关键。在分配社会集体消费基金时，一定要保证这些部门对资金的需要。目前我国用于这方面的资金，同其他国家相比，还是不够多的。我国增加文教、科学、卫生、体育等事业费，有两层意思：一是绝对额的增加，二是它们在国家财政支出中的比重的提高。随着经济事业的发展，前者可以无限增加，后者则不然，达到一定阶段后它们会相对稳定下来。这个相对稳定阶段在我国尚未到来。所以，目前和今后一个相当长的时期内，仍要继续提高它们在国家财政支出中的比重。

社会保证基金的内容主要有两项：一是职工劳保福利费，二是社会救济费。职工劳保福利费包括劳动保护费、退休金、医疗费、休养费、抚恤费、极少数职工家庭因生活困难需要的生活补助等。社会救济费又划分为农村社会救济费和自然灾害救济费等项目。从社会保证基金的内容看来，党和国家十分关心群众生活，生老病死样样都管。这是社会主义制度优越性的具体表现。劳动保护费直接关系着劳动条件好坏，对生产有直接的影响。其他各项费用也会解除劳动者的种种后顾之忧，激发劳动者的积极性。

国家机关管理费也是发展社会主义经济所必需的。但是，这种费用同生产没有直接的关系。所以，我们必须力求精简机构，提高工作效率，节约行政管理费。我国的行政管理费正如马克思在《哥达纲领批判》中所说的"随着新社会的发展而日益减少"。它在我国财政支出中的比重由1952年的8.3%下降到1978年的4.4%。可是1978年以后，这种费用的比重又逐年上升，1982年竟达7.1%。四年期间平均每年增长14%，大大超过生产发展的速度。这种状况应尽快改变。

为了保障全体劳动人民从事和平劳动，必须在大力进行经济建设的同时，加强国防建设。国防费在我国财政支出中的比重要比帝国主义国家的军费开支低得多。但并不意味着，国防费的比重愈小愈有利于经济发展。这需要根据国际环境进行具体分析，平时、战时、备战时应有所不同。

从以上分析看出，社会集体消费基金的各个组成部分对经济发展的作用有大小、直接和间接之分。为了使社会集体消费基金的分配更好地促进经济的发展，当前，应适当降低行政费的比重，提高科学和教育事业费的比重。

五 消费基金在向市场经济改革中遇到的新问题

在我国个人消费基金分配中，过去我国比较重视社会平等问题，因此，没有贫富悬殊、两极分化现象。大家都有饭吃，生活安定，社会秩序比较好，主要原因是我们进行了民主革命和社会主义革命，废除了生产资料的封建主义和资本主义的私有制，消灭了剥削制度，实现了各尽所能、按劳分配的原则。在我国，社会成员收入差别不是由财产多寡引起的，而是由劳动者的劳动数量和质量产生的。这一点，根本不同于以生产资料私有制为基础的那些国家。

在过去我国重视社会平等问题的同时，对于经济效率则有所忽视。由于分配制度上存在着严重的缺陷，企业吃国家的"大锅饭"，职工吃企业的"大锅饭"，干不干一个样，干多干少一个样，这就难以调动劳动者的积极性。目前在工交财贸和基本建设方面普遍存在的劳动效率低下，同现行体制中的弊端、同工资制度的不合理、同分配中的平均主义都有很大的关系。这种情况经过近几年的工资调整，虽有一定改变，但没有根本解决平均主义问题。这是今后提高经济运行效率的严重障碍。

分配上的平均主义在脑力劳动者与体力劳动者之间也是严重存在的。脑力劳动者从事的一般是较为复杂的劳动，对国家、对社会的贡献也比较大。根据按劳分配的原则，应该使他们有较高的收入。可是，我国自1958年以后，由于受"左"倾思想的影响，知识分子不仅在政治上受歧视，经济上也没有得到合理的报酬。新中国诞生后成长起来的知识分子工资收入太低，生活条件太差，妨碍他们发挥积极性，也有碍于经济的发展和经济效率的提高。

在地区之间也存在着平均主义。内地与边远地区的居民收入差距小，既不利于调动边远地区劳动者的积极性，也不能吸引劳动者去那里工作。不解决报酬问题，边远地区缺乏人才的问题不易解决，经济也难以更快发展。

为了提高劳动效率，促进我国经济的更快发展，不论在农民内部，还是在职工内部，或者知识分子内部，以及脑力劳动者与体力劳动者之间、地区之间、行业之间等等，都应真正解决平均主义问题。要在劳动者共同富裕的基础上，使一部分人更快地富裕起来。在农村，我们已经通过联产承包责任制，通过各种专业户，大力发展商品生产和商品交换，使我国的农业逐步走上专业化、社会化和商品化，这样必然使一部分农民先富起来。在职工方面，必须全面改革现行工资制度，实行基本工资、职务工资和浮动工资相结合的制度，使职工的劳动报酬与其贡献以及企业的经营状况密切地联系起来。在基本工资方面，要减少等级，扩大级差。职务工资和浮动工资占基本工资的比例不宜太小。这样可能有利于促进经济的更快发展。

为了促进科学技术和教育事业的发展，大力提高社会劳动效率，目前急需解决脑力劳动者的职称与工资的"脱钩"问题。有的人把这种"脱钩"说成是工资制度改革的方向之一，这是极其错误的，仍然是"左"倾思想在作怪。按照规定的工资等级，目前脑力劳动者的最高工资相当于体力劳动者的最高工资的3倍左右，相当于体力劳动者最低工资的11倍左右。在今后一个时期内保持这样的差距是可以的，主要问题是要解决实际存在的脑力劳动者的职称与工资的"脱钩"问题。鉴于这个问题比较大，一次难以解决，而久拖不解决又不行，可以考虑在三五年内分批分期，先易后难分别解决。

通过以上措施，解决了"大锅饭"问题，使一部分人先富起来，必然会促进劳动效率的大大提高。今后我国一定要重视效率问题，要扩大收入差距，但也决不能忽视平等问题。我国是社会主义国家，既不能放弃平等，也不能失去效率，必须兼而有之。为了促进社会平等问题的实现，应当采取这样的一些措施：（一）增加国家的教育经费，尽快普及小学和中学教育，提高劳动者的科学文化技术水平，这既有利于提高劳动效率，又有利于缩小劳动者收入差距和解决社会平等问题；（二）增加社会救济费，给予低收入者以适当的补助；（三）完善税制，对高收入者征收累进所得税，不使某些人的收入过高；（四）允许劳动力一定程度地流动，为收入均等创造劳动均等的前提。

总之，我国要在个人消费基金的分配中，把平等与效率有机地结合起来，促进经济的发展。

以上我们从几个侧面分析了消费基金的分配对经济发展的作用。这仅仅是问题的一个方面。问题的另一个方面是经济的发展对消费基金分配的决定作用。消费基金的分配不仅取决于生产关系的性质，也取决于生产力发展的水平。我国消费基金的分配目前之所以是这个样子，而不是另外的状况，归根到底是由我国的生产关系和生产力决定的。限于篇幅，这个问题就不谈了。

本文原载：《中州学刊》1984年第5期

收入、储蓄、消费

近几年来我国城乡居民储蓄急剧增长。1983年比1978年增加681.9亿元，平均每年增加136.4亿元，相当于1952～1978年平均每年增加8.1亿元的16.8倍，尤其1983年一年就增加217.1亿元，比1952～1978年26年增加的总和202亿元还多15亿元以上。储蓄为什么会如此高速增长？它对国民经济和人民生活将有什么影响？今后的对策应当如何？这些问题很值得我们认真研究。

一　近几年我国居民储蓄急剧增长的原因

一般说来，居民收入减去居民消费（对于农民和城镇个体生产者来说还应减去扩大生产的支出），即为居民储蓄。从这种关系中可以看出，居民储蓄的变化直接取决于居民收入和居民消费这两个因素。在我国，收入、储蓄和消费三者一般都会同时增长，这种情况要求我们从收入、储蓄和消费三者的增长速度入手去研究它们之间的关系。居民收入增长速度大于、等于和小于居民消费增长速度这三种情况，都可以使储蓄增加。不过，只有居民收入增长速度大于居民消费增长速度，才最能促成储蓄的高速增长。近几年我国居民储蓄的急剧增长就是这样促成的。

党的十一届三中全会以来，随着生产和各项事业的发展，城乡居民收入迅速增加。1983年比1978年，职工家庭平均每人可用于生活消费的收入增长66.5%，农民家庭平均每人纯收入增长131.2%。居民收入的这种迅速增加是促成我国居民储蓄急剧增长的重要因素，但不是唯一因素。如果以居民收入增长速度计算居民储蓄，或者说，居民收入和居民储蓄同速增长，到1983年底储蓄额也不过是379.7亿元,而事实上已达到892.5亿元,超过379.7亿元一倍以上。这种情况说明,促成我国居民储蓄急剧增长的因素,除居民收入的迅速增加外,还必然有消费方面的原因。

从消费方面看,居民储蓄之所以急剧增长,就是因为居民消费增长速度落后于居民收入增长速度,并且落后的差距有所扩大。以农民来说,1979年比1978年,每人每年纯收入增长19.9%,消费水平(每人每年消费额)增长15.20%,后者比前者落后4.7个百分点;1982年比1981年,每人每年纯收入增长20.9%,消费水平增长9.3%,后者比前者落后11.6个百分点。城镇职工的情况虽然不如农民的那样严重,但也仍然存在类似问题。显然,城乡居民的消费落后于收入是近几年储蓄急剧增长的主要因素。

居民消费增长速度落后于居民收入增长速度的原因是什么?有人用银行利息高去解释,笔者觉得理由并不充分。银行储蓄的利息比过去稍有提高,但利息与国外相比并不高;与利润率相比也不高。大部分存款者也不是为了利息。是不是消费品总量与居民的货币购买力相差很大造成的?供求的缺口有一些,但不很大,不是促成储蓄急剧增长的主要因素。据调查,广大人民的收入增加后都希望改善生活,问题在于,消费资料的生产和供应的结构不适应居民消费结构,群众真正需要的消费品买不到,被迫把相当大一部分收入转化为储蓄。

在农村,目前农民最迫切需要的除化肥、柴油等农用生产资料外,主要就是住房建材以及某些耐用消费品。近几年来,农村建房近30亿平方米,规模之大,速度之快,在我国历史上是空前的。据调查,目前全国每年大约有15%的农户要求建房,而实际建房户不过5%,多数农民建房的愿望不能实现。建材和某些耐用消费品供不应求,是当前农民储蓄急剧增长的主要原因。

在城市,当前居民最迫切需要的消费品是住房。住房问题在大城市尤其严重,已经成为一个急待解决的社会问题。一般居民既买不起住房,也建不成住房,收入不能转化为住房消费(房租微不足道,它吸收居民收入很少)。至于电冰箱、电视机、收录机等耐用消费品,目前还能吸收居民收入,但也存在着质量、品种不适应需要的问题。居民需要的东西供应不足,用高价加以限制，使居民收入难以转化为这方面的消费；而居民不需要的东西（准确地说是居民不相信其质量的产品）又大量积压，居民不愿把收入转化为这种低质量产品的消费。在食品方面，居民需要的瘦猪肉、牛羊肉、鱼、鸡鸭等供不应求，而肥猪肉又过多。呢绒、绸缎、羽绒等高档服装的供应很紧张，而棉布及其制品又大量积压。棉布积压甚多，不是因总量太多，而是品种、花色不对路。城市的情况同农村差不多，也是消费品生产和供应的结构不适应居民消费结构，妨碍居民把收入转化为消费，使相当一部分收入转化为储蓄。

对于消费结构的作用，过去我们不够重视。在客观上，这是由于过去我们的主要力量是解决温饱问题。近几年，温饱问题已经基本解决，正在向小康迈进，人们开始注意食品的营养、衣着的漂亮、住房的宽敞和用品的高档。消费领域中的这种新变化突出了消费结构问题，而我国的产业结构、产品结构和流通结构在许多方面都不适应消费方面的新情况，这就引起许多矛盾。这些矛盾都阻碍着居民把收入用于消费，导致消费落后于收入，促成储蓄的急剧增加。储蓄的这种增加，是消费的结构性矛盾的反映。

二 居民储蓄急剧增长的弊与利

对于消费落后于收入，因而促成储蓄急剧增加这个问题如何评价，目前颇有争议，分歧也不小。笔者个人认为，这个问题有二重性，既有利，又有弊，弊大利小，要认真解决。

储蓄的增长毫无疑问反映着人民生活水平的提高。1983年比1952年我国居民储蓄额增长103倍。当然各时期不一样，"一五"时期平均每年增加5.3亿元，"二五"时期1.2亿元，1963～1965年8.0亿元，"三五"时期2.7亿元，"四五"时期14.0亿元，"五五"时期50.0亿元，1978～1983年136.4亿元。尽管有曲折，总的看来，储蓄额确有上升的趋势。这是我国国民经济发展和人民生活水平提高的重要表现。尤其党的十一届三中全会以来这几年，储蓄额急剧增加，说明我国国民经济确实有了大的发展，人民生活水平有了显著提高。

储蓄的增加还可以在一定程度上缓和我国资金紧张的问题。所有发展中国家进行现代化建设都遇到资金不足的问题，而在我们这样一个人口众多、底子又薄的大国里进行现代化建设，更感到资金紧张。为了解决这个问题，向国外借点钱是必要的、有利的。但是解决资金问题的根本出路要靠自力更生。为此，在生产、分配和流通各个环节上，在国民经济各部门、各地区以及各企业，都必须认真讲求生财、聚财和用财之道，大力开展增产节约，提高经济效益。在消费方面，除尽量节约行政管理费、国防费等社会集体消费基金外，对于居民个人及其家庭，还应提倡艰苦奋斗、勤俭持家的优良传统。个人将家庭生活安排好以后，把多余的钱存入银行，由国家集中起来，用于建设事业，把这部分消费基金转化为积累基金使用，不仅对个人有利，还可以帮助国家解决资金困难问题，有利于四化建设。过去银行把居民储蓄主要转手贷给工商企业，以解决它们的流动资金不足问题。近几年来，随着财政、银行体制的改革，除了继续用居民储蓄解决工商企业的流动资金外，还把少量的居民储蓄用于短期基本建设投资。在居民储蓄中究竟有多大部分可以作为投资使用，国内外都在探索，没有成功的经验。日本的一位经济学家说，在日本可以把居民储蓄的每年新增额的一半用于投资。我国有的经济学家主张，用于投资的储蓄额最多不要超过当年储蓄新增额的20%。如果我们以30%计算，那么在1983年储蓄新增额的217亿元中，能够用于投资的大约是65亿元。由此可见，用好居民储蓄是可以缓和我国的资金紧张程度的。

我们在肯定上述消费落后于收入，因而促成储蓄急剧增长这种情况的有利方面外，还应当看到它的不利方面。首先，它表明社会主义生产目的没有达到应该实现的程度。要实现满足人民物质文化生活需要的社会主义生产目的，不仅要增加居民的货币收入，更要以数量足够的、品种规格适应需要的生活资料（包括劳务）供应广大居民。如果居民仅有货币收入的增加，而没有相应的生活资料保证，那么不能真正实现社会主义生产目的。这种情况顶多说明居民具有提高生活水平的可能性。在这种可能性变成现实性之前，居民被迫把相当一部分货币收入存入银行，实行所谓"延期消费"。如果数量不太大，时间不很长，那么不至于影响社会主义生产目的的实现；若数量很大，时间又长，则难免妨碍社会主义生产目的的实现。近几年，我国居民储蓄增长过快，消费落后于收入比较严重。1982 年比 1978 年，我国居民个人消费基金增加 1011 亿元，而同期居民储蓄增加 465 亿元，后者相当于前者的 46%。1983 年的情况更为严重。这样高的比重怎么能够说明社会主义生产目的实现得很充分呢？储蓄是一种延期性消费，它最终是要实现的。问题在于，这种延期性的消费同当前的消费相比不能太多，时间也不能太长。过多了，会影响当前消费；太长了，不利于将来的消费。

再从生产与消费的辩证关系看，固然生产决定消费，然而消费对生产也有巨大的反作用，"没有消费，也就没有生产"，"消费的需要决定着生产"，"消费创造出生产的动力"①。在我国，广大劳动人民的消费是推动生产发展的强大动力。只有提高了人民群众的消费水平，才能推动生产进一步发展。居民把钱存入银行，不能实现消费，从根本上说，这很难发挥消费对生产的促进作用。近几年随着储蓄的急剧增加，消费对生产的促进作用有所削弱，这不利于生产的更快发展。而生产是资金的源泉，生产发展不快，财源相对狭小，有可能使资金问题更趋紧张。反之，如果我们使居民收入更多地用于消费，较少地转化为储蓄，那么有可能更充分地发挥消费对生产的促进作用，使生产更快地发展，开辟更多的财源，从而资金问题也更容易解决。所以，从解决资金问题的角度看，限制消费，鼓励储蓄，也不见得是上策。让居民把收入较多地转化为消费，从而促进生产更迅速地发展，可能更为有利。储蓄的急剧增加及其部分地用于投资，还可能不利于国民经济的按比例发展。第一，若居民货币收入都有相应的实物保证，当其中的一部分货币收入没有用于消费，而转化为储蓄时，则与此相应的那一部分消费资料就没有最终实现，可能变成生活资料的积累储存起来。这样储存的生活资料因储蓄的急剧增长会越来越多，其结果必然影响社会生产两大部类之间的价值补偿和物质替换的关系。第二，与居民储蓄相应的实物本来是消费资料（对于农民和城镇个体生产者的储蓄来说当然还有一部分生产资料）。而国家把储蓄用作流动资金或投资，这不仅要有相应的

---

① 《〈政治经济学批判〉导言》，《马克思恩格斯选集》第 2 卷，第 94、102 页。

消费资料,更需要生产资料。如果储蓄急剧增长并大量用于投资和流动资金,则可能会造成生产资料不足,而消费资料相对剩余。近几年来生产资料供应相当紧张,这同储蓄急剧增长并大量用于流动资金和投资,不是毫无关系的。第三,由储蓄转化而成的流动资金和投资,若用于扩大消费资料的生产,则有利于解决未来的消费问题,不至于扩大生产与消费间的矛盾;若用于扩大生产资料的生产,而这种生产资料的生产在短期内又不可能促进消费资料生产的增长,则当居民使用储蓄时,必然会加剧生产与消费间的矛盾。

以上分析说明,消费落后于收入,使储蓄急剧增加,确实是利少弊多。当然,消费增长速度快于收入增长速度,使储蓄大量减少,也是不好的。这种情况在我国一般不会出现,只有20世纪60年代初期经济暂时困难的那几年和"文革"中个别年份出现过这种现象。那时,居民入不敷出,为生活所迫只好动用储蓄。这是国民经济比例失调的一种表现。

收入、储蓄、消费三者之间的关系除以上分析的两种类型外,另一种类型就是它们的同步增长。在我国,社会主义基本经济规律和国民经济有计划、按比例发展规律要求生产与消费协调发展。而生产与消费的相互促进的辩证关系从客观上要求居民将其收入用于消费,而不是转化为储蓄。因此,居民消费增长速度接近居民收入增长速度是社会主义经济发展中的一种客观趋势。由于这种趋势的存在,居民储蓄不会急剧上升或大幅度下降,而只能稳步增长。储蓄的最优增长速度介于居民收入增长速度与居民消费增长速度之间。这就是说,收入、储蓄和消费三者大体同步增长可能较为合适。近几年,我国居民储蓄增长的速度既超过居民收入增长速度,又超过居民消费增长速度,确实有些过快。如果采取适当措施,降低储蓄增长速度,使之与收入、消费的增长速度协调起来,则对我国经济发展将更有利。

三 当前解决储蓄增长过快问题的主要途径

如上所述,居民储蓄直接取决于居民收入和居民消费两个因素。所以,为了解决储蓄急剧增长问题，应当从消费和收入两个方面采取措施。

居民收入增长速度是否合适，应当以它与生产发展速度的对比关系来衡量。一般说来，居民收入增长速度应当稍低于生产发展的速度。只有这样，才能保证在人民生活不断改善的同时，国家和集体有更多的资金用于扩大社会主义生产和发展各项社会集体福利事业。党的十一届三中全会以前的20年，与生产发展速度相比，居民收入增长速度偏低，相应的，居民储蓄和居民消费增长也不快。为了解决这些问题，近几年来在生产发展的基础上适当降低积累率、加快居民收入增长速度是必要的。但的确也存在着居民收入增长过快的问题。1983年比1978年，我国社会总产值增长61.4%，工农业总产值增长63.5%，国民收入增长5.2%。而同时期，农民家庭平均每人的纯收入增长131.2%，职工家庭平均每人可用于生活费的收入增长66.5%，都超过了生产发展的速度。这样的比例关系暂时还没有引起很大的问题，但如果任其发展，不用太久的时间，就会引起严重的后果。居民收入增长太快，可能削弱国家的积累能力，使资金问题更加紧张；也可能破坏市场的供求平衡，影响市场物价的基本稳定。因此，我们要从宏观与微观两个方面适当控制居民收入的增长。今后，一定要使工资、奖金同劳动生产率、成本、利润等经济效益指标挂起钩来；使农民的收入增长主要依靠发展生产，不要过多地依靠农产品提价；进一步完善税制，对于高收入者征收累进所得税；严格财经纪律，制止违纪乱发补贴。通过各种措施，使居民收入增长速度与生产发展速度保持合理的比例。一旦这个比例适当，居民储蓄增长速度也将趋于稳定。

当前，解决储蓄增长过快的主要途径是加强消费品生产，改进消费品结构，使之与居民消费结构相适应，使居民把收入更多地转化为消费，较少地转化为储蓄。如前所述，我国的产业结构、产品结构和流通结构以及各种管理体制，都不适应近几年来消费领域中的新情况，因而出现许多矛盾，一方面不少产品积压，另一方面又有许多产品供不应求。这两种情况都妨碍居民把收入转化为消费，逼迫储蓄上升。要改变这种情况，必须提高对消费结构的认识，从调查居民消费结构的变动趋势入手，真正摸清居民需要什么，抓准消费领域中的主要矛盾，认真予以解决。

当前我国居民消费中的主要矛盾是住房问题。据初步预测，要使我国居民住房达到小康标准，在 20 年内，农村大约要建造 100 亿平方米以上的住房，城镇大约也要建造 20 亿平方米以上的住房。如此巨大的住房消费需要，必然促进民用建筑业和相应的建材工业的迅速发展，而这些产业的大发展，反过来，必将吸收居民的大量收入，促进居民住房消费的更快提高。这种良性循环毫无疑问会推动整个国民经济的发展。为使这种新局面尽早形成，在农村，要大力开展建材消费信贷，即国家或企业与农民签订合同，农民预付建材款，而国家或企业保证及时地按质按量地供应农民建材，这样既可解决目前建材工业资金不足问题，又可满足农民对建材的需要；在城镇，要使住房逐渐商品化，这样可以减少国家对住房的投资，有助于缓和资金紧张程度。与其像目前这样国家把城镇住房问题包下来，而居民把相当一部分收入变成储蓄，还不如让居民直接以其收入购买（或部分购买）住房，这样会使住房消费直接推动建筑业和建材业的发展。

今后能够大量吸收居民收入的消费品除住房外，还有各种富有营养的食品和方便食品。各种营养食品（例如瘦猪肉、牛羊肉、鱼、鲜奶、水果等）目前在城市的供应日趋紧张，各种方便食品的销售量也大幅度上升。这种势头才刚出现，更大的高潮还在后头，不久即会到来。

这种趋势在农村也很快要出现。对营养食品需求的高潮一旦在农村出现，必将使供求矛盾更加尖锐。消费方面的这种形势，要求我们大力发展畜牧业、渔业以及各种食品加工业。如果这些生产能够满足居民需要，那么它们会吸收居民大量收入，减少收入向储蓄的转化。

此外，为使各种衣着和耐用消费品更多地吸收居民收入，急需改进这些产品的花色、品种，提高质量。以品种求生存，以质量求发展，应是服装工业和耐用消费品工业的座右铭。

本文原载：《经济研究》1984 年第 9 期

有关消费结构的几个理论问题

消费结构是人们在生活消费过程有关消费结构的几个问题中各种社会因素、自然因素之间以及社会因素与自然因素之间的相互关系和数量比例的总和。消费结构制约着社会主义扩大再生产过程的循环和整个国民经济的发展，关系着社会主义生产目的能否更好地实现。我国居民家庭和个人消费结构将呈现出这样几个特点：从温饱型消费结构向小康型消费结构转变，由限制型消费结构向疏导型消费结构转变，从半供给型消费结构向自理型消费结构转变，由自给型消费结构向商品型消费结构转变，由雷同型消费结构向多样型消费结构转变。本文拟对我国消费结构做一些分析。

一　对"消费结构"概念的理解

在我国，提出和使用消费结构这个概念是近几年来的事情。但是，这并不是说在这之前我们没有研究消费结构。事实上，从五十年代开始，我们就着手研究消费结构问题。例如，在城镇职工家计调查中，把生活费支出划分为商品支出与非商品（劳务）支出两部分；在商品支出中，又划分为吃、穿、用、烧几个部分；在非商品（劳务）支出中，又划分为房租、水电费、取暖费、学杂费、保育费、交通费、邮电费、文化娱乐费、修理服务费、医疗保健费等几个部分。在这种划分的基础上，计算和研究各部分在其总体中所占的比重。在农民家计调查中，把生活费划分为食品、衣着、燃料、住房、用品、文化生活服务等几个部分，并计算和研究各部分在其总体中的比重。这些不能不说是对消费结构的一种研究。不过，那时缺乏"消费结构"这个概念，对消费结构的研究还没有放在更加自觉的基础之上，研究的内容也很有限。直到最近几年，随着对经济结构的研究，对消费结构问题的研究更加自觉了，开始提出和使用了消费结构这个概念。

但是目前对消费结构这个概念有不同的理解。比较普遍的提法有以下几种。

"居民的消费结构就是消费资料（包括劳务资料）在种类和数量上的比例关系。"①

"我们可以将消费结构定义为：在消费行为过程中，各类（种）消费品和劳务在数量上各自所占的百分比及其相互之间的配合、替代、制约诸比例关系。"②"人们在消费过程中所消费的不同类型的消费资料的比例关系，就是消费结构。"③ 上面这些关于消费结构的定义，在文字表述上尽管有些差别，但意思基本上是相同的，它们都是指消费资料（包括劳务）之间的比例关系。这样的定义反映了我们较长时间里对消费结构问题研究的实际情况。的确，过去我们对消费结构问题的研究仅仅局限于把消费资料（包括劳务）划分为几部分并确定它们之间的比例关系。从这方面说，上述几种定义反映了我们对消费结构的认识。

然而，事实上消费结构远不止消费资料各部分之间的比例关系。关于这一点，于光远同志曾经指出："社会消费结构不仅包括各类消费资料和劳务的数量比例，同时还包括各社会集团的消费的比例，社会公共分配的消费品的消费与个人分配的消费品的消费的比例，各种消费行为（如吃、穿、住、各式各样的用等等）之间的比例，以及按消费目的——为了生存的需要、享受的需要或发展的需要的消费之间的比例等等。这许许多多消费的具体性规定，形成一个关于社会消费的总的规定性，即社会消费。"④

这个定义显然比上面列举的那几个定义前进了一大步，它包括的内容更丰富了。近几年来，对消费结构的研究已经不再局限于各种消费资料之间的比例关系，开始向更多的方面扩展。例如，开始研究居民个人消费与

---

① 郭冬乐：《正确认识我国消费品市场的变化》，《经济学动态》1983年第4期。
② 陈钢：《我国社会主义消费结构的初步研究》，《经济问题探索》1983年第7期。
③ 尹世杰主编《社会主义消费经济学》，上海人民出版社，1983，第111页。
④ 于光远：《关于消费经济理论研究的一封信》，《求索》1982年第4期。

社会集体消费结构，职工消费与农民消费结构，脑力劳动者与体力劳动者消费结构，生存基金、发展基金和享受基金的消费结构，地区消费结构等等。这些新的研究成果有的已包括在于光远同志提出的定义中。不过，他的上述定义侧重于消费的社会属性和消费的社会内容，定义域是"社会消费结构"，而不是"消费结构"。正因如此，它就没有包括像营养结构、环境的污染和净化结构等内容。这样，它仍然是一个不够全面准确的消费结构的定义。

我们认为，要给消费结构下一个较为全面准确的定义，必须从消费具有二重性出发，即消费既有生物、生理的自然属性，又有生产关系性质决定的社会属性。承认消费既是人们消耗各种消费资料（包括劳务）的生物、生理的自然过程，又是人们相互之间发生一定关系的社会过程，所以，在消费中既有自然内容，又有社会内容。对于消费结构来说，亦是如此，它的内涵既不能局限于社会内容，又不能局限于自然内容，而是兼有二者。从这个根本观点出发，我们认为，消费结构的内涵中所包括的各种比例关系，除反映消费的社会属性和社会内容以外，同时还反映消费的自然属性和自然内容。当然，其中有些比例关系侧重于反映消费结构的社会属性和社会内容，而另一些比例关系侧重于反映消费结构的自然属性和自然内容。像不同阶级和社会集团的消费比例，个人消费与社会集体消费的比例，集中消费与分散消费的比例，商品性消费与自给性消费的比例，各部门、各地区之间的消费比例，各种消费方式（个体方式、社会化方式等）之间的比例，等等，侧重反映着消费的社会属性和社会内容；而吃、穿、用、住、行各种消费形式之间及其内部各部分的比例，消费品档次（高、中、低）的比例，各种营养成分的比例，各种时间（劳动、学习、娱乐、家务等时间）消耗的比例，生活环境污染与净化的比例，等等，则着重反映着消费的自然属性和自然内容。考虑到这样一些内容，我们认为应该给消费结构下这样的定义：人们生活消费过程中各种社会因素、自然因素之间以及社会因素与自然因素之间的相互关系和数量比例的总和。

对这个定义，可能提出这样的问题：在消费结构的内涵中除了包括社会内容外，还包括自然内容，这是否违背消费经济学的根本性质呢？我们的回答是否定的。消费经济学是一门社会科学，而不是自然科学。作为社会科学的消费经济学，要着重研究消费的社会属性和社会内容，这是毫无疑问的。但是，这种研究不能孤立进行，它必须密切联系消费的自然属性和自然内容。同理，消费结构的研究也应当这样，一定要在消费结构的社会属性与自然属性、社会内容与自然内容的密切联系中，着重研究它的社会方面。具体考察一下消费结构的内涵，不难发现，不论它的哪种类型，哪种比例关系，都不只有一个方面的属性和内容，而是兼有自然与社会两个方面的属性与内容。就是说，既没有脱离自然属性和自然内容的"纯"社会属性和社会内容的消费结构，也没有不包括社会属性和社会内容的"纯"自然属性和自然内容的消费结构，这种二重性质和两方面的内容，都应当概括在消费结构的定义之中。排除掉哪个方面、哪种性质，都不可能获得一个关于消费结构的全面准确的定义。

还要指出一点，作为社会科学一个分支的消费经济学，与其他一些社会科学相比，具有一个显著的特点，那就是它具有更多的边缘性科学的素质。它从社会学、心理学、人类学、营养学、市场学、商品学、环境学等角度用数学方法研究人们的生活消费，这种情况决定了消费经济学中可能具有更多的自然科学的成分。应当看到，随着科学技术的发展，社会科学与自然科学互相渗透的成分增多，边缘性科学也增多。而有些边缘性的社会科学比较接近自然科学，另一些边缘性的自然科学则比较接近社会科学。消费经济学属于前一种类型，它是一门边缘性更接近自然科学的社会科学。从这一点出发，我们认为，在消费结构的定义中，包括有关的自然属性和自然内容，不但不违背消费经济学的根本性质，还可能更加符合这门科学的特色。

以上我们提出的关于消费结构的定义，只是反映了当前我们对消费结构的认识水平。随着实践和人们认识水平的发展，可能出现更加完整、科学的定义。鉴于学术界对消费结构的定义已经不少，为避免无谓之争，不妨把它们区分为广义与狭义两种，或宽、中、窄三种，这样可能有助于进一步讨论和研究问题。

二 消费结构在国民经济中的地位和作用

下面谈谈消费结构在国民经济中的地位和作用。这个问题是客观存在的，但由于主客观条件的限制，认识它有一个过程。新中国成立前，广大劳动人民过着食不果腹、衣不遮体的饥寒交迫的生活，劳动人民的消费被资本家和地主视为给机器加油和给牲畜喂饲料，那时根本谈不上什么消费结构问题。新中国成立后 30 多年中，由于我们的主要力量是解决劳动人民的温饱问题，而不是解决吃得好、穿得漂亮的问题，所以，消费结构问题并不很突出，自然也未引起人们的足够重视。目前，我国人民的温饱问题已经基本上解决了，正在由温饱向小康生活转变，人们开始注意食品的营养、衣着的漂亮、住房的宽敞和用具的高档。就是说，人们已经不满足于一般所说的吃饱穿暖了，而是要求提高生活质量了。消费领域中的这种新变化正在把消费结构问题突出起来。而我们的产业结构、分配结构和流通结构在许多方面则不适应消费方面的这种新情况，所以目前消费结构与产业结构之间，消费结构与分配结构之间，消费结构与流通结构之间都存在着许多矛盾。这些矛盾是引起经济学界和经济工作者近几年来比较重视研究消费结构问题的重要原因。通过几年来的研究，逐渐加深了对消费结构在国民经济和人民生活中的地位和作用的认识。

消费结构制约着社会主义扩大再生产过程的循环和整个国民经济的发展，关系着社会主义生产目的能否更好地实现。我们知道，社会主义扩大再生产过程是生产、分配、交换和消费诸环节循环往复以至无穷的螺旋式上升的过程。在这个循环过程中，生产、分配、交换、消费诸环节之间不仅要在总量上相互适应，而且要在结构上互相衔接。只有这样，社会主义扩大再生产的循环过程才能正常运行。否则，诸环节之间结构上不衔接，不论发生在生产与分配、生产与交换、分配与交换之间，还是发生在消费与生产、消费与分配、消费与交换之间，都可能使一部分社会产品难以最终实现，而另一部分社会产品又不能满足需要，这样社会主义扩大再生产的循环过程就难以正常运行。这就是说，生产结构、分配结构、交换结构和消费结构都对社会主义扩大再生产的循环过程发生一定的作用。需要强调的是，消费结构在这个方面的作用比较突出，因为消费既是上一个循环过程中的生产、分配和交换的归宿点，又是下一个循环过程中的生产、分配和交换的出发点。我们搞生产、搞分配、搞交换，不是为了别的，最终都是为了满足人民生活不断增长的需要。而人民生活需要是多种多样和千差万别的，并且愈来愈丰富多彩。仅仅在总量上满足人民生活需要是不够的，还必须在各个方面满足人民生活需要。只有从人民生活消费结构出发，适应人民生活多方面的需要，生产、分配和交换才能健康地向前发展。过去往往有这样的情况：虽然就生产、分配和交换的总量而言，能够适应人民生活的需要，但是就它们的结构而论，又不能完全适应人民生活多方面的需要。有些产品不足，有些产品积压，而积压的产品，不论是在生产环节，还是在分配和交换环节，都不能进入消费领域。这不能不影响国民经济的良性循环，不能不妨碍社会主义生产目的的实现。显而易见，要使我们的国民经济更快地发展，人民生活更好地改善，不能不重视消费结构的作用。

表1显示，近几年来居民收入增长速度大大高于居民消费水平提高速度，致使城乡居民储蓄大幅度上升。尤其1983年，城乡居民储蓄额增加200多亿元，接近居民个人消费基金的增长额，相当于国民收入新增额的2/3。对这种情况应如何看待？为什么居民把大量收入存入银行而不用于改善自己的生活呢？有人用利息高去解释，还有人用储蓄防老、准备儿女结婚等说明。这些当然是储蓄增长的因素，但不是主要原因。是不是消费品的总量与居民购买力相差很大呢？缺口有一些，但不是很大，所以供求总量上的矛盾也不是储蓄大幅度增加的主要原因。据调查，广大人民在收入增加后，都希望改善生活，问题在于，消费品生产和供应的结构不适应居民消费结构，居民真正需要的消费品买不到，不能把收入用于消费，不得不存入银行。

表1 消费结构的变化

项目	1978年（元）	1982年（元）	1982年比1978年增长 绝对数（元）	相对数（%）
一、全国居民平均每人每年收入	167	318	151	90.4
农民平均每人每年纯收入	134	270	136	101.5

续表

项目	1978年（元）	1982年（元）	1982年比1978年增长 绝对数（元）	相对数（%）
职工家庭每人每年可用于生活费收入	316	500	184	58.2
二、全国居民平均每人年底储蓄额	21.9	66.5	44.6	203.7
农村居民平均每人年底储蓄额	7.1	28.4	21.3	300.0
城镇居民平均每人年底储蓄额	89.8	211.4	121.6	155.4
三、全国居民消费水平	175	266	91.0	52.0
城镇居民消费水平	383	501	118	30.8
农民消费水平	132	212	80	60.6

在农村，目前农民最迫切需要的除化肥、柴油等农用生产资料外，主要就是农房建筑材料以及某些耐用消费品。近五年农村建房22亿平方米，其中1982年就有6亿平方米，相当于1978年的5.5倍。速度之快，规模之大，在我国是空前的。这种势头刚刚出现，肯定还会持续下去。可是建筑材料严重不足。据调查，现在每年要求建房的农户占农户总数的15%以上，而实际建房户不超过5%。由于建材严重不足，许多农户建房的愿望不能实现。不少调查证明，建筑材料以及某些耐用消费品的供不应求，乃是农村储蓄急速增长的主要原因。

在城镇，当前居民最迫切需要的消费品是住房。住房的供求矛盾相当尖锐，而一般居民的收入又难以解决这个矛盾，既买不起住房，也建不成住房，加以房租太低，所以，居民收入不能转化为住房消费。至于电冰箱、电视机、洗衣机、收录机等耐用消费品，现在还能吸收居民收入，可是品种、质量、结构不适应需要。在食品方面，居民需要的瘦猪肉、鱼、牛羊肉等供不应求，而肥猪肉又过多。衣着方面，呢绒、绸缎、羽绒等高档服装的供应很紧张。棉布出现积压，也不是因总量太多，主要是花色、品种不对路。据商业部门统计，供求基本平衡的商品占50%左右，供不应求的商品占20%左右，而滞销的商品约占30%。这说明消费品供求结构上的矛盾也比较严重。

上面的分析表明，当前我国消费品生产和供应结构不适应城乡居民消费结构，妨碍居民将收入用于消费，使银行储蓄大幅度增长，使居民收入与居民消费水平在增长速度方面的差距有扩大的趋势。对这种现象的分析应一分为二：一方面，储蓄增加，居民手中有钱，说明人民富裕了；另一方面，说明消费品生产和供应结构与居民消费结构之间存在着严重的问题。社会主义生产目的是满足人民的物质文化生活需要。如果把钱存入银行，无法实现消费的提高，不但说明社会主义生产目的未能实现，而且很难使生产更快发展。目前储蓄的急剧增加，从根本上说，对生产和生活都有不利的方面。我们应当从改进消费品生产和供应结构入手，来解决这个问题。

消费品生产和供应结构是否适应居民消费结构，可以从不同的角度进行观察和评价，其中重要的一个方面是观察居民收入与居民消费水平在增长速度方面的关系。一般说来，居民收入的增长速度不外大于、等于或小于居民消费水平增长速度这三种情况。社会主义生产目的实现的客观过程，要求居民将其收入用于消费，而不是存入银行。因此，居民收入增长速度与居民消费水平增长速度接近，应当是社会主义制度下的正常情况。如果做到了居民收入与居民消费水平同步前进，可以认为消费品生产和供应的结构基本上适应居民消费结构。如果消费品生产落后，结构不合理，就会出现居民收入增长速度高于消费水平增长速度。这时，居民收入中有一部分不能用于消费，而必须存入银行。至于居民收入增长速度低于消费水平增长速度这种情况，也与消费结构有关，必定是有些消费品为人民生活所急需，动用了储蓄或者借钱来提高消费。总之，不论哪种情况，消费结构都在不同程度上制约着居民收入增长速度与居民消费水平增长速度。对于消费结构在这个方面的作用，应该引起我们的注意。

放眼未来，也可以看到消费结构在实现我们的宏伟战略目标方面的作用。工农业总产值翻两番与人民生活的小康水平有密切的联系。翻两番是达到小康生活的根本途径，而小康生活则是翻两番的最终目的。二者不仅在总量上要相互适应，在结构方面也要互相衔接。工农业生产以及其他产业部门的结构，如果不与消费结构衔接，必然会影响战略目标的实现。我们预测，2000年时我国的生活消费结构大体是：食品占51%，衣着品占15%，用品占17%，住房占7%[①]，燃料占3%，文化、生活服务占7%。对

---

① 若住房商品化，住房消费的比重将显著上升。

这样的预测今后还要随着客观情况的变化作适当调整。如果这个预测是正确的，那么它就应当成为我们今后安排工农业生产和其他产业时的重要依据。当然，对消费的引导也很重要，它减少或增加对某些消费品的需求。然而这样的做法是有一定限度的，或者说，弹性不是无止境的。我们一定要按照小康生活消费结构的要求来调整产业结构，这是实现宏伟战略目标的重要条件。

以上我们从不同侧面论述和强调消费结构的作用，是为了克服当前存在的轻视消费结构的倾向。然而，过分强调消费结构的作用也不行。归根到底，消费结构是由产业结构决定的。居民收入水平、商品零售价格等因素直接影响居民消费结构。年龄、性别、职业、气候等因素也影响消费结构。女同志消费的物品，男同志并不一定需要；儿童要有玩具，而老人则需要更多的医药和保健用品；南方需要电风扇，而北方需要皮大衣。这些情况在消费结构上都会反映出来。甚至宗教信仰、风俗习惯、伦理道德等也会对消费结构产生一定的影响。由于消费结构受如此之多因素的制约，因此要使它更加完善，更好地发挥它在国民经济中的作用，我们就必须考虑到各种因素，从各个方面改进工作。下面我们将分别从宏观与微观两方面进一步探讨如何更好地完善我国的消费结构。

三 广义消费结构的层次和内容

微观消费结构和宏观消费结构是外来语。目前不少同志把家庭和个人的消费结构称之为微观消费结构，这样的划分基本上是正确的，因为在我国，家庭和个人是生活消费的基层单位，它们的消费结构毫无疑问地属于微观消费结构。不过，把微观消费结构仅仅局限于家庭和个人的消费结构并不全面，它应当包括更多的内容。

大家知道，人除了以家庭和个人为单位进行生活消费外，尚在社会范围内进行生活消费。如果我们把视野扩大，不难发现，消费的基层单位除家庭和个人以外，还有企业、机关、组织、学校、医院等。对于机关、学校、医院、剧场、电影院等属于基层消费单位可能争议不太大，而对于企业，尤其是生产企业也视为基层消费单位，大家可能难以接受。我们认为，企业也是基层消费单位，生产企业既是基层生产单位，又是基层消费单位。尤其是近几年来，随着企业自主权的扩大，企业不仅具有一定的生产销售权、收入分配权、人事调配权等，也开始具有较多的生活消费权。企业利用其掌握的消费权，筹集资金，逐渐形成了"企业消费基金"。这种资金用于改善职工生活，例如，给职工办食堂、理发室、澡堂、托儿所等各项福利事业，这说明企业也是个消费单位。除家庭和个人之外的所有基层消费单位的消费基金（或称消费支出）分别用于不同的方面，形成它们自身的消费结构。这一类的消费结构也是微观消费结构的重要方面。如果考虑到这种情况，那么我们认为，把微观消费结构定义为基层消费单位的消费结构，显然更符合实际。在我国，除了各类基层消费单位以外，各部门、各地区等也是消费单位。这些消费单位不是基层消费单位的简单加总，它们也有一定的独立的消费活动，也有一定的消费基金，因而也有它们的消费结构。这些单位的消费结构相对于全国来说，应该列入微观消费结构之内；而相对于基层消费单位来说，它们又属于宏观消费结构之列。如果把它们也列入微观消费结构，那么不妨把这样的微观消费结构称为广义的微观消费结构。

通过以上分析可知，在广义的微观消费结构之内，包括三个不同层次又互相制约的消费结构：一是家庭和个人消费结构；二是企业、机关、学校、医院、剧场、电影院等基层消费单位的消费结构；三是部门、地区的消费结构。我们在这里仅考察前一种，而后两种将另文论述。

对家庭和个人消费从不同侧面考察和研究，可以形成不同类型的家庭和个人消费结构。例如，从家庭和个人消费的不同形式考察，有吃、穿、用、住、行等形式，从而形成消费形式结构；从家庭和个人消费的对象不同考察，有消费品和劳务两大类（每类中又划分为若干细类），从而形成消费对象结构；从消费品取得的途径不同考察，有自产自用的消费品与购进的消费品两大类，从而形成消费品来源结构；等等。这就是说，家庭和个人消费结构是多方面的集合体。从不同方面看，我国居民家庭和个人消费结构的发展趋势大致有下面几个显著特点。

第一，从温饱型消费结构向小康型消费结构转变。我国人民的生活水平大体要经历饥寒、温饱、小康和富裕这样几个阶段。温饱阶段上，消费结构的最显著的特点是食品费用占生活费的绝大部分。今后随着由温饱向小康的转变，从总的趋势看，食品费用的比重将下降，而衣着、用品和住房的费用的比重将上升。这种下降和上升都不是急速的、直线的，而是缓慢的、曲折的。这是因为，虽然总的来说在我国温饱阶段已过去，但仍有一小部分人的温饱问题尚待解决；而温饱问题已经解决的大多数人还有一个吃好的问题要继续解决。再加上食品价格的提高、食品加工深度的扩大等因素，这就难于使食品费用的比重急速下降，有时还可能上升。近几年来，一些由穷至富地区食品费用比重的上升，以及我国1982年、1983年食品费用比重的上升，都反映出这一点。① 食品费用占生活费的比重在国外称为恩格尔系数。一般说来，这个系数从消费结构的变化方面反映着消费水平的升降。这个系数的降低说明生活水平提高，升高则说明生活水平降低。对于这一点不能绝对化。解放初期，当我国人民生活水平由饥寒向温饱转变时，恩格尔系数出现过上升。这种升高，并不意味着生活水平的下降，而是由于生活水平的提高。新中国成立后，劳动人民的收入多了，他们首先要解决吃饱问题，穿、用放在第二、三位，所以必然表现出恩格尔系数的上升。党的十一届三中全会以来。我国人民生活水平提高的速度加快了，尤其农民提高得更多。这种情况反映在消费结构上，并没有使恩格尔系数下降很多，反而有的年份还上升。这里固然有食品价格上升较多的因素，但也反映出我国人民生活在解决了吃饱问题以后，还有一个吃好的问题要解决，一旦吃好问题提到日程上，恩格尔系数并不一定下降，可能还会上升。因此，我们决不能根据恩格尔系数的上升而做出错误的判断。

国外根据恩格尔系数划分贫困和富裕的标准是：恩格尔系数在59%以上为绝对贫困；50%～59%为勉强度日；40%～50%为小康水平；30%～40%为富裕；30%以下为最富裕。假若按照这样的标准来判断我国的情况，一定要注意与国外的可比性。如上所述，2000年时，我国的恩格尔系数可

---

① 食品费用的比重，农民1981年为59.66%，1982年为60.48%；职工家庭1981年为60.48%，1982年为58.65%，1983年为59.2%。

能在51%左右，按国外的标准，似乎2000年时我国只接近小康生活，而达不到小康水平。如果做出这样的判断则是错误的，因为我国房租、医疗等费用很低，这会使食品费用的比重相对升高，而有些国家房租、医疗等费用昂贵，这又会使食品费用的比重相对降低。把这些不可比因素去掉，我国食品费用的比重到20世纪末肯定会降低到50%以内，达到小康水平。

第二，由限制型消费结构向疏导型消费结构的转变。从20世纪50年代中期开始，我国对粮、棉、油、布等基本生活必需品实行凭证（票）定量供应的制度。后来，这种办法又逐渐扩大到肉、糖、鸡蛋等副食品和自行车、缝纫机、家具等耐用消费品方面。不可否认，这种制度曾经起过重要的作用，目前限于条件也不能全部取消，然而应当看到，它对消费有一定的限制作用，使我国已往的消费结构不够正常，使基本生活品在生活费中所占的比重偏低。党的十一届三中全会以来，随着生产的发展，凭证限量供应的品种逐渐减少，包括开始取消棉布和棉花的定量供应，这标志着我国消费结构开始由限制型向疏导型转变。我们应当努力创造条件，争取尽早取消粮、油等的定量供应制度。一定不要使这种制度进入21世纪。随着这种制度的取消，20世纪末实现的小康生活将是疏导型的消费结构。

第三，由半供给型消费结构向自理型消费结构的转变。在目前我国职工及其家属的生活费用中，有多大的部分是由国家和企业补贴，多大的部分是依靠个人的工资、奖金，由于计算口径不一，结果也不尽相同。按大口径计算，国家和企业的各种补贴占职工及其家属生活费用的近一半。从这个意义上说，目前我国职工及其家属生活消费结构是半供给型的。这种消费结构的特点是，有些项目国家补贴很多，而自费部分很少。例如，据北京市1982年对1200户职工的家计调查，每人每月房租只有0.76元，仅占其生活费收入的1.6%；每人每月的医药费只有0.38元，仅占其生活费收入的0.8%。这样的比重不仅比发达国家低得多，就是比第三世界不少国家也低，这可能是目前我国职工家庭消费结构的一个特点。补贴掩盖了我国职工家庭消费结构的真相，使它成为一种"哈哈镜"式的消费结构。今后随着经济体制的改革，各种补贴将逐渐减少，通过工资或其他形式转为个人收入，职工及其家属的生活费用将要自理，因而半供给型消费结构将向自理型消费结构过渡。在这个转变中，目前国家和企业补贴较多的那些项目，例如房租、医药费等在生活费用中的比重将逐步上升。

第四，由自给型消费结构向商品型消费结构的转变。新中国成立前我国商品经济不发展，农民长期处于自给自足的自然经济中。十一届三中全会以前，农村商品经济几经挫折，发展也不快。所以，在我国农民生活消费支出中，商品性支出的比重长期徘徊在三分之一左右。这就是说，农民基本上还过着自给自足的生活，农民的消费结构基本上还是一种自给型的消费结构。近几年来，我国农村商品经济迅速发展，农民的消费结构也发生了显著变化。1982年同1978年相比，农民生活消费品支出中商品性支出占的比重由39.7%上升到56.5%，相应地，自给性支出的比重则由60.3%下降到43.5%。这一变化标志着我国农民消费结构由自给型转向商品型。在商品型消费结构中，商品性的食品和燃料的比重将逐渐上升。但近几年来，由于能源紧张，农村很难买到燃料，所以它的比重有所下降。1982年比1978年，商品性食品的比重由24.1%上升到38.0%，而商品性燃料的比重却由31.9%下降到22.7%。在能源紧张的条件下，今后如何解决农村燃料问题仍需认真研究。

第五，由雷同型消费结构向多样型消费结构的转变。我国居民收入大体是平均的，没有贫富悬殊。据统计，1982年城镇居民每人收入355~400元的约占城镇总人口的45%，在400~555元以及555~700元的约占40%，真正高收入和低收入者仅占15%。收入上的这种特点决定了我国居民的消费结构是雷同型的。所谓雷同有两种含义：一是各阶层居民消费的消费品的品种大体一样，你有什么我也有什么；二是各种消费品的高、中、低档之间的差距不太大。这种雷同型消费结构往往出现跳跃式的变化，例如新产品出现后，若你买不起，我也买不起，似乎没有市场；一旦你能买得起，我也能买得起，市场供应紧张，很快就普及。近几年电视机、电风扇等的普及很能说明这种跳跃式的变化。今后，随着一部分人先富起来的政策进一步落实，居民收入差距将要扩大，从而消费水平的差距也将扩大。在这个基础上，各阶层居民消费结构上的差异将更多地表现出来。

此外，科学文化水平低，各项服务事业发展不快，家庭规模逐渐变小，以家庭为单位的个体消费方式占统治地位等,也都在我国居民家庭和个人消费结构上表现出某些特点。

四 对我国宏观消费结构的分析

宏观消费结构的研究与微观消费结构的研究不同,它不是以单个家庭或单个消费单位的消费结构为对象,而是以国民收入使用额中用于消费部分即消费基金的结构为对象。它分析的是消费基金中各个组成部分在量上结合的状况,例如,消费基金中集体消费和个人消费、按劳分配与非按劳分配部分的结合状况;工人、农民、知识分子,体力劳动和脑力劳动者在消费基金中所占份额的结合状况;按管理系统的上下层次,中央、地方、企业和个人之间的消费基金分割比例;以及地区分配结构等等。研究宏观消费结构可以帮助我们观察我国社会主义社会中各个社会阶层,如工人、农民、知识分子的消费在国家的消费基金中所占份额;可以对他们的消费水平和结构进行对比分析;也可以把他们取自社会用于自身消费的量,同他们各自向社会做出的贡献,即他们为社会创造的财富的量进行对比分析。对宏观消费结构的研究还可以帮助我们观察人民的消费收入中有多大份额是根据劳动者的劳动,有多大份额是来自各种补贴,或按人头平均分享的;可以使我们从全社会的范围了解到,消费基金中有多大比重用于集体共同消费,有多大比重是归个人消费,以及这两者的变化。对宏观消费结构的研究,还可以帮助我们了解消费基金按管理系统分级控制和相应的数量分割是否合理;以及消费基金在地区(包括城乡)之间分配比例是否恰当等等。显然,上述诸多方面的意义,对于国家制订、执行、检查、修正和完善消费战略及其一系列对策,具有关键性的作用,可以帮助我们把国家的消费基金分配政策建立在客观规律的基础上。但是,我们对宏观消费结构的研究还只是开始。这里只能对几个主要的宏观消费结构进行初步的分析。

第一,消费基金中集体消费基金与个人消费基金的结构

集体消费基金的主要部分归集体共同享用,如教育、科学、文化、卫生、体育等的公共设施;而个人消费基金,则基本上是根据按劳分配的原

则分给个人自己支配，如工资、奖金等。

我国的统计数字显示，国民收入消费额中，社会集体消费所占比重，从1952年到1982年的31年间，呈现缓慢上升的趋势，"一五"时期为8%左右，近几年上升到11%上下。居民个人消费则相应地由92%左右，下降到89%上下。[①] 这无疑是社会集体消费额增长速度超过居民个人消费额增长速度的结果。这种趋势，在社会主义制度下，一般来说是正常的，但必须有合理的界限。

首先，假定消费和积累的比例是合理的，那么在消费基金总额已定的情况下，第一位的是要使其中的个人消费基金总额能够保证居民个人消费水平比上年有所提高，至少不能降低生活水平，在此基础上，才能进一步考虑如何把社会消费和个人消费结构安排得更恰当些。

在消费基金总量已定时，个人消费基金与社会集体消费基金的比例关系，取决于消费基金的分配。提高社会集体消费基金的比重，必然降低个人消费基金的比重；反之，亦然。然而，消费基金总量是经常变化的。当它增加时，要把净增额按照一定的比例分别用于个人消费与社会集体消费两个方面，过去大多数年份我们都是这样做的。当它减少时，要把净减额按照一定的比例分别从个人消费基金与社会集体消费基金中减下来。例如，1968年比1967年消费基金总量减少13亿元，相应地个人消费基金减少6亿元，社会集体消费基金减少7亿元，这样二者的比例关系基本未动。但是，1959年比1958年消费基金总量减少22亿元，社会集体消费基金不但没有相应地减少，反而增加20亿元，这样不得不迫使个人消费基金猛减42亿元。结果，社会集体消费基金的比重由上年的7.4%猛增到10.5%，而人民生活水平却明显下降了。这样分配消费基金是不正确的。

在国民收入总量已定时，积累与消费的比例制约着消费基金的总量，进而也影响着个人消费基金与社会集体消费基金的比例关系。一般说来，当消费基金的比重上升（或者说积累率下降）时，个人消费基金与社会集体消费基金的比例关系变动的幅度将会增大；反之，它将缩小。1979年比

---

① 见《中国统计年鉴》（1983年），第26页。

1978年，积累率由36.5%下降到34.6%，这就扩大了个人消费基金与社会集体消费基金比例关系变动的幅度。因此，尽管1979年比1978年社会集体消费基金的比重由11.4%上升到13.0%，也并未引起个人消费水平的下降。可见，处理好积累与消费的比例关系，有利于调整个人消费基金与社会集体消费基金的比例关系。

当积累与消费的比例关系不变时，消费基金的总量与国民收入总量成正比，所以国民收入增长速度直接决定着消费基金总量的增长速度，进而也决定着个人消费基金与社会集体消费基金的比例关系的变动。当国民收入显著增长，消费基金也显著增长时，个人消费基金与社会集体消费基金比例关系变动的幅度将扩大，这时可以适当提高社会集体消费基金的比重。当国民收入增长很慢或下降，消费基金总量也增长不多或下降时，个人消费基金与社会集体消费基金的比例关系变动的幅度是很小的。在我国，国民收入一般不会下降，它的增长速度比资本主义国家快得多，这就给我们提供了正确处理个人消费基金与社会集体消费基金比例关系的前提条件。

以上分析的影响个人消费基金与社会集体消费基金比例关系的三个因素中，国民收入增长速度属于生产性因素，而消费基金的分配和国民收入的分配则属于分配性因素。这三个因素中，生产性因素起决定作用。

从整个社会主义历史时期看，社会集体消费基金的比重有上升的趋势。但是，在这一点上，不能操之过急。由于我国的生产力水平较低，个人消费水平也不高，因此社会集体消费基金的比重不能过大，增长速度也不宜过快。

第二，按劳分配基金与非按劳分配基金的结构

在我国的消费基金分配中，除按劳分配部分外，尚有非按劳分配部分。按劳分配基金占消费基金的比重1957年为52.2%，1978年上升到61%；按劳分配基金占个人消费基金的比重则由1957年的56.6%上升到1978年的68.8%。[①] 从1979年以来，虽然我们强调贯彻按劳分配原则，但按劳分配

---

① 按劳分配基金在个人消费基金中的比重，苏联在1950年至1965年期间约占75%，到七十年代初有所下降，约占70%；保加利亚在六十年代约占72%，而在七十年代初约占68%（参见〔保〕波利亚佐夫、〔苏〕阿特拉斯主编《社会主义社会的国民收入》，中国财经出版社，1981，第253页）。

基金占消费基金的比重还是下降的，这是由非按劳分配部分大量增加造成的。从长远看，按劳分配要向按需分配过渡，因而按劳分配基金比重应该逐渐下降。当然这是相当长的历史过程。当前，在消费基金的分配中，保证按劳分配基金占有适当的比例，会更好地调动劳动者的积极性。

社会消费基金用于人民的消费，基本上是通过按人头平均分配而实现的，如公费医疗各种公费消费，住房补贴等就是这样。我们认为，如果这种分配占的数量过大，超越了社会主义历史阶段生产力水平和人民的思想觉悟程度，在本来应当实行按劳分配依靠个人收入解决自己生活问题的地方，也以社会共同消费吃"大锅饭"代替之，这便会在群众中诱发依赖国家的思想，挫伤人们的劳动积极性，造成物资的浪费，到头来对提高人民生活水平不利。所以我们认为，应当把保证按劳分配基金总额，作为确定可使用的国民收入中个人消费基金的数量基础，从而确定社会消费同个人消费之间的比例，这应当是一个原则。社会消费基金中，有一部分是不可分割而必须集体共同消费的，如环境卫生、社会安全设施等等；还有一部分基金，其来源虽然是社会消费基金，而其使用则是通过分配给个人实现的，如公费医疗、住房补贴等。这部分消费基金的使用分配，除了对尚不具备劳动能力的人和丧失劳动能力的人以外，就不能只考虑"需要"，而要适当考虑当事人的劳动贡献。在个人消费基金中，原则上都应当实行按劳分配。

第三，社会各阶层的宏观消费结构

我国现阶段的社会阶层主要是工人、农民和知识分子。知识分子是脑力劳动者。我们把这三个阶层进行不同的组合，就会出现脑力劳动者与体力劳动者、工人和非工人、农民和非农民等的消费支出在消费基金中的结合状况。

我们知道，消费基金是国民收入的一部分。它是由工业、农业、建筑业、交通运输业、邮电业和商业等部门中的劳动者创造的。但这一基金的用途，则在于维持社会全体成员的生活，因此，消费基金要在全社会各阶层人民之间进行分配。它不仅要保证有劳动能力而从事劳动的人们的生存需要、发展需要、享受需要，或物质的需要、精神的需要，而且要保证尚未具备劳动能力和丧失了劳动能力的人们的同样需要。因此，如何恰当地安排消费基金在各社会阶层之间分配的比例，建立合理的宏观消费结构，不仅是经济问题，也是政治问题。

首先，就工人和农民的关系而言，我们暂把非生产领域的工人存而不论，在安排工农两者的宏观消费结构时，一要考虑工人和农民在国民收入的生产中所做出的贡献。贡献大的，在消费基金的分配上也应多得一些。例如在1982年我国国民收入中，农业占44.6%，工业占42.2%，建筑业占4.6%，运输业占3.1%，商业占5.5%。[①] 大体说来，农业劳动者（或称农民）创造了44.6%的国民收入，而工业劳动者（包括农业之外的四个部门的职工，或统称工人）创造了55.4%的国民收入。这是分配当年国民收入、消费基金的重要依据。二要考虑工人、农民的劳动条件、劳动生产率、城乡生活条件、劳动力再生产的特点，以及原有的生活水平和状况的差别。此外还要考虑工农以外的其他阶层人民的需要。只有统筹兼顾，全面安排，才能使消费基金的分配不仅在工农之间是合理的，而且在各社会阶层之间的安排也是恰当的。其总的要求应当是：全国各族各阶层人民的生活得到保证，并逐年有所改善；人们的生产劳动、服务工作的社会主义积极性得到充分调动和鼓励。

其次，安排体力劳动者和脑力劳动者（工农与知识分子）的宏观消费结构的基本原则和总的要求，与上述安排工农之间的宏观消费结构是一致的。但这里有个特殊问题，就是如何对待脑力劳动者。

脑力劳动者作为一个独立的社会阶层，有它发生、发展的历史和未来同体力劳动者融为一体的前景。但在社会发展的社会主义阶段，特别是在像我国这样的目前落后而又面临着急切的现代化任务的发展中大国，知识分子问题尤其重要。当今世界，在科学技术高度发达的一些国家，又在酝酿着更新的科技革命。历史证明，任何科技革命都是人类认识世界和改造世界的知识积累的结果。而知识分子则是保存、传播和创造知识的社会阶层。他们的劳动方式和生活方式与体力劳动者有差别，从而使他们的消费

[①] 见《中国统计年鉴》（1983年），第24页。

需要也与工农有差别。因此，我们在分配消费基金，确定体力劳动者与脑力劳动者之间的宏观消费结构时，必须注意上述特点。我们认为，近年来党和政府大力提倡尊重知识、尊重人才，为了使知识分子能够专心致志地为社会主义现代化建设服务，还采取了一些改善知识分子物质待遇和政治待遇的政策措施，使他们从国民收入消费基金中能够多得一点，这是非常具有远见的战略决策。

第四，地区间的宏观消费结构

一国国内各地区由于自然的、经济的，以及人口等的条件不同，消费水平也不一样，因此国民收入消费基金中各地区所占份额也就有多有少，从而形成地区间的宏观消费结构。这一结构涉及各地区居民的经济效益。处理好各个地区（包括各少数民族地区）之间的经济关系，包括居民消费水平和生活质量问题，是至关重要的。那么怎样才能处理好这一重要的宏观消费结构呢？我们认为可以把握以下几条：①在正常年景的前提下，参考地区国民收入生产额，要保证各地区能够维持原有消费水平；②经过地区间调出调入留归本省的使用额，确定居民消费水平提高的幅度；③根据原有的消费水平加新增部分所形成的新的消费水平，计算出当期居民消费额；④地区居民个人消费额再加上地区社会集体消费额，就构成了本地区在全国消费基金当中的所占份额。在确定这些数量界限时，我们还应当按照按劳分配规律的要求，使那些在国民收入生产上贡献较大的地区，消费水平也相应地稍高些；按照先进地区支援落后地区、汉民族地区支援少数民族地区的原则，使落后地区和少数民族地区的消费水平也得到一定程度的提高。这样形成的地区间宏观消费结构可能是合理的。

应当指出，地区间的经济关系既包含地区间的直接往来发生的关系，又包含一个地区通过中央同其他地区发生的关系。例如地区国民收入的调出调入、上缴下拨就是一个错综复杂的经济过程。所以，地区间的宏观消费结构要在实践上安排合理，也是需要花费大量精力和细致的工作才能办到的。

第五，管理层次的宏观消费结构

地区结构是横向的分析。如果我们从上到下就消费基金的管理系统观察，那么在不同的管理层次之间就形成了由高到低的纵向结构。这就是所谓管理层次的宏观消费结构。

在消费方面要兼顾国家、地区、部门、企业和个人几个方面的关系。过去，企业、部门和地区所掌握的消费基金少，不少单位的领导者想解决人民生活中的一些问题，也只能是心有余而力不足。近年来，由于扩大了企业、部门和地方的安排消费权，为群众办了许多社会集体福利事业，因而调动了各方面的积极性。在这中间当然也有分权过头的地方。所以，要处理好管理层次的宏观消费结构也不是一件容易的事。

一般说来，国家（中央）一级，主要应当控制消费基金总额及其重大分配比例或宏观消费结构，如国民收入消费率的确定，消费基金中社会集体消费与居民个人消费的比例，主要社会阶层消费水平的比例，国家各个地区间消费水平的比例等等，使省（市）地方一级处理消费结构时在数量界限上有所遵循。

省（市）一级，首先应当根据本地区国民收入生产额及其在全国国民收入额中的地位恰当安排上缴中央（国家）的部分和留归地方分配的部分的比例。然后参照国家的各项宏观消费结构的数量界限，考虑留归地方支配的消费基金如何分配，使地方范围内的各项重大的消费比例和结构得到合理安排，以使下一级的管理机构在安排自身管理范围内的消费结构和比例时有所遵循。如此逐级向下安排，直到基层管理单位和居民家庭。

同时，我们还可以以基层的消费安排为起点，逐级向上反馈，以达到反复核对的目的，使我们对管理层次的宏观消费结构安排得更合理。

以上只是一个粗线条的设想，要达到能够实践的程度，还需要结合实际工作进一步具体化。这是毋庸赘言的。

本文原载：《中国社会科学》1984 年第 5 期

消费基金结构性膨胀与解决途径

一 消费基金膨胀吗?

积累基金和消费基金的总和应等于国民收入使用额。二者所占比例的变化,往往是衡量一国生产与消费是否正常发展的一个标志。自1981年以来,我国积累基金增长速度明显快于消费基金增长速度,出现了消费率下降、积累率上升的趋势(见表1)。

表1 1981~1985年积累率与消费率变化情况

单位:%

比率 年份	积累 增长率	消费 增长率	积累、消费 增长率差	积累率	消费率
1981	-5.06	10.31	-15.37	28.5	71.5
1982	11.75	8.59	3.15	29.0	71.0
1983	14.89	9.64	5.25	29.7	70.3
1984	25.08	18.30	6.78	31.2	68.8
1985	—	—	—	32.0	68.0

表1显示,积累率已超过30%,达到了目前公认的最高界限,而且有进一步提高的趋势,因为投资膨胀难以制止。而与此同时,消费率却呈现下降趋势。这就是说,从总体上看,从国民收入使用构成看,消费基金没有膨胀。

然而,如表2所示,从消费基金的内部构成看,问题较大。

表2　1981~1984年消费基金结构变化情况

单位：%

年份	1981	1982	1983	1984
一、社会消费基金				
其中1. 文教科研卫生经费增长	9.66	14.94	13.45	17.85
2. 国防战备费增长	—	5.0	0.39	2.03
3. 行政管理费增长	6.14	15.09	25.25	18.20
二、居民个人消费基金				
1. 农民收入增长	12.45	19.90	3.60	12.25
2. 职工平均工资增长	1.31	3.37	3.50	17.89
其中：全民所有制单位增长	1.12	2.96	3.47	19.50
集体所有制单位增长	2.88	4.52	4.02	16.20
三、财政收入增长	0.40	3.11	11.12	17.30
四、国民收入增长	6.83	8.15	9.67	12.00

注："农民收入增长"数据根据家计调查资料计算而来。

从表2可以看出，行政管理经费的增长大大超过了国家财政收入的增长，即使是1984年也超过0.9%，这与机构精简、人员裁减的政府体制改革目的背道而驰。社会主义国家行政管理经费占财政收入的比例应是下降的（即行政管理经费的增长速度要慢于财政收入的增长速度）。文教、科研、卫生事业的经费增长虽然较快，但有补偿"欠账"性质。过去长时期内，由于轻视它们，这些部门的经济增长很慢。现在，尽管快速地增长也还没有达到应有的水平，仍有不足的问题。

农民收入1984年增长了12.25%，但其不存在膨胀问题。这是因为农民收入的增长必须通过劳动量或产品的增加才能实现，因而不存在收入扩张。1984年与1983年相比，职工平均工资增长了17.89%，而全民所有制单位增长了19.50%，集体所有制单位增长了16.20%，但同期国民收入只增长了12%。以上所言工资的增长还是按不可比口径计算的，如果按可比口径计算，则增速更高。

从表2可以看出，在职工平均工资增长中，只有集体所有制单位劳动生产率的提高幅度大于工资增长幅度，而全民所有制单位职工平均工资升幅远远超过了全员劳动生产率的提高幅度。工资膨胀主要表现于全民所有制单位，而不是集体所有制单位，更不是农民。

由于只有行政管理费和全民所有制单位职工收入膨胀，消费基金的其余部分相对不足，因此这两部分互相抵消，使总体上的消费基金并不膨胀。然而，随着经济体制改革的深入和权力进一步下放，各地方政府部门和企业的分配权力更大。如果宏观控制失灵，很可能引起消费基金的膨胀。1985年1~8月份，全国工资性支出比去年同期增长30.6%，社会集体消费基金增长31.5%。如果没有银根紧缩政策，那么整个社会消费基金将会以怎样的速度增长？对于这种情况，特别是可能出现的由局部膨胀引起的全面膨胀，决不能掉以轻心。

二 消费基金膨胀的原因

（一）示范效应和攀比机制的作用

农村经济的改革和发展，使农村出现了一些"万元户""几万元户"乃至"几十万元户""彩电村"，加之报纸对这方面的不恰当宣传，使人误认为农村居民收入普遍大大提高了。特别是自1979年以来的几次农副产品提价，更加深了这种误解。相比之下，城镇职工收入增长较慢。由于人们不甘愿于既得利益格局的变化，因此各种走私、贩卖、以权谋私等社会不正之风又使收入在个人之间的分配趋于悬殊，利益持平、竞优心理的作用必然表现为攀比。在没有任何手段、方式能使利益持平的情况下，攀比的现实只能通过正当途径——工资、奖金或其他收入的增加来实现。这时，职工就会对工厂领导施加提高工资、奖金的压力，促其颁布旨在通过搞活农村经济和城镇集体经济以促进国民经济发展的政策，既使部分企业经济活力增强，也使企业间利润分配和职工收入分配变化较急剧（乡镇企业的职工收入不一定比城镇集体企业低，而城镇集体企业职工收入也不一定比全民所有制企业职工低），从而使攀比有了"确凿的证据"。于是，无论是经济效益好的企业还是经济效益差的企业，不管是生产单位还是非生产单位，都或明或暗地增加职工收入和各种开支，为消费基金的膨胀开了绿灯。

（二）企业和各级政府部门领导行为的转变，使消费基金膨胀成为现实

资本主义国家劳资双方是对立的。工人要求提高工资，资本家则利用手中权力控制职工工资（包括各种收入）的"增长"。社会主义企业作为独立经营、自负盈亏的商品生产者，企业职工收入的提高本应该是有节制的，然而由于不完全市场（如双轨价格、部分劳动力流动等）的作用，国家与企业、个人利益分配上的矛盾（国家力求多得，但商品经济下企业又力求多得，个人更是希望多得），使得企业的利益追求欲增强，企业利益行为重点转向分配（主要表现为不顾产品质量，坑害消费者；生产企业偷税、漏税严重；将各种不合理开支打入成本等）。这样，企业领导和职工在算计国家利益上取得一致。而厂长选举、厂长组阁、厂长任期制某些方面的不足（如厂长有被选举权，但没有解雇权；厂长有工资晋级权，实施却困难重重；厂长追求深受职工欢迎的短期利益目标等）为企业领导顺从职工要求铺平了道路，使企业对职工支出的扩张不断强化。没有谁会在利益问题上去和职工为难，而被职工骂，何况厂领导也不是没有好处。

企业职工收入的扩张除了正常生产增发工资、奖金外，还表现为通过投资扩张来增加职工收入。由于投资管理体制的改革，企业、各级政府部门有权决策投资。而投资的增加，会直接或间接地增加消费基金。事实上，由于"投资饥饿症"的存在，企业对利益的间接追求，造成了投资规模膨胀。而每增加100亿元的基本建设投资，要相应增加消费基金40亿元左右。在1984年消费基金增加额中，有57亿元左右是由于基建扩张带来的。

企业职工收入的扩张，又推动了消费品价格上涨，行政、事业单位则以此为据，增加职工收入和行政经费。由于这些单位利益分配的"改革"落后生产企业一步，因此不免有"吃亏"之感，于是，充分利用本单位的各种"优势"补"亏"，从而导致行政经费急剧增长、职工收入增长过猛的现象，以致有的单位职工收入的增长大大超过生产企业，进一步推动了消费基金的扩张。

（三）改革缺乏经验，消费基金膨胀遏止缓慢

虽然对消费基金膨胀早有所料，但毕竟经验不足，也没有其他国家的

成功经验可借鉴，纵然有奖金税，也不能遏止消费基金扩张。企业通过诸如提高工资标准、全民办集体或其他合法途径来增加职工收入。

三 消费基金膨胀带来的问题

（一）增加产品成本，引起物价上涨

由于多元结构的所有制机制影响，企业、个人间的示范、攀比，使提高工资、增加奖金，本来旨在调动职工积极性以推动经济增长的分配刺激政策扭曲为消费过分扩张和收入分配趋向平均化（主要表现为耐用消费品的市场"同步震荡性"）。平均主义、"大锅饭"并没有真正铲除，反而增加了企业产品成本，企业则利用各种合法政策将增加的成本压力转为产品价格的增加（如政策许可的差价、调价），最终，将收入扩张的压力推给了消费者和国家。国家则不得不增加货币发行来满足因产品涨价而引起的货币流通量不足。市场货币流通量的增加，又使企业名义收入增加，形成"职工收入扩张—产品价格上升—货币发行量增加—企业货币收入增加—职工收入扩张"的循环。

（二）给经济发展造成困难

一方面，职工收入的扩张，往往增强温饱解决后的居民的近期富裕欲望，使人们过早把目光聚集于现代化生活，出现所谓的"消费早熟"，使经济发展缺乏资金；另一方面，货币流通量的增加又会产生较严重的通货膨胀。旨在回笼货币、弱化通货膨胀的进口政策往往由于消费基金的扩张而为消费需求的进一步扩大所替代。消费市场需求有增无减，上述政策会化为严重的外债，这是因为进口消费品要耗费大量外汇，同时却不创外汇。在国内没有竞争力强的出口产品产业的情况下，必然会增加国外借债。外债的增加和资金的缺乏，对经济发展极为不利。

（三）不利于产业结构的调整

收入扩张引起国内消费市场的需求伸张。这不仅使高档、时尚耐用消费品畅销，连过去滞销的某些消费品也转而走俏。产品畅销，获利高，诱导企业投资或资金流向这些部门，造成资源、财力的浪费（如一哄而上的

"自行车热""电视机热""电冰箱热"等)。滞销产品转而走俏,又会使企业因对市场判断失误而造成大量商品积压,这些都不利于产业结构的调整。另外,消费基金扩张和利益在产业间的悬殊,使人们不愿从事获益少的农业和第三产业的一些行业,这更增加了产业结构调整的困难。

四 解决职工收入扩张的对策

(一) 从企业行为着手,切断消费基金膨胀的供给源

利益分配仅在国家、企业与个人三者之间做文章,必须满意解决。上有政策,下有对策,已表明宏观措施约束失灵。试想,几十万个企业、千万人的脑袋应付不了对业务工作不熟悉的经济决策机构?因而宏观控制不能依赖税利刺激来求得微观与宏观的协调,而要考虑如何切断职工收入膨胀的供给源。

1. 稳定产品出厂价格,并辅以各种形式的物价检查和监督

防止生产者将因职工收入扩张引起的成本增加负担转嫁给消费者和生产企业。在价格稳定的情况下,如果企业职工收入长期扩张,必然增加产品成本,减少企业留利(当然国家也会少得),使企业缺乏自有资金,不利于提高企业地位和产品竞争能力。

出厂价格的稳定,也就意味着价格不能上浮,但允许企业有权将产品价格向下浮动。产品质量差价,由市场去调节。国家不必规定产品质量上浮价格,因为这样反而给企业涨价提供了合法途径,使企业职工收入扩张"有恃无恐"。但是,有关部门必须定期或不定期抽样检验产品质量,发布产品质量信息、产品价格,促使企业自觉提高产品质量。

2. 改善投资管理制度,限制企业过度投资

今后企业投资应考虑以自有资金为主,并规定投资的自有资金比例。企业扩大再生产以自有资金为主,这一来增加投资者的投资责任,抑制投资过分扩张,二来企业不会任意扩张职工收入,以致分光、用光企业留利。如果企业分光留利,企业自有资金不足,企业无论内含、外延扩大再生产,资金都将不足。企业扩大再生产的自有资金达不到规定的比例数,银行不予投资

贷款。这样，企业无法实现扩大再生产，对企业的地位和生存构成威胁，对职工也不利，职工利益行为在这种情况下也必然转向考虑长远利益。

3. 完善厂长任期制，消除厂长短期利益行为

任期内厂长长期利益目标的实现，可以通过企业长期目标项目实施步骤计划的执行来达到。

（二）从消费者行为入手，解除消费基金膨胀

在消费基金膨胀的情况下，如何化不利为有利呢？

1. 变职工收入为消费投资或合理生产性投资

收入扩张，近期内并不一定产生不良效应，只要注意疏导，就能化害为利。在目前结构性工资膨胀的情况下，除了鼓励储蓄外，还要鼓励个人进行生产投资或劳务投资。其次鼓励个人住宅投资。这里，谈谈个人住宅投资问题。

目前国家每年要在住宅上投资170亿元左右。这对国家来说，是一个较重的负担。而我们的房租价格非常低廉，每年每平方米才1.2元。价格低廉的房租，又抑制了供给，这是城市住房紧张的原因之一。如果将这部分投资转由个人、家庭承担，鼓励个人、家庭入股投资，住宅分配或房租条件优惠，则既能满足城市居民的住房需求，又能解除职工收入膨胀的可能效应。据研究，城市住宅和耐用消费品的收入弹性都高达3以上。直观印象和统计资料表明，耐用消费品的大幅度增长是以住宅条件改善为前提的。相比之下，人们对住宅需求要先于耐用消费品，因而个人入股投资或集资投资于住宅，具有可行性，比之搞住宅商品化，效果要好得多。再者，个人住宅投资不仅能弱化消费基金膨胀（其实，通过其他商品的供给来缓和消费品需求扩张，弱化收入膨胀效应的效果都很慢），而且能缓和目前市场耐用消费品供求矛盾，某种程度上还能弱化市场耐用消费品的"同步震荡性"。

2. 大力发展旅游、服务业，为社会提供更多的劳务，以减小收入扩张可能引起的危害

在国民收入的再分配过程中，生产企业职工必然付出收入的一部分享受劳务，因而第三产业部门提供的劳务越多（特别是集体企业和个人提供

的），收入扩张效应就越小。而且，长期看来，这也有益于缓和就业压力。

（三）从管理行为入手，调整现有经济发展政策

自1979年以来，我国在全民企业先后实行了利润包干、分成，利改税第一步、第二步，旨在通过分配刺激来增强企业活力。伴随着权力的下放，这种刺激并未达到预期的效果，反而产生了企业产品成本上升、物价上涨、通货膨胀和消费基金膨胀等问题。经济问题，实际上是效率、效益问题，既然分配刺激政策效应不大，倒不如直接从效率问题入手，实行以技术进步来提高劳动生产率、推动经济发展的政策。我们考虑应将职工工资与劳动生产率挂钩。在其他条件不变的情况下，工资的增长幅度不超过劳动生产率增长幅度。如果产品原材料成本下降，那么工资的增长可以超过劳动生产率的提高。

由于工资与劳动生产率和产品原材料成本挂钩，因此企业要提高职工工资水平就只能通过技术进步、改良机器设备，通过企业间的联合、协作以提高劳动生产率来实现。这样，就为经济发展提供了可能，企业也不会老在利益分配、价格问题上做文章，而转向注重产品质量、技术进步等，这也为价格改革创造了宽松的环境。

当然，工资与劳动生产率和原材料成本挂钩，如果不解决人才分配制度，那么企业必然有意见。今后企业需要人才，凡经国家分配的，必须付一笔人才培养费。要允许企业之间的人才合理流动。

工资与劳动生产率挂钩可能因企业不愿招新职工而产生较大的就业压力。由于工资与劳动生产率挂钩，企业千方百计提高劳动生产率，一般情况下就不会招进新职工，社会就业压力较大。解决就业一要靠待业者自己，二要有国家政策支持。再者，要建立社会救济扶贫组织，建立失业救济制度。

以上我们只是就生产企业谈如何抑制职工收入的扩张。对于非生产性单位特别是行改、事业单位职工收入的扩张以及行政事业经费的扩张和可能的其他经费扩张又如何办呢？由于这些单位的各种支出（包括工资）是由国家财政状况决定的，因此可以考虑将这些开支与财政收入挂钩，各项开支的增长幅度原则上不超过财政收入的增长幅度。对行政管

理经费可根据财政收入的增长确立包干基数,多用不补,少用不退。对文教、科研、卫生经费除了发挥地方政府积极性外,国家财政对落后的贫困地区应予以支持。文教、科研、卫生经费开支原则上也实行包干,包干不够部分由财政补足。包干和补足部分的开支增长以不超过财政支出计划或财政支出政策允许的增长幅度为限,以免给财政造成压力。对于事业单位办厂,也必须征税,防止这些单位利用本单位的工厂进行职工收入的扩张。

本文原载:《财贸经济》1986年第1期

消费模式

论中国式的饮食模式

我们的国家在保证人民吃饭方面尽了很大的努力，使一个十亿多人口的、目前还比较贫穷的国家人人吃得饱，这在世界上若不是一个奇迹，至少也是非常了不起的。同时又要看到，现在人们已经不满足于吃饱了，而进一步要求吃得好，吃得方便，吃得有益于健康。世界各国尤其是发达国家的饮食，近二十年来正朝着方便、廉价、营养、多样的方向迅速发展。在国内外饮食不断发展的形势下，如何建设具有中国特色的饮食模式，将是我们面临的重要任务之一。

为了建设具有中国特色的饮食模式，需要正确处理以下各种关系。

第一，植物食品与动物食品的关系

在植物食品与动物食品的关系上，目前世界上有三种类型：一种是以植物食品为主、动物食品为辅的类型，我国和大多数发展中国家都属于这种类型；第二种是以动物食品为主、植物食品为辅的类型，欧美发达国家多属于此种类型；第三种是植物食品与动物食品并重的类型，这个类型中日本最具有代表性。

在第一种类型中，人们直接消费植物食品，不经过动物吸收转化的中间环节，损失浪费较少，易于满足对热量的需要。当主要解决人民生活的温饱时，多数国家都采取这种类型。这种类型的缺点是动物蛋白质较少，不完全符合人类生理上的需要。动物蛋白与人体蛋白的氨基酸组成比较接近，易于被利用构成人体蛋白。植物蛋白也必须与动物蛋白按一定比例配合，才能提高蛋白质利用率，否则就会形成"营养不平衡"，使一部分植物蛋白质浪费掉。"如果不吃肉，人是不会发展到现在这个地步的。"① "既吃植物也吃肉的习惯,大大地促进了正在形成中的人的体力和独立性,但是最重要的还是肉类食物对脑髓的影响;脑髓因此得到了比过去多得多的为本身的营养和发展所必需的材料,因此它就能够一代一代更迅速更完善地发展起来。"② 由于肉类食品有特殊的作用,因此在食物结构中过去动物食品较少的情况已经不适应了,必须进行改革。

在第二种类型中,以动物食品为主,动物蛋白质较多,这对增强体质和发展脑髓大有益处。但要把植物蛋白变成动物蛋白质,需要经过作物栽培——动物饲养——动物食品这样几个基本食物链的转化过程,其中消耗的饲料粮要比人吃的多几倍。仅从粮食上看,我国20世纪内根本不可能实现以动物食品为主的食品模式。欧美式膳食中,动物食品过多已经成为诱发高血压、冠心病、糖尿病、心血管病以及癌症的重要原因。西方已注意到饮食与健康的关系,掀起了节食减肥的浪潮。有人将此称为"营养革命"。既然西方已经发现其食品模式的缺陷,力求改革,我们当然不能毫无理由再步其后尘。

植物食品与动物食品并重的食品模式有利于健康。这种饮食模式使日本国民的平均寿命不断增长,现已超过瑞典等长寿之国,名列榜首。在改革和完善我国的食品结构过程中,日本的经验值得借鉴。但我国国情与日本不同,我国人口众多,经济还比较落后,生活水平较低,这就决定了我国的食品结构具有相对的恒性和多样性。春秋战国时期的著名医书《黄帝内经·素问》中就提出了"五谷为养,五果为助,五畜为益,五菜为充"的膳食原则,即动植物食品并重的原则。通过继承和发展优秀的营养知识,并借鉴各国饮食之优点,最终应当使我国形成植物食品与动物食品并重的食品模式。

第二,传统食品与新兴食品的关系

传统食品是我国光辉灿烂的文化遗产的重要组成部分。中华民族的食谱和烹饪技术是世界上最优秀的,的确誉满全球,值得骄傲,应该发扬光大。可是,丢掉的也不少,传统食品已经到了抢救的边缘。要是不抢救,

---

① 《马克思恩格斯选集》第3卷,第514页。
② 《马克思恩格斯选集》第4卷,第21页。

有些可能要失传。

  为了使传统食品继承下来，并发扬光大，当务之急是解决人才问题。具有传统食品技术的老师傅年近花甲，有的已退休，有的虽然还在工作，也不会太久了，必须尽快给老师傅配徒弟，以便后继有人。传统食品要求的原材料特殊，主料、辅料、配料都要有一定的规格，要求特殊的种植。必须使各种原材料的供应渠道畅通。有许多传统食品的制作多凭老师傅的经验，要使之提高和发展，必须进行科学研究，制定一些检测标准。要振兴传统食品，价格要稍高一点，实行优质优价、名牌高价。否则，二十世纪八十年代的原料价，五十年代的食品价，传统食品就根本不可能发展。

  在大力发展传统食品的同时，要努力开发新型食品，开拓新的食物资源。在地球上生长着七万五千多种植物可供食用，但在人类历史上，人们只"品尝"了三千种左右，而且人工种植的只有一百五十种左右。目前仅二十种植物就提供了百分之九十的粮食。许许多多的植物富有极高的营养价值，至今人类尚未"品尝"它们。食用菌既是传统食品，又是新兴食品。螺旋藻的蛋白质含量比牛肉高三倍。蜗牛肉将成为各国餐桌上的名贵佳肴。蚯蚓也会成为人类肉食的新来源。被称为"生命微尘"的花粉将是新颖的营养佳品。除开拓自然界已有的食物资源外，通过有机化学合成以工业方法生产出新兴食品也是大有前途的。当代科学技术革命已深入到食品领域，为各种新兴食品的制造开辟了广阔的天地。在欧美，以废糖蜜、亚硫酸纸浆废液等工厂废物作原料，生产食用单细胞蛋白质。我国以石油、天然气为原料的菌体蛋白质的研究已开始，将逐步发展石油蛋白质工业。

  第三，有形食品与无形食品的关系

  在有形食品与无形食品的关系上，要兼顾二者，使它们都有长足的发展。有形食品供人们"吃"，而无形食品则供人们"喝"，吃喝不能有片面性。过去我们轻视无形食品，使之难以发展。这种倾向应该纠正。

  无形食品大体分四类：一是水，二是饮料，三是酒，四是汤。水又有自然水与人工水两种。水罐头是日本市场上近几年出现的一种新商品。日本人有饮用生水的习惯，而自来水水质已有污染，于是凡有清泉的地方纷纷制作水罐头。我国也开始出现各种矿泉水罐头。山东崂山的矿泉水，已进入北京市场。四川、湖北等地的矿泉水也受到人们的欢迎。

在饮料界，运动饮料被称为第五代饮料。前四代饮料分别为碳酸饮料（汽水）、可乐和沙司、酵母乳饮料和果汁饮料。这四代饮料目前在世界上各占一席之地，在我国亦是如此。近年来还出现了许多新型饮料，例如，豆腐冰淇淋、果皮饮料、香菇饮料、米糖饮料、大米饮料、蜜汁饮料、高能饮料等。目前我国仍以碳酸饮料（汽水）为主，其他饮料尚少。我们要努力发展各种优质饮料，不仅吃好，还要喝好，以增进人民身体健康。

各种酒类都属于无形食品。世界上究竟有多少种酒，尚无定论。仅啤酒而言，比利时有一家酒店名叫"很不满意啤酒店"，出售来自世界各地的10040种啤酒。近些年来，出现了种种新酒，比如，不醉酒、无酒精酒、奶酒、奶酿啤酒、无酒精的啤酒、固体酒等。我们不仅要大力发展传统的名牌酒，还要更快地发展啤酒以及各种新型的酒。

美味的汤与有形食品结合食用，可使食量显著增加。一顿饭要是没有汤，便美中不足。据食谱记载，我国在四千多年前已开始煮汤。广东人对汤甚为讲究，什么食物都可烹调成美味的汤。十九世纪末叶，美国化学师杜伦斯为金宝公司制造了第一罐浓缩汤。自那以后，罐头汤有了迅速发展。1983年美国大约出售31亿罐罐头汤。香港1983年共喝掉440万公斤的罐头汤。为了提高我国人民的食品质量，要倡导各种美味的汤，要发展一些罐头汤。

第四，一般食品与"疗效食品"的关系

"疗效食品"又称"保健食品"。许多富有营养的食物，又是防治疾病的药物。这就是通常所说的医食同源。通过食物预防和治疗疾病，即"食疗"，在中国有悠久的历史。医药大师李时珍的《本草纲目》，将大量食物正式引入药物，明确提出"医食同源""药食并用"的原则。据不完全统计，从汉代到清代，我国著名的"食疗"著作达三百部以上。1984年人民卫生出版社正式出版了翁维健编著的《药膳食谱集锦》一书，这是新中国诞生以来第一部药膳食谱书。

"食疗"是我国人民的济世异宝，是人类极有价值的珍贵财富，早已引起世界各国的注意。在向现代化进军的过程中，一定要使"食疗"珍宝发出更加灿烂的光辉。由于"食疗"的奇特作用，近三十年来在日本、美国、欧洲和我国相继出现了"疗效食品热"。有些厂商利用人们延年益寿的愿望，企图打开一条生财之道，往往以假乱真，制造各种冒牌货，欺骗消费者。据东北某省10个市的调查，105种加药食品中，有小部分加维生素、无机盐等强化剂，而一多半是加中药的。这些中药只有一种有配方根据。不少配方设计者并没有学过中医、中药学。类似的所谓"疗效食品"给消费者造成的灾难，是不能置若罔闻的。

第五，卫生食品与污染食品的关系

卫生食品又称"安全食品"。制造和出售卫生食品、减少和杜绝污染食品，是完善我国食品结构的一个重要任务。

食品污染严重威胁着人们的身体健康，成为发病和死亡的重要原因。据世界卫生组织统计，1984年非洲、亚洲（中国除外）、拉丁美洲五岁以下的儿童有十亿人因食物污染而患急性腹泻病，其中死亡者达五百万。目前世界上每年大约有26亿人在旅行，其中有25%～50%的人患腹泻病，而这大部分是由食物和饮水不洁引起的。在这方面，我国也相当严重。人们对这一问题的严重性至今尚缺乏足够的认识，更缺乏有力的措施加以制止。我国的《食品卫生法》早已颁布实施，但对于执行情况缺乏检查，对于违法者的处理又太轻，致使危害人民身体健康的食品仍在市场上出现。

食物污染与一些民族传统的饮食习惯有关，如欧洲国家的风干肠，许多国家的半生不熟的肉食，泰国的酵猪，我国南方的腐烂咸鱼等。为防止和杜绝食物污染，要开展食品安全教育，改变不合理的、不科学的饮食习惯。

食物在运输、加工和贮藏的过程中，经常会受到微生物的感染，吃了则会引起疾病。为此，要采取各种先进的技术。过去人们普遍采用加热、冷冻、脱水、气调、熏蒸等方法来保藏食品，这些方法都有一定的缺陷。而"后起之秀"的辐射法特别引人注目。在日本还出现了调节氧气法、微波加热法、酒精杀菌法、水分活性调整法等先进方法。美国的无菌包装法可使食品不放在冰箱里几个月也不变质。

第六，不同人群的食品关系

民以食为天，这是千真万确的。但是，不同人群需要的食品又是不一样的。为了完善我国的饮食结构,既要研究从初生儿到老年人不同年龄群的人的食品,又要研究各类病人的食品;既要研究各种职业人群(重体力劳动者、轻体力劳动者、脑力劳动者)的食品,又要研究各种地理环境(高寒地区、酷热地区、高海拔地区、潮湿低洼地区)中人群的食品;既要研究汉民族的食品,又要研究各个少数民族的食品。总之,要使各类人群的食品科学化。限于篇幅不可能对诸种人群的食品问题逐一考察,仅择几点加以说明。

儿童是祖国的未来,他们的健康状况关系着民族的兴衰。因此,对儿童的营养状况和食品应当倍加重视。1980年在全国16个省市对近三万名七岁以下儿童进行调查,贫血患病率达66.7%。另据22个省市区的调查,11万名3岁以下的幼儿中,佝偻病发病率为33.25%,最高的内蒙古自治区东乌旗为99.71%,许多省市区的发病率都在50%以上。造成这种问题的原因是儿童食品结构不合理,儿童食品营养成分不科学。按照科学的标准进行配方,制造出有益于儿童身心发育的食品,是亟待完成的任务。

目前大中学生学习负担重,又处在长身体的阶段,如何改善他们的食品结构,提高营养水平,很值得注意。

老年人的食品有特殊要求。据营养学家的意见,老年人的饮食宜素忌荤、宜软忌硬、宜淡忌咸、宜茶忌烟、宜热忌寒、宜鲜忌陈。应按这些要求制造和出售有利于老年人延年益寿的各种食品。

第七,宏量元素与微量元素的关系

对于食品中所含的营养成分,目前多限于研究热量、蛋白质和脂肪的关系。仅此还不够,还要注重食品中的宏量元素与微量元素的关系。地球上的任何天然元素几乎都存在于人体之中,凡在人体内的重量占总重量万分之一以上的元素,如碳、氢、氧、氮、钙、镁、钠、钾、氯、硫等,被称为宏量(或巨量)元素;凡在人体内的重量占万分之一以下的元素,如铁、铜、锌、钴、锰、铬、硒、碘、镍、氟、钼、锡、硅等,被称为微量元素。在人体内,宏量元素一般占人体总重量的99.95%左右,而微量元素的总重量一般不过占人体总重量的0.05%左右。微量元素占人体总重量的比重虽然非常小,但是它们在新陈代谢过程中却有十分重要的特殊作用。

据科学家分析，微量元素的营养学意义，并不低于蛋白质、脂肪、维生素、淀粉等的意义。

我国居民食品中缺乏微量元素的情况相当严重。据调查，儿童缺铁性贫血发病率很高。由于缺碘引起的地方性甲状腺肿病人有二千万至三千万之多。现在大约有三百万先天性愚型病人，这种病与缺锌有关。我国从东北到西南，有一个遍布十多个省的三百一十个病区县的"缺硒带"。由于缺硒引起的克山病者和潜伏型病人达到十二万三千多人，受克山病威胁者有八千多万人。据各地调查，我国现有一亿以上的儿童患有与缺氟有关的龋齿病。当然，微量元素摄入过多也会引起中毒。据1980年对北方十二个省市区的调查，氟斑牙病患者有1067万人，氟骨症患者有61万人，再加上南方的检查，全国受高氟威胁者达4500万人之多。湖北恩施等地发生的人畜脱甲、脱发和神经系统的病症，已被确认为硒中毒所致。至于镉中毒、铅中毒、汞中毒、砷中毒等更是多见。随着采矿和核工业的发展，又有一些新的微量元素（如铍、碲等）进入"生物圈"污染环境，影响人类的生命和健康。从这些情况出发，根据不同微量元素的作用制造和出售符合科学要求的食品，也是建设中国式饮食模式的重要方面。

第八，中餐与西餐的关系

在中餐与西餐的关系上，要取长补短、兼收并蓄，发挥各自的优势，既不排斥西餐，也不削弱中餐。西餐中的许多食品适合我国，像汉堡包、三明治、热狗、牛排、炸鸡、煎薄饼等很受我国消费者欢迎。面包是西餐中的"主食"，我国人民尤其是北方人传统上喜爱馒头，但自面包传入我国后，也逐渐食用面包。由于我国制作的面包没有民族特色，加之价格又高，致使面包发展缓慢。面包虽然是最寻常的食品，却有丰富的营养，又便于大批量制作，因此应当使它迅速发展。当然，要以面包完全代替馒头恐怕行不通，几千年吃馒头的习惯难以一时改变。

中餐不仅在国内历数千年，深深地扎根于亿万人民的生活中，就是在国外也历久不衰，我们要继承和发扬这份中华民族的宝贵财富。

第九，慢餐与快餐的关系

为节省吃饭时间，应大力发展快餐。快餐是饮食现代化的具体内容之一,也是现代化的产物。快餐的基本特点就是"快"。现代社会的生活节奏是快的,人们的工作繁忙、紧张,时间的价值观念比以往任何时候都强。快餐就是适应这种社会需要而产生的。快餐是主食、副食、饮料的三合一,它能同时满足饮食种类和营养上的多方面要求,所以备受欢迎。

还要发展胜过快餐的自助餐。自助餐的特点是丰富、方便、卫生。如果说快餐的特点只是快,食物却不够丰富,那么自助餐则二者兼而有之。除有多种食品、饮料外,拿起刀叉盘碟,便可进餐,不以吃多吃少算钱,而以客位计算,结算快速。这都是自助餐的优点。

在发展快餐和自助餐的同时,要特别注意发展方便食品。方便食品是科学进步和社会发展的产物。它兴起于20世纪50年代,迅速发展于六十年代。方便食品是经过工厂生产,按照一定的配方程序预先制备好的食用前不需或稍加处理即可食用的主副食品。它食用方便,安全卫生,有一定的保藏期,便于携带和运输。我国方便食品起步较晚。自从提出"新长征路"上的吃饭问题后,方便食品才引起重视。经过几年的努力,已研制出不少具有我国传统特色的方便食品。应以主副食混合型的方便食品为主,多发展干制品、经杀菌处理的包装食品和饮料,也要生产一些特需方便食品。

第十,家中餐与在外餐的关系

西柏林大约有二百万人口,却有四千六百多家饭店;而一千万以上人口的上海,连点心店在内只有五千多家。这么一比,用意在于指出,中国的家家户户用在吃饭方面的时间太多了。家中餐与在外餐的关系,决不仅限于饮食地点上的差别,它反映着两种根本对立的社会经济类型。在个体自给自足的自然经济中,家庭既是生产单位,又是消费单位。在这样的经济生活中,家中餐占绝对统治地位,在外餐甚少,基本上没有饮食行业之说。随着社会化大生产的发展和商品经济的繁荣,不仅生产,并且消费都突破了家庭这个狭小的天地,成为社会范围的问题。随着消费由自然经济中的内向型(或称封闭型)转向商品经济中的外向型(亦称开放型),家中餐的绝对统治地位已再也保不住了,在外餐越来越重要。目前,发达国家由于饮食行业的发展,家中餐不那么突出了,而在外就餐占了优势。在我国,随着商品经济的发展和生产的进一步社会化,家中餐的比重将呈现下降的趋势,而在外餐的比重将呈现上升的趋势。从这种前景出发,必须认真抓好饮食行业的发展问题。

第十一,分餐与聚餐的关系

对分餐与聚餐的关系,从报刊上的讨论看,有三种不同的意见。一种意见认为,集餐(又称聚餐)是我国人民几千年的传统食俗,全家人在一起就餐,既增进了感情,又密切了关系,亲朋好友相聚,婚丧大事更是数菜相迎,以同吃同饮为快。中餐的菜式比较丰富,像整鸡、整鱼这种完整而样式又美的菜不可实行分餐。另一种意见则与此相反,认为集餐是不文明的表现,极不卫生,互相传染疾病,非改不可,应该实行分餐。国外的中餐馆也都是实行分餐制的,食者并未觉得有什么不便之处。第三种意见认为,提倡"中餐西吃"有一定道理,但就我国民情习惯而言,一律实行分餐还是有一定困难的。如果就卫生角度而言,倒不如在各地招待所、饭店采取分设病人专用餐桌,健康人集餐设专用勺、专用筷。这样,既照顾了健康人传统共餐习惯,又减轻了饭店人员分餐的麻烦。我们认为,从现代化的科学的饮食方式看,实行分餐势在必行。这是一场移风易俗的变革。它涉及伦理观念、食品文化和餐具改革等众多问题,立即全部实行当然有一定的困难,应首先在饭店、招待所、食堂等地方实行,至于每家每户怎么办,我们只能倡导分餐,不可强求一律,不可操之过急。

通过改善以上诸种关系,将有力地促成中国式饮食模式的建立。这种模式既有中华民族的特色,又有现代化的内容,充分体现着社会主义的物质文明和精神文明。有了这样的饮食模式,可以使十亿多人民吃得好,吃得方便,吃得有益于健康。

本文原载:《轻工业经济研究》1986年第3期

消费模式转换中的若干理论问题

在社会主义制度下，消费模式是只有一种，还是有多种可供选择？这是个长期没有解决的具有重大理论意义和实践意义的问题。党的十一届六中全会通过的《关于建国以来党的若干历史问题的决议》在总结了历史经验后正确地指出："社会主义生产关系的发展并不存在一套固定的模式，我们的任务是要根据我国生产力发展的要求，在每一阶段上创造出与之相适应的和便于继续前进的生产关系的具体形式。"按照这个精神，作为社会主义生产关系重要组成部分的消费，自然也不存在一套固定的模式，它可以有多种模式供人们选择。这就是说，我们面临着创造与选择适应我国国情的具有中国特色的社会主义消费模式的任务。

8年来，我国在创造和发展消费模式的过程中，大体形成了三派不同的主张，或者说，提出了三种不同的消费模式。第一种是分散化的高消费模式。持这种观点的同志一方面援引西方发达国家以高消费促进经济发展的事例来说明高消费的好处，另一方面又以我国1958～1978年的低消费说明不实行高消费必然要吃苦头，极力倡导刺激消费、鼓励消费，企图使我国的消费尽快早熟，早日步入高消费模式。第二种是集权型的低消费模式。持这种观点的同志一方面援引第三世界中某些不发达国家"消费早熟"、西方某些发达国家"消费爆炸"以及我国所谓的"消费饥渴症"等所造成的恶果，说明高消费犹如洪水猛兽，切不可引入中国，另一方面又以我国和苏联、东欧国家低消费时期的社会安定、讲求公平、精神面貌好为理由说明低消费的优越性。因此他们极力倡导抑制消费、控制消费。第三种是分权型的适度消费模式。持这种观点的同志认为，以上两种观点都有片面性，结论均不够妥当。他们援引我国以及世界各国实行高消费或低消费的种种弊端来说明适度消费的重要性。这场关于消费模式的大争论还没有结束，正在向纵深发展。

一 人民生活消费三部曲

在我国 30 多年的经济建设中，人民生活消费形成了三部曲：一曰"抑制消费"，二曰"补足消费"，三曰"刺激消费"。这三部曲循环交替的过程就是我国人民生活消费发展演变的历史。

赵紫阳同志曾经指出："建国以来，我国经济建设发生过几次重大的曲折，但是总的来说，成绩是巨大的。1980 年同完成经济恢复的 1952 年相比，工农业总产值增长 8.1 倍，国民收入增长 4.2 倍，工业固定资产增长 26 倍，全国人民的平均消费水平提高 1 倍。这些事实充分说明，在社会主义制度下，我国经济建设发展的速度是比较快的。同时，从这些事实中可以看出，我国 32 年国民收入的增长幅度比工农业总产值增长幅度低得多，而人民生活水平提高的幅度又大大低于国民收入增长的幅度，我国经济建设的效益很不理想，人民生活的改善同人民付出的劳动不相适应。"[1] 这种不相适应在西方一般称之为消费滞后，我们则称为抑制消费。这个问题就是我们常说的高积累、低消费问题。

发生上述问题的主要原因，除政治因素外，就经济而论，一是经济发展战略目标上的失误，二是理论认识上的片面性。从我国社会主义制度出发，依据社会主义基本经济规律的要求，我国经济发展的战略目标应当是满足人民日益增长的物质和文化生活的需要。这个目标在"一五"时期比较好地达到了，生产发展快，生活水平也有相应的提高。但是，在此后的长达 20 年的时间里却片面地以产值增长速度为目标。1958 年提出的"大跃进"和"超英赶美"的口号，要求一年内把钢产量翻一番，这实际上就是把以钢铁为中心的生产增长速度作为经济发展的战略目标。从 1966 年开始的第三个五年计划，实际上是以备战为中心、以三线建设为主要内容，仍

---

[1] 赵紫阳：《当前的经济形势和今后经济建设的方针》，人民出版社，1981，第 15 页。

然片面追求产值的增长速度,并且提出"先治坡、后治窝""先生产、后生活"的口号,把解决人民生活的吃穿用问题作为修正主义进行批判。1978年又一次提出了不切实际的大计划和高指标,还是以片面追求产值的增长速度为经济发展的战略目标。由于偏离了正确战略的目标,30年间人民生活虽然有所改善,但与生产发展的速度相比,其改善的程度显然是很不相称的。这不能不说是经济战略目标上的重大失误。

战略目标上的失误同理论上对消费与生产关系理解和认识的片面性有密切的联系。毛泽东同志虽然多次讲过要关心群众生活,改善人民生活,但同时他又多次贬低消费。例如,新中国成立前夕,毛泽东同志在党的七届二中全会上提出了"将消费的城市变成生产的城市"的口号。这个口号后来成为许多城市片面注重生产而轻视消费的理论依据。任何城市既是生产的城市,又是消费的城市。消费与生产是统一的。既不可能把生产城市变成消费城市,同样也不可能把消费城市变成生产城市。离开了消费城市,正像离开了生产城市一样,都是不可思议的。"把消费城市变成生产城市"的口号的确有贬消费、褒生产之意,易于引出歧视消费的倾向。再如,1953年毛泽东同志在《反对党内的资产阶级思想》一文中,不仅把强调改善工人生活的薄一波同志说成是"有资产阶级思想的人",而且提出了"福利不可不谋、不可多谋"的口号。[①] 这个口号同毛泽东同志历来倡导的"发展经济,保障供给"的总方针,同社会主义基本经济规律的要求不太吻合。姑且不论最大限度地满足人民生活问题,仅就"发展经济,保障供给"来说,如果不尽可能提高人民生活水平,何必又更快地发展经济?应该在经济发展的基础上多为人民谋福利。"不可多谋"也确有贬消费之意。我国之所以在很长时期里存在着抑制消费的倾向,究其理论根源,主要是由于轻视消费,歧视消费,忽视和否定消费的作用,削弱消费的地位。

长期受抑制的消费在党的十一届三中全会以后发生了变化,开始形成我国消费的第二部曲,即补足消费,或者像我们通常所说的归还生活方面的"欠账"。党的十一届三中全会的公报针对过去忽视人民生活问题的倾向

[①] 《毛泽东选集》第5卷,人民出版社,1977,第92页。

明确地指出："城乡人民的生活必须在生产发展的基础上逐步改善，必须坚决反对对人民生活中的迫切问题漠不关心的官僚主义态度。"① 在党的十一届三中全会精神指引下，在调整国民经济的过程中，对生产与消费的关系进行了调整。从 1979 年至 1982 年的 4 年间，归还生活方面的"欠账"取得了明显成绩。1982 年同 1978 年相比，国民收入使用额由 2975 亿元增加到 4290 亿元，净增 1315 亿元。其中用于消费方面的高达 1166 亿元，占 88.7%；用于积累方面的仅为 149 亿元，占 11.3%。在这期间，全国居民消费水平提高 30.5%，农民消费水平提高 36.1%，非农业居民消费水平提高 14.1%。这样的速度不仅高于新中国成立后任何时期人民生活改善的速度，而且也高于生产发展的速度。这对于长期低消费来说，确有补足的性质和归还"欠账"的意义。此外，从积累内部构成上看，与人民生活密切相关的非生产性积累（其中主要是居民住房投资，文教、科技、卫生、体育等方面的投资）的比重由 1978 年的 28.2% 上升到 1982 年的 53.6%。这对于改善人民生活也起到了重要的作用，同样具有补足消费的意义。由于过去尝到了低消费的苦头，所以在补足（又称补偿消费）时期，即在 1978 年至 1982 年期间，人们异口同声地赞扬消费的作用，再也听不到贬低消费和抑制消费的声音了。像禁锢的思想被解放了一样，受压抑的消费冲破了牢笼，开始发挥出作用，因而消费的社会地位也有所提高。

　　由于贯彻执行"调整、改革、整顿、提高"八字方针，工农业生产有了很大发展，到 1983 年某些农副产品出现了积压现象。在这种条件下，有些同志从消费方面寻找出路，提出要鼓励消费、刺激消费。例如，有的同志写道："鉴于目前国内外不少干部缺乏马克思主义政治经济学知识，不懂得适当地刺激一下消费，对于进一步扩大再生产的重要意义，现在很有必要提倡干部学习马克思在《导言》中阐述的基本原理，特别是关于生产与消费既相互制约又相互促进的基本原理。""过去有些同志认为，增加工资、刺激消费，就会减少积累，不利于扩大再生产。这是一种片面而有害的观点，它不符合马克思关于生产、分配、交换、消费的基本原理，也不符合

---

① 《三中全会以来重要文献选编》上册，人民出版社，1982，第 8 页。

社会经济生活的实际情况。""历史已证明,世界上经济发展比较快的国家,大多重视刺激消费。有些国家还实行了'高工资,高消费'的政策。现在看来,这是世界经济发展的一种趋势。"① 这种观点或近似于这种观点的主张,在 1983 年和 1984 年,不论在理论界,还是在实际部门,甚至在领导机关的负责同志中,都是普遍存在的。那时,鼓励消费、刺激消费的呼声甚高。这就形成了我国消费的第三部曲。

刺激消费、鼓励消费在理论上是不通的。在我国,由于以社会主义经济的存在和发展为主体,国家利益与个人利益在根本上是一致的,所以在国民收入分配中积累与消费具有直接的同一性。国家今天进行的积累是为了劳动人民明天的幸福生活,而劳动人民今天的生活消费,又是为了明天建设更加美好的国家。现在的问题是,能不能根据积累与消费的这种同一性,而否定它们之间的对立性?在一定时期内,国民收入总是一定的。在一定的国民收入中,消费多了,积累就要减少;反之,亦然。积累与消费之间的这种此消彼长的矛盾关系说明,增加工资、刺激消费,就是减少积累,不利于扩大再生产。这不是什么片面观点,它完全符合马克思关于生产与消费关系的原理。我们既要在生产发展的基础上提高人民生活水平,又要在人民生活水平不断提高的条件下大力发展生产,始终兼顾生产与生活、积累与消费两个方面。如果片面地提出刺激消费、鼓励消费,请问为什么不可以提出刺激积累、鼓励积累呢?从形式逻辑上说,如果对矛盾的双方同时进行刺激和鼓励,那么它们的加速度在二者的比例关系上是毫无意义的。如果仅提出刺激消费、鼓励消费,而不同时刺激积累、鼓励积累,那么很有可能导致高消费、低积累的恶果。这同高积累、低消费一样,都是要不得的。

从社会再生产循环过程来看,刺激消费、鼓励消费的提法也不够科学。社会再生产过程是生产、分配、交换、消费诸环节循环往复以至无穷的螺

---

① 彭亦鸣:《适当地刺激一下消费》,《辽宁日报》1984 年 7 月 12 日。类似的观点还可参见 1984 年 7 月 23 日出版的《瞭望》杂志第 30 期上的《提倡消费、促进生产》一文;1984 年 5 月 3 日《四川日报》上的《要适当鼓励消费》一文;1984 年 9 月 21 日《福建日报》上的《为什么要鼓励消费》一文。

旋式上升的过程。在这个过程中，各个环节之间要保持一定的比例。破坏了它们之间的比例，整个社会再生产过程的运行就要发生障碍或中断。如果我们仅仅刺激和鼓励消费，而对生产、分配和交换却不去刺激、不去鼓励，任其自然，那么必然会破坏它们之间的比例关系，导致整个社会再生产过程难以运行。鉴于过去轻视消费和歧视消费的教训，我们应当十分重视消费，但是，由此绝不能把消费问题提高到不适当的地位。

提倡鼓励消费、刺激消费的同志往往以某些产品的积压为理由。现在看得很清楚，某些农副产品的积压不过是虚假现象，其中也有运输问题和流通不畅问题。我国的农副产品不是过多，而是不足，尤其粮食并未真正过关。至于某些轻纺工业品之所以积压，并不是因为它们符合消费者需要，而消费者不去消费它们，需要刺激和鼓励消费者去消费它们，而其主要原因是这些产品的质量、规格、花色、品种等不符合消费者的偏好。在这种情况下，应当从生产和流通方面去寻找积压的原因，不要盲目地刺激和鼓励消费。否则，刺激和鼓励消费的倾向可能掩盖了生产和流通的落后面。还要指出，除少数产品出现积压外，就整体而论，我国的生产并没有走到消费的前面，不需要刺激和鼓励消费去赶上生产。这就是说，在我国现实经济生活中，根本缺乏刺激和鼓励消费的条件。

主张刺激和鼓励消费的同志还往往过高地估计了西方某些发达国家的高收入、高消费政策的作用，企图以刺激和鼓励消费的政策使我国的消费早熟，早日步入高消费模式之中。西方某些发达国家第二次世界大战以后依据凯恩斯学说实行的高收入、高消费政策虽然在一定程度上刺激了经济的发展，但问题成堆，为继甚难。有些西方经济学者认为，英、法和北欧的一些国家近几十年来之所以落后于日本和西德，主要原因是把资金过多地用于福利，高消费拖住了它们。高消费在西方尚且行不通，如果把它硬搬进我们这个生产力水平较低的人口众多的大国里，注定要失败。有位日本朋友曾向我国建议要实行高收入、高消费政策。邓小平同志明确指出："这一点，我们国家情况有所不同，现在全国没有条件实行高收入高消费的政策。"[①]

---

① 邓小平：《建设有中国特色的社会主义》，人民出版社，1984，第26页。

刺激消费和鼓励消费的主张也被我国近几年的实践所否定。大家知道，刺激消费和鼓励消费的主张开始于1983年初，1984年秋季达到高潮，到1984年底消费基金出现了某些失控后，再也听不到刺激消费和鼓励消费的声音了。刺激消费和鼓励消费的主张在我国存在的时间不过2年，它如此短命，原因就在于它不适合我国的国情。尽管持这类观点的同志至今没有放弃自己的主张，但实践是检验真理的标准，为实践所否定的观点只能进博物馆，再也没有它活动的舞台。

我国的实践还证明，刺激消费、鼓励消费的主张已经走到了自己的对立面。从1984年底开始出现的消费基金结构性膨胀的原因很复杂，其中固然有新旧体制转换时期的不配套、不协调以及财经纪律松弛等问题，但不可否认的是，刺激消费和鼓励消费的浪潮不能不说是原因之一。在刺激消费和鼓励消费的推动下，人们竞相攀比收入和消费，把低收入推向高收入，把低消费推向高消费，由此导致消费基金结构性膨胀。有的甚至认为我国已经出现了"消费早熟""消费饥渴症""消费爆炸"等病症。因此，从1985年开始，又大力抑制消费和控制消费。显然，刺激消费和鼓励消费否定了自己，走向了反面，变成了抑制消费和控制消费。如果说1983～1984年的刺激和鼓励消费是对1958年以后长达20年的抑制消费的否定，那么1985～1987年的控制和抑制消费又是对1983～1984年的刺激和鼓励消费的否定。这个否定之否定的循环过程就是我国30多年的消费发展演变的历史。

需要指出，1985～1987年的控制消费或抑制消费同1958～1978年的抑制消费相比，既有相同点，又有不同点。二者的区别在于：前一次抑制消费是全面的，不管是个人消费还是社会集体消费，也不论是职工家庭消费还是农民家庭消费，都普遍地受到抑制，而后一次抑制消费则不然，它针对消费基金结构性膨胀，抑制了一部分人的消费；前一次抑制消费的结果导致人民生活水平普遍停滞或下降，而后一次抑制消费则是在人民生活水平逐年有明显提高的基础上进行的。二者的共同点在于，由于抑制消费，积累率都出现了上升的趋势。第一次抑制消费使积累率由1957年的24.9%上升到1978年的36.5%，而第二次抑制消费使积累率由1983年的29.7%和1984年的31.2%，上升到1985年的33.7%和1986年的34%。这就是说，前一次抑制消费导向了高积累，而后一次抑制消费也导向了高积累。如果长此下去，很难保证人民生活水平的普遍提高（当然一部分人的生活水平会提高），有可能出现第一次抑制消费的某些恶果。这种倾向值得注意。下面我们还要详细分析这个问题。

我国人民生活消费所经历的否定之否定的循环过程说明，消费的作用与地位不论在理论上，还是在实践中都是个尚未解决好的问题。虽然这是个老生常谈的问题，但又是个悬而未决的问题。如果说在党的十一届三中全会以前的20年间存在着忽视消费和歧视消费的倾向，那么在党的十一届三中全会以后的八年间所出现的"补足消费""刺激消费""鼓励消费""消费早熟""消费饥饿""消费爆炸""控制消费""抑制消费"等众多的理论和政策，同样说明消费的作用与地位在理论上和实践中仍然是个颇有争议的问题。几年来消费政策变化之迅速实属空前，一会儿鼓励和刺激消费，一会儿又抑制和控制消费，这怎能说明消费的作用和地位问题已经解决好了呢？为了制定一项坚定的消费政策，为了使我国的消费沿着有中国特色的社会主义道路前进，还有必要重新认识消费在社会主义经济生活中的作用与地位。

二 目前我国居民消费是适度的，合理的，还是过高的？

目前我国居民消费是适度的，合理的，还是过高的？有没有形成"消费早熟"？是否患有"消费饥渴症"？是否已经到了"消费爆炸"的时候？对这些问题在经济界存在着两种根本对立的观点。为了澄清这些问题，不能单凭主观愿望，要有科学的标准和依据，也就是说，首先要确定适度消费或合理消费的界限，然后才能回答上述的这些问题。

所谓适度消费是指适应于国情国力、生产力水平和自然资源的一种消费状态。适度消费一般又称为合理消费或科学消费。消费是否适度或合理的客观标准乃是消费主体的经济力量与消费机制运行之间的对比关系。量力而行这个原则普遍适用，在生产建设上适用，在生活消费上同样适用。

这里所说的"量力",在微观消费方面,对于每个家庭或消费者来说,就是他们在一定时期的收入;在宏观消费方面,对于国家和社会来说,就是该国在一定时期的国民收入。因此,从收入出发,弄清收入与消费的关系,就可以明确回答消费是否合理、是否适度。

在微观消费方面,每个消费者或家庭的消费是否适度或合理,要以消费与收入的关系来衡量。从静态上考察,收入大于消费,并有一定剩余,此种状态的消费乃是合理的或适度的。从动态上考察,消费、收入、储蓄三者大体同步增长,或者说它们之间的比例关系保持着一个常数,这种状态的消费乃是适度的或合理的。我国居民储蓄1986年底达到2237亿元,比1978年的210.6亿元增长近10倍。它的增长速度大大高于同期居民收入和居民消费的增长速度。仅以这个事实就可以说明,从静态上考察,8年来我国居民收入大于居民消费,确有不少剩余;从动态上考察,储蓄增长速度最快,储蓄倾向上升,消费增长速度最慢,消费倾向下降,收入增长速度居中,介于储蓄增长速度与消费增长速度之间。从储蓄、收入、消费三者的关系上看,我国居民的消费并没有超越量力而行的原则,消费在静态上小于收入,并有不少储蓄;在动态上,消费增长速度低于收入增长速度,因而消费是适度的、合理的,基本不存在消费膨胀,更不存在消费爆炸、消费早熟等问题。

在宏观消费方面,每个国家的消费是否适度或合理,要以国民收入的生产规模以及国民收入分配和再分配中的诸种关系来衡量。国民收入生产出来之后,经过分配和再分配,最终用于生产和消费两方面,形成积累基金与消费基金。在积累基金内部,又划分为生产性积累基金与非生产性积累基金两部分;在消费基金内部,又划分为个人消费基金与社会集体消费基金两部分。从国民收入的这种分割出发,可以引出三种不同的消费水平。判断消费是否适度或合理,必须详细研究制约这三种消费水平的因素。

第一种含义的消费水平是人均劳动福利基金(劳动福利基金=非生产性积累+消费基金)。[①] 这种消费水平的变动直接取决于三个因素:一是国

[①] 关于福利基金的说明,请参见杨圣明著:《国民经济有计划按比例发展规律概论》,贵州人民出版社,1981。

民收入的变动,二是生产性积累基金在国民收入总额中所占比例的变动,三是人口的变动。这三个因素的不同组合方式,对于消费水平的影响是不一样的。一般说来,生产性积累在国民收入中的比重相对稳定,而人口每年的变化也不大,这时消费水平的增长速度应该与国民收入增长速度大体同步。当国民收入增长速度一定,生产性积累的比重也相对稳定时,消费水平的变化与人口增减成反比。当国民收入和人口增长一定时,消费水平与生产性积累的比重成反比,生产性积累比重升高,消费水平则降低;反之,亦然。判断第一种含义的消费水平是否适度或合理,必须根据上述三个因素的变动方向。我国国民收入使用额由1980年的3696亿元增长到1985年的7273亿元,增长96.8%,平均每年增长14.5%。同期,生产性积累在国民收入中的比重,1981年为13.3%,1982年为13.4%,1983年为15.6%,1984年为18.3%,1985年为19.5%,可以说呈现直线上升的趋势,这将有助于保证生产建设对资金的需要。人口由1980年的98705万人增加到1985年的104532万人,净增5827万人,平均每年递增1.15%。在这三个因素的作用下,居民消费水平由1980年的310元提高到1985年的560元,增长80.6%,平均每年递增12.6%。以上这些数字表明,消费水平或劳动福利水平提高的速度相当快,人民生活确有明显改善。但是,这种提高和改善是在生产性积累基金比重呈现上升趋势条件下实现的。生活的改善并没有影响生产的发展。所以,在我国并没有出现"消费早熟",没有形成高消费。

第二种含义的消费水平是人均消费基金。这种消费水平的变动直接取决于国民收入、积累率和人口这样三个因素的变化。在人口、积累率相对稳定的条件下,消费水平应与国民收入大体同步增长。当国民收入和人口一定时,消费水平与积累率成逆向变动。当国民收入和积累率一定时,消费水平与人口成顺向变动。判断第二种含义的消费水平是否合理或适度,必须根据上述三个因素的变化及其组合方式。如上所述,"六五"期间我国国民收入每年平均递增14.5%,而人口平均每年递增1.15%,二者之间的差距还不小,这就为改善人民生活提供了广阔的余地。"六五"期间的积累率呈现直线上升的趋势:1981年为28.3%,1982年为28.8%,1983年为

29.7%，1984年为31.2%，1985年为33.7%。这说明，生活的改善不仅没有侵犯生产建设资金，还确保了生产建设资金的不断增长。值得注意的是，1986年的积累率已高达34.0%，开始步入高积累的领域。反对高消费的人是否注意到了这一点？他们是否也应该反对一下高积累呢？那种把生活与生产对立起来，认为生活的改善必然影响生产发展的观点，并不符合我国的实际情况。在生产发展的基础上，在积累率不断上升（尤其是生产性积累的比重不断上升）的条件下，改善一下生活难道就是"消费饥饿症"？

第三种含义的消费水平是人均个人消费基金。这种消费水平的变动取决于国民收入、积累率、人口以及个人消费基金与社会集体消费基金的比例这样四个因素的变化。若后三种因素相对稳定，则消费水平应与国民收入大体同步增长。在国民收入、积累率和人口一定的条件下，消费水平的高低取决于消费基金在个人消费与社会集体消费之间的分配比例的变化。若提高个人消费基金的比重，相应地降低社会集体消费基金的比重，则消费水平升高；反之，如果降低个人消费基金的比重，相应地提高社会集体消费基金的比重，则消费水平降低。至于积累率、人口数量的变动对于消费水平的影响，与上述第一、二种含义的消费水平相同。判断第三种含义的消费水平是否合理或适度，必须根据上述四种因素的变动方向及其组合方式。"六五"时期国民收入、积累率和人口变动对消费水平的影响上面已经分析过了，现在着重分析一下个人消费基金与社会集体消费基金比例关系的变动对消费水平的影响。在消费基金总额中，个人消费基金的比重1981年为88.4%，1982年为88.0%，1983年为88.1%，1984年为87.2%，1985年为87.9%。与此相对应，社会集体消费基金的比重则分别为11.6%、12.0%、11.9%、12.8%和12.1%。事实表明，个人消费基金与社会集体消费基金的比例关系变化不大，只是社会集体消费基金的比重略有上升。这种态势符合二者变化的一般规律。由此可知，我国居民消费水平的提高除了保证生产发展外，还兼顾了社会集体福利事业的发展，不仅没有削弱而且加强了社会集体消费。据此，更不能得出我国已经出现"消费早熟"和高消费的结论。

不论对哪种含义的消费水平的分析都难以发现我国的"消费早熟"和

"消费饥饿症"。或者说，不论如何分析，我国"六五"期间的消费总的说来是合理的、适度的。当然这绝不是说消费方面不存在任何问题。问题还是不少的，有的还相当严重。例如，行政管理费增长过快。这项费用由1980年的66.8亿元增长到1985年的143.6亿元，增长1.15倍，平均每年递增16.6%。这样的速度，既超过国民收入增长速度，又超过居民消费水平提高速度，实在太高。由于这项费用开支急速上升，大街上跑的进口高级轿车与日俱增，录音设备、录像设备、复印设备、电子计算机等接踵进入办公室。廉洁奉公的作风淡薄了，艰苦奋斗的传统少见了。如果把这些现象叫作"消费早熟""高消费"或"消费饥饿症"，借此给某些人敲一下警钟，倒还可以。[①] 但是，行政管理费在全部消费基金中的比重不过3%，决不能因为这项费用的膨胀而说"消费早熟""消费饥渴"等。再如，某些行业中的工资和奖金失控，其增长速度惊人，乱发实物的现象也很严重。这是个老大难问题，至今还没有找到有效措施加以解决。长此下去，可能造成恶劣影响，因此必须尽快解决。但是，不能根据这个问题而说整个消费基金失控，更不能由此得出"消费早熟"和"消费饥饿"的结论。这是因为，即使全部工资和奖金都有问题，它们也不过占我国消费基金的1/3。1985年全国消费基金总额达4820亿元，而我国职工工资总额（包括奖金在内）也不过1383亿元，仅为前者的28.7%。我们不能把1/3的问题，推广到另外的2/3上，从而得出整个消费基金出现了问题。况且，工资、奖金中的问题，也只是某些行业中的问题，而不是所有行业中的问题。像大中小学教员的工资、医生的工资、国家行政人员的工资等，并不存在失控问题，也不存在膨胀问题。如果把这些人员的工资和奖金也冠之"消费早熟""消费饥渴症"等，岂不是笑话？对于消费和收入中的问题我们要正视，不能回避。但是，要具体问题具体分析，不能把不切实际的大帽子乱扣。俗话说"对症下药"，要针对消费中存在的问题，采取强有力的措施。

我国居民的消费不是已经早熟，而是根本不熟。从主观上看，为生产而生产的倾向还相当严重，为消费而生产的思想还未扎根。从客观上说，

---

① 笔者把这类问题以及下文提到的某些行业的工资和奖金失控问题称为消费基金结构性膨胀。

我国人民的生活水平还是很低的，不论吃的、穿的、用的，还是住的、行的，都是低水平的。全国居民消费水平1985年不过407元，每月不足35元，而农民更低。将如此之低的消费也称为"消费早熟""高消费"等，实在令人费解。当然，从个别地区的个别事例来看，从个别行业的极少数人来看，确有相当富裕的户，生活水平相当高。能否据此得出"消费早熟"的结论？也不行。消费上的不平衡性自古有之，永远存在。结论必须建立在大量观察和大量现象的基础上，决不能抽出若干实例来谈论什么"消费早熟"问题。

"消费早熟论"者提出的论据主要是消费基金的增长速度超过了生产发展的速度。对此我们做个分析。"六五"期间，以可比价格计算，我国社会总产值平均每年增长11%，工农总产值平均每年增长11%，国民收入平均每年增长9.7%，而消费基金平均每年增长10.5%。显然，消费基金增长速度并没有超过社会总产值和工农业总产值的增长速度。至于消费基金增长速度超过国民收入增长速度这个事实也不能证明我国已经存在"消费早熟"。大家知道，"六五"计划期以前的20多年，我国长期存在高积累、低消费问题。为了解决这个问题，对生活问题进行"还账"，必须有意识地压低积累率，提高消费率，使消费基金的增长速度超过国民收入的增长速度。否则，如果消费基金增长速度等于国民收入增长速度，那就不可能降低积累率，不可能归还生活上的"欠账"；如果消费基金增长速度低于国民收入增长速度，那就必然促成积累率继续提高，在高积累之上出现更高的积累，这与党的十一届三中全会的精神是背道而驰的。因此，在"六五"期间的前3年（1981、1982、1983年）使消费基金增长速度超过国民收入增长速度，从而降低积累率、提高消费率，这是调整国民经济的需要，绝不是什么"消费早熟"和"消费饥饿症"。至于"六五"期间的后2年（1984、1985年），则是另一种情况。以现行价格计算，1984年比上年国民收入增长19.5%，消费基金仅增长16.0%；1985年比上年国民收入增长28.5%，消费基金仅增长23.7%。显然，消费基金增长速度低于国民收入增长速度。这更不是什么"消费早熟"和"消费饥饿症"。

"消费早熟论"者提出的另一个论据是消费水平增长速度超过了人均国

民收入增长速度。对这个问题更要深入分析。人均国民收入由 1980 年的 376 元增长到 1985 年的 656 元，增长 74.5%；同期消费水平由 227 元增长到 407 元，增长 79.3%，超过了前者的增长速度。这是怎样形成的？分年度看，各年度国民收入环比增长速度，1981 年为 5.3%，1982 年为 6.8%，1983 年为 9.7%，1984 年为 17.9%，1985 年为 19.9%；各年度消费水平环比增长速度，1981 年为 9.7%，1982 年为 7.2%，1983 年为 8.6%，1984 年为 13.8%，1985 年为 23.3%。根据各年度的情况，我们把"六五"时期分成两个阶段：前 2 年（1981、1982 年）为第一阶段，消费水平超过人均国民收入增长，这是补足消费、归还生活"欠账"的结果，不是什么"消费早熟"和"消费饥饿症"；后 3 年（1983、1984、1985 年）为第二阶段，情况发生了变化，消费水平增长速度非但不高于，而且还低于人均国民收入增长速度。1985 年比 1982 年人均国民收入增长 55.1%，而消费水平增长 52.4%。这种情况表明，生活的改善没有超越生产的发展，不能据此得出"消费早熟"和"消费饥饿症"的结论。对 1985 年的情况也要分析，从总体上看，消费水平增长速度显著高于人均国民收入增长速度，但分部门则很不均衡。以可比价格计算的非农业居民消费水平提高 13.9%，而各部门的国民收入增长速度，工业为 17.5%，建筑业为 14.0%，运输业为 13.1%，商业为 14.5%。这些数字表明，1985 年非农业居民的消费也没有超越生产的发展。至于农业由于遭受灾害，所创造国民收入仅比上年增长 6.4%，而消费水平却提高 13.8%，显著超越生产。能不能把这一年农民消费称为"消费早熟"和"消费饥饿症"？不能。消费处于什么状态，要从一个较长时期观察才能得出科学的结论。前面已经指出，8 年来对我国消费状态已做出三种评价：1978~1982 年，异口同声地说我国是低消费，要归还生活"欠账"；1983~1984 年，出现了刺激消费和鼓励消费的浪潮；1985 年至今又出现了"高消费""消费早熟""消费饥饿症""消费爆炸"等。这样朝三暮四地"改变"我国的消费状态，起码缺乏严肃的态度。应当恰如其分地估量消费状态，并相应地制定符合实际情况的消费对策。

既然客观上不存在"消费早熟"和"消费饥饿症"，那么为什么有的同志对这些东西还津津乐道？究其原因，除了把消费领域中的局部问题看成全局性的问题外，在理论上他们混淆了收入与消费。① 例如，谢镇江同志的《消费饥渴症》一文和黄方毅同志的《从"消费饥饿症"谈起》一文就是这方面的代表作。② 他们虽然痛斥了"消费饥饿症"，但通篇文章所引用的数据都是有关收入的，根本没有关于消费的。显然他们混淆了收入与消费的界限，用收入代替了消费。谢镇江同志在《消费饥渴症》一文中写道："我国近年来消费需求膨胀问题，集中表现在居民货币总收入跳跃式增长上。"像这样混淆收入与消费的文章近年来并不少见。其实，消费与收入是两个不同的概念。消费不是收入，收入也不是消费，二者有严格的界限，不仅质上不同，量上也不一样。在数量上，消费不同于收入的主要之点在于储蓄：若储蓄为正值，则收入大于消费；若储蓄为负值，则收入小于消费；只有当储蓄等于零时，收入才等于消费。可是，目前我国的储蓄不仅不为零，而且以极高的速度增长。1986年底储蓄已达2237亿元，比1978年底的210.6亿元净增2026.4亿元。如此巨额储蓄在收入与消费之间划出了一道鸿沟，有力地反驳了各种混淆收入与消费的企图。

我国是否存在"消费早熟"和"消费饥饿症"，上面已分析过。在这里，联系到储蓄再做点补充。我国居民货币收入在"六五"前3年大体每年增长10%，1984年陡增29.5%，1985年又增26.6%，1986年仍达到20%。近3年来居民收入增长确实过高，有必要加以控制。但是，这里指的是收入，而不是消费；如果用"膨胀"一词，是收入膨胀，而不是消费膨胀。居民收入增长虽过快，但消费增长并不过快，主要原因是储蓄增长更快。1984年储蓄净增322.2亿元，比上年增长36.1%；1985年储蓄净增407.9亿元，比上年增长33.4%；1986年储蓄净增614.4亿元，比上年增长37.9%。十分清楚，储蓄的增长速度远远高于收入的增长速度。收入的高速增长被储蓄的高速增长所抵消，因而在我国基本不存在消费膨胀问题。全国居民消费水平1984年提高11.6%，1985年提高14.2%，1986年提高

---

① 关于收入与消费的区别和联系，请参见杨圣明：《收入·储蓄·消费》，《经济研究》1984年第9期。
② 谢镇江原文请见《经济日报》1987年8月7日；黄方毅原文请见《经济研究参考资料》1985年第125期。

14.8%，而这 3 年国民收入生产额的增长速度分别为 13.5%、12.3% 和 14.1%。消费与生产大体适应。如果说有消费膨胀，那也是局部性的、结构性的，而不是全局性的。对于局部性的问题冠之"消费早熟"和"消费爆炸"等大字眼是不妥当的。

如果有的同志从上面的分析中得出结论说，我们是主张实行高消费的，是为高消费辩护的，那就完全错了。我们只是反对把"高消费""消费早熟""消费饥饿症""消费爆炸"等大帽子扣到目前的适度消费上。我们只是在为适度消费辩护。当我国真正出现了"高消费""消费早熟""消费饥饿症"等问题时，我们将尽力痛斥之。不仅如此，从现在起就要预防这类问题的发生。应当清醒地看到，随着经济体制和消费体制的改革，消费权的下放，肯定会出现一些滥用消费权的单位和企业，它们自觉地、有意识地把低消费推向高消费。任其蔓延，就有可能导致全国性的高消费，出现消费早熟问题。南斯拉夫等国家在改革中和改革后就出现了这类问题，现在纠正起来相当困难。① 根据它们的教训，我们早作预防是必要的、有益的。

赵紫阳同志在六届人大第五次会议上所做的政府工作报告中指出："我国目前正处于社会主义现代化建设的创业阶段，需要积累大量建设资金，必须长期坚持艰苦奋斗、勤俭建国、勤俭办一切事业的方针，而不能追求过高的消费。"② 这个指示完全正确。反对高消费，执行勤俭建国的方针，对于我国的现代化建设具有深远的意义。日本报纸《每日新闻》在一篇社论中把日本成功地进行现代化建设与欧洲发展相对缓慢作了对比分析之后得出结论：日本有着"第一流的经济，第二流的生活水平和第三流的政治"，而"欧洲的生活水平是第一流的，经济是第二流的，政治是第三流的"。③《美国新闻与世界报道》在题为《当国家面临严酷现实的时候》一

---

① 据新华社报道，南斯拉夫联邦议会 1987 年 2 月 26 日在听取了联邦总理布·米库利奇的报告后，通过了四项限制消费的法令。法令规定，要限制公共消费和集体消费，限制非经济投资和非生产投资，并要求把工资的增长控制在劳动生产率增长幅度内。（见《人民日报》1987 年 3 月 2 日）。

② 《人民日报》1984 年 4 月 13 日。

③ 《参考消息》1980 年 7 月 16 日。

文中指出:"斯堪的纳维亚国家对人民提供的从生到死的福利太多,如滚雪球一般。如果这种趋势不改变,就会带来经济灾难。"① 这些分析和结论对于正在进行现代化建设的中国人民来说,当然仅供参考。不过,前车之鉴,不可忽视。

三 如何进一步提高我国人民的生活消费水平

对我国消费现状的估量已如上述。在现状的基础上,如何进一步提高我国人民的生活消费水平是大家更为关心的事情。现在我们来研究这个问题。为了说明未来,先让我们回顾一下过去。这样可以温故而知新。过去各个时期消费水平提高的情况如表1所示。

表1 居民消费水平每年递增速度变化

单位:%

时期	全国居民	农民	非农业居民	国民收入增长
"一五"时期	4.2	3.2	4.8	8.9
"二五"时期	-3.3	-3.3	-5.2	-3.1
1963~1965年	8.5	8.2	12.3	14.7
"三五"时期	2.1	2.5	2.1	8.3
"四五"时期	2.2	1.3	4.2	5.5
"五五"时期	4.8	4.1	4.9	6.0
"六五"时期	8.8	10.1	5.6	9.7
1953~1985年	3.5	3.4	3.5	6.6
1979~1985年	8.6	9.6	5.6	8.8

从过去的情况中可以得出以下几条结论。

第一,加快国民收入增长速度是提高消费水平的主要途径。从表1可以看出,各个时期消费水平提高的幅度与国民收入增长的幅度尽管不太一致,但大体是成正比例的。"一五"时期、1963~1965年和"六五"时期,国

---

① 见《参考消息》1980年7月16日。

民收入增长速度较快，与此相适应，消费水平提高的速度也较快。反之，"二五"时期国民收入不仅没有增长，反而下降，与此相适应，消费水平也下降了。鉴于这种情况，今后要更快地提高我国人民的生活水平，必须加快国民收入的增长速度。我们反对过高的不切实际的高速度，但是我们又要根据量力而行的原则争取尽可能高的速度。没有生产的高速度，不可能有生活的高速度，所以，加快国民收入的增长速度是提高消费水平的主要途径。

国民收入的增加，既可依靠投入更多的劳动力，又可依靠提高劳动生产率，即每个劳动者在单位时间里创造更多的国民收入。单纯依靠增加劳动者人数来增加国民收入，一方面受人口增长的限制，不可能太多太快，另一方面虽然它能增加国民收入总规模，但难以提高每人平均的国民收入，难以提高居民的消费水平。只有通过提高劳动生产率，来扩大国民收入规模，并相应地增加每人平均的国民收入，才能提高居民的消费水平。列宁曾经指出，创造出比资本主义社会更高的社会劳动生产率，是社会主义战胜资本主义最重要、最根本的条件。生产方面是这样，生活方面更是如此。目前我国人民的生活水平不如资本主义发达国家的高，其根本原因在于我国社会劳动生产率低。要把我国人民生活水平提高到发达国家的水平，如果不陷入空想，出路就在于不断提高社会劳动生产率。只有每个劳动者在单位时间里提供出更多、更好的物质产品和劳务，才能不断地改善我国人民的生活。

国民收入是由社会生产两大部类创造的。要加快国民收入增长速度，必须协调两大部类的比例关系。根据生产与消费的辩证关系，在计划安排上，要从消费出发，根据人民生活需要安排消费资料生产，再根据消费资料生产发展的需要去安排生产资料的生产，最后使两大部类协调前进。我们不能片面地发展生产资料生产，更不能为生产而生产。如果生产资料生产规模过大，发展速度过快，其中就业劳动者的生活需要超越了第二部类能够向第一部类提供的消费品和劳务，那就必然造成消费品和劳务的供不应求。过去在这方面的教训是不少的，主要问题是生产资料生产过分突出。从目前情况看，今后要保持生产与消费的协调关系，仍然要防止和克服生产资料生产过分突出，避免重工业挤压农业、轻工业的局面。

在我国的消费资料生产中，农业生产占有特别重要的地位。我国10亿人口中有8亿农民。所谓满足人民生活需要，首先是满足农民的需要。农民生活安排好了，80%的问题就解决了。而农民生活的解决主要依靠发展农业生产。同时还要看到，在我国人民生活消费中，吃的仍占第一位，占全部生活费的一半以上，食品的原料都是农业提供的；穿是占第二位的，而衣着的原料大部分又来自农业；用的、住的也有不少是农业提供的。生产消费品的轻工业部门的原料大部分来自农业。这些情况表明，搞好农业生产对于改善人民生活具有特殊的意义。在我国，可以毫不夸张地说，农业生产发展的速度决定着人民生活水平提高的速度。"六五"期间生活改善的速度之所以比较快，这同农业生产的迅速发展是分不开的，甚至可以说是由农业生产决定的。今后相当长的时期内我国人民生活改善的程度仍然主要取决于农业生产发展的速度。若农业生产增长速度每年平均为5%，再考虑到人口增长因素，那就可以预计，生活水平提高的速度每年顶多不过4%左右。要使生活更快、更多地改善，必须更快地发展农业生产。

如果说在温饱阶段吃穿是主要矛盾，那么在由温饱向小康过渡的时期，住房将成为消费领域中的主要矛盾。住房问题的解决，一靠住房建设，二靠改进住房管理体制，逐步实行住宅商品化。我国消费畸形表现之一是住房费用极低，而居民的储蓄又找不到投向，急剧增加。今后一定要把居民的收入引向住房消费，这样可以使国家将更多的资金用于发展建筑业，加速解决住房问题。与消费领域中的战略重点相对应，必须把建筑业（尤其民用建筑业）作为一个带头产业，放在国民经济的战略地位。各个国家或每个国家的不同历史时期，都有自己的带头的产业部门，抓住了这些部门，就能带动其他产业以及整个国民经济的发展。目前建筑业在我国国民经济中就处于这样的地位。我国居民住房要达到小康水平的要求，20世纪内至少还要建20亿平方米。每平方米按200元的投资计算，至少需要4000亿元的投资。如此巨大的住房需求，要求建筑业有个大发展。抓住建筑业，特别是民用建筑业，就可以带动建筑材料和施工机械的发展。随着居民住房条件的改善，各种家具、家用电器以及室内装饰品的需求量将迅速增加，这就会促进电子、机械等行业的发展。建筑业是个劳动密集型行业，大力发展建筑业有助于解决劳动就业问题。从住房的紧张程度看，大力发展建筑业迫在眉睫。但现行的经济体制还阻碍着建筑业的发展。所以，必须加快改革，迅速改变建筑业实报实销制度，实行建筑单位企业化，建筑产品商品化。同时要改造原有建筑材料生产，加快新型建筑材料的开发，使建筑材料由重型向轻型转化，由小块向大块转化，由能耗高向能耗低转化，提高建筑生产的机械化、装配化和工厂化水平。

第二，科学地分配和使用国民收入是生活水平不断提高的重要保证。在生产发展一定的前提下，生活水平能否提高以及提高的程度，还取决于国民收入的分配和使用情况。过去往往有这样的情况，虽然生产发展了，但生活没有相应的改善，其原因就是把有限的资金过多地用于积累，而忽视了生活的改善。今后要使消费水平提高的幅度与人均国民收入增长的幅度大体协调，关键在于确定并保持合理的积累率。

关于积累率问题近 8 年来经过三个阶段：第一阶段，1978~1982 年，理论界的同志几乎一致认为，根据过去的经验教训，积累率宜于保持在 25% 左右；第二阶段，1983~1984 年，绝大多数同志认为，要实现 20 世纪内我国经济发展的战略目标，积累率宜于保持在 28%~30% 的幅度内；第三阶段，1985 年至今，不少同志认为，积累率只要不超过 35% 就可以，不会出现大问题。看来，积累率的行市看长，步步升高。意识是存在的反映，上述对积累率的节节上升的看法，反映着我国 8 年来的客观实际的变化。虽然经济学界过去相当多的同志均主张把积累率降至 25% 左右，但实践并没有按照这种主张发展，积累率从来没有降至 25% 左右。积累率 1981 年降至 28.3% 以后，每年都上升。1983 年以前还在 30% 以下，因此，多数人说 30% 以下是合理的。1985 年积累率达到 33.7% 以后，不少人又持"水涨船高"的观点，认为积累率宜于保持在 35% 以下。8 年来，积累率的行市由 25% 上升到 35%，可谓不小！积累率多少是合理的、科学的呢？这个问题还有必要进一步探讨。

积累率受许多社会经济条件制约，直接取决于三个因素：一是国民收入总额及其增长速度，二是积累效果（百元积累提供的国民收入的新增额），三是消费基金总额及其增长速度。前两个因素与积累率的关系可写成这样的公式：积累率＝国民收入增长速度÷积累效果。第一个因素和第三个因素同积累率的关系可以写成这样的公式：积累率＝（国民收入总额－消费基金额）÷国民收入总额。这两个公式虽然有联系，但又有区别。它们的不同点在于：前一个公式侧重从生产领域表明积累率与国民收入、积累效果的关系；后一个公式侧重从分配领域、消费领域表明积累率与国民收入、消费基金的关系。

以上两个公式的区别乃是寻找关于积累率不同意见根源的钥匙。从第一个公式看，由于国民收入增长速度已定（即1980年至二十世纪末大体翻两番），而积累效果目前又不够理想，因此要实现国民收入的高速增长，必须增加投入，提高积累率。所以，从生产领域看，尤其从积累效果看，积累率不能算高。而且，积累率与积累效果成反比：积累效果好，积累率可降低；积累效果差，积累率要提高。如果我国的积累效果不能明显提高，那么积累率还有继续上升的可能。从第二个公式看，由于国民收入总额已定（因为国民收入增长速度已定），积累率与消费基金成逆向变动。积累率的任何提高，都意味着消费基金的减少。1985年国民收入已达7273亿元，积累率每上升1%，就意味着积累基金增加70亿元，而消费基金减少70亿元。在资金紧张的条件下，往往从提高积累率方面打主意。这是我国近几年来积累率不断上升的根源。对积累率的上升，从消费的角度看，它是难以承受的，不合理的。如果说在国民收入增长速度很高的条件下提高积累率还可能保证生活水平的提高，那么一旦国民收入增长缓慢，再提高积累率，就难以保证生活水平的提高。所以，从生活消费的角度看，我国积累率不宜再提高，最好保持在30%以内。资金紧张要从提高积累效果入手去解决，要从减少消费基金来解决。生产与消费争资金的问题永远存在。我们不能偏向任何一方，既要照顾到生产，又要照顾到生活。目前有偏向生产的苗头，这种苗头导致高积累、低消费的局面。

第三，保持商品零售物价的基本稳定是不断提高消费水平的必要条件。居民取得货币收入后，能否实现消费，还取决于市场的物价状况。在货币收入一定的条件下，生活水平与物价水平成反比：物价上升，意味着生活水平下降；反之，物价下降，反映着生活水平提高。20世纪内，我国物价总水平将呈现上升趋势。在这种情况下，如何保证人民生活水平逐步提高？有一种观点认为，必须实行工资与物价挂钩，或者说工资指数化，工资按物价上升的幅度而浮动。我们认为这种意见不可取。不可否认，工资与物价挂钩在通货膨胀、物价上涨的条件下有一定的积极作用，可以消除物价上涨对工资收入者的一定影响。正因为有这种作用，在二十世纪五六十年代，西方一些国家的工会代表工人阶级的利益要求政府和企业实行工资与物价挂钩的制度。至今仍有一些国家和企业在实行这种制度。但是，这种制度的消极作用已经引起了关注，有的国家和企业已经废止了这种制度。现在要把这种制度引进中国，可能是利少弊多。我国的工资总额1986年已达到1660亿元，如果实行工资与物价挂钩，按当年零售物价指数上升6%计算，则至少增加工资100亿元；如果按上年物价上升8.8%计算，则要增加工资146亿元。这对国家和企业来说是难以承受的。这样就会捆住国家和企业的手脚，难以有更多的力量去调整不合理的工资结构。我国的工资结构还有许多不合理的地方，如果把物价与工资挂钩，则将使这种不合理的工资结构更难于改革。把工资与物价挂钩，本想防止工资与物价的轮番上升，其实不然，甚至恰恰相反，有可能促成这种恶性循环的出现和发展。工资与物价挂钩有两种办法：一种是以上年度的物价指数计算和增加本年度的工资；另一种是以本年度的预计价格指数计算和增加本年度的工资，而本年度预计价格指数时又要参考上年度的价格指数。因此，上年度的价格指数对下年度的工资增长具有决定性意义。因种种原因某年度价格指数上升很多，用这种指数去计算和增加工资，可能促成工资过快增长。以我国1985年来说，物价指数上升8.8%，据此计算1986年工资，即使不考虑其他任何因素，也必须使1986年的工资增长110亿元以上。这样巨额工资加入产品成本，若企业消化不了，则必然发生层层转移，最后导致零售物价的再度上升。这种上升，反过来又推动着工资过快增长，而工资的过快增长，又促成物价上升。这样循环下去，必然造成经济生活的紊乱。西方某些国家二十世纪六七十年代通货膨胀、物价大幅度上升的原因是很复杂的，其中工资与物价挂钩便是一个。在我国如果实行这种制度，也可能促成物价的更快上升。还有，如果实行工资与物价挂钩，农民怎么办？不挂钩，将会影响工农关系；而挂钩，姑且不论尚无具体办法，要国家拿出巨额价格补贴给农民恐怕根本行不通。

在物价与生活的关系上，我们首先要控制物价上升的速度。力求把物价上升指数控制在5%以内，最多不能超过平均利息率，使利息成为正值，而不是负值。其次，要保证居民货币收入增长度超过物价上升幅度。当然，由于价格天生的平等主义与收入差性的矛盾，在价格上升面前，收入增长速度慢的一部分人必然吃亏，生活水平甚至下降。对于这种问题，要从其他福利制度上解决，单靠价格机制的运行是不行的。

第四，降低人口增长速度是提高消费水平的另一条途径。在国民收入总额及其增长速度一定的条件下，居民消费水平提高的速度与人口增长速度成反比，即人口增长速度越低，消费水平提高的速度越快；反之，亦然。过去30多年，我国居民消费水平之所以提高不快，明显低于国民收入增长速度，其重要原因之一是人口增长过快。从1949年至1985年，我国人口由5.4亿增加到10.4亿，净增5亿，相当于两个美国的人口数。由于人口迅速增加，国民收入生产额的1/4被新增人口消费掉，这既使积累能力降低，资金发生困难，又使原有人口的消费水平难以更快提高。30多年来，我国粮棉油糖等基本生活必需品的总产值虽然有很大增长，目前在世界各国中名列前茅，但是由于人口增长太快，平均每人的消费量却增加不多。每年工资基金新增额多半用于解决劳动力就业问题，平均工资也就难以更快提高。人口多也影响了文化、教育、科学、卫生以及居民住房等事业的发展。

根据过去的经验教训，今后要更快地提高人民生活水平，必须坚决实行计划生育，严格控制人口增长速度。在这方面，前几年有明显成绩。我国人口自然增长率由1981年的14.55‰降低到1984年的10.81‰。近两年来，计划生育工作有所放松，人口自然增长率又有所回升。如果再不加强这方面的工作，人口自然增长率还有可能继续升高。从现在看，二十世纪内把我国人口控制在12亿以内是很难的，有可能达到12.5亿，甚至更多。二十世纪末实现小康生活水平是以把人口控制在12亿内为前提的。如果人口超过12亿很多，那就会影响小康生活的实现，或者使小康生活水平比预计的要低一些。为了使我国人民生活水平提高得更快一些,很有必要继续加强计划生育工作,把人口的自然增长率控制在10‰以内。控制人口增长的措施仅仅停留在宣传教育上是很不够的。在这方面,重要的问题是采取经济措施,尤其在农村更应如此。在农村,生儿育女主要是防老,如果我们在农村妥善地解决了老有所养问题,那就易于控制人口增长率。如果老年人不靠自己的子女养活,而由社会供养,那就会彻底改变人们的生育观。要解决老年人的生活问题,必须建立和健全社会保险制度、社会福利制度和养老金制度。不仅在城市居民中,而且在农民中,要力争尽快普及社会保险制度,在每个人年轻力壮、收入较多的时候,拿出一部分收入作为老年保险金。对于集体生产单位的职工以及个体劳动者,甚至必须强制实行人身保险。对于目前生活确有困难的老年人,国家和集体要负责救济,使其基本生活有保障。这样做不仅体现党和国家对老年人的照顾和关心,也会给青年人以启示,逐渐形成老年人由社会供养的风气。这种风气一旦形成,人们就会放弃生儿防老的旧观念,人口的增长率就会大大下降。

第五,加速发展落后地区的经济,尽快提高落后地区居民的生活水平。我国各个地区的经济发展水平是很不平衡的,甚至相差悬殊。所以,各地区居民的消费水平也相差很大:1985年农民消费水平以上海郊区最高,达778元;甘肃省最低,只有205元。前者相当于后者的3.8倍。若把29个省、市、自治区按农民消费水平高低加以分组,那么300元以下者有15个,占51.7%;300元至500元者有12个,占41.4%;500元以上者,仅有2个,占6.9%。由此可见,多数地区农民的消费水平都是不高的。这是全国消费水平低的原因。要进一步提高我国居民消费水平,仅以同样幅度提高各个地区的消费水平是不够的,还要采取措施,扶植贫困地区,使那里的生活水平提高得更快一些。如果多数地区的消费水平由低转高,换言之,如果消费水平较高的省、市、自治区在全国所占比重增高,那也会提高全国居民的消费水平。

本文原载:《经济工作者学习资料》1988年第28期

关于全面小康社会的消费模式的几点思考

胡锦涛总书记在党的十七大报告中，对全面建设小康社会奋斗目标提出了许多新要求，其中包括对我国消费模式的多项新要求。这是在党的历次代表大会上第一次提出我国的消费模式及其新要求，确实具有开创性的重大意义。

一　构建生态文明型的消费

对我国消费模式的第一项新要求是要构建生态文明型的消费。胡锦涛总书记指出，要"建设生态文明，基本形成节约能源资源和保护生态环境的产业结构、增长方式、消费模式"。[1] 这就是说，不仅把经济增长和产业结构置于生态文明之上，打造成生态文明型的，而且把消费模式置于生态文明之中，构建成生态文明型的。

人类文明的发展已经历经了原始文明、农业文明和工业文明，目前正在由工业文明转向生态文明。所谓生态文明是指在人、自然、社会和谐发展的客观规律的基础上，人与自然、人与人、人与社会和谐共生、良性循环、全面发展、持续繁荣。在这种文明中，既形成可持续的发展模式，又形成健康科学的消费模式，并使这两种模式相互促进，共同发展和繁荣。

不论是人，还是社会，其生存和发展都离不开自然环境和能源资源。

---

[1] 胡锦涛：《高举中国特色社会主义伟大旗帜，为夺取全面建设小康社会新胜利而奋斗——在中国共产党第十七次全国代表大会上的报告》，人民出版社，2007年10月，第20页。

土地、水、空气、太阳以及煤、石油等资源与能源是人类社会存在与发展的起码的必备条件。历史上一些文明古国的兴起同自然条件的优越有十分密切的关系,另一些文明古国的衰亡同这些条件的消失(甚至仅同水的消失)有密切的关系。历史事实证明,生态、环境和资源能源关系着国家与民族的兴衰甚至存亡,不可小视。

生态文明同农业文明、工业文明有内在统一的方面,本来可以互相促进、共同繁荣。但是,它们之间也有矛盾的方面,这种矛盾当前在我国尤其突出。我们在建设农业文明、工业文明的同时,有些地方、部门和企业忽视了生态文明,破坏了环境,浪费了资源能源。不仅生产建设中如此,而且消费领域,人们的生活中,也有不讲生态文明的种种现象。我国的耕地、淡水、铁矿、能源等重要物资的人均占有量不足世界平均水平的1/2到1/3,水、空气、土壤等污染严重,生态整体功能下降。当前,急需把农业文明、工业文明同生态文明统一起来,坚持走生产发展、生活富裕、生态良好的文明之路,把生态文明真正落实到每个地区、每个部门、每个企业和每个家庭。

二 构建消费、投资、出口协调拉动的增长格局

对我国消费模式的第二项新要求是,使消费成为拉动GDP增长的首要的第一驾马车。胡锦涛总书记在十七大报告中说,要"坚持扩大国内需求特别是消费需求的方针,促进经济增长由主要依靠投资、出口拉动向依靠消费、投资、出口协调拉动转变","形成消费、投资、出口协调拉动的增长格局"。① 这里所说的"转变",或者说"拐点",十分重要,也非常关键,关乎国家的经济能否健康、持久、快速发展。

一般说来,在当今开放的市场经济时代,任何国家的经济增长或发展都要依靠消费、投资和出口三驾马车拉动。但具体到每个国家,由于国情不同,这三驾马车的搭配情况各不相同。如果是个自给自足的自然经济型的国家,或者说封闭型的国家,同世界上其他国家或地区经济来往甚少,那

---

① 胡锦涛:《高举中国特色社会主义伟大旗帜,为夺取全面建设小康社会新胜利而奋斗——在中国共产党第十七次全国代表大会上的报告》,人民出版社,2007,第19、22页。

么这类国家的经济增长或发展基本上由国内消费和投资这两驾马车拉动；如果是市场经济的开放型的小国或地区（如新加坡、荷兰、比利时或我国的香港地区），那么它们的经济增长或发展主要由出口拉动，国内（区内）消费和投资次之；如果是市场经济的开放型的大国（如美国、中国、印度、俄罗斯），那么它们的经济发展或增长，应由三驾马车同时协调拉动，或以国内消费为主，投资和出口辅之。我国是世界上人口最多的国家，达13亿之多，占世界总人口的22%，其消费市场之大，在全球无与伦比。因此，我国必须确立以消费为主拉动经济增长或发展的基本国策，并长期坚持，毫不动摇。

然而，我国这方面的现实状况并不令人满意。上述消费、投资、出口三大需求或三驾马车的搭配情况（或比例关系）存在着比较严重的问题。具体情况请见表1。

表1 三大需求对GDP增长的拉动和贡献率

年份	最终消费支出 贡献率（%）	拉动（百分点）	资本形成总额 贡献率（%）	拉动（百分点）	货物和服务净出口 贡献率（%）	拉动（百分点）
1978	39.4	4.6	66.0	7.7	-5.4	-0.6
1980	71.8	5.6	26.4	2.1	1.8	0.1
1985	85.5	11.5	80.9	10.9	-66.4	-8.9
1990	47.8	1.8	1.8	0.1	50.4	1.9
1995	44.7	4.9	55.0	6.0	0.3	-
2000	63.8	5.4	21.7	1.8	14.5	1.2
2001	50.0	4.1	50.1	4.2	-0.1	-
2002	43.6	4.0	48.8	4.4	7.6	0.7
2003	35.3	3.5	63.7	6.4	1.0	0.1
2004	38.7	3.9	55.3	5.6	6.0	0.6
2005	38.2	4.0	37.7	3.9	24.1	2.5
2006	38.9	4.2	40.7	4.3	20.4	2.2

资料来源：《中国统计摘要（2007）》，中国统计出版社，2007，第36页。

表1资料显示，近二十年来，拉动我国GDP增长的占首位的马车是投资。投资居主的趋势在2001年至2006年间尤其明显。而消费这驾马车则由20世纪80年代为主，经过90年代波动，逐渐变为21世纪以来的为辅，并

且呈下降趋势。因此，投资与消费的比例严重失衡。这就轻视了13亿人口这个最大市场，削弱了消费这个最强大的动力。在我国，主要依靠投资和出口而忽视消费，或者说，舍主求次，是根本不能持久的。由此可知，党中央要求"形成消费、投资、出口协调拉动的增长格局"有多么重大的意义。

三 逐步提高居民消费率

对我国消费模式的第三项新要求是提高居民消费率。胡锦涛总书记在报告中要求，"居民消费率稳步提高"。这句话言简意赅，内有深刻含义。

我国的消费按国家统计局规定划分为两部分：一是居民消费，二是政府消费。所谓居民消费率是指居民消费在GDP中所占比重。二十多年来，我国居民消费与政府消费的状况及其比重变化如表2所示。

表2 消费与积累变化趋势

年份	最终消费（%） 合计	居民消费	政府消费	资本形成（%）	净出口（%）
"六五"时期年均	66.3	51.7	14.6	34.4	-0.7
"七五"时期年均	63.8	50.2	13.6	36.3	-0.1
"八五"时期年均	59.4	45.1	14.3	39.6	1.0
"九五"时期年均	60.4	45.8	14.6	36.5	3.1
"十五"时期年均	56.1	41.1	15.0	40.7	3.2
2001年	61.4	45.2	16.2	36.5	2.1
2002年	59.6	43.7	15.9	37.9	2.5
2003年	56.8	41.7	15.1	41.0	2.2
2004年	54.3	39.8	14.5	43.2	2.5
2005年	51.8	37.7	14.1	42.7	5.5
"十一五"时期 2006年	50.0	36.4	13.6	42.7	7.3

资料来源：《中国统计摘要》（2007），第35页，中国统计出版社，2007。

表2资料显示，近二十多年来，在GDP的构成中，最终消费所占的比重由66.3%降至50.0%，下降16.3个百分点，而资本形成（积累或投资）

的比重则由34.4%上升至42.7%，净出口的比重则由-0.7%上升至7.3%，二者分别上升8.3个百分点和8个百分点。这些数字证明，我国确实出现高投资、高积累、低消费的问题。这仅仅是第一个层次的问题，即GDP构成的层次问题。而第二个层次的问题即消费内部层次的问题也很突出。在消费内部，政府消费所占比重20多年来基本稳定，维持在13.6%至16.2%的区间内，而居民消费所占比重则大幅度下降，由"六五"时期（1981～1985年）年均51.7%降至2006年的36.4%，下降15.3个百分点。如果以2006年的1个百分点的绝对值含量2205亿元（220498亿元GDP÷100）计算，那么15.3个百分点的绝对值将是33736亿元。这就是说，2006年居民消费所占比重如果按我国"六五"时期年均比重计算，那么居民消费额则可增加3.4万亿元。由此可知，胡锦涛总书记要求提高居民消费率的意义有多么重大啊！含义有多么深刻啊！

现在要问，二十多年来居民消费率为什么大幅度下降？为什么降至历史的最低点？众所周知，每一年的国内生产总值（CDP）生产出来后，将分别用于下一年的生产建设和人民生活两方面，即用于投资（积累）与消费两方面。CDP就像一个西瓜，可以一刀切成两半。这两块西瓜，此消彼长，彼大此小。如果投资多（积累或形成资本多），那么消费必然就少。我国消费率尤其居民消费率的长期下降就是高投资、高积累造成的。进一步要问，为什么会形成高投资、高积累？我们用以下两个公式回答这个问题。①

公式1：积累率 = 国内生产总值增长速度 ÷ 积累效果系数②

公式2：积累率 = （国内生产总值数额 - 消费总额）÷ 国内生产总值数额

以上两个公式不同的地方在于，前一个公式侧重从生产领域表明积累率与国内生产总值、积累效果的关系，而后一个公式则侧重从分配领域说明积累率与国内生产总值、消费基金的关系。

第一个公式表明，积累率取决于GDP增长速度与积累效果系数两个因素。或者换一个说法，国内生产总值增长速度取决于积累率与积累效果系数。在现实中，我国的GDP高速增长，1979～2006年平均每年增长9.7%，

---

① 参见杨圣明：《中国式消费模式选择》，中国社会科学出版社，1989，第69～75页。
② 积累效果系数 = 国内生产总值新增额 ÷ 积累额。

1998~2006年平均每年增长9.2%，2003~2006年平均每年增长10.3%。如此高的GDP增长速度取决于积累率与积累效果系数。如果积累效果好，那么积累率就低；反之，积累效果差，积累率必然高。而我国的积累效果（或称投资效果）并不好，甚至是下降趋势。投资效果系数1990年为37.1元，1995年为62.9元，2000年为29.0元，2005年为26.1元，2006年为24.0元。[①] 2006年比1990年下降35.3%。在这种情况下，要保持GDP高速增长，必须提高积累率（投资率）。而积累率的提高又必然压低消费率。这就是我国长期低消费、高积累的根源所在。因而根本出路只有一条，即提高积累效果（投资效果）。

第二个公式表明，积累率取决于国内生产总值额及其在积累与消费两方面的分配情况。换言之，消费率同样取决于国内生产总值额及其在积累与消费两方面的分配情况。在消费与积累比例关系不变的前提下，消费同国内生产总值成正比关系，二者同时增减。因此，要提高消费，必须大力发展生产，尽可能多增加GDP。这一点我们做到了。在这个前提下，还要注重GDP的分配问题，即合理的积累率与消费率问题。何谓合理的积累率？何谓合理的消费率？这个问题在我国学术界已经讨论了50年，至今仍有严重分歧。薄一波副总理在总结我国"一五"计划完成的经验时曾经提出，合理的积累率为25%左右，而相应的合理消费率为75%左右。1958~1978年我国的平均积累率达33%，而平均消费率则为67%。对此，在改革开放初期的1979~1983年，学术界普遍认为1958~1978年出现了高积累、低消费，应把积累率降至30%以内，把消费率提升至70%以上。这个愿望至今也没有实现。积累率不仅不降，反而节节上升，消费率不仅不升反而持续下降。2006年积累率（资本形成率）已升至42.7%，而消费率则降至50.0%。如果说过去的积累率33%是高积累，那么今日的积累率43%是什么呢？如果说过去的消费率67%是低消费，那么今日的消费率50%又是什么呢？由此我们明白，胡锦涛总书记在党代会上郑重号召要提高消费率尤其是居民消费率是多么重要！

[①] 见《中国统计摘要》(2007)，中国统计出版社，2007，第52页。

四　增加居民财产，增加财产性收入

对我国消费模式提出的第四项新要求是增加居民财产，为未来消费奠定坚实基础。胡锦涛总书记在讲到人民生活显著改善时说，"家庭财产普遍增多"。他要求全党，"创造条件让更多群众拥有财产性收入"。[1] 财产与财产性收入并不是消费，但它们都是今日消费尤其是未来消费的基础。一般说来，人们的消费水平同财产多少成正比。现代消费经济学不仅关注当前消费，更关注未来消费，而未来消费在一定程度上则取决于财产尤其是财产性收入在可预见的未来如何。众所周知，居民财产主要有实物财产与金融财产两大类。金融财产对未来消费的影响更加值得重视。对消费的研究，可以大体划分为三个阶段：其一，重点研究收入与消费的关系，这包括绝对收入、相对收入和持久收入与消费的关系；其二，重点研究生命周期与消费的关系；其三，重点研究金融资产（包括居民储蓄在内）与消费的关系。美国普林斯顿大学教授安格斯·迪顿撰写的《理解消费》一书正是当代消费经济研究第三个阶段的代表作之一。他在该书中写道："大量重要的储蓄和消费行为仍然在困惑着我们。"尤其最近 15 年"关于储蓄与消费的研究更加强化了"。"对许多经济学家来说，最近二十年内的重大理论发展是理性预期革命。像其他经济理论领域一样，这场革命对消费和储蓄研究领域的影响也是非常强烈的"。[2] 在我国也出现了类似的研究成果，例如，宁波大学教授汪浩瀚的专著《微观基础·不确定性与中国居民跨期消费研究》，就是我国这方面研究的成果之一。我们希望更多的学者关注这个问题，把我国的消费研究继续向前推进。

本文原载：《南京审计学院校报》2008 年第 1 期

---

[1] 胡锦涛：《高举中国特色社会主义伟大旗帜，为夺取全面建设小康社会新胜利而奋斗——在中国共产党第十七次全国代表大会上的报告》，人民出版社，2007，第 3、39 页。

[2] 安格斯·迪顿：《理解消费》，上海财经大学出版社，2003，第 2、280 页。

畸形消费与投资结构形成的症结

一 畸形消费与投资结构的再现

1997年发生的东南亚金融危机使我国高速增长的对外贸易突然停止甚至下降。面对这种形势，我国政府提出重点扩大消费需求，以弥补外需不足的损失。11年以后，2008年的全球经济危机又使中国的外贸在2009年下降16%，显示外需更加不足。面对如此形势，我国政府再次提出扩大消费需求，以弥补外需下降。关于国内消费不足的问题，在近十年的党代会、人代会以及每年的中央经济工作会议上，都成为热门话题，会议通过的文件一致认为，应当重点扩大国内需求尤其是消费需求。但实际情况如何呢？

最终消费所占比重由2000年的62.3%下降至2008年的48.6%，下降13.7个百分点；而与此相反的是，资本形成（投资）的比重却由35.3%升至43.5%，上升8.2个百分点。这说明近十年期间，我国扩大的不是消费需求，而是投资需求和外部需求。我国的最终消费出现明显的相对下降。目前全世界的平均最终消费率在60%左右，而我国2008年仅为48.6%，大约低12个百分点，说明我国的消费与投资结构（或者说生活与生产的关系）已逐渐畸形化。这种现象在20世纪50年代"大跃进"时期曾经出现过。1959年的积累率（投资率）高达43.9%，而最终消费率不过56.1%，也是一种畸形的消费与投资结构。这种现象为什么会再次出现呢？

二 畸形消费与投资结构的成因

1. 不依赖消费的封闭循环的形成

我国畸形消费与投资结构的成因是很复杂的。这里仅说其中一种，即我国生产资料生产内部（主要是重工业内部）形成的一种不依赖消费的封闭式自我循环。这种循环就是马克思所说的不变资本与不变资本之间发生的不断流通的过程，或者说是不变资本在社会生产第一部类内部进行的价值补偿和实物替换的过程。比如说，在煤矿与电厂之间，前者向后者提供用于发电的煤，而后者向前者提供用于采煤所需的电，即煤与电相互交换。换言之，煤与电之间不断地循环，以保证再生产过程的持续不断和进一步扩大。再比如，在钢铁企业与机械企业之间也存在这种循环。前者向后者提供用于制造机械的各种钢材，而后者向前者提供炼铁、炼钢、轧钢所需的各种机械，显然是在钢铁行业与机械行业之间不断进行着交换和循环。

类似于以上两个例子所显示的生产资料生产内部（重工业内部）千千万万种的循环与交换，就它们"从来不会加入个人消费来说，首先不以个人消费为转移"。这种循环和交换，虽然不以个人消费为转移，不直接满足生活消费需要，却是社会再生产的必要条件，缺少了它们，社会再生产就无法进行。当前的问题在于，这种不依赖个人消费，不以个人消费为转移的封闭式循环和交换的规模应当以多大为宜？我国的最终消费率已降至历史的最低水平，不仅比发达国家低很多，也比大多数发展中国家低，而且比我国"大跃进"时期的最低点还低。这些情况证明，上述那种不依赖个人消费、不以个人消费为转移的封闭式循环的规模已经过大，它挤占了用于消费的资金，已经由生活消费的间接促进者变成了消费前进的绊脚石，由良性的循环变成了完全脱离个人消费的不良循环。如果不打破这种恶性循环，我国的低消费问题就不可能解决。

不依赖个人消费、不以个人消费为转移的封闭式恶性循环的形成，既有主观原因，也有客观条件。以下从社会总资本再生产及其各个部分的价值补偿和实物替换的角度加以分析。

2. 生活消费与生产消费混淆的问题

生产消费是指物质资料生产过程中生产资料和劳动力的消费,个人生活消费则是指为了满足个人生活需要而消费各种物质资料和文化产品。关于这两种消费的区别,马克思曾经写道:"这种生产消费与个人消费的区别在于:后者把产品当作活的个人的生活资料来消费,而前者把产品当作劳动即活的个人发挥作用的劳动力的生活资料来消费。因此,个人消费的产物是消费者本身,生产消费的结果是与消费者不同的产品。"根据这两种消费的区别以及产品的最终用途,马克思把社会生产划分为两大部类:凡是产品必须进入或至少能够进入生产消费的生产部门,称为第一部类或者生产资料生产部类;凡是产品必须进入或至少能够进入生活消费的生产部门,称为第二部类或者消费资料生产部类。

为什么要反复说明生产消费与个人生活消费的区别?主要原因在于,不论在我国现实的经济生活中还是在经济理论界,都存在着混淆两种消费的问题。尤其在生产资料生产领域内似乎存在着这样一种倾向:那里的一切生产及其产品会自然而然地既满足生产消费需要,又满足生活消费需要。其实不然,那里的多数产品都永远不会进入生活消费之中。因此,它们的规模过大,投资过多,必然挤压消费资料生产和人们的生活消费。所谓的"为生产而生产""为积累而积累""为投资而投资"恰恰都出现在这个领域。历史上"大跃进"时期的高积累、高投资、低消费是全民大炼钢铁促成的,而今天的高积累、高投资、低消费难道不是过度膨胀的重工业促成的吗?

3. 生产资料优先增长绝对化问题

通过社会生产两大部类的分析不难发现,不仅两大部类各自的规模、比例关系决定消费与投资的结构,而且两大部类的发展速度也对消费与投资的结构有决定性的影响。在社会生产两大部类的发展速度上,存在着生产资料优先增长的规律。而这个规律作用的结果,将会形成一种"不依赖个人消费"的生产。列宁指出,按照资本主义生产的一般规律,"制造生产资料的社会生产部类应该比制造消费品的社会生产部类增长得快。可见,资本主义国内市场的扩大,在某种程度上并'不依赖'个人消费的增长,而更多地靠生产消费"。这种情况目前在我国要严重得多。由于过分强调生产资料优先增长（或者说是重工业的优先增长），形成了更多的"不依赖"个人消费却依赖生产消费增长的生产。这是一种真正的"为生产而生产"。这类生产的过量存在必然导致生产发展的速度远远高于个人消费增长的速度。这就从理论上解释了我国居民消费增长速度为什么长期以来显著低于经济发展速度（GDP 增长速度）的深层次原因。

列宁说："过去和现在都在大谈其古典学派（以及马克思）对'分配'和'消费'注意不够的经济学家，丝毫也不能阐明'分配'和'消费'的最主要问题。这也是可以理解的，因为不懂得社会总资本再生产和社会产品各个组成部分补偿的过程，就不可能谈'消费'。"我们遵循列宁的这一指示，从中国当前社会总资本再生产和社会产品各个组成部分的价值补偿和实物替换来考察，就会清楚地发现，我国消费与投资结构的畸形化，不外就是宏观经济结构全面失衡的一种反映和表现而已。

4. 生产一般和生产具体、消费一般和消费具体的关系问题

马克思在《政治经济学批判导言》中曾经精辟地论述了生产一般和消费一般的问题。在那里，生产、分配、交换、消费四个环节周而复始地循环，似乎不可能出现脱离消费的生产或脱离生产的消费。不言而喻，这是生产与消费的一般关系，而不是具体关系。以不同社会形态下的生产而言，资本主义生产并不是为了消费，而是为了利润；以不同的产品用途而论，消费资料生产的直接目的就是消费，而生产资料生产的直接目的只能是生产消费，而不是人的生活消费。

三 调整投资与消费结构的几点建议

1. 进一步端正发展经济、发展生产的目的

在我国，不论哪种经济、哪种生产，都必须把满足广大人民群众的生活消费需求作为目的。即使是生产资料生产，也不能为生产而生产。正如马克思所指出的，生产资料生产"最终要受个人消费的限制。因为不变资本的生产，从来不是为了不变资本本身而进行的，那只是因为那些生产个

人消费品的生产部门需要更多的不变资本"。

2. 从调整产业结构入手，解决低消费、高投资的分配结构问题

分配结构最终是由产业结构决定的，高投资与低消费的畸形结构是由农、轻、重的产业结构失调和一、二、三产业结构失调造成的。在重点扩大消费的今天，最好重新提出"重工业如何更好地为农业和轻工业服务""重工业如何更好地为人民生活服务"的问题以及按农、轻、重的次序安排国民经济计划的问题。这些虽然都是过去调整经济结构，解决高积累、低消费的成功经验，但要根据目前实际情况灵活运用，并进一步发展。

3. 改善投资结构，提高投资效果

在投资方面，一是改善投资结构，二是提高投资效果。要着重改善投资结构，增加直接改善生活和提高生活水平方面的投资。希望提出"比赛投资效果"的目标和口号。目前，我国各地、各部门表面上正在比赛GDP，而背后则是比赛投资规模，绝不是投资效果。我们要"比赛投资效果"，一旦投资效果提高了，资金用好了，这在一定程度上就使资金相对增多，有助于解决投资挤消费的问题。这就要从投资入手，解决消费问题，把重点扩大消费的政策落到实处。

本文原载：《中国流通经济》2010年第9期

四
消费体制

我国消费体制改革问题探讨

党的十一届三中全会以来,我国农村的体制改革已取得重大成果,目前正在继续深入。以增强企业活力为中心环节的城市的改革,也正在稳步展开。这次体制改革的深度和广度是空前的。它不是细枝末节的修修补补的改良,而是伤筋动骨的深刻变革;不仅包括生产领域、流通领域和分配领域的各种经济体制的改革,而且包括消费领域的体制改革。本文试图对消费体制改革中的一些问题做初步的探讨,作为引玉之砖。

一 过去消费体制的利弊

我国以往消费体制的主要弊端在于消费者缺乏应有的消费决策权和消费自主权。从井冈山建立革命根据地到全国解放初期,军队、党政干部以及一部分工人,都实行供给制。这种制度在经济极端困难时期曾经起过重要的作用。但是,在这种制度下,消费者没有消费的决策权和自主权。消费什么,不消费什么,消费多少,都是统一规定的,个人无权选择。这种制度在1955年取消后,"大跃进"年代又在农村和一部分城市中复活。不过,它很快就被消费者抛弃了。从20世纪50年代中期开始,对主要消费品实行票证制。票证的范围从粮、棉、油、煤炭等基本生活必需品到鸡蛋、肉、糖等副食品,从自行车、缝纫机、木器家具等耐用消费品到肥皂、火柴等日常用品,全国性的票证曾经达到几十种,地方、部门的票证则无法统计。在票证最多的时期,消费者若无票证,简直难以生活。所以,有人把消费品的票证制称为半供给制。这种制度在消费品供不应求的条件下起过一定的积极作用,但同样严重限制了消费者选择消费品的决策权和自主权。像城市居民住房这类消费品，表面上不发票证，实质上仍是配给制。其他不实行配给制、票证制的消费品，由于生产经营管理体制和商业体制的缺陷，生产什么，经营什么，就消费什么，也使消费者很少有选择的余地。事实说明，我国广大劳动人民虽然早已成为国家的主人、生产资料的所有者，然而作为消费者仍然处于权力甚少的状态。

企业和其他基层消费单位作为消费者也处于无权或权力甚少的地位。企业作为生产消费者，缺乏应有的生产经营管理权；企业作为生活消费者，缺乏应有的生活消费权。企业首先是生产单位，同时又是消费单位，企业要兴办职工食堂、澡堂、理发馆、电影院、图书馆（室）、体育场、托儿所、幼儿园等生活福利设施，满足职工的一部分生活消费需要。因此，企业既然是生活消费者，就应有消费的决策权和自主权。但是，在过去的体制下，实行统收统支，企业连起码的消费权都没有，甚至新建个厕所也要审批。许多企业的负责人想改善职工的生活，往往心有余而力不及，为职工"画饼充饥"。至于机关、学校、医院等事业单位，它们属于消费单位，本应有消费权。其实不然。它们消费什么、消费多少，已经规定死了，"打醋的钱不准买酱油"，只能照章办事，哪里还谈得上什么消费的决策权和自主权？

过去消费体制的另一缺陷是轻视或否定市场对消费的作用。我们知道，在商品经济条件下，市场是联结生产与消费的纽带和桥梁。市场的作用既渗透在生产中，又渗透在消费中。割裂市场与生产的联系不行。同样，割裂市场与消费的联系也不行。在体制改革中，我们正在改进市场与生产之间的关系，使市场对生产发挥更大的调节作用。与此同时，也应该重视市场对消费的调节作用。这是过去消费体制中没有解决好的一个重要问题。以农民消费来说，在农民的全部生活消费支出中，自给性的部分所占比重长期在2/3左右，直到1978年还占60.3%。这就是说，农民生活基本上不依赖市场。至于通过供销社系统供给农民的不多的消费品中，又有相当一部分是以所谓商品的名义实行实物配给制。比如自行车、缝纫机等耐用消费品以及肥皂、火柴、食用碱等日常用品，都实行票证或定量分配，并不是自由买卖。这不能不限制市场对农民生活消费的作用。对于城市职工及其家属的生活消费来说,市场的调节作用也不那么明显。许多基本消费品实行配给制、票证制,再加上价格长期固定不变,国家和企业拿出巨额价格补贴,使不少价格购销倒挂,这就大大削弱了市场对城市居民生活消费的调节作用。如果说自然经济论长期禁锢了我们的思想,在生产领域占据统治地位,那么在消费领域里它更是盘根错节、根深蒂固。过去的消费体制基本上是一种自然经济型的,而不是商品经济型的,这就使市场无法对消费发挥更多的作用。

以往消费体制的再一个毛病是消费领域中的经济形式和经营方式的单一化。我们片面追求"一大二公"不仅表现在生产领域和流通领域,还反映在消费领域。对于同居民物质生活有关的饮食、缝纫、理发、洗澡、医疗、交通、修理、住房等行业只准国家办,排斥和打击集体经济与个体经济,而国有经济又吃"大锅饭",效率不高,使消费者吃饭难、做衣难、乘车难、住房难、理发难……对于同群众文化生活有密切关系的电影、电视、戏剧、广播、图书馆、教育、科学、艺术等,更是国营垄断,不准集体和个人插手,以致群众文化生活很贫乏。实践证明,十亿多人民的生活问题全由国家包办,不去发挥集体和个人的积极性,是绝对行不通的。

尽管以往我国消费体制有上述不少弊病,然而它并不是毫无长处,仍有一些优点。例如,在这种体制下,消费者之间的生活水平没有高低悬殊问题,没有"朱门酒肉臭,路有冻死骨"的根本对立,只有在共同富裕基础上的一定差别;大家都有饭吃、有衣穿,基本生活有保障;各种犯罪率较低,社会秩序比较好,生活安定、安全;精神生活健康,糜烂腐朽的东西少。

二 消费体制改革的进展与问题

近几年来,在改革生产领域、流通领域和分配领域的各种经济体制的同时,对我国消费领域的体制也进行了一些局部性的小改小革,并取得了一定成效。

例如,消费者的决策权和自主权有了扩大。随着农业和轻工业迅速发展,消费日益增多,凭证限量配给消费品的范围大大缩小,而且不少消费品取消了票证制，因而扩大了消费者的消费决策权和选择消费品的自主权。在扩大企业自主权的过程中，也扩大了企业的消费权，开始形成了"企业消费基金"。

又如，消费领域中的市场作用有所增强。在常州、郑州、四平、沙市等城市对居民住房进行了商品化试点。市场的作用已开始渗入以往的禁区。农民生活消费中商品性支出的比重已由1978年的39.7%上升到1983年的58.8%，改变了农民生活基本上自给自足的状态，使农民生活开始主要依靠市场。

再如，保护消费者权益的组织开始出现。由于少数工厂和商店变相涨价，或以次充好，欺骗消费者，侵占消费者的利益，有些地区和城市，在工会、共青团等组织的支持下，成立了专门保护消费者利益的群众性组织。例如，成立了全国消费者协会、广州市消费者委员会、河北省武邑县青年消费者引导协会等。为抵制住房分配中的不正之风，不少单位还成立了分配住房委员会之类的组织。为检查和监督零售商店执行国家物价政策的情况，有些居民委员会中设立了物价员，把了解到的问题及时反映给物价部门和工商行政管理部门。

还如，消费领域中的经济形式和经营方式有了发展。由于放宽政策，集体和个体经营的饮食、缝纫、理发、旅店、修理、医疗、客运、洗澡等行业都有发展，集体和个人办的学校文化站、图书室等也开始出现。国家办的这些行业也开始改进经营方式，实行各种形式的责任制，或承包，或租赁，初步调动了职工的积极性。这对解决群众吃饭难、做衣难等生活问题起了有益的作用。

此外，公费医疗制度改革的试点，职工休假、疗养、探亲制度的修改，某些小学实行的加餐办法，等等，对于改善人民生活都起了一定的作用。

以上列举的这些局部性的小改小革，既是当前改善人民生活之必需，又是将来全面改革消费体制的准备和起步，它们的大方向是正确的，但又是很不够的。与生产领域、流通领域和分配领域的体制改革相比，消费领域中的体制改革显得相当落后。我国消费体制的改革如何进行？它与生产领域、流通领域、分配领域中的体制改革如何配套和衔接？如何建设具有中国特色的消费体制？这些问题目前议论得不多，有分量的文章似乎也没有出现。这种状态同全国热气腾腾的改革形势很不相称。这需要关注消费问题的理论界和实际部门的同志急起直追，把我国的消费体制改革继续向前推进。

为了使我国消费体制改革跟上全国各方面改革的步伐，需要做大量的工作，其中首先要解决一个认识问题。有的同志认为，消费是个人的生活问题，根本不存在什么体制问题，更谈不上体制改革问题。我们认为，这种观点值得商榷。在消费领域也像在其他领域一样，确实存在着体制问题。消费绝不是单纯的个人生活问题，而是在社会关系中进行的一种经济活动。消费领域中的社会关系即消费关系是相当复杂的，矛盾也是很多的。例如，国家的消费、集体的消费与个人的消费之间，虽然在根本上是统一的，但由于消费的主体不同，也存在一定的矛盾。在消费基金总额一定的条件下，国家和集体消费多了，个人消费必然减少；反之，亦然。在国家消费中，中央的消费与地方的消费也有矛盾，中央消费权过多，不利于调动地方的积极性，而地方的消费权过多，又会影响中央的消费活动，可能使中央无力举办全国性的甚至是国际性的各种消费事业。在集体消费中，全民所有制单位的消费与集体所有制单位的消费之间、全民所有制内部各单位的消费之间，以及集体所有制内部各单位的消费之间都存在着一定的差别，都有一定的矛盾，处理不当也会妨碍各单位和劳动者个人的积极性。在个人消费中，职工消费与农民消费、脑力劳动者消费与体力劳动者消费、汉民族的消费与少数民族的消费、富裕户的消费与困难户的消费、各地区之间的消费，以及不同年龄、性别、职业、宗教信仰等消费者的消费，都是不同的，它们之间的关系如果处理不当，也不利于调动积极性。除上述这些横断面的消费关系外，还有时间序列的消费关系，这就是当前消费与未来消费的关系、近期消费与长远消费的关系。所有这些消费关系以及其他消费关系的总和构成消费体制。消费体制是整个国民经济体制的重要组成部分。改革消费体制的实质是进一步调整消费关系，改进消费权力的分配，兼顾各方面的消费利益，以促进四化建设的发展和人民生活水平的提高。我们应当十分重视消费体制及其改革问题。如果不把消费体制改革放到应有的位置上，并切实搞好，那就不仅影响消费问题，而且难于使消费体制与生产、流通、分配等的体制相互配套和衔接，不利于整个国民经济的体制改革。

三 消费模式的选择问题

改革我国消费体制的关键在于正确选择未来的消费模式，或者说，确定目标消费模式。解决了消费模式问题，就确立了消费体制改革的战略目标，其他消费问题的改革就有了明确的方向。

何谓消费模式？一种观点认为，"消费模式是指一定社会在一定时期内消费的特征和量的规定，包括消费方式、消费结构、消费水平等的规范、数量和发展趋向。"① 另一种观点认为，"消费模式，就是阐明一定社会形态中，人们在消费领域里应该遵循的规范和准则，它是指导人们的消费活动，并对人们的消费行为是'好'还是'不好'进行社会价值判断的依据和理论概括。"② 前一种观点把消费模式等同于消费的特征和量的规定，其内容又包括消费的许多具体规定性，显然没有准确把握消费模式的内涵；后一种观点把消费模式局限于人们应该遵循的规范和准则，其内涵未免太窄。我们认为，消费模式不等于消费本身，不是所有消费问题的总称；也不等于消费体制，不是消费体制的另一种说法，而是消费体制中最根本、最重要的部分，是消费体制的骨架、基本规定性和主要原则。在消费模式中主要应包括消费决策体系、消费调节体系、消费者自主权、消费者的利益和消费者的社会组织等方面的内容。至于消费领域中应该遵循的规范和准则，那是相当多的，若不分主次地都包括在消费模式中，则可能使消费模式名存实亡。消费模式中只能包括最基本、最重要的消费规范和准则，而这些规范和准则，既有个人应该遵循的，也有国家、部门、地区、企业和单位必须执行的，只强调前者而忽视后者是不够全面的。

社会主义制度下有没有固定不变的消费模式？有的学者认为，"同一种社会制度的不同国家，由于社会经济条件、自然条件和历史等原因，使人们的消费带有自己民族的特点"，但是，"不能将这种由于具体国情所决定

---

① 南方十六所大学政治经济学教材编写组：《政治经济学（社会主义部分）》，四川人民出版社，1982，第429页。
② 尹世杰主编《社会主义消费经济学》，上海人民出版社，1983，第301~302页、第304页。

的消费方面的特点，说成是消费模式的区别"，"因为，它们既属于同一社会形态，也就同属于同一类型的消费模式"，"凡社会主义国家，消费方面的基本原则和规范，或消费模式也基本上是一致的"。① 另一种观点认为，"在不同的国度里有不同的模式，即使是同一国家的不同发展历史时期，其消费模式也不尽相同"。② "一个国家的消费模式不仅受它的社会制度和经济发展水平的制约，而且受地理环境等的影响。因此，我们不仅不能照搬资本主义国家的消费模式，而且不能照搬其他社会主义国家的消费模式"，"要建立我国自己的消费模式"③。从社会主义制度诞生六十多年的历史来看，后一种看法比较符合实际。在社会主义制度下，确实出现过不同的消费模式。苏联战时共产主义时期的配给制，我国解放区实行的供给制以及"大跃进"时期的供给制、半供给制是一种高度集权型的消费模式，它与社会主义各国现行的消费模式相比有很大的不同。从目前社会主义各国的消费模式来看，也不尽相同，各有千秋。如果从消费的决策体系和消费者的自主权去考察，大体有集权型消费模式和分权型消费模式两类。即使某个社会主义国家在发达时期与不发达时期的消费模式也不可能完全一样。社会主义制度下没有一成不变的消费模式。这就要求我们要从我国的国情出发，注意选择适合我国实际情况的消费模式。

对我国的目标消费模式，由于缺乏深入研究，还不可能提出具体的样式，可是，对它的轮廓做个粗略的描绘，指出它的某些基本特征，则是可能的，对于今后消费体制的改革也是有益的。

我国目标消费模式的基本特征可能有这样几个。

第一，具有国家、企业和劳动者个人多层次的消费决策体系，企业和消费者个人有较大的消费自主权。例如，在宏观消费活动方面，一定时期全国居民消费水平提高的速度、消费基金在国民收入中的比重、社会集体消费与个人消费的比例关系、工农生活水平的对比关系、脑力劳动者与体

---

① 尹世杰主编《社会主义消费经济学》，上海人民出版社，1983，第301~302页、第304页。
② 汪定国、张碧晖：《浅谈经济结构与消费结构的协调发展》，《江西社会科学》1983年第1期。
③ 马洪：《只有社会主义才能使全体劳动者过最美好、最幸福的生活》，《经济学动态》1981年第8期。

力劳动者生活水平的对比关系、中央消费与地方消费的关系、国内各地区之间居民生活水平的差距等，要由国家集中决策，并采取相应的措施加以实施。在微观消费活动方面，企业的消费活动，包括企业消费基金的形成、分配和使用，在遵守国家统一政策法令的前提下，由企业自行决策；家庭和个人的消费活动，包括吃、穿、用、住、行等方面，消费什么，不消费什么，消费多少，消费者有自由选择的权力，不再受票证的限制，不再受生产经营管理体制的限制。这样，企业和个人将有更多的消费自主权。广大劳动人民不仅是生产的主人，也真正成为消费的主人。

第二，具有计划与市场相结合的调节体系，消费者将更多地依赖市场。随着农村商品经济的迅速发展，我国农民将彻底改变几千年的自给自足的自然经济的生活，而成为商品经济的生活者。在城市，随着配给制、票证制的彻底取消，以及价格改革的进行，某些消费品的进一步商品化（如住房商品化），等等，市场将对职工及其家属的生活消费发挥更大的调节作用。对微观消费实行市场调节的同时，对宏观消费则要实行计划管理。国家要编制比较完整的互相衔接的中长期生活消费计划，提出生活消费的主要指导性指标，下达给各部门、各地区参照执行。这些指标的实现，主要依靠各种经济杠杆，像商品零售价格、个人累进所得税、奖金税以及其他消费税等将在宏观消费计划的实现方面发挥较大的作用。

第三，消费领域中各种经济利益的有机结合。经济利益不仅存在于生产、流通和分配领域，也存在于消费领域，而且，正是在消费中各种经济利益才得到最后的实现。在消费领域里有生产者的利益、流通者的利益、分配者的利益，以及中央、地方、部门、企业、单位和个人这些不同消费主体的消费利益。这些利益在根本上是一致的，但是也存在着差别和矛盾。在解决矛盾时，既要反对片面强调国家的消费利益，忽视集体和个人的消费利益；也要反对片面强调集体和个人的消费利益，而轻视国家的消费利益，要把各方面的消费利益恰如其分地结合起来。对于生产者、流通者以及某些行政单位和个人侵犯消费者利益的行为要进行坚决的斗争。要用经济手段、法律手段和行政手段切实保障消费者的利益。近几年已批准实施了食品卫生法、药物管理法等，开始收到一定效果。今后还应颁布更多的保护消费者利益的法律。

第四，具有一套完整的互相配合的消费者组织。如果生产、分配、交换都有严密的组织，而消费却处于无组织或组织不强不严的状态，则必然妨碍社会主义生产目的的实现。目前，某些零售商店和服务店变相涨价、以次充好、欺骗消费者，侵犯消费者利益的行为屡有发生；某些饭店、食堂、浴室的卫生条件很差；某些工厂排放的污水、毒气、废渣危害人民身体健康。诸如此类的问题很少有人过问。如果有了消费者组织，代表消费者同这类现象做斗争，则肯定会更好地实现社会主义生产目的。我们应该鼓励大批退休职工、家庭主妇以及某些业余爱好者，建立和健全各类消费者组织，使消费者权利从组织方面加以保证。消费者组织的任务主要有两方面：一方面向各种危害消费者利益的行为做斗争，切实维护消费者权利；另一方面传播消费信息，推广食、衣、住、用、行、医等方面的有益于人们身心健康的先进消费技能和经验，协助老、弱、病、残、孕等有困难的消费者解决他们的各种问题。消费者组织在某些发达国家已大量涌现，我国也开始出现。我们应该加以扶植，使之更快地成长和普及。

第五，消费领域中的经济形式、经营方式以及消费方式具有多样性。要解决生活单调、死板和僵化问题，使生活内容丰富多彩，必须大力倡导消费领域中的经济形式、经营方式和消费方式的多样性。群众的消费事业，国家要办，集体和个人也应该办，而办的方式要"八仙过海，各显其能"。既要提倡和加强社会集体消费方式，也要注意改进家庭和个人的消费方式。例如，吃的方式，既要保持和发扬传统的烹调技术，又要吸收西餐的优点；既要提倡本地特产佳肴，又要制作具有各地风味的小吃。中华民族有优良的饮食习惯，食谱在世界上是罕见的，烹饪技术也是极其优秀的，所以我国有充分的条件使食品花样日新月异，使人民吃得更好。穿的方式，绝对不能限于中山装、学生服、干部服这样几种，更不能限于黑、蓝、灰三色，要大力提倡服装的多样化、美观化。住房的样式目前也太单调了，必须改革住房设计，使我们的住房成为艺术品，外部美观，内部舒适、方便。为了使文化生活健康、丰富、多彩，要坚定不移地贯彻百花齐放、百家争鸣的方针，大力提倡各种艺术形式，尤其要办好电视、广播、电影、戏剧等关系着亿万人民精神生活的这些事业。

由目前的消费模式向上述目标消费模式过渡,当然要进行许多改革。限于篇幅,本文就不论及了。

本文原载:《经济研究》1985 年第 3 期

加入 WTO 后增加农民收入的八项建议

入世后,由于我国做出了较大幅度开放农产品市场的承诺,而我国农业的国际竞争力较弱,外国质优价廉农产品的进口势必增加,主要农产品价格将进一步下降,农民增收的形势十分严峻。如何从根本上解决农民增收困难的问题,是入世后摆在我们面前的新课题。

一 调整结构:充分利用粮食相对过剩的有利时机,加快调整农业产业结构

近年来,虽然农民来自农业的收入在逐年下降,但农业收入占农民总收入的比重仍在 50% 以上,有些省份高达 80%,农业收入仍是农民收入最主要的来源。因此,提高农民收入首先应该考虑如何增加农民的农业收入。

农业收入是由农产品的产量和价格共同决定的。从产量上看,我国主要农产品已出现市场饱和,进一步增加产量市场已难以消化。从价格上看,我国主要农产品的价格已经普遍高于国际市场价格。[①] 入世以后这些农产品的进口势必会增加,价格将进一步下降。国务院发展研究中心的计量模型结果显示,到 2005 年,我国大宗农产品进口将出现不同幅度的增长,价格将出现相应下降,农业总产值将下降 2%,农民收入将下降 280 亿元(1990 年不变价)。因此,在这种形势下,简单地依靠增产提价已难以实现农业收

---

① 到 2000 年 11 月底,我国小麦价格比国际市场价格高 26%,玉米高 32%,大米高 8.6%,大豆高 38%,豆油高 86%,花生油高 23%(《怎样提高农民收入》,《经济参考报》2001 年 6 月 7 日)。

入的增长,增加农民农业收入只能靠调整农业产业结构。

调整农业产业结构,根本上是要使我国农业生产与市场需求相适应。近几年来,农产品出现卖难的主要原因是农产品供给结构与需求结构相脱节,农民要卖的不全是消费者要买的,从而影响了农民收入的提高。只有进一步调整优化农业产业结构,使农产品的品种、品质适应市场需求,由市场容量来决定产量,由多样化、优质化的需求来决定品种结构和质量档次,才能保证农民增产增收。

调整农业产业结构,要发挥我国农业的自身优势。虽然我国的粮、棉、油等大宗农产品在国际竞争中缺乏优势,但在水果、蔬菜、花卉、中药材、养殖等产业方面我国具有一定的优势。我们可以加大这些产业的发展力度,提高它们的质量水平和生产加工能力,扩大出口,充分发挥我国农业的比较优势,进而增加农民收入。

根据我国国情,调整农业产业结构的方向是:首先,减少低质劣质农产品的生产,增加优质好销农产品的提供;其次,在"季节差、名特优、无公害"方面下功夫,发展冬季瓜菜、海洋水产、热带水果、鲜活菜、花卉园林产品、珍优稀鱼类等高效益农业;再次,发展具有区域特色的名、特、优、稀品种;最后,发展绿色食品。同时,要积极发展农产品加工业、储藏保鲜业、运销业,实现多层次增值增利。

调整农业产业结构,切忌演变成为政府行政命令,搞一刀切。在农业产业结构调整中政府应该尊重市场规律,发挥指导、服务的作用,当好服务员,搞好示范、扶持和管理工作。种什么?怎么种?种多少?怎么卖?都要由农民说了算,都要以效益为标准。

二 增加投入:中央、省、县三级财政都要增加对农业的投入

在我国工业化初期,农业和农民为国家的工业化积累做出了巨大贡献,现阶段国家应该增加对农业的投入,对农业进行"反哺"。增加农业投入,其中包括对农业生产的补贴,是发达国家普遍采用的做法。我国增加对农

业的投入，应当符合 WTO 的基本规则，把农业基础设施建设等公共产品提供和农村教育培训作为支持的重点。

1. 增加农业基础设施投入

长期以来，我国对农业基础设施建设的投资不足。当前应抓住我国实施积极财政政策的有利时机，增加对农村道路、供电、供水、通信等基础设施建设的投入，为农业发展创造良好的环境，帮助农民减少自然风险和市场风险，降低农业生产成本。一部分投资可以通过农民出工等形式直接转化为农民收入，是增加农民收入的一个有效途径。

2. 增加农业科技投入

降低农业生产成本，要依靠科技进步。由于技术相对落后，我国农业资源的利用率远远低于发达国家水平，特别是农民在用水、用肥、用电、用油、用地等方面，浪费比较严重。不少地方，农产品产量很高，但收入却增加不多，关键是生产成本过高。据测算，从 1988 年到 1996 年，我国粮食、棉花、油料亩产分别增长了 27.6%、14.7% 和 23%，收购价格指数分别增长了 172.9%、203.9% 和 79.6%，而同期总成本却增长了 274.3%、309.9%、229.3%，远远高于亩产量和收购价格指数的增长幅度。[①] 农业科技进步跟不上，仅靠增加物质投入，只能造成成本增加、收益减少。

目前，我国农民总体素质还比较低，科技文化水平较差，这对我国农业和农村发展十分不利。必须高度重视提高农村人口的科技文化素质，加强对农民科学技术的培训。要把教育的重点放在农村中小学教育和成人教育上，建立多渠道、多层次、多形式的农民技术教育培训体系。培训的重点应放在农作物的优质、高产、高效技术，农产品精深加工及综合利用技术，农产品贮藏、保鲜、包装技术，以及生态环境建设保护技术等方面。

3. 增加对弱势农产品的生产补贴

出于保护本国农业的目的，各国普遍对农产品进行补贴，尤其是发达国家对农业的补贴数额非常高。如整个经济合作与发展组织，对农业的补贴高达 3000 亿美元；美国 2001 年的农民现金收入是 584 亿美元，其中来自

---

① 韩长赋：《农民增收的三条出路和一个思路》，智农网，www.zhnw.net，2002 年 4 月 30 日。

政府的补贴达到 250 亿美元。① 2002 年 5 月 8 日，美国参议院通过了新的农业补贴法案，该法案规定，今后 10 年内美国政府用于农业的拨款将达到 1900 亿美元，比现有的农业法规定的拨款增加了近 80%。② 该法案主要内容是：对目前享受巨额补贴的谷物和棉花种植者增加补贴；对近年来已取消补贴的羊毛和蜂蜜等生产者重新给予补贴；对历来基本上不予补贴的牛奶、花生种植主也开始提供补贴。法案还规定用于土地保护的开支比目前增加 80%，这将使过去很少得到政府拨款支持的畜牧业以及水果和蔬菜生产者明显受益。③ 我国对农业的支持力度相当薄弱，使得我国农民特别是粮食作物种植者在竞争中处于非常不利的地位。

目前我国对农业生产的补贴每年不到 300 亿元，离 WTO 框架下允许我国对农业实施的补贴还有一定的距离。因此，应结合我国实际，在 WTO 规则框架下尽可能加大补贴力度，并改变我国农产品的补贴环节，逐渐把对消费者的补贴改为对生产者的补贴，把农业国内支持的重点转到提高农业竞争力上。还要加大对农用生产资料的补贴力度，大力扶持农用生产资料工业的发展，降低生产资料价格。

三 改革流通：创立农产品大流通体制

我国的农业要经过小生产、小流通，小生产、大流通和大生产、大流通三个历史阶段。目前正处于小生产、大流通阶段。在这个阶段，需要解决千家万户的分散生产与大市场、大流通的矛盾，努力向大生产、大流通的格局推进。

解决小生产、大市场的矛盾，核心是改革农产品流通体制。首先要积极推进种、养、加相结合，贸、工、农一体化，推动农产品生产、加工和销售环节的有机结合和相互促进，从而把农民和市场有效连接起来，解决小生产与大市场的矛盾，这是提高农业的比较效益、增加农民收入的重要

---

① 韩俊：《调整经济分配关系 真正提高农民收入》，《华声报》2002 年 4 月 4 日。
② 刘爱成：《美农业补贴激怒世界》，《环球时报》2002 年 5 月 13 日。
③ 《美国参议院通过农业法增加补贴》，《国际商报》2002 年 5 月 10 日。

途径。实施农业产业化经营，"公司＋农户"的体制是一种可选择的方式，在条件成熟的地方应大力推广。在这种体制下，农户负责生产，公司负责产前、产后的流通，改变了长期以来农业生产、加工和销售三个环节相脱节的状况，实现了三者的有机结合，是解决千家万户农民进入市场的有效途径。农业产业化经营将会使一部分农民从农业中转移出来，进入非农产业，提高收入水平。

其次，要建立和完善农业社会化服务体系。这包括：①大力改造县、乡两级的流通领域，使供销合作社、粮站、烟草收购站、木材公司、种子公司、农村信用社等尽快成为独立自主的市场经济主体；②建立信息灵通、反应敏捷的农产品生产、消费、流通等市场信息反馈和服务系统，为分散的农户提供准确的市场行情和有偿的营销服务等；③健全农业科技创新和推广体系，把农业技术推广站、畜牧兽医站、林业站、农机站、经管站、水利电力排灌站等有条件地逐步推向市场。

推进农业产业化经营，要做好以下几个方面的工作：一是要坚持以市场为导向，逐步形成专业化、集约化、规模化优势；二是建设好龙头企业，充分发挥其开拓市场、引导生产、加工转化、销售服务的作用，不断增强其辐射带动能力；三是建立起能够保证企业与农民紧密联系的有效机制，处理好龙头企业和农民的利益关系，让农民得利，使农民不仅在生产环节受益，而且能够分享产品加工、流通环节的利润；不仅通过合同纽带，还要积极探索以资本为纽带的联结。

四 扩大出口：充分利用加入 WTO 的机遇，大力开拓国际农产品市场，增加出口

加入 WTO 以后，国外对我国农产品的关税和非关税壁垒大大削减，为我国扩大农产品出口提供了机遇。虽然我国的粮食、棉花等主要农产品在国际市场上没有竞争优势，但是，我国的肉类、蔬菜、花卉、水果、水产等农产品，具有一定的比较优势和出口潜力。只要抓住加入 WTO 的契机，积极开拓海外市场，我国这些农产品是可以进一步走向世界的。山东的寿

光，福建的泉州、漳州以及陕西、河南的一些县市在这方面做得不错，发挥了自身优势，增加了农民收入。

但是，我国这些优势农产品的出口状况并不理想，主要是因为我国的蔬菜、水果、水产等农产品的质量还比较低，加工和运销能力落后，长期以来在质量、卫生、技术标准上难以达到国际市场要求。近年来，由于贸易保护主义的抬头，技术性贸易壁垒日益盛行，入世后这些农产品的出口能否大幅度增加还很难确定。目前，我国水果出口量仅占水果总产量的1.2%，蔬菜出口量占总产量的比重也很低。我国花卉种植面积相当于世界其他国家总和的20%~30%，但出口创汇总额却只有世界花卉贸易总额的0.5%。为了参与国际市场竞争，增加农产品出口创收，今后应大力发展优质果、菜、花卉等的生产；积极利用入世过渡期，制定投资、技术、价格、税收等各种优惠政策措施，支持农民扩大具有比较优势的农产品的出口；国家应在病虫害防治、动物疫病防治、食物卫生检疫、农业信息体系等方面加大投入力度。

五　合理保护：科学、合理地利用关税、配额、技术壁垒等手段保护自己的农业

充分利用关税、配额保护我国农业。我国是发展中国家，可用WTO的相关规定和过渡期，调整关税，确立合理的关税水平，充分利用关税保护空间，重点选择如粮食（大米、玉米、小麦）等关系国计民生的农产品种类进行优先保护。对关税、配额的使用不能平均化，要确定合理的结构，该支持的一定支持，不能支持的坚决抵制。

要合理使用WTO规则中的"灰色区域"，适当限制国外农产品的进口。在突破国外技术性贸易壁垒，充分发挥我国有关农产品出口优势的同时，采用国际公认的方式限制外国农产品的进口。尤其要采用加贴标签等国际公认的方式、方法，限制美国、加拿大等国转基因农产品的进入。

六 减轻负担：精简乡镇机构，深化农村税费改革，改革县乡财政体制

增加农民收入，首先必须减轻农民负担。从一定意义上说，减负就是增收。农民负担过重，主要原因有三：一是政府机构冗员多；二是农村税费体制不完善；三是县乡财政事权和财权不相匹配。

政府机构冗员多是农民负担过重的主要原因之一。从财政供养人口看，我国现有4.6万个乡镇，总共财政供养人员1280多万，平均每个乡镇供养近300人。按每人年工资7000元计算，仅工资这一项所需财政支出就近1000亿元。当农业税收难以支撑财政支出时，地方政府就只能靠向农民征收各种费用和进行各种集资摊派。可以说，乡镇机构的改革和精简，是减轻农民负担的根本出路。

农村税费体制不完善为地方政府肆意增加农民负担提供了条件。税的征收比较透明、规范，而各种收费却难以规范。减轻农民负担，必须进行农村税费改革，规范农村税费征管，堵死地方政府通过非规范手段从农民身上征收的渠道。从2000年开始，农村税费改革已在安徽全省和其他有关省市进行试点。农村税费改革的内容可以概括为"三个取消，两个调整，一个逐步取消"："三个取消"是指取消生猪屠宰税、取消乡镇统筹款、取消农村教育集资等专向农民征收的行政事业性收费；"两个调整"是指调整农业税政策、调整农业特产税征收办法；"一个逐步取消"是指对原来统一规定的农村劳动力积累工和义务工要逐步取消。从试点地区的经验看，这次改革取消了农村的不合理收费项目，规范了农村的税收内容，使农业税趋向合理，减轻了农民负担，提高了农民生产的积极性，[①] 有必要在全国尽快推开。

县、乡两级政府的事权过多，而财权没有保障，也是造成农民负担过重的一个重要原因。1994年财政体制改革之后，省以下政府层层向上集中

---

① 黄景钧：《农村税费改革是农民减负的治本之策》，《新视野》2001年第4期。

资金，基本事权却有所下移。①特别是县、乡两级政府，履行事权所需财力与其可用财力高度不对称。在省市级政府向上集中资金的过程中，县、乡两级政府仍一直要提供义务教育、本区域内基础设施、社会治安、环境保护、行政管理等多种地方公共物品。县、乡政府办事而没有钱，只有向农民要。这就迫使地方政府想方设法从农民那里多征税，或借各种名义向农民乱集资、乱收费、乱摊派，使农民税外负担恶性增长。解决的办法，就是推进地方财政体制改革。大方向上，按照市场经济的要求，结合中国的国情，界定好各级政府的职能，逐步形成详细的事权明细单，并分清哪些事权由哪级政府独立承担，哪些事权由哪几级政府共同承担，并使事权与财权基本匹配。比如，在九年制义务教育方面，我国实行的是义务教育，但实际上乡村教育的开支主要由农民负担，可以考虑实行免费的义务教育，教育费由中央和省两级财政负担。同时，加快实行事权与财权相适应的转移支付制度，规范转移支付办法。还要加强对贫困地区的转移支付力度，为当地的经济发展提供更大的支持。

七　减免税收：农业实行减免退税

现在，发达国家纷纷对农业实行高额补贴，而我国却仍然向农民征收农业税、特产税、"三提五统"等，进一步提高了农产品成本，使我国农业在国际竞争中处于不利地位。从设置一些农业税的目的来看，比如征收农业特产税，其本意是为了调节各种农产品生产者的收益，而现在农业特产品与农产品的比较效益已很接近，设置农业特产税基本已经失去意义，需要减免。因此，为适应国际竞争形势，促进我国经济进一步快速健康发展，需要对农业税、农业特产税等实行减免政策。减免农业税收还能有效减轻农民负担，这是目前有效增加农民收入的最直接手段。在实施农业税收减免政策时，可以根据各地的不同情况，实行全免、半免和三分之一免等不同等级。

---

① 贾康、白景明：《县乡财政解困与财政体制创新》，《经济研究》2002年第2期。

对农用生产资料如化肥、农药、农机等应实行退税政策。这样既可以增加农民收入，又可以提高我国农产品的国际竞争力。对农民购买农用生产资料实行退税，在美欧等国已实行很久。比如，美国农民在购买大型农机具时缴纳的税，政府将在当年农民出售农产品时抵扣返还，以鼓励农民向农业投资。

八 实现转移：农民必须向非农产业转移

从长远来看，农民收入的提高，单靠农业自身是无法解决的，农民增收问题的最终解决，必须依靠我国非农产业的发展和城市化的推进。

国家统计局农调队的一份调研报告表明，自1996年以来农业对农民收入增长的贡献逐年减少，到前年和去年已是负增长。考虑到耕地资源稀缺、农产品需求增长有限、国内农产品价格明显高于国际市场等现实，未来一个时期我国农民收入的增长已经不能依靠农业收入的增长。近年来农村居民的收入来源主体的变化趋势也说明了这一点：农村居民的收入由过去主要依靠农业经营收入为主，逐步转为依靠非农产业即乡镇企业和农户非农产业经营收入为主。未来一个时期农民收入的增长，也不能依靠农村工业化即乡镇企业的发展。随着我国经济相对过剩和乡镇企业自身的体制性原因，乡镇企业的发展遇到了前所未有的挑战，进入了调整期。乡镇企业吸纳农村就业的能力越来越有限。1996年乡镇企业就业人数达到13500万，1997年之后就开始减少，到2001年时只有12800万人。[①] 从长远来看，解决中国农民收入问题的路只有一条：推动城市化，将农民转移到非农产业中，转移到城市中去。

推动农民非农化的当务之急，是要彻底打破城乡隔离的制度安排，建立城乡统一的劳动力市场，取消各地对农村劳动力在城市就业中的歧视性规定，让农民进城务工、经商，使农民真正享受与城镇居民同等的待遇，为农民进城务工、经商创造良好的社会环境。

---

① 王南：《对农民增收难要有清醒认识——访国务院发展研究中心副主任陈锡文》，《中国经济时报》2002年3月19日。

在推进城市化进程中，要多方支援县、乡两级工业发展，形成大中城市、城市和乡村的合理分工与协作。城市大工业的某些工序、零件、配件可交由县、乡工业，形成二者相互协调和支持的局面。

本文原载：《领导参考》2002年第20期

当前怎样深化消费体制改革

消费体制改革这个题目，既是个老题目，又是个新题目。为什么说是老题目？20多年前，在报纸、杂志上就能够见到这类题目。在改革开放的第一个十年里，笔者就写过这方面的文章。可是，1990年以后，看不到这方面的论著了。在目前的报纸、杂志上有"消费体制"这四个字吗？看不到。至于消费体制改革问题更是无人问津。

一 为什么现在要提出消费体制改革

现在提出消费体制改革，主要理由有四点。

一是深化消费体制改革是贯彻和落实党的十八大精神的需要。党的十八大报告指出，"要牢牢把握扩大内需这一战略基点。加快建立扩大消费需求长效机制"。笔者认为，要建立这种长效机制，首先要解决消费体制方面的问题。没有科学合理的消费体制，很难建立长效机制。可以说，消费体制是加快建立扩大消费需求长效机制的一个体制保证和基础。

二是深化消费体制改革将有助于解决长期存在的高积累、低消费问题。就消费率和投资率而言，改革开放三十多年来，我国从过去的（1958~1978年）高投资、低消费走入了更高投资、更低消费。这个问题很值得研究。原因当然很复杂，其中原因之一就是缺乏对消费体制问题的深入研究。

三是深化消费体制改革是今后实现"中国梦"的重要举措之一。没有消费体制的改革，没有新的消费模式的建立，是难以实现"中国梦"的。我们的目的是要改善人民生活。生产发展得很好，投资也很多，但是最后消费还是低，现在就有这个问题。储蓄转向投资了，高储蓄支持高投资。

老百姓不是没钱,是有钱的,我们城乡居民储蓄达到 35 万亿元,这是一个极大的数字。储蓄这么大,老百姓拿着钱为什么不花呢?这是一个收入、储蓄、消费三者的关系不顺问题,核心问题是这三者的关系要处理好。解决这个问题,也要从消费体制改革入手。

四是深化消费体制改革将强化经济体制改革的整体性和统一性。大家知道,生产、分配、交换、消费是彼此紧密联系的相互作用的有机体。我国的经济体制是一个包含着生产经营管理体制、收入分配体制、商品流通(交换)体制和消费体制的有机体。如果忽视或削弱其中的某一个,那将有损于国民经济体制的整体性。

二 当前应该怎样深化消费体制的改革

当前应该从哪些方面改革?笔者提五条意见。

第一,要理顺各种消费关系。消费关系有内部关系和外部关系。外部关系就是消费和生产的关系、消费和分配的关系、消费和交换的关系,这其中最重要的是生产和消费的关系,还有就是消费和收入的关系,消费和储蓄的关系。这些关系现在都不顺。所谓内部关系,主要包括几个方面:一是政府消费和居民消费的关系;二是城乡消费的关系;三是地区消费的关系。笔者认为还有一个关系,就是脑力劳动者和体力劳动者、高消费者和低消费者的关系。总体来说,就是消费内部关系和外部关系要理顺。

第二,建立国家、企业和个人多层次消费决策体系、主权体系。大家都知道有生产者主权理论,还有消费者主权理论,如果按照这些理论来说,我国现在正处在由以生产者主权为主,向以消费者主权为主转变的过渡期。过去是生产者主权,一切都是由生产者定的,生产什么就消费什么,生产多少就消费多少。消费者是被动的。我们今后必须转向以消费者主权为主,消费什么就生产什么,消费多少就生产多少。消费者就可以进行选择。由以生产者主权为主向以消费者主权为主进行过渡,我们的任务还很艰巨。

第三,建立各种消费者组织。消费者组织,大家知道一个中国消费者协会。其实,不能只有这一个,应该有成千上万,吃穿用住行医,各行各业各地区都应该有。我们知道,在市场经济中,是小政府大社会。大社会问题很多,其中一个就是消费问题。这个消费问题是13亿人的问题,谁来管理、谁来协调,问题谁来帮助解决,信息谁来收集,谁来干。当然要依靠消费者协会。笔者认为中国现在很需要消费者协会,这个大社会不是一盘散沙,不是想干什么就干什么,应是一个有组织的社会。

第四,加强消费教育,提倡文明消费。人类的文明是多方面的,其中消费文明是重要方面。如果用消费文明来看现实生活,就会发现问题太多了。比如旅游,虽然是一个文明活动,但是在旅游当中发生的不文明行为,也是很多的。吃饭有这个问题,穿衣也有这个问题。过去对消费引导、消费教育很重视。1984年10月12日《人民日报》《光明日报》《经济日报》三大报纸同一天发布一条消息,题目是"河北省武邑县成立了青年消费引导协会",并发表了评论员文章:《重视生活方式的变革》。现在好像很少看到了。

第五,制定和执行有关消费方面的法规。现在关于消费方面的法规,都是隐含在工商管理、药品管理、交通安全管理等内。没有法规,问题根本解决不了。比如物业和业主打架,比如存车的问题,比如住的楼房上层漏水,下层不能住了,上面不去修理,这些问题太多了。这方面我们缺法规,香港就有这方面的专门法规。我们现在建了很多大楼,一片一片的,但是管理是极差的,业主跟物业管理矛盾很多,这方面的问题怎么解决,还是要进行法治管理,要建立法治国家,我们没有这方面的法规,整天光用拳头打架行吗?不行。

本文原载:《北京日报》2013年7月29日

让市场引领中国消费革命

党的十八届三中全会通过的《中共中央关于全面深化改革若干重大问题的决定》（以下简称"《决定》"）指出，经济体制改革的核心问题是处理好政府和市场的关系，使市场在资源配置中起决定性的作用。因此，我国亿万人民的消费必然沿着市场化道路前进。当前的问题在于，如何充分发挥市场在消费资源配置中的决定性作用，如何使市场引领中国的消费革命。

一 市场主导型消费体制的创立问题

大家知道，所谓消费体制是指由消费领域中各种消费关系、消费权益、消费者组织、消费结构、消费教育、消费信用、消费安全以及消费的运行机制、调控手段等组成的有机体的总称（简称）。它的核心是消费权益问题。社会再生产过程是生产、分配、交换、消费四个环节彼此紧密相连的相互作用的有机体。因此，我国的经济体制改革是一个包含着生产经营管理体制改革、收入分配体制改革、流通（交换）体制改革和消费体制改革的有机整体。如果忽视或削弱其中的一个，那将有损国民经济体制改革的整体性和协调性。因此，必须从战略上高度重视我国的消费体制改革。

消费体制大体上有两类：一类是政府主导型的消费体制，另一类是市场主导型的消费体制。我国消费体制改革的基本任务是从传统的政府主导型的消费体制过渡到市场主导型的消费体制。何谓市场主导型的消费体制？《决定》已经阐明了这个问题，它写道："必须加快形成企业自主经营、公平竞争，消费者自由选择、自主消费，商品和要素自由流动、平等交换的现代市场体系。""完善主要由市场决定价格的机制"。笔者认为，这里指明了市场主导型消费体制的主要特点。

其一,"消费者自由选择"。自由选择商品是消费者的一项重要权利。如何兑现这种权利,这要取决于许多因素。首先是商品的供求状况。在卖方市场的条件下,商品供不应求,有的甚至严重短缺,想买还买不到,哪里来的自由选择呢!要实现消费者自由选择商品的权利,基本条件是商品供求平衡。仅仅总量平衡不够,还必须在花色、品种、格式、安全、环保等方面符合消费者的需要。为此,企业必须经常不断地进行市场调查,了解消费者的要求,按消费者的需要进行生产和经营。在这方面,生产领域和流通领域的行业协会,以及各种类型的消费者组织应该大显身手,帮助企业了解市场状况及其变化。

其二,"自主消费"。消费者自主消费是市场主导型消费体制主要的、基本的特征。在我国的社会主义市场经济中,必须建立和不断完善政府、企业和个人多层次的决策体系和主权体系,其中包括消费者的决策体系和主权体系,大家知道,有生产者主权理论,还有消费者主权理论。如果按照这些理论来说,目前我国正处在由生产者主权为主向消费者主权为主转变的过渡期。过去是生产者主权,一切都是由生产者决定的:生产什么就消费什么,生产多少就消费多少。消费者是被动的,不可能自主消费。今后,要实现消费者的自主消费,就必须转向以消费者主权、决策权为主:消费什么就生产什么,消费多少就生产多少;消费一个就生产一个,消费两个就生产两个。现在3D打印机的生产甚至能只生产一件消费品。这样就把消费品绝对地个体化了,为消费者自由选择、自主消费开辟了广阔的天地。这种技术进步和消费者主权的扩大必然引起消费革命。

必须指出一点,在商品市场上,一般来说,买方握有货币,处于主动地位,而卖方占有商品,处于被动地位,或者说,生产经营者处于被动地位,而消费者处于主动地位。他们如何进行交换呢?能否成功?这是个大问题。马克思写道:"商品价值从商品体跳到金体上,像我在别处说过的,是商品的惊险的跳跃。这个跳跃如果不成功,摔坏的不是商品,但一定是商品占有者。"[①] 由此我

---

① 《马克思恩格斯文集》第5卷,人民出版社,2009,第127页。

们可以明白"消费者是上帝"的道理。可见,消费革命的意义多么重大!

其三,"由市场决定价格的机制"。在市场上,交换能否成功,在很大程度上取决于价格是否合理。价格是价值的货币表现,而价值则是价格的基础。因此,一般说来,反映价值的价格就是合理、公平的价格。这是价值规律的基本要求。正是这样的价格,才能为买卖双方即消费者和生产经营者所接受。价格与消费之间存在着一种相互制约、相互作用的辩证关系。价格是调节生活消费的重要工具。价格既可刺激消费增长,又可限制过多的消费,还可以转移消费。反过来说,消费对价格也有多重作用。过度型的消费将会引起价格的上涨;不足型的消费在初期可能使物价下降或平稳,而后期也会引起价格上升;适度型的消费将会使价格相对稳定。在生活消费与价格之间还不时出现"价格补贴"问题,这个问题是临时措施的混合物,最好不用它来调节生活消费与价格的关系。

二 市场是提升消费力的强力机制

大家知道,生产是由生产力与生产关系两个要素组成的。同理,消费也是由消费力与消费关系两个要素构成的。上文我们着重考察了消费关系(消费体制),下文来研究有关消费力的问题。

何谓消费力?有多种说法。亚当·斯密首先提出"消费力"一词。他认为消费力就是购买力。[1] 马克思说:"消费的能力是消费的条件,因而是消费的首要手段,而这种能力是一种个人才能的发展,生产力的发展。"[2] 我国著名的消费经济学教授尹世杰认为,"所谓消费力或消费能力,是指消费者为了满足自己的消费需要对消费资料(包括劳务)进行消费的能力"。[3]

消费力的大小、高低取决于多种因素,它主要取决于生产、分配、交换(流通、市场)三大因素。首先它取决于生产。只有生产,才会有消费。马克思指出:"生产生产出消费,是由于生产创造出消费的一定方式。其

---

[1] 亚当·斯密:《国民财富的性质和原因的研究》(上卷),商务印书馆,1972,第267页。
[2] 《马克思恩格斯文集》第8卷,人民出版社,2009,第203页。
[3] 尹世杰:《消费力经济学》(修订版),西南财经大学出版社,2009,第1页。

次，是由于生产把消费的动力、消费能力本身当作需要生产出来。"① 马克思又说："节约就等于发展生产力。可是决不是禁欲，而是发展生产力、发展生产的能力，因而既是发展消费的能力，又是发展消费的资料。"② 总之，消费对象、消费方式、消费能力、消费手段等都是由生产生产出来的，或者说，是由生产决定的。不论在何种社会制度下，消费力在根本上取决于生产力。只有有发达的生产力，才有较高的消费力。其次，消费力还取决于社会分配关系。正如马克思指出的："社会消费力既不取决于绝对的生产力，也不取决于绝对的消费力，而是取决于以对抗性的分配关系为基础的消费力；这种分配关系，使社会上大多数人的消费缩小到只能在相当狭小的界限以内变动的最低限度。再次，这个消费力还受到追求积累的欲望，扩大资本和扩大剩余价值生产规模的欲望的限制。……但是，生产力越发展，它就越和消费关系的狭隘基础发生冲突。"③ 与此相反，在社会主义生产资料公有制条件下，对抗性的分配关系消失了，代之而行的是按劳分配，共同富裕。这种分配关系是平等的。它有利于最大限度地满足全体劳动者不断增长的物质文化需要。因此，社会主义的消费力越来越大、越来越高。最后，市场（交换）中的"竞争关系的真谛是消费力对生产力的关系"。在这种竞争关系中，"社会应当考虑，靠它所支配的资料能够生产些什么，并根据生产力和广大消费者之间的这种关系来确定，应该把生产提高多少或缩减多少，应该允许生产或限制生产多少奢侈品。"④ 当前，在我国的商品流通中，有些严重供过于求，而另一些则相反，供不应求。这说明市场中的竞争尚不充分。如果市场竞争达到激烈的程度，那么生产力与消费力的关系将会更加和谐，流通费用也会降低。今后，应根据消费力对生产力的关系来判断市场中的竞争状况及其正确的走向，并据此采取相应的对策，以促进消费力与生产力的关系不断协调，更好地满足人民生活需要。

---

① 《马克思恩格斯文集》第 8 卷，人民出版社，2009，第 17 页。
② 《马克思恩格斯文集》第 8 卷，人民出版社，2009，第 203 页。
③ 《马克思恩格斯文集》第 7 卷，人民出版社，2009，第 273 页。
④ 《马克思恩格斯文集》第 1 卷，人民出版社，2009，第 76 页。

三 市场引领消费的目标

在我国，市场引领消费的目标应当是科学、合理、适度的消费，避免高额消费，防止消费主义的泛滥与蔓延。

什么是科学、合理、适度的消费？所谓适度消费是指适应于国情国力、生产发展水平和各种资源的一种消费状态。在微观方面，每个消费者或家庭的消费是否适度或合理，要以消费与收入的关系来衡量。在静态上，收入大于消费，并有一定剩余，此种消费乃是适度的、合理的。从动态上考察，消费、收入、储蓄三者大体同步增长，或者说，它们之间的比例关系保持着一个常数。在宏观上，消费增长速度与社会劳动生产率提高速度要大体适应，或者说，在国民收入分配中，消费基金与积累基金之间的比例关系（消费率、积累率）要处于合理状态，兼顾生活与生产两个方面。在生产发展的基础上，经过公平分配，达到共同富裕。这就是我们的目标。

我们要提倡科学、合理和适度消费，反对高额消费，力戒消费主义的滋生和传播。我国目前仍处于社会主义初级阶段，现代化建设需要大量资金。必须继续坚持艰苦奋斗、勤俭立国、勤俭办一切事业的方针，而不能追求高消费。美国经济学家华尔特·罗斯托在其代表性著作《经济成长的阶段——非共产党宣言》中提出人类社会的最高阶段是高额消费时代，而非马克思、恩格斯在《共产党宣言》中所说的共产主义社会。罗斯托的所谓"高额消费社会"或"高额消费时代"的本质是对抗马克思主义关于共产主义的理论。法兰克福学派的"消费社会"的理论和波德里亚的"消费社会"的主张并不符合人类社会发展的规律，对马克思主义有严重歪曲。[①] 至于所谓"消费主义"鼓吹的"消费时代已经到来"也是欺人之谈。[②]

本文原载：《消费经济》2013 年第 6 期

[①] 〔美〕道格拉斯·凯尔纳：《消费社会：法兰克福学派与波德里亚的观点》，《中国社会科学院报》2007 年 11 月 8 日。

[②] 刘方喜：《消费主义批判的中国立场》，《中国社会科学院报》2007 年 11 月 8 日。

加快建立扩大消费需求长效机制问题

党的十八大报告指出,"要牢牢把握扩大内需这一战略基点,加快建立扩大消费需求长效机制,释放居民消费潜力","使经济发展更多依靠内需特别是消费需求拉动"。这个指示不仅总结了以往的经验教训,而且指出了今后经济发展的正确方向,是我们全面建成小康社会的重要指导方针。本文谈几点学习体会,欢迎指正。

一 必须加快建立扩大消费需求的长效机制

为什么要加快建立扩大消费需求的长效机制?笔者认为主要理由有以下几点。

(一)消费是生产的前提、对象、目的和动力

马克思对消费与生产的辩证关系做过精辟分析,明确指出消费是生产的前提、对象、目的和动力。他写道:"消费创造出新的生产的需要,也就是创造出生产的观念上的内在动机,后者是生产的前提。消费创造出生产的动力;它也创造出在生产中作为决定目的的东西而发生作用的对象。如果说,生产在外部提供消费的对象是显而易见的,那么,同样显而易见的是,消费在观念上提出生产的对象,把它作为内心的图像,作为需要,作为动力和目的提出来。消费创造出还是在主观形式上的生产对象。没有需要,就没有生产。而消费则把需要再生产出来。"① 马克思在这里阐明的消费与生产辩证关系的规律是人类社会发展的一条永恒规律。它是人类社会

---

① 《马克思恩格斯文集》第8卷,人民出版社,2009,第15页。

各个阶段上的共同规律。当然，它在不同阶段上的作用程度与形式都有各自的特点。在我们全面建成小康社会的过程中，必须尊重这条规律，并按照它的要求办事，更充分地发挥消费对生产、对整个国民经济的促进作用。

列宁特别强调了消费在社会主义社会的作用。他写道："社会主义社会是一个为了消费而有计划组织生产的大消费合作社。"[①]"只有社会主义才可能根据科学的见解来广泛推行和真正支配产品的社会生产和分配，也就是如何使全体劳动者过最美好、最幸福的生活。只有社会主义才能实现这一点。我们知道社会主义应该实现这一点，而马克思主义的全部困难和全部力量，也就在于了解这个真理。"[②] 我们党充分了解这个真理，并用于指导实践。1954年，周恩来总理在第一次全国人民代表大会上所做的《政府工作报告》中指出："社会主义经济的唯一目的，就在于满足人民的物质和文化的需要。"1956年，党的八大通过的党纲中规定："党的一切工作的根本目的，是最大限度地满足人民的物质生活和文化生活的需要。"几十年过去了，党的十八大仍然这样要求全党，把人民的消费需求作为党的战略基点。

（二）在扩大消费需求问题上，以往忽冷忽热，缺乏长效机制

扩大消费需求问题是在1998年东亚金融危机时首先提出来的。这次金融危机使中国的对外贸易出现了改革开放后的第一次下降。1998年比上一年，外贸进出口额由3251.6亿美元降至3239.5亿美元，降低0.4%。其中，出口额由1827.9亿美元增至1837.1亿美元，增加0.5%，而进口额则由1423.7亿美元降至1402.4亿美元，减少1.5%。国内社会消费品零售额，1998年虽然名义上增长6.8%，但如果扣除物价上升因素，实际并没有增加。国内外贸易表明，中国的外需与内需都处于休眠（不振、疲软）状态。针对这个问题，中央提出了扩大内需的政策。2003年政府工作报告中又突出强调扩大消费需求的问题。至今已经十年了，这些方针政策的效果如何呢？消费水平虽然有显著提高，但是，它仍然明显落后于生产发展的速度；在国民收入分配中消费基金增长速度明显落后于积累基金的增长速度，因

---

① 《列宁全集》第9卷，第356页。
② 《列宁全集》第27卷，第385页。

而积累率呈上升趋势，而消费率呈下降趋势；在消费基金的分配中，政府消费增长速度快于居民消费增长速度，因而政府消费率上升，而居民消费率下降；同世界各国相比，我国的居民消费率，不但显著低于欧美日发达国家和地区，也明显低于印度、印度尼西亚、菲律宾、越南、南非、巴西等发展中国家①，甚至显著低于世界居民消费率的平均数。

对于上述问题，我国的学术理论界早已察觉，并再三呼吁，希望解决。但学术界也有人持相反意见，认为消费率不低，积累率不高，符合国情。近日党中央做出了决定，断明了是非高低。为了早日全面建成小康社会，我们一定要重视居民消费需求，提高居民消费率，加快建立扩大消费需求的长效机制。

（三）未来中国经济发展的基本动力是十几亿居民的生活消费需求，这是中国独有的比什么力量都强大的经济推动力

生产能不能快速发展？经济能不能更加繁荣？这样的问题在未来的中国主要取决于是否把十几亿居民的生活消费需求放在首位！果然如此的话，那将形成全世界最大的消费市场。否则，只强调生产，不重视消费，就没有市场，没有生产的发展和经济的繁荣。居民消费有生存、发展和享受三个发展阶段或三种形态。目前，就全国而论，我们只是基本解决了生存问题，发展和享受还说不上。"消费主义""消费社会"，我们并不赞同，但是居民消费中的发展和享受的内容应当是提倡的。随着社会生产的发展，居民消费将从目前的以生存为主的阶段发展到以发展为主，甚至以享受为主的阶段。党的十八大提出的城乡居民收入的"倍增"计划十分鼓舞人心，将促使居民消费需求再上一个新台阶。

应当指出，扩大内需的战略基点，既包括对生产建设的投资需求，又包括生活消费需求。这两种需求既有联系，又有区别。有的同志往往把二者混淆起来，过分强调生产建设需求而轻视生活消费需求，甚至以牺牲群众的利益而搞所谓的建设。必须明确，我们不是为生产而生产，为建设而

---

① 2009年中国的居民消费率是34.0%，而同年印度为57.9%，印度尼西亚为56.4%，菲律宾为82.8%，越南为63.4%，南非为60.7%，巴西为64.3%（见国家统计局编《国际统计年鉴》，中国统计出版社，2011，第45页）。

建设，不论何种生产、何种建设，其最终目的只有一个，那就是满足亿万居民的生活消费的需要。因此，在制订生产发展计划尤其是基本建设方案时，一定要从提高居民生活消费水平出发，把居民生活放在首位。

（四）忽视消费、限制消费，最终将导致经济危机

马克思指出："一切真正的危机的最根本的原因，总不外乎群众的贫困，和他们的有限的消费，资本主义生产却不顾这种情况而力图发展生产力，好像只有社会的绝对的消费能力才是生产发展的界限。"[①] 目前尚未结束的这次经济危机充分证明了马克思这个论断的正确性。发达国家的居民消费不足及其有限性，是这次经济危机的深刻根源。这个事实给我们的指示是，群众的消费问题绝不是件小事，而是治国理政的重大问题。必须尽快建立扩大消费需求的长效机制，充分发挥消费的正向能量，以利于国家长治久安。

二 如何加快建立扩大消费需求的长效机制

我们反对低消费，也不提倡高消费，主张适度的、合理的、科学的消费。那么，适度的、合理的、科学的消费的标准或界限在哪里？这既可以从微观消费方面界定，也可以从宏观消费方面树立标准。

（一）微观消费适度、合理和科学的标准与界限

所谓微观消费是指家庭和个人的消费。每个消费者或家庭的消费是否适度或合理，要以收入、消费、储蓄三者的关系来衡量。从静态上考察，收入大于消费，并有一定储蓄，此种状态的消费乃是合理的或适度的；从动态上考察，收入、消费、储蓄三者大体同步增长，或者说它们之间的比例关系保持一种常数，这种状态的消费就是合理的或适度的。按这种标准来衡量我国居民家庭或个人以往十多年的消费，就会发现存在严重的低消费与高储蓄的问题。

从表1可以看出，我国城乡居民储蓄规模很大、增长速度很高。它的增

---

① 《马克思恩格斯全集》第25卷，人民出版社，1975，第548页。

长速度大大高于居民收入和消费的增长速度。2011年比2001年，人均居民储蓄额增长3.4倍。而同期，城乡居民人均收入分别增长2.2倍和2.0倍，城乡居民人均消费额分别增长1.9倍和2.0倍。可见，储蓄与收入、消费之间的比例关系已不协调、不平衡、不可持续。传统消费理论认为，储蓄＝投资，所以，高储蓄必然形成高投资、低消费。这种问题不仅在近十年存在，即使改革开放三十多年间都存在，只不过越来越严重。

表1 2001~2011年我国城乡居民人民币储蓄存款

年份	年底余额（亿元）	年增加额（亿元）	年增长速度（％）	人均储蓄额（元）
2001	73762.4	9430.1	14.7	5779.5
2002	86910.7	13148.3	17.8	6766.0
2003	103617.7	16707.0	19.2	8018.3
2004	119555.4	15937.7	15.4	9197.4
2005	141051.0	21495.6	18.0	10787.1
2006	161587.3	20544.0	14.6	12292.9
2007	172534.2	10946.9	6.8	13058.0
2008	217885.4	45351.2	26.3	16406.8
2009	260771.7	42886.3	19.7	19540.5
2010	303302.5	42530.8	16.3	22619.2
2011	343635.9	40333.4	13.3	25504.5

资料来源：国家统计局编《中国统计摘要》，中国统计出版社，2012，第105页。

应当明确指出，绝不能把收入等同于消费，更不能把储蓄等同于消费。这两种情况在我国的实践和理论中都是存在的。国家统计局尤其地方统计部门在年度、季度、月度的报表或公报中，往往以居民收入增加多少来说明居民生活消费改善的程度，以储蓄增加多少来说明居民消费提高多少。收入、消费、储蓄三者之间既有联系，又有严格的区别，绝不能混淆。储蓄转化为消费，收入转化为消费，都要有一定的条件。缺乏必要的条件，它们之间不能转化。条件不具备时，储蓄不仅不能转化为消费，还必然转化为投资。我国的巨额投资绝大部分都是从储蓄转化而来的。长期存在的高投资的主要根源在于高储蓄。今后，要形成适度、科学、合理的消费，必须从解决高储蓄入手，深入研究如何将储蓄更多地转化为消费。

（二）宏观消费适度、合理和科学的标准与界限

我国的国民收入生产出来之后，经过分配、再分配过程，最终被用在生产与生活两方面。用在生产方面的称为积累基金（又称投资基金），用在生活方面的称为消费基金（又称福利基金）。国家最高层往往关注国民收入中积累基金应占多大的比重，消费基金应占多大的比重，或者说，积累率应多高，消费率应多高，这是关系国家全局的重大问题，也是国民经济综合平衡的核心问题。它的实质是国家的生产建设与人民生活的关系如何进行安排。为了建立扩大消费需求的长效机制，我们对国家宏观经济的这个核心问题，不能不特别重视。

如表2所示，我国近十年来，积累基金与消费基金的比例关系发生了明显的变化，的确出现了高积累、低消费的严重问题。

表2　2000~2011年我国积累与消费关系的变化（按支出法计算的GDP构成）

单位：%

年份	消费的比重 合计	居民消费比重	政府消费比重	积累（投资）的比重	货物和服务净出口比重
2000	62.3	46.4	15.9	35.3	2.4
2001	61.4	45.3	16.1	36.5	2.1
2002	59.6	44.0	15.6	37.8	2.6
2003	56.9	42.2	14.7	40.9	2.2
2004	54.4	40.6	13.8	43.0	2.6
2005	53.0	38.9	14.1	41.5	5.5
2006	50.8	37.1	13.7	41.7	7.5
2007	49.6	36.1	13.5	41.6	8.8
2008	48.6	35.3	13.2	43.8	7.7
2009	48.5	35.4	13.1	47.2	4.3
2010	48.2	34.9	13.3	48.1	3.7
2011	48.2	34.9	13.7	49.2	2.6

资料来源：国家统计局编《中国统计摘要》，中国统计出版社，2012，第36页。

从表2可以看出，消费比重（率）呈现明显下降趋势。而相反，积累比重（率）则呈现显著的上升趋势。2011年我国的消费率之低、积累率之高，比改革开放30多年中的任何时期都有过之，而且比1958～1959年"大跃进"时期也更加严重。这不是积累与消费关系的严重失衡又是什么呢？这种经济结构难道不需要大大调整？

上述问题是什么原因造成的？简言之，原因在于盲目追求和扩大投资规模，而忽视投资效果（投资效益）。让我们进一步说明这个问题，积累率（又称投资率）受许多社会经济因素制约，其中直接取决于三个因素：一是国民收入总额及其增长速度；二是积累（投资）效果，即单位投资（百元或万元）取得的国民收入新增额，又称投资效果系数；三是消费基金总额及其增长速度。根据以上这三个因素，可以写出计算积累率（投资率）的如下两个公式。

公式一：积累率 = 国民收入增长速度 ÷ 积累效果（投资效果）

公式二：积累率 =（国民收入总额 - 消费基金总额）÷ 国民收入总额

以上两个公式的不同点在于：前一个公式侧重从生产领域表明积累率与国民收入总额及其增长速度、积累（投资）效果的关系；后一个公式则侧重从分配领域表明积累率与国民收入总额、消费基金总额的关系。[①] 近十多年来，我国学术理论界讨论积累率问题时，多围绕第二个公式争论是非曲直，很少关注第一个公式。其实，我国的积累率出现过高的严重问题的根源恰恰在第一个公式中，即盲目扩大投资，而忽视投资效果（效益）。本文兼顾两个公式，将生产与分配结合在一起进行分析。因此，下文将把国民收入与国内生产总值两个指标结合使用。

我国历年的固定资产投资效果系数，即每百元投资所换来的国民收入新增额，大致如下：1985年为70.5，1990年为37.1，1995年为62.9，2000年为29.0，2001年为17.4，2002年为17.2，2003年为21.6，2004年

[①] 有关计算积累率的这两个公式问题，请参见杨圣明：《中国式消费模式选择》，中国社会科学出版社，1989，第88～95页。为迎接中国社会科学院建院30周年，该出版社于2006年又将该书重印出版。上述积累率的计算公式问题，请见该书第69～75页。

为 27.5，2005 年为 25.3，2006 年为 24.5，2007 年为 26.0[①]。自 2008 年后，这方面的数据国家统计局不公布了。为什么？据个人估计，可能因为应对金融危机 2009 年注入了过多的投资，其效果大幅度下降，不宜公布了。为弥补这个缺口，本文不妨在这里试算一下，如表 3 所示。

表 3　2008～2011 年我国固定资产投资效果

年份	国内生产总值新增额（亿元）	固定资产投资额（亿元）	固定资产投资效果系数（%）
2008	48235.1	172828.4	27.9
2009	26857.4	224598.8	12.0
2010	60610.0	278121.9	21.8
2011	70050.9	311021.9	22.5

资料来源：根据国家统计局编《中国统计年鉴》（2008）的资料计算而来。

根据表 3 中的数据，将改革开放 30 年划分为两个时期，即前 20 年和后 10 年，可以看出，前一个时期的投资效果还是比较好的，而后一个时期的情况则令人担忧，尤其 2009 年的投资效果之低，创造了历史的新纪录，比"大跃进"时还低。如果 2009 年的投资保持 2008 年的投资效果水平，那么 2009 年同样数额的固定资产投资所取得的新增国内生产总值将多出 35805.7 亿元，国内生产总值的增长速度将高出 10.8 个百分点。可见，投资效果好也意味着 GDP 的增长速度高。

经过上述分析可以得出这样的结论：不论国民收入，还是国内生产总值，其增长速度，既取决于投资规模及其增长速度，也取决于投资效果及其增长速度。国民经济要在两条轨道上前进。如果今后我国的积累效果（投资效果）有显著提高，那么取得同样的国民收入或国内生产总值，将会节省大量的投资，有可能逐步将投资率（积累率）降至 40% 以内。这样，就为增加居民消费基金、提高居民消费率，开辟了广阔的天地，并成为扩

[①] 国家统计局编《中国统计摘要》（2008 年），第 52 页。该摘要第 216 页写道："固定资产投资效果系数是报告期新增国内生产总值与同期固定资产投资额的比率，反映单位固定资产投资额所增加的国内生产总值的数量。其计算公式为：固定资产投资效果系数 = 报告期新增国内生产总值 ÷ 同期固定资产投资额。"

大消费需求长效机制的坚实基础。只有在这个基础上,才能正确处理积累与消费的关系、国家生产建设与居民生活的关系。放眼未来,鉴于现代化建设需要大量资金,在中国梦实现之前,我国的积累率(投资率)宜于保持在35%~40%。这就是说,积累率要在2011年的基础上降低10个百分点,消费率则上升10个百分点。这一点要在5~10年内逐步实现,决不能毕其功于一役。

(三) 消费增长速度要以社会劳动生产率提高速度为最高界限

在宏观经济中,如何正确处理消费增长速度与社会劳动生产率提高速度之间的关系,也是加快建立扩大消费要求长效机制的重要问题之一。生产是生活的基础。居民消费水平的提高,必须建立在社会生产发展的基础上,尤其要以社会劳动生产率的提高为前提。否则,不顾生产发展,不考虑社会劳动生产率的提高,盲目增加居民收入与消费,最终是难以兑现的,可能只是一张空头支票。

我国近十年来的居民消费水平与社会劳动生产率的情况如表4所示。

表4 我国社会劳动生产率与全国居民消费水平增长速度

年份	社会劳动生产率(GDP/劳动力数) 绝对数(元/人·年)	比上年增长(%)	全国居民消费水平(消费总额/居民人数) 绝对数(元/人·年)	比上年增长(%)
2000	13699.0	7.3	3632	8.5
2001	14977.0	9.3	3887	7.0
2002	16440.4	9.8	4144	6.6
2003	18530.3	12.7	4475	8.0
2004	21652.5	16.8	5032	12.5
2005	25109.8	16.0	5596	5.2
2006	29703.6	18.3	6299	12.5
2007	35389.4	19.1	7310	16.1
2008	41815.8	18.2	8430	15.3
2009	45995.1	9.9	9283	10.1
2010	52929.3	15.1	10522	13.4
2011	60978.6	15.2	12113	15.1

资料来源:国家统计局编《中国统计摘要》,中国统计出版社,2012,第34、38、45页。本表的数据都是按当年价格计算的。

从表4可以看出，社会劳动生产率近十年来有显著提高。2011年比2000年，由13699.0元增长到60978.6元，增长3.45倍，平均每年增长14.6%。分年度看，基本情况属于正常。只有2009年比较特殊，社会劳动生产率的增长突然减速。这是由于当年受到金融危机的影响，国内生产总值的增长速度有所降低。从消费方面看，全国居民消费水平的提高速度，虽然也比较快，但还是慢于社会劳动生产率提高的速度。2011年比2000年，全国居民消费水平由3632元提高到12113元，提高2.34倍，平均每年提高11.6%。将此同社会劳动生产率提高的速度相比，还是低了3个百分点。这说明低消费的存在，消费有进一步提高的余地。

三 加快建立扩大消费需求长效机制的关键和体制保证

深化消费体制改革是加快建立扩大消费需求长效机制的关键和体制保证。

我国经济体制改革的深度和广度是空前的，它不仅包括生产领域、流通领域和分配领域的诸多体制改革，而且包括消费领域的体制改革。所谓消费体制是指消费领域中的各种消费关系、消费权益、消费组织、消费安全、消费教育及其运行机制、调控手段、网络布局、信息传递的总称。消费体制是整个经济体制的重要组成部分。它同生产体制、流通体制、分配体制相互联系、互相制约、共同发展。任何一种消费都是在一定体制下完成的。消费不仅是个人生活问题，而且是在社会关系中进行的一种经济活动。它必然涉及与其他经济活动的关系。消费领域中的社会关系，即消费关系是相当复杂的，矛盾也是很多的。例如，政府消费、集体消费与个人消费之间，虽然在根本上是一致的，但由于消费的主体不同，也存在一定矛盾。在国家的消费基金总额一定的条件下，政府和集体消费多了，居民个人消费必然减少；反之，亦然。不同社会群体之间的消费关系，不同地区之间的消费关系，如果处理不当，也不利于调动积极性。还有时间序列的消费关系，即当前消费与未来消费的关系，近期消费与长远消费的关系，等等，都必须正确处理，以利于国家的长治久安。至于各种消费者组织、消费安全、消费教育、消费信息以及消费者权益保护等更是消费体制中的重要组成部分。中国消费者协会每年组织的"3·15"保护消费者权益的活动显示出消费体制的强大生命力。

当前，深化消费体制改革的任务是，进一步调整和完善各种消费关系，改进消费权利在不同层次的配置，建立健全各种类型的消费者组织，充分发挥市场机制、财政机制、法律机制在生活消费中的调控作用，兼顾各方面的消费利益，保障消费者的权益，以促进全面建成小康社会，使亿万人民的生活水平不断提高，生活质量日益改善。在这方面有许多工作要做，本文不可能逐一研究与分析，仅择其要谈几个问题。

1. 建立和完善各种类型的消费者组织问题

在市场经济中，一般都实行小政府、大社会的管理模式。大量的社会生活问题并不是由政府包办，而是由居民自主管理。千家万户吃穿用住行等各种消费行为所涉及的具有共性的消费问题只能由居民协商解决。而居民是分散的，其生活消费又千差万别，只有组织起来，形成集体力量，才能去解决消费者面临的诸多困难问题。因此，要大力倡导和成立各种类型的消费者组织。这种组织起着上下沟通的中介作用：一方面，它把政府的、社会的要求传达给消费者，使消费者理解有关精神；另一方面，又把消费者的要求反映给政府和有关部门、组织，帮助消费者解决困难问题。消费者组织的这种双重作用，可以化解许多矛盾，有力地促进社会和谐。

改革开放初期，1983年成立了中国消费者协会。这标志着中国的消费者组织正式诞生。截止到1986年底，全国有县以上消费者组织239个，其中165个是1985年成立的。后来，县及其以上的行政单位大多成立了消费者组织。这些组织有的还在开展工作，也有的已经销声匿迹，名存实亡，总的看来，不太兴旺，远远低于广大消费者的期望值。究其原因，主要在于这些组织太行政化、官僚化，实际上是行政机构，脱离消费者。没有解决好消费者关注的许多切身问题。解决的办法，首先要明确，这些组织只能民办，而不能官办，要从"国家工商行政管理局"中解脱出来，成为民间的"社团组织"，其工作人员除少量的专职者外，绝大部分都应是志愿者，其活动经费应多元化，国家资助一点，罚没款提成一点，社会捐助一点。这种组织只要按章程办事，真正为消费者服务，声誉会很好，其经费不会成大问题。

2. 大力加强对消费的科学指导，提倡消费文明

人类文明的内涵极其丰富，消费文明是其中的重要组成部分。人人都要做文明的消费者。人的每一种行为都应文明。吃、穿、用、住、行，哪一种行为不需要文明呢？可是，在现实世界中，不文明的消费行为却还不少。如何办？广泛开展消费教育，采用各种宣传、教育方式，大力加强消费的科学指导、弘扬消费文明。

1984年10月12日，《人民日报》第一版登载了这样一条消息：河北省武邑县成立了"青年消费引导协会"。该报并为这条消息发表了题为《重视生活方式的变革》的评论员文章。同日，《光明日报》《经济日报》也发表了这条消息和评论员文章。可见，当时对消费的引导多么重视！而今日，我们应该继续发扬这种精神，大力加强消费指导。

对消费进行指导，决不能横加干涉和指责，一定要以群众喜闻乐见的方式实行科学的为群众所接受的指导，切实尊重消费者的自主权和决策权，其中包括以下几种权利。①消费的选择权。要有符合群众各种各样嗜好和兴趣的可供选择的商品。②消费的安全权。食品、药品、洗涤用品、卫生用品、交通工具、家用电器等要有安全保证。③消费的信息权。即对商品知识的充分了解，坚决反对和抵制通过假冒伪劣和掺杂使假来蒙骗消费者的行为。④消费的反馈权。消费者有权把意见反映给司法机关、政府以及工商企业，有权要求给予赔偿。⑤消费者有权无条件退换商品。总之，消费者是"上帝"，握有商品生产经营者的"生杀大权"，即他拥有货币的"投票权"。

3. 进一步制定和执行有关消费的各种法规

如上所述，消费者的权利是很大的，但是，消费者也不能无法无天，必须受到国家的法规约束。没有规矩不成方圆。因此，制定和实施有关消费的各种法规，以保护消费者的利益，必然是扩大消费需求长效机制的重要内容。

我国有关消费的专门法规甚少。涉及消费的法规大部分隐含在工商管理、交通管理等有关的法规中，不便于消费者和消费组织查阅，也没有全覆盖消费领域。鉴于这种情况，为建设法治国家，有必要按照居民消费的基本要素（吃、穿、用、住、行、医以及文化消费中的听、看、说、唱）分门别类地制定和实施有关法规。这是国家法律建设的重要组成部分。在这方面，德、日、法等发达国家有比较成熟的法规，值得借鉴。即使像生活垃圾怎样处理、废旧电池如何处理等这些"小事"，其实大得很，都应有专门的法规。法规的可贵之处主要不在于如何制定，而在于实行。知法犯法、违法不究、贪赃枉法等行为已严重毒害了社会，再也不能继续下去了。在消费方面亦是如此。在食品中掺杂使假、有毒食品满天飞，已使消费者不敢吃饭了。尽管政府三令五申打击这些不法行为，但效果不佳。主要原因还是执法不严。要充分发挥法律的威严作用，使违法者胆战心惊、望而却步。让我们为建设法治国家、法治消费而奋斗吧！

本文原载：《财贸经济》2013 年 3 期

五
消费指导

倡议编制生活消费计划

对国民经济实行计划管理，是社会主义经济的基本特性之一，也是社会主义制度的优越性之一。在我国有各种计划用以指导经济生活，例如，就国民经济各部门来说，有工业计划、农业计划、交通运输计划、基本建设计划、文教卫生计划、科研计划等；就生产要素来说，有劳动力计划、固定资产计划、物资供应计划等；就社会再生产各环节说，有生产计划、商品流转计划、国家财政计划以及其他的分配计划；就时间长短来说，有长期计划、中期计划和短期计划；就地区范围来说，有全国计划、各个地区的计划等。但是，说来说去，就是缺乏一个生活消费计划。我们认为，在我国的国民经济计划体系中，应该有生活消费计划这个组成部分。编制长期计划、中期计划和短期计划时，既要有生产建设计划，规定生产建设在一定时期内必须达到的水平和发展速度，也应该有生活消费计划，规定某一时期内在生产发展的基础上人民生活水平提高的幅度。这样的计划才是全面的、完整的计划。在我国现行的生产计划、分配计划与流通计划中，有一些有关人民生活的指标，比如，粮棉油等主要消费品的产值与产量、职工工资总额、商品零售额等，对于财政收支、商品供求等也做了一些平衡计算，但是，这些都是从生产、分配和流通的角度安排的，不能代替从消费的角度编制全面的生活消费计划。过去我们没有编制生活消费计划，并不是因为社会主义计划经济本身不需要它，而是我们的主观认识没有很好地反映出社会主义经济的要求。没有生活消费计划，这是我们的计划管理制度不完善的表现。现在是消除这一缺陷的时候了。

编制生活消费计划是十分必要的。这不是某些人随心所欲的主张，而是由社会主义经济性质决定的,是由社会主义制度下生活消费的作用与地位决定的。在不同社会制度下,生活消费的作用与地位是各不相同的。在资本主义制度下,生产的目的是追求最大限度的利润,至于劳动人民的消费,只有在有利于资本家取得利润这一限度内,才是必要的。在社会主义制度下,保证满足劳动人民的生活消费,是社会主义生产的目的。编制人民生活消费计划,就可以使我们的计划工作更自觉地体现社会主义基本经济规律的要求。

编制生活消费计划,对于做好综合平衡,体现有计划、按比例规律的要求也很重要。有了生活消费计划,可以更好地按照人们的实际需要安排消费资料的生产,并根据消费资料生产增长的需要,确定生产资料生产的规模和速度。这样,重工业的发展就有明确的目的,就能够积极提供开展人民生活消费品生产所需的燃料、动力和采用对路的原材料与设备,真正为农业和轻工业服务,为人民生活服务。

编制生活消费计划,也是社会主义建设实践提出的迫切要求。30年来,我们在处理生产与生活的关系上,既有成功的经验,也有严重的教训。要在发展生产的基础上,逐步改善人民生活。但是,自1958年以后,总的来说,在积累与消费的关系上,积累过多,挤了消费。在农轻重的关系上,重工业过于突出,农业和轻工业的发展很落后,不能适应人民生活水平逐步提高的需要。产生这些比例失调的原因是多方面的,但是没有生活消费计划、缺少了综合平衡的一个重要方面不能不说是原因之一。在我国的计划体系中,由于缺乏正式的全面的人民生活消费计划,有关人民生活的项目,或者列不进国家计划,或者列在国家计划最后部分。提倡编制生活消费计划并不是要过分挤占进行生产资料生产的资金,而是更好地从人民生活消费需要出发,保证安排好消费资料生产进度,使人民生活的改善建立在可靠的物质基础上。有了生活消费计划,不能说可以马上解决一切问题,然而可以把不断提高人民生活消费水平提到应有的位置,而且有了具体指标,有了检查依据,可以及时发现、解决问题。

编制生活消费计划,不仅是必要的,也是完全可能的。党中央很关心人民生活问题,近三年来正以最大的努力着手解决长期遗留下来的许多问题，今后为提高人民的生活水平还要采取更多的重要措施。这是我们能够编制生活消费计划的根本前提。

其次，我们有生产、流通、分配等各方面的计划，也有一些基本的统计资料，可以为编制生活消费计划提供一定的根据。"一五"期间，我们虽然没有编制正式的、全面的生活消费计划，但是已经有了一些这方面的指标。特别是国民经济历次调整时期，在党中央的重视和关注下，在解决人民生活消费问题方面，取得了不少重要的经验。现在，计划部门和理论工作的同志对于编制生活消费计划的认识越来越深刻，不少同志提出了有益的建议，很值得注意。当然，在我国编制生活消费计划还是个新事情，不可避免地会遇到不少困难和问题，比如，缺乏大量的家计调查资料，缺乏经济发展的预测资料，缺乏市场行情的调查研究，缺乏有关的历史资料，缺乏对于生活消费的科学研究，等等。但这些困难是可以在实践中逐步解决的。

生活消费计划作为国民经济计划的一个组成部分，应该具体规定计划期内提高人民生活消费水平所要达到的各项重要指标，并提出完成计划的主要措施要求。它的主要指标大体有三类。第一类，反映人民生活的综合价值指标。如国民收入总额、国民收入中的消费基金额、个人消费基金额和集体消费基金额（其中列出文化、教育、科研、体育、卫生等事业费）、城镇居民收入、乡村居民收入、城镇居民消费额（分商品性、非商品性）、乡村居民消费额（分自给性、商品性）、城乡居民收入的增长速度、物价和生活费指数、城乡居民物质文化生活提高的幅度等。第二类，反映人民生活水平的实物量指标。这类指标应按总量和每人平均消费量，对城乡居民分别加以计算，应当反映出吃、穿、用、住四个部分：吃的消费量应列出粮食（粗、细）、肉、禽、蛋、糖、植物油等；穿的消费量应列出棉布、针织品、化纤、呢绒等；用的消费量应列出日用品类、文化用品类和耐用消费品类（自行车、缝纫机、手表、收音机、电视机等）；住的方面应反映出住房面积。此外，各类学校、医院病床、影剧院、儿童福利设施等的总数和平均占有数，也应反映出来。第三类，反映消费结构变化的指标。主要是积累和消费占国民收入的比重，个人消费基金和集体消费基金的比重，工农消费的比重，以及吃、穿、用、烧、住等的消费结构。

编制上述全面的计划当然有困难，但我们应探讨、研究，进行试验。

本文原载：《人民日报》1979年12月21日，杨圣明同庄静合写

论生活消费的科学指导问题

一 从"消费引导协会"的成立谈起

1984年10月12日《人民日报》第一版登载了这样一条消息：河北省武邑县成立了"青年消费引导协会"。该报并为这条消息发表了题为《重视生活方式的变革》的评论员文章。《光明日报》《经济日报》也发表了这条消息和评论员文章。

读了这条消息和评论员的文章之后，立刻会提出这样两个问题：为什么要成立青年消费引导协会？为什么它又受到如此重视？

我们先谈第一个问题。这条消息说，最近几年武邑县不少农村青年在党的政策指引下走上了致富的道路，全县涌现出3200多个青年勤劳致富户，其中有不少是万元户、十万元户。但是，由于过惯了穷日子，不少青年手里有钱不敢花，不会花，身上穿戴"青一色"，家里摆设"老旧差"。赵桥乡一青年，去年搞加工业收入5万元，但他富了不敢讲，有钱不敢花，仍然住着土坯房，睡土炕，铺破席。另外，也有一些青年刚开始富起来，不注意扩大再生产，甚至贷款还没有还清，就急于购置高档家具。从这些情况出发，武邑县团委在1984年8月发起和组织了"青年消费引导协会"。该协会成立后，通过专题讲座、报告会、编印宣传材料，以及举办服装表演、服装竞赛、开展美化庭院等活动，对青年进行消费指导，帮助青年树立生产为了消费、消费促进生产的辩证观点，克服不敢花钱、不会花钱和乱花钱的现象。经过几个月的工作，青年中旧的消费观念逐渐改变，穷凑合、"穷光荣"的老调子吃不开了，现在人们开始羡慕"能干会花"，讲究吃、穿、用，注意美化生活。

以上讲的情况，岂止在一个县中存在？岂止在青年中存在？神州大地的2000多个县里近几年都发生了类似于武邑县的巨大变化。哪个县里没有大批的万元户？哪个城市中没有一批劳动致富户？这方面的材料多得很。收入多了，富裕了，有些人敢消费、会消费，另外一些人却不会生活。不仅在青年中，而且在中年人和老年人中都存在改变旧消费观念和树立新消费观念的问题。

党的十一届三中全会以来，在生产迅速发展的基础上，城乡居民收入有显著增长。据国家统计局的资料，1983年比1978年，农民平均每人每年纯收入由134元增加到310元，增长131.3%，即翻了一番还多；职工家庭平均每人每年可用于生活消费的收入由316元增加到526元，增长66.5%。同一时期，农民家庭消费水平由132元增加到233元，增长76.5%；职工家庭消费水平由383元增加到523元，增长36.6%。由于上述居民收入增长速度大大高于居民消费水平增长速度，所以居民就把大量的余钱存入银行，使储蓄急剧增长。1983年比1978年，我国城乡居民储蓄由210.6亿元增加到892.5亿元，净增681.9亿元，平均每年增加136.4亿元，相当于1952年至1978年期间平均每年增加8.1亿元的16.8倍，尤其是1983年一年就增加217.1亿元，比1952年至1978年26年增加的总和202亿元还多15亿元以上。针对这种情况，不禁要问，居民为什么不把钱用于改善生活而大量存入银行？这里固然有生产结构不适应消费结构，居民想买的东西没有，而不需要的东西又大量积压的问题，但也不可否认确有过去穷日子过惯了，而今有了钱不敢花、不会花的问题。近几年我国城乡居民中已经有一部分人先富起来了，每年的收入相当可观，但是他们中还有相当一部分人没有学会过富日子，不会安排生活，仍然习惯于过去的生活方式。这是新形势下的消费与生产的一种新矛盾，很值得注意。当然，也有一部分人瞎花钱、乱花钱。深圳靠近香港的地方，有些年轻人有了钱不会生活，盲目地不加分辨地全套照搬香港的生活方式，实行"香港化"。其他地方也有类似情况。这也不能怪年轻人，因为我们没有对他们的生活方式进行科学指导。鉴于以上情况，大家开始重视消费指导问题，类似于消费引导协会的各种指导消费的组织，例如中国消费者协会、广州市消费者委员会等都已相继问世，并开展了工作，着手指导人们的生活消费。这在党的十一届三中全会以前的高积累、低消费的年代里是根本不可想象、不可能出现的。而今天它们出现在中国的大地上绝不是偶然的，不是任何人主观臆造出来的，而是近几年来我国政治经济形势发展的必然产物。所以，当它们的嫩芽刚刚冒出地面时，立即受到人们的重视，那就不足为奇了。

二 消费指导的重要意义

上面我们已经从近几年来我国经济生活的巨大变化中说明了消费指导的必要性，现在要进一步从理论上阐明消费指导的重要意义。消费指导的意义可以概括为以下几个方面。

第一，正确指导消费，有利于更好地实现社会主义生产目的。大家知道，社会主义生产目的是最大限度地满足劳动人民不断增长的物质文化生活需要，使劳动者成为全面发展的一代新人。要实现这样的生产目的，首先当然要有丰富的消费资料供消费者购买，使消费者有称心如意的消费对象。过去我们的认识和论述也就到此为止。现在看来，这还不够。消费者拿到消费资料之后，确实还存在一个如何更好消费的问题。譬如说，一个人很有钱，买了大批山珍海味，每天食用，不久他因肥胖过度而患了多种疾病。这样消费，事与愿违，消费效果大成问题。在现实生活中，这种事例或类似于这种事例者肯定是极少的。不过，缺乏营养知识，不了解各种食品的营养价值以及人体对营养的生理需要的消费者，即所谓不会讲究营养的消费者，则不乏其人，可能大有人在。误食有毒食物、伤害健康者，也常有之。在衣着方面，有的人花钱不多，却衣冠整齐、样式新颖、美观大方；也有的人花钱不少，仍是老一套，蓝黑灰三色不变，衣不合身、貌不出众。我们的住房，尤其是农村住房，外形单调，内部不便于生活。如果改进设计，则即使不多用建筑材料，也可增进外美内适的消费效果。在相同的住房条件下，有人会料理家务，家中舒适方便，也有人不会收拾房间，屋里又脏又乱，消费效果大相径庭。在物质生活方面，有消费指导与没有消费指导，效果大不一样。有了消费指导，可以使人民在现有经济条件下生活得更美好、幸福和健康，获得更好的消费效果。同样，在文化生活方面亦是如此。对于古今中外的各种作品、艺术、音乐、电影、戏剧、电视等给予恰如其分的评述，引导消费者辨明是非，分别香臭，汲取精华，去其糟粕，这对于建设社会主义精神文明，培养一代新人，更好地实现社会主义生产目的是有重大意义的。精神产品的消费更需要消费指导。这方面的消费指导可能比物质生活方面的消费指导有更大的作用。

第二，正确指导消费，有利于国民经济按比例协调发展。生活消费并不是孤立存在和发展的。它在整个国民经济中同生产、分配、交换有密切的关系。这种关系既有质的方面，又有量的方面。仅就量的方面说，消费量要适应于生产量。高消费、低生产，那是根本不能实现的；相反，低消费、高生产，也会产生种种恶果。在消费与分配、交换之间也是这样，双方都有一定的数量界限。消费与生产、分配、交换之间的数量界限的形成，不是自发的，要靠正确的指导。只有在科学指导消费的条件下，才能形成适度消费，使消费与生产、分配、交换之间保持正确的比例关系。如果对消费不加指导，任其发展，不论是高消费，还是低消费，都可能破坏国民经济按比例协调发展。

消费指导对于正确处理消费内部的诸种关系也很重要。例如，在一定的消费基金中，职工及其家庭消费多少，农民及其家庭消费多少，这将涉及工农关系和城乡关系。若职工及其家庭消费水平过高，则农民将不安心于农村和农业生产，会想办法进城；反之，如果农民及其家庭消费水平过高，则又会影响城市广大劳动者的积极性，不利于国民经济发展。要建立正确的职工与农民之间的消费关系，那就要依靠科学的消费指导。只有国家根据工农业生产的发展情况以及其他条件，对一定时期的工农消费关系做出指导，使工农生活水平保持合理的比例关系，才能有利于工农业生产和整个国民经济的协调发展。再如，我国各地区之间的经济水平和生活水平有很大的差距。尽力缩小这种差距，使落后地区赶上先进地区，也是国民经济协调发展所必需的。为此，国家要对全国各地区的消费加强指导，扶植落后地区，使消费水平更快提高。此外，在一定的消费基金中，国家消费多少，集体消费多少，居民个人消费多少，也存在着一定的矛盾。如果国家、集体消费过多，那就影响个人消费水平的提高；反之，个人消费过多，由国家和集体兴办的社会福利事业可能因资金不足而影响发展。因此，在这方面加强消费指导，兼顾国家、集体和个人的消费利益，各得其所，一定会有助于正确处理国家、集体和个人之间的消费关系。

第三，正确指导消费，有利于科学技术进步和新产业部门的发展。近几十年来，科学技术进步和新产业部门的发展给予人们生活消费的影响是巨大的。随着科技的进步，各种电器设备相继进入生活消费，大大地改善了人们的物质生活和文化生活。各种化学合成纤维的出现改变了人们的衣着结构。人工合成的香料美化了生活。人工合成的药品促进了身体健康。科技革命和产业革命使消费发生了革命。有的文章[①]认为，这种消费革命的进程大体分为四步。第一步，家务电气化革命。以黑白电视机、洗衣机、电冰箱的普及为代表，中低档的照相机、录音机、摩托车，多功能手表，成套家具，各类乐器也相当普及。第二步，家庭文明革命。以彩色电视机、空气调节器以及小汽车的普及为代表，中低档电影摄影机、高质量音响设备、美观精制手表、带有客厅的成套房间、钢琴等相当普及。第三步，家庭节约革命。此时人民已具备各类消费品，节约成了家庭的中心问题，要求产品质高、形美、色优。第四步，家庭自动化革命。家用计算机普及实行家务劳动自动化。大量普及装配式住宅、太阳能和节能型设备，新型通信网普及到每个家庭。在这种消费革命的面前，人们对于刚刚出现的各种新消费品一时不够熟悉，有时还不易接受。北京食品研究部门曾经研制成功一种发酵的豆浆，类似于酸牛奶，营养价值很高。但是拿到市场上去销售不动，因为消费者不了解这种新产品的优点。在这种情况下，加强消费指导，宣传和普及有关新消费品的知识，使消费者尽快熟知和使用各种新消费品，这必然会加速普及科技成果，促进科技进步和新兴产业部门的发展。

第四，正确指导消费，有利于移风易俗，抵制各种腐朽思想的侵蚀和

---

① 杨宝根、陈颂汾：《科技进步促进消费革命》，《光明日报》1984年11月30日。

建设社会主义精神文明。在消费方面有许多不良的习惯,例如,内蒙古、山西有些农民不吃鱼,抓到了鱼当肥料使用;西北有些地方只吃鸡蛋,不吃鸡,鸡老了就往山上赶;南方许多农民不吃牛羊肉、不喝牛羊奶。形成这些习惯的原因很复杂。不过缺少营养知识,不了解鱼、鸡、牛羊肉的营养价值,可能是重要原因之一。在这方面,如果加强消费指导,宣传和普及营养知识,改掉这些不良习惯,则将有利于提高人们的健康水平。我们在二十世纪五十年代初刚开始吃西红柿时,总觉得有一股怪味,难以下肚,后来听说它有很高的营养价值,就尽量多吃一些,天长日久,改变了旧习惯,现在特别喜欢吃西红柿了。这说明,人的消费习惯是可以改的。像烧香拜佛、大吃大喝、请客送礼等封建迷信活动和不良风气,如果放任自流,蔓延开来,其影响是很坏的。我们应该通过消费指导,说明其危害,造成社会舆论,使绝大多数消费者自觉抵制这些东西。对于我们中华民族的许多优良传统和生活习惯,包括各种膳食习惯、健身术、修身养性之道、延年益寿之法,我们都要继承和发扬,并通过消费指导,广泛传播。对于西方的生活方式和生活习惯,不加区别地都照搬照抄,盲目地模仿和效法,似乎我们的生活中没有什么值得追求的,这不仅仅是生活小事,可能还有损于国格、人格。随着我国对外进一步开放,这种情况应引起注意。当然,一概排斥,也不对。应当有分析、有鉴别地加以引导,凡有益于身心健康者,都要吸收进来加以消化;凡不合国情者,也要通过消费指导说明道理,使消费者自觉地拒绝。只要我们坚持不懈地以正确的方法指导消费,一定能够克服不良的消费风气和消费习惯,而树立和巩固社会主义的文明生活方式和生活习惯。

三 消费指导的原则

如上所述,对人民群众的生活问题必须进行科学的指导。但是,绝对不能横加干涉。要达到这个要求,一定要遵循下列原则。

第一,尊重消费者的自主权和决策权。

波兰有位学者把经济活动的决策分为三种,即宏观的问题由国家集中决策，企业的问题由企业决策，个人生活问题由个人决策。这个原则是对的。在体制改革中，除了解决好企业经济活动的自主权和决策权的问题外，还必须解决好劳动人民的个人经济生活的自主权和决策权问题。

我国广大劳动人民已经成为国家的主人。他们不仅在生产中应该拥有生产资料的所有权和经营管理权，而且在生活消费中也应该具有自主权和决策权。在社会主义制度下，消费品永远归个人所有，任何时候都不能刮"共产风"。消费什么，不消费什么，消费多少，都由个人决定。在这方面消费者应享有充分的自主权和决策权[①]。生产者、流通者和分配者都必须尊重消费者，以自己的工作为消费者服务，根据消费者的需要安排好生产、流通和分配工作。

可是过去我们在消费者的自主权和决策权方面注意不够，存在不少问题。例如，从井冈山建立革命根据地到全国解放初期，军队、党政干部以及一部分工人都实行供给制。这种制度在经济极端困难时期曾经起过重要作用。但是，在这种制度下，消费者没有自主权和决策权。消费什么，消费多少，都由上面统一规定，个人无权选择。这种制度在1955年取消。不久，在"大跃进"年代，它又在农村和一部分城市中复活，有些地方实行供给制，也有些地方实行半供给制，这就大大限制了消费者的自主权和决策权。因此，消费者很快就把这种制度抛弃了。

从20世纪50年代中期开始，对主要消费品实际配给制、票证制。票证的范围从粮、棉、油等基本生活必需品到鸡蛋、肉、鱼、糖等副食品，从自行车、缝纫机、木器家具等耐用消费品到肥皂、火柴等日常用品，全国性的票证曾经达到几十种。在票证最多的时候，消费者如果离开票证，那就简直无法生活。票证的配给制在消费品供不应求的条件下虽然也起过一定的积极作用，但是它严重限制了消费者选择消费品的自主权和决策权。像城市住房这种消费品，表面上不发票证，实质上仍是配给制，加之少数

[①] 有的文章把消费者的主权概括为四个方面："一是要求安全的权利，对食品、药品、洗涤用品、卫生用品、电气用具、交通工具等均如此。二是要求得到情报的权利，即对商品知识的充分了解。三是反映意见的权利。四是选择的权利，要求有符合各种各样嗜好和要求的可供选择的商品。"（肖田：《重视消费心理学的能动作用》，《技术经济与管理研究》1981年第3期）

人从中谋私，更限制了消费者的自主权。其他不实行配给制、票证制的消费品，由于生产经营体制、零售商业和服务业的体制存在着很多缺陷，统购包销，以产定销，生产什么，供应什么，就消费什么，也使消费者很少有选择的余地。消费者去商店里买东西，要再三恳求售货员给予"恩赐"，哪里还谈选择消费品的权利；更有甚者，在"文化大革命"中，那些所谓的"红卫兵"践踏消费者自主权的行径更是无奇不有。皮鞋头稍尖或者鞋跟稍高，就强迫脱下，把鞋扔掉或砸烂；裤腿稍窄一点或者上衣的领子稍高一点，他们就要把衣服撕破；穿件新式衣服，那就可能被视为资产阶级的"狗崽子"，挨批挨斗；男同志的头发长了，剪刀会飞上头顶，像剪羊毛那样，立刻变成"鬼剃头"。十年动乱使人权丧失干净，当然谈不上什么消费者的自主权。

党的十一届三中全会以后，除了逐步恢复过去消费者拥有的自主权和决策权以外，还在一些方面扩大了消费者的自主权和决策权。当然，由于"左"的思想尚未肃清，还存在着不尊重消费者自主权，对消费行为横加干涉的问题。有的单位规定，男同志不能留长发，女同志不准烫发。鞋跟多高、裤腿多宽也在限制之列。商店卖录音机搭配磁带的副品，卖豆角搭配茄子，卖牛肉搭配牛油等。诸如此类的干涉群众生活问题和限制消费者主权的行为，往往引起消费者的不满。家长对孩子的生活管得过严，限制过多，孩子尚且讨厌，对扩大消费者的生活做种种有损于消费者主权的硬性规定，自然行不通！

以上这些问题不是对消费的正确指导。我们要汲取经验教训，杜绝这类事情重演。正确的消费指导，必须服从于和服务于消费者主权和决策权。我们一定要从维护和尊重消费者主权出发，采用典型示范、循循善诱、潜移默化的办法，去引导消费者。

第二，一切消费都要量力而行。

生产是消费的基础，而消费是生产的目的，二者要相互适应、协调发展。这个道理似乎人人都明白，可是在实践中仍然存在着不少糊涂观念。由于过去长期存在高积累、低消费问题，因此在近几年国民经济调整过程中有人提出要实行高消费，以补足过去的缺陷。当国民经济调整取得显著成效，人民生活有了明显提高后，又有人提出要抑制消费。某些产品过剩，出现积压时，还有的提出要鼓励消费和刺激消费。介于抑制消费与刺激消费之间者，主张适度消费或合理消费。还有什么高速消费、扩展消费等。在这种情况下，我们以何种主张去指导消费？看来，不澄清某些观念，也就难于正确指导消费。

高积累、低消费背离了社会主义生产目的，已被我国的实践证明是极其有害的，理所当然地被摒弃了。西方某些发达国家根据凯恩斯学说实行所谓高消费后出现的问题成堆，为继甚难。如果把它搬进我们这个生产力水平较低、人口又多的大国里，注定要失败。目前除少数的产品因质量、规格、花色、品种不符合需要，出现积压外，就总体而论，我们的生产并没有走在消费的前面，不需要刺激消费去赶上生产。对于某些产品的积压，我们要从生产、流通和分配等多方面寻找原因，不要盲目地单纯在刺激消费上打主意。不然的话，盲目刺激这些产品的消费可能会掩盖生产、流通和分配方面的问题。当某种产品真正过剩时，我们可以用价格等手段刺激其消费，但是，就总体而论，我们不能用刺激消费的观点去指导全国人民的生活消费。同样，用抑制消费的观点去指导消费也会碰壁。从1958年以后，我国长期存在低消费问题，那时当然说不上什么抑制消费的问题。党的十一届三中全会以后，在国民经济调整过程中，消费的增长速度加快了。1979年、1980年和1981年这三年的消费基金的增长速度都超过积累基金的增长速度，这样就使积累率由1978年的36.5%降低到1981年的28.5%，相应地消费率由63.5%上升到71.5%。这是在长期高积累、低消费之后，为弥补生活方面的"欠账"而实行的"补足消费"。这三年是否补足了过去20年的"欠账"？这个问题值得研究。笔者个人觉得，还没有补足。所以，这几年不存在高消费，不需要去抑制消费。从1982年起，情况又发生了变化。1982年和1983年的积累基金的增长速度都超过消费基金的增长速度，这样就使积累率又有回升，这两年分别为29%和30%，即达到目前比较一致公认的最高临界点。在这种情况下，如果再抑制消费，使积累更快增长，难道不是重演过去的高积累、低消费的悲剧吗？实事求是地说，我国从来都没有出现过消费走到了生产的前面，而需要对它抑制一下的情况。因此，抑制消费的观点并不是客观实际的反映，而是臆想的结果。用这样的观点去指导消费，无疑要误入歧途。

对消费既不能刺激，也不要抑制，必须正确地加以指导，使其达到合理的程度。这就是说，合理消费或适度消费乃是消费指导的重要原则。为了贯彻执行这个原则，必须在消费与生产之间找出二者相互适应的"度"。在这方面，过去有人提出先规定出积累基金和消费基金的最高界限和最低界限，然后将两个最低界限之间的余额根据需要分别用于消费与积累两个方面，以确保合理消费以及消费与生产的协调发展。从消费方面看，这种办法的好处在于，它保证了消费的最低界限，即本期生活水平不低于上期。用我国30多年的实践对这种办法加以检验，笔者觉得它仍不够理想。在过去长期高积累的年代，只有个别年份的消费基金的最低界限受到了侵犯，而大多数年份的消费基金只略有增长，仍处于高低界限之间。可见，这种办法不能解决高积累、低消费问题，难以保证消费与生产的协调发展。今后随着国民收入生产规模的扩大和发展速度的加快，消费基金最低界限与积累基金最低界限之间的差额会越来越大，分配这个差额会更加复杂和困难。由于"最低界限法"不易找出消费与积累、生活与生产之间相互适应的"度"，所以不能用于正确指导消费。

为了正确指导消费，笔者觉得要从三个不同的侧面找出消费与生产相互适应的"度"。首先，在物质生产领域中，要确定劳动者平均收入与劳动生产率增长速度的对比关系。工业中的这种对比关系在"一五"时期为0.82:1，1958~1976年为-0.12:1，1979~1983年为1.62:1。二者对比关系的曲折变化，同我国消费与生产关系的演变大体是吻合的。其次，非物质生产领域中的劳动者的平均收入增长速度，要同物质生产领域中劳动者的平均收入增长速度大体同步，这样有利于正确处理劳动者之间的关系。最后，在国民经济全局上，要有合理的积累率。积累率在过去30多年的起伏变化比较准确地反映出消费与生产的关系，今后可能还是如此。根据各方面因素的分析，在20世纪内，我国的积累率宜于保持在28%~30%，过高过低都不利。从以上三方面入手，可能易于找出用于指导消费的消费与生产相互适应的"度"。这个"度"当然不是固定不变的，它随着经济条件的变化而变化。消费指导的任务之一就是要经常注意寻找这个"度"，为消费确定出合理的界限。这样，才不至于发生高消费或低消费的问题。

在这里顺便同宋养琰同志商榷一个问题。他在谈到社会主义国家对居民生活消费进行科学指导时说："不管在积累或消费问题上，要量力而行，这个'力'就是国力。总的原则是，要增加积累，而且积累基金的增长速度一般要快于消费基金的增长速度，但快多少，要根据具体情况而定。"[①]笔者完全同意要量力而行这个原则。我们的一切消费，不论是全国的宏观消费，还是家庭和个人的微观消费，都必须量力而行。这个原则是科学指导消费的重要原则。量力而行的这个"力"，在家庭和个人来说，就是其收入多少；在国家来说，就是国民收入的生产规模和增长速度。大家知道，国民收入不外用于积累与消费两方面。要增加积累，是不是一定要使积累基金的增长速度一般快于消费基金的增长速度呢？笔者看未必。随着国民收入的增长，积累基金的增长速度大于、等于和小于消费基金增长速度这样三种情况都可以使积累基金的绝对量增长。当积累率过高，要使其下降时，积累基金的增长速度要小于消费基金的增长速度；当积累率过低，要使其上升时，积累基金的增长速度要大于消费基金的增长速度；当积累率比较合理而相对稳定时，积累基金的增长速度与消费基金的增长速度要大体相等。宋养琰同志不区分这样三种情况，只提出"积累基金的增长速度一般要快于消费基金的增长速度"，即积累基金一般要优先增长这个原则，必然会导致积累率不断上升。其结果，那就是高积累与低消费。

第三，讲求消费效率。

生产和流通中的经济效益问题已经引起注意，正在逐步解决之中。可是，消费领域中的效益问题尚未引起足够重视，至今存在着许多问题，而无人问津。例如，家庭用缝纫机的社会拥有量1983年末已达到7675万架，平均每百人拥有7.5架，可是城乡居民都还存在着"做衣难"的问题。这是什么原因呢？难道一百个人拥有7.5架缝纫机还不够用吗？缝纫机的数量的确已经不少了，问题在于，许多人买了缝纫机后，一没有时间去做衣服，二不会裁剪衣料。这样，缝纫机就不能发挥作用。对这个问题，从社会来

---

① 宋养琰：《社会主义国家对居民消费进行科学指导的任务》，《消费经济研究资料》1984年第2期，第3页。

看，大批的钢铁和木材置于千家万户之中，而没有发挥效益。这确实是很大的浪费。如果我们多发展点服装工业，多办一些服装店，少生产一些家用缝纫机，可能会提高我国人民穿衣问题的消费效益。

以城镇居民吃蔬菜来说，这是2亿多人口每日三餐都离不开的。为此，每年要用很大的力量日夜不停地把近千亿斤的青菜运进城镇，再经过几十万名售货员之手卖给居民。居民拿回家，能够食用的部分究竟有多大？顶多有70%。居民扔掉的大批腐烂蔬菜不但污染空气，还要变成垃圾再运往城镇之外，这方面耗费的社会劳动是相当大的。如果我们利用农村大量劳动力把蔬菜进行适当加工，把"毛"菜变成"净"菜，并按重量分别包装，再运进城镇，这样一定能够减少大量的往返运输力量，减轻售货员和居民的劳动，提高蔬菜的消费效益。

目前公费医疗制度中的"大锅饭"问题尚未解放，其不仅助长了某些人小病大养、无病呻吟的坏风气，而且每年浪费的药品不计其数。这就是说，药品的消费效益是很差的。如果我们对公费医疗制度加以改革，消除其中的"大锅饭"问题，使药品的消费与个人利益挂上钩，则无疑会提高药品的消费效益。自从奖金税实行以来，有些单位由乱发奖金变成乱发各种实物。发实物时，不管谁家有没有，都是一份。然而，有些家庭并不缺少这些东西，领回家去只好放着，这些消费品也就难于发挥效益了。某些科研单位或高等学校，向业务人员发放专业书刊时，其他人员也照领一份。这些专业书刊能否发挥出效益，则大成问题。

在我们日常生活的吃、穿、用、住、行、医诸方面，不讲求消费效益的事例还多得很，不必逐个列举了。大量事实说明，不仅在生产和流通中要大力提高经济效益，而且在消费中也面临着提高效益的艰巨任务。马克思指出："消费直接也是生产，正如自然界中的元素和化学物质的消费是植物的生产一样。例如：吃喝是消费形式之一，人吃喝就生产自己的身体，这是明显的事。而对于以这种或那种形式从某一方面来生产人的其他任何消费形式也都可以这样。"[①] 在消费这种生产中，正像在物质产品的生产中

---

① 《〈政治经济学批判〉导言》，《马克思恩格斯选集》第2卷，第93页。

一样，也存在着投入与产出的关系。这种关系仍是消费效益。以最小的投入取得最大的收益，这就形成最佳的消费效益。在消费水平既定的条件下，是否讲求消费效益，表现在生活质量上的差别那是很大的。有的把生活费用于吸毒、酗酒等，损害身心健康，其消费效益不是正的，而是负的。消费指导的任务之一就是经常向消费者指出如何以最少的劳动、时间、资源取得更高的生活质量，即引导消费者取得最佳的消费效益。

为了提高消费效益，要从两方面努力。一方面，在现有经济条件下，以有限的劳动时间和资源，使消费者的生活质量更高；另一方面，在保证已有生活质量不下降的前提下，节约劳动、时间和资源。

在现有条件下提高消费者生活质量的途径是很多的。例如，改进吃的方式。1公斤黄豆含蛋白质400克，如果直接吃煮熟的黄豆粒，只能吸收200克蛋白质，而加工成豆腐吃，则可吸收300克蛋白质。目前大豆库存不少，可是不少城市向居民直接供应大豆，而不去解决吃豆腐的问题，这不能不影响消费效益的提高。再如，开展综合利用，100斤花生壳粉，可产出300斤乙级酱油、6斤40度的白酒、3斤做肥皂的油脂。花生壳的综合利用会明显提高其消费效益。还有，我国的图书馆、文化馆、展览馆、博物馆等本来就不多，而且还没有很好利用，效益很差。如果改进一下管理制度，则可大大提高它们的消费效益。像住房问题，如果改进一下分配方法，解决苦乐不均问题，也可使住的条件有所改善。某些城市即使不增加公共交通工具，若加强车辆的调度和改进管理体制，提高运输效益，也会缓和"乘车难"的程度。诸如此类的办法多得很，都能提高消费效益。

消费领域中的节约问题很重要。目前要特别注意物质资源和自由时间的节约。我国的物质资源并不十分丰富，每人平均的数量更少，因此不仅在生产中要注意节约，在消费中也要尽量降低各种物资消耗。目前我国每天消费粮食62万吨、猪肉3万吨、食用植物油1万吨、糖1万吨、生活用布2762万米，此外，职工住宅每天竣工面积32万平方米，客运量每天1175万人次。[1] 如此巨大的消费量，稍微注意节约，其效益之显著是不难想象

---

[1]　国家统计局：《中国统计年鉴》，中国统计出版社，1983，第5页。

的。在人力资源方面我国得天独厚，极其丰富。从这个情况出发，要多多开辟充分利用人力资源的新的消费领域。同时也要注意节约活劳动，不要以为人多，浪费点人，浪费点时间，没有什么关系。现在劳动者的业余时间多半用于家务劳动。若在家务劳动社会化、现代化上多下点功夫，那就可以使劳动者有更多的时间参加一些有益于德、智、体发展的消费活动。8小时以外的时间，即自由时间，按马克思的说法，是"从事较高级活动的时间，"是"个人得到充分发展的时间"。① 对这些时间的利用以及其中的各种消费活动，都应加强指导，放任自流是不行的。

在消费指导中还要注意解决宏观消费效益与微观消费效益的矛盾。在我国，由于国家、集体和个人的利益是根本一致的，所以宏观消费效益与微观消费效益也是统一的。但是二者也有矛盾，例如，农民自己盖房，占用较多的土地，对自己的生活会更方便一些。可是我国人口众多，土地有限，耕地更少，人均只有1.5亩，仅相当于苏联、美国的十分之一，绝不能允许居民房屋占用很多的土地。因此对农民建房应加强消费指导，既要使农民的房屋舒适、方便，又要节约使用土地。在日常生活中，宏观消费效益与微观消费效益的矛盾是很多的，要多方指导，妥善解决。

第四，坚持社会主义消费观

任何阶级、任何个人都有自己的消费观，据以安排自己的生活，评价别人生活的是非。在我国现阶段，毫无疑问应该以社会主义消费观判断消费领域中的是非。在消费领域中坚持马克思列宁主义，坚持社会主义消费观，是我国亿万人民生活消费的一大特色。社会主义消费观向人们指明，什么样的生活方式是幸福的、有价值的、美好的、值得追求的；什么样的生活方式是没有意义的、应当抛弃的。社会主义消费观既反映社会主义物质文明，又反映社会主义精神文明，能够指导消费者的生活过得既富裕、多样，又健康而有意义。

过去"左"倾错误思想把社会主义消费观弄得面目全非。那时，谁最穷、生活最差，谁就最革命、最光荣；而生活富裕一点，吃穿好一点，搞

---

① 《马克思恩格斯全集》第46卷，下册，第225~226页。

点花样,与众稍有点不同,那就是"资产阶级生活方式""修正主义的苗子"。"穷则革,富则修"的教条长期禁锢着人们的思想和生活。那时,吃饭是凭票证供应的大体一样的东西,穿衣是黑、灰、蓝三色,住房是按相同的图纸建造的,甚至唱歌、念书、走路都必须一个腔调,一种姿势。凡此种种,把几亿人的生活弄得贫穷、单调、死板和僵化,扼杀了消费的活力。"左"的流毒至今尚未肃清,如上所述,还有什么裤腿只能多宽、头发只能多长、鞋跟只能多高、不准奇装异服等规定。人民群众连自己的生活爱好和自由都没有,哪里还像主人翁。"左"的一套东西不肃清,生活休想富裕和多样化。

旧中国劳动人民的饥寒交迫的悲惨生活已经一去不复返了。革命前辈吃草根、树皮的艰苦岁月也已载入史册,进博物馆了。艰苦奋斗的精神永远值得发扬,但那种生活不应重演。上面我们提出要注意消费领域中的节约问题,也不是为了使消费者成为"苦行僧"。共产党人过去打天下,为了救穷人出苦海,而今建设社会主义,消灭贫穷,则要使亿万人民过最美好、最幸福的生活。如果以饱肚子的"瓜菜代"为满足,如果以衣服"新三年、旧三年、缝缝补补又三年"为高尚,如果以四面透风的破旧的茅屋为高堂,如果我们沉醉于这些贫穷的生活,何必不安身于旧中国的苦难深渊?何必要搞革命、搞建设?应当明白,社会主义不是让人们贫穷,而是让人们富裕;不是让人们的生活单调、贫乏和死板,而是要丰富多彩,使全体人民过美满幸福的生活。

近几年来城乡居民储蓄急剧增长,再加之积累率又开始回升,达到30%的最高临界点,这样再发展下去可能会削弱当前的消费。这是消费指导中应该注意的问题。如果居民把大量收入存入银行,变成储蓄,而不能实现消费,这就没有实现社会主义生产的目的。筹集资金的着眼点主要不应放在消费领域,而要放在生产领域和流通领域。固然没有生产的发展,消费不可能提高,但是没有消费的提高,生产也难于发展。生产转化为消费,消费又转化为生产,二者互相促进,一浪高过一浪,不断前进,这是我国生产与消费关系的真实写照。从这一点出发,在消费指导中应提倡"能挣会花",即劳动中多挣钱、生活中会花钱;既要反对不能挣钱而又乱花钱的少爷习气，又要反对只会挣钱而不敢花钱的吝惜作风。

随着对外开放，西方的资产阶级生活方式以及某些腐朽的东西也会渗透进来，缺乏生活经验的年轻人，可能盲目地模仿那些东西，这不值得什么大惊小怪。不过，任其自然，放弃消费领域中的思想斗争是不行的。我们要加强消费指导，宣传社会主义消费观，引导青年人学会生活，自觉抵制某些不健康的东西。

四 消费指导的机制和手段

根据以上原则指导消费时，要综合运用经济机制、行政手段和法律手段。

价格是指导消费的最重要经济机制。社会主义经济是有计划的商品经济。在商品经济中，价格的作用是很突出的。价格对于生产、流通的作用已经引起我们的重视。但是它对于消费的作用，尚未引起重视。这里有客观上的原因，也有主观上的原因。从客观上说，新中国成立前我国商品经济本来就不发达，新中国成立后30多年又几经挫折。直到1978年党的十一届三中全会前，农民生活中的自给部分大约占2/3，而商品部分仅占1/3，农民基本上还生活在自给自足的自然经济中。这就使得价格难以对农民生活发挥更大的作用。城镇职工家庭生活虽然依赖市场，但是，由于生活必需品的价格长期不变，甚至购销价格倒挂，国家大量补贴，因此价格的作用受到很大限制，居民也不关心价格的作用。从主观上说，在"左"的错误思想支配下，把商品、货币、价值、价格等视为异端，与旧社会的差不多，力图从人们的生活中清除掉这些"垃圾"。由于以上两方面原因，价格对消费的作用没有很好地发挥出来，所以没有引起人们的足够注意。

今后的情况不同了。我们要大力发展商品经济，改革价格体系，使价格不仅对生产和流通发挥更大的作用，也对消费产生愈来愈重要的作用。因此，对消费进行科学指导时，必须学会利用价格机制，充分发挥价格对生产消费的指导作用，使价格成为调节生活消费的重要工具。在这方面，有以下三种情况。

一是用价格刺激消费。降低某些商品价格，使居民的一定的货币收入购买更多的消费品,这会促进生活水平的提高,刺激人们更多地消费这些商品。近几年来,我国多次降低电视机、收音机、手表、涤棉布等产品的价格,起到了刺激消费的作用。今后仍然要这样做。

二是用价格限制消费。提高某些消费品的价格,会使居民用一定的货币收入购买较少的消费品,从而降低生活水平,这就会限制人们对这类商品的消费。一般说来,我们应尽可能发展生产,以满足人们生活需要,不用价格去限制消费。然而在一定条件下,有时还不得不用价格去限制消费,这是因为,在社会发展的现阶段上,资源和生产能力是既定的,它们规定着某些产品的生产数量。若生活消费超过了生产的可能,那是不能实现的,这时就有必要利用价格限制消费。我国对高级烟酒、呢绒等规定较高的价格,就是为了限制这方面的消费。对于某些短线产品和名牌产品,除了继续从生产方面加强工作、增加产量外,有必要利用价格机制限制一下消费。

三是用价格转移消费。有的产品供过于求,而另外的产品又供不应求,解决这种结构性的供求矛盾时,除了尽可能调整产业结构外,亦可利用价格调节消费结构。对于供不应求的商品可以稍微提高价格,对于供过于求的商品则适当降低价格,使居民的消费能力从前者向后者转移一部分,以解决消费结构与产业结构不相适应的问题。

指导消费的另一个重要经济机制是消费计划。在有计划的商品经济中,除了价格机制之外,再一个重要的经济机制就是计划机制。符合实际情况的消费计划可以给消费行为指出明确的方向。国家依靠宏观消费计划可以驾驭全国的消费活动,规定出全国消费的规模、水平速度和比例,使亿万人们的消费有章可循。企业依靠自身的消费计划,规定出企业消费基金的形成和使用,使职工的集体福利事业的发展有了保证。家庭依靠其消费计划,能够保持生活的稳定性,不至于"发了工资三天富,月末变成贫困户"。计划机制除了使消费有明确的方向以外,就是对消费的综合平衡的作用。大家知道,亿万人民主要依靠其个人收入去实现消费,而在商品经济条件下,居民货币收入能否变成消费品,实现消费,又取决于市场状况。如果没有计划机制的作用,只凭市场和价格对消费的调节,则往往产生供需矛盾,或者居民有钱买不到东西,或者有的消费品不能转化为货币。这两种情况都不能实现消费。计划机制的作用可以使价值形态的消费基金与实物形态的消费基金大体相符，使消费品市场供求基本平衡，保证千家万户能够依其货币收入在市场上买到消费品，最终实现消费。在消费指导中，我们既要尊重价值规律和市场、价格机制的作用，同时又不能忽视计划机制的作用，要使这两种作用都充分地发挥出来。

信贷和利息也是对消费有重要作用的经济机制。过去很长时间里我们仅仅重视信贷、利息这些经济机制对生产和流通的作用，而忽视它们对消费的作用。近几年来这种状况有所改变，信贷和利息的作用开始在消费领域中表现出来。在指导消费时，我们要充分利用信贷、利息这些经济机制。为促进城镇住房商品化，要开展居民住房消费信贷，办理居民购房或建房的存款与贷款业务。为加快解决农村建房材料严重不足的问题，银行可大量吸收农民建材消费存款，并将这部分集中起来的资金贷给建材工业部门，加速建材生产发展。还可开展像小汽车、空调器、电冰箱、电视机等耐用消费品的消费信贷活动。要使利息对消费发挥指导作用，它必须具有较大的灵活性。要区别不同的消费信贷，采取不同的利率。

税收在消费指导中也起着重要作用。过去我们对烟酒、奢侈品、迷信品等规定了较高的税率，以限制这类东西的消费，而对于人民生活必需品或者根本取消税收，或者税率极低，使之有利于人民生活消费。实践证明，税收对消费的指导是成功的。近几年来在改革中实行的个人所得税、奖金税等对消费起到了间接的指导作用。随着经济体制的改革，税收对消费的指导作用正在加强，所以，在消费指导中，要更好地利用税收机制。

在消费指导中除了运用上述各种经济机制外，还要运用行政手段。过去我们曾经使用行政办法，对居民生活必需品（如粮、棉、油等）实行定量供应和限量购买的办法。随着消费品日益丰富，限量供应的品种将越来越少。不过，今后在短期内难以完全取消行政措施对消费的干预。北京前两年已经取消了猪肉、火柴、肥皂等凭票限量供应的行政办法，近来由于这些消费品或者货源不足，或者抢购，使之供应紧张，又恢复了老办法。看来，要彻底废除行政手段对消费的这类干预是不容易的，只有消费品相当丰富，形成"买方市场"以后，才可能办到。为了维持社会公共秩序，保障人民生活安定,国家行政机关要颁布一些社会集体生活的命令、规定、条例和制度,例如在公共场合不准吸烟、随地吐痰,违者给予教育和处罚;北京市区以内不准汽车鸣笛,以减少噪音,安定生活;在名胜古迹,不准游览行人乱涂乱划。这些规定有利于人民生活,可以起到指导消费的作用。

法律武器也是指导消费的重要手段。例如对吸毒、赌博、娼妓等,国家要通过立法和司法手段严加禁止;对于赡养老人和教育儿童,国家要有明确的法律规定,使得老有所养、少有所教;对于破坏别人家庭生活的第三者,也要绳之以法。法律对生活消费的干预一定要遵循程序,不能随意行事。

社会舆论也是消费指导不可缺少的工具。对于像一般群众中的封建迷信这类活动,不宜于采取行政手段和法律制裁,而要通过社会舆论进行引导。

五 依靠群众进行消费指导

我们明确了指导消费的必要性、原则和方法以后,还有一个问题必须论及,这就是依靠什么社会力量去进行消费指导。消费指导不是某个组织或个人的事情,而是涉及亿万人的全国全民的一件大事。既然消费指导是群众的事情,所以,就要依靠群众来办。只有全国人民都来关心和进行消费指导,才能使这项工作取得成功。

首先,各级党组织及其助手青年团要关心消费领域中的思想倾向。人生观、幸福观、价值观等意识形态上的这些观念,听起来很抽象,难以把握。其实不然,它们都是很具体的,不但在生产和工作上表现出来,也都在日常的生活消费中反映出来。人们思想上的各种苗头往往先从消费中冒出来。因此,负责政治思想工作的各级党组织和青年团组织要重视消费上出现的种种新动向,抓住苗头,因势利导,提倡和推动符合社会主义消费观的东西,使消费引导成为建设社会主义精神文明的重要内容。人们消费什么,不消费什么,消费方式如何,除了取决于居民收入和物价等因素外,还依赖于消费政策、消费心理和消费习惯等。消费政策是党的政策的有机组成部分。各级党组织要通过消费政策的制定和执行来引导消费,贯彻党的意图，保证消费的社会主义方向。

　　国家对消费指导负有重要的责任。消费指导有宏观消费指导与微观消费指导两大类。国家对微观消费当然负有指导的义务，不过国家对消费的指导主要精力应放在宏观方面，即主要进行宏观消费指导。在这方面，国家要负责协调消费与生产、分配、交换之间的关系，以及消费内部的社会集体消费与个人消费，中央消费与地方消费、各地区消费、各社会集团消费之间的关系；要使消费率、消费水平和消费规模保持在合理的程度上，既不过高，也不过低，大体适宜，即形成适度消费；要使实物形态的消费基金与价值形态的消费基金大体相符，消费品可供量与居民货币购买力基本平衡，避免居民手中有钱买不到东西或者供过于求，形成消费品的积压；要从我国的资源情况出发，引导消费充分利用我国的资源，使物尽其用、地尽其利，扬长避短。宏观消费指导是消费指导的战略方面，它为微观消费指导规定了方向。对家庭和个人消费进行的微观指导，必须遵循宏观消费指导提供的基本前提。所以，一定要尽力使宏观消费指导更科学。国家的各个职能部门对于消费指导都负有不可推辞的责任。如上所述，计划是指导消费的重要经济机制，而计划的编制与检查需要依靠计划部门。计划部门要编制符合实际情况的用于指导人民消费的中长期消费规划和短期消费计划，把发展各项生活消费事业的目标、要求和主要指导性指标下达到各地区、各部门贯彻执行，并且要认真检查和监督生活消费计划的执行情况，发现问题及时解决，保证消费计划的真正实现。一定要使消费计划与生产计划、流通计划等相互衔接起来，成为一个整体。要把消费计划的完成情况作为评价整个计划工作的重要标志之一。

　　不论是轻纺工业、食品工业、服装工业、农业、手工业等生产部门，还是这些部门所属的生产企业，在组织和管理生产时，都要从生产的角度对消费进行指导，要关心自己的产品是否有利于人民的身体健康。生产既要从当前生活消费出发，满足目前人民生活的各种需要，又要从长远考虑，研制新产品，开拓新的消费领域。墨守成规、不去创新，没有日益增多的新产品供应市场，生产部门也就不能很好地去指导消费。有些新产品确实有利于改善人民生活，增强体质，但是群众一时不了解它们，这就需要生产部门加强对消费的指导，扩大这些产品的销路，以促进生产的发展。

商业部门，尤其是零售商业和服务业，也要负责指导消费。目前商业和服务业的队伍素质、业务技能、管理水平、设施建设和网点布局等，还不适应消费的需要，引导消费的能力还不够强。要加强商业和服务业对消费的指导，必须面向消费，努力改变服务方式，开展登门服务、预约售货、先试后买、拆零供应、外出摆摊等活动。要利用市场、商业广告、橱窗展览和产品展销等形式去指导消费。山东省滨县棉区农民收入成倍增长，他们对电视机不会安装、调试和保养，因此，想买而又不敢买。针对农民的这种心理，县商业部门加强对电视机知识的宣传，采取送货到户、安装到户、传授技术到户、维修保养到户。由于对电视机加强了消费指导，1983年电视机销售量相当于1982年的4倍，有25个自然村成为"电视村"，还有一千多户办理了预约登记。可见，有没有消费指导，大不一样。

如上所述，价格是指导消费的最重要的经济机制，而利用价格去指导消费者，除生产部门和商业部门之外，还有物价部门。物价部门要充分利用手中掌握的价格工具去指导消费。为了使价格能够调节消费，必须使价格具有较大的灵活性和竞争性，价格的形式要多种多样。对于哄抬物价、变相涨价等损害消费者利益的行为，物价部门要及时采取措施加以制止。

科研部门也是研究和指导消费的重要力量。不论是自然科学，还是社会科学，也不管是应用科学，还是基础科学，都应该研究消费领域中存在的大量课题，使我国人民的生活更加科学化。对于已有的生活消费方面的科研成果要大力进行普及、推广和应用，使其真正发挥作用，提高消费效果。像沼气的应用已经减轻了不少地方农民生活燃料的紧张程度，住房设计也开始有所改进，衣服、鞋帽的样式也多起来了，食品的品种、花样也有所增多，这些成绩都有科研部门的一份。随着人民生活水平的提高，消费将向科研部门提出更多的要求，而科研部门则要更关心人民生活，加强对消费的指导。

卫生保健部门要对居民的卫生保健进行科学的指导。例如：对于婴幼儿、青少年、孕妇、老年人以及各种不同职业的劳动者给予营养指导；为贯彻"预防为主"的方针，对不同类型地区的卫生状况进行检查、监督和指导；要大力普及医药知识，使广大居民提高自身的防病和治病的能力，以增强体质。

其他各个部门，如教育、新闻、出版、文化、艺术、电影、戏剧、广播、电视等，都负有指导居民消费的任务。中央电视台的"为您服务"节目，北京电台的"生活顾问"节目，《经济日报》《中国青年报》《羊城晚报》关于消费问题的讨论，以及《参考消息》上的"吃、穿、用"专栏等，对于居民的生活消费都起到了指导作用。有的电台或报纸揭露和批评了某些地方的大吃大喝、请客送礼等歪风，这有助于把消费引向正确的轨道。各个部门都应当利用其手中掌握的工具对消费进行指导，传播好的消费信息和技能，批评某些不健康的东西。

除了以上这些部门对消费进行指导外，还必须有专门的消费指导机构。这种组织国外比较多，我国也已经开始出现，本文开头提到的武邑县"青年消费引导协会"就是其中的一个。最近成立的全国消费者协会、广州市消费者委员会等，也是这类组织。由于消费在我国占有十分重要的地位，所以消费者组织将会增多，它们的作用将越来越大。消费者组织要在党和政府的有关方针政策指导下，专门负责对消费进行指导，还要研究和制定我国消费战略、消费体制、消费方式、消费结构、消费心理等问题，并向领导提供这些方面的资料，作为决策的参考。

消费是群众的事业，人人都是消费者。因此，要对十亿多人民的生活消费进行科学指导，单靠政府和少数一些组织也不够，还必须发动群众，依靠群众。不仅在生产和工作中要有成千上万的"诸葛亮"，而且在生活中也要有众多的"诸葛亮"。他们的生活经验丰富，生活技能较强，应当使他们的经验和技能广为传播，使其在消费指导中发挥更大的作用，成为亿万群众生活中的宝贵财富。最好使这些人成为已经成立的或即将成立的各类消费指导组织中的成员或顾问，为他们发挥作用提供一定的场所。

指导消费的各个部门、组织和个人，都不是孤立的，而是互相联系在一起的，形成一套完整的消费指导网络。只要这种网络运行正常，我国人民的生活消费就可以沿着正确的方向健康地向前发展。

本文原载：《经济工作者学习资料》1985 年第 23 期

低消费再现及其治理

一 当前出现的低消费问题很值得关注

20多年前,改革开放伊始,经济界异口同声批判和声讨低消费、高积累问题。当时的所谓高积累,其20年(1958~1978年)平均积累率也不过33%左右,相应的低消费率在67%左右。最后得出的几乎一致的结论认为,适度的或科学合理的积累率为25%左右,而消费率为75%左右。

20年后的今天,对上述的认识应做出如何评价?是真理佐见,还是谬种误传!且看事实。从1978年至2001年的24年间,平均最终消费率为62.3%,资本形成率为37.0%。这同1958~1978年20年间的高积累、低消费相比,难道不是出现了更高积累、更低消费的问题吗?具体情况请见表1。

表1 1978~1985年的最终消费率和资本形成率

单位:%

时间	1978年	1979年	1980年	"六五"期间	1981年	1982年	1983年	1984年	1985年
消费率	62.1	64.3	65.4	66.1	67.5	66.3	66.2	65.5	65.7
资本率	38.2	36.2	34.9	34.5	32.3	32.1	33.0	34.7	38.5
时间	"七五"期间	1986年	1987年	1988年	1989年	1990年	"八五"期间	1991年	1992年
消费率	63.4	64.6	63.2	63.7	64.1	62.0	58.7	61.8	61.7
资本率	36.7	38.0	36.7	37.4	37.0	35.2	40.3	35.3	37.3

续表

时间	1993年	1994年	1995年	"九五"期间	1996年	1997年	1998年	1999年	2000年
消费率	58.5	57.4	57.5	59.5	58.5	58.2	58.7	60.1	61.3
资本率	43.5	41.3	40.8	37.5	39.3	38.0	37.4	37.1	36.2

时间	"十五"期间	2001年
消费率	—	60.6
资本率	—	37.3

资料来源：《中国统计摘要》，中国统计出版社，2002。

表1中的资料说明了什么？说明消费是适度，还是膨胀，或不足？是低消费，还是高消费？毫无疑问，肯定是低消费或消费不足。原因很简单，从1978年的低消费率62.1%经过曲折过程降至2001年的更低消费率60.6%。当然，这是相对于生产发展速度、积累率、资本形成率而言的相对水平，不是绝对水平。就绝对数表示的消费水平而论，二十多年提高很多。这个时期是历史上中国人民生活改善最快的时期。在做出这个肯定之后，又不能怀疑如下的假定：如果消费与投资（积累）的关系更协调一些，消费尤其是农民的消费就可以增长得更快一些，生活改善得更多一些。

判断消费是否适度最好参照一些发展水平大体相同的国家的情况，或者说，找一个国际参照系。这一点在改革开放之初做得较好。近来，也有人注意了国际比较。有的文章写道："20世纪80年代以来的20年中，世界平均的最终消费率为78%~79%。其中美国1997年为86.6%，英国都在80%以上，印度、巴西为80%。由此可见，中国同世界平均水平相比，差了近20个百分点。用剔除掉政府消费后的居民消费数据，更加能够反映消费需求的实际情况。1997年，我国的居民消费率为47.5%，同期美国的居民消费率为68%，就连被世界公认的国内消费严重不足的日本，这一数据也达到59.8%。"[1] 这样的对比目前实在太少了，故引出供参考。我国同美、英、日等发达国家的差距较大，可比性较小，最好找一些发展中的大国进

---

[1] 参见《上海商业》2002年第9期，第7页。

行对比。

根据目前国家统计局的规定,在我国的"最终消费"中包括居民消费与政府消费两部分。这二者的比例在我国31个省、市、自治区里呈现出极其明显的差别。以2000年政府消费所占比重(政府消费率)来看,前五名分别是新疆(34.9%)、北京(33.8%)、宁夏(32.6%)、天津(30.7%)和青海(30.2%);后五名分别是安徽(17.1%)、四川(18.4%)、湖北(20.8%)、上海(21.9%)和江西(22.1%)。高低相差一倍以上,这是什么原因造成的?很值得研究。如果说边远的新疆、青海、宁夏等地广人稀,交通费用庞大,可以理解;那么北京与上海同为大城市,为什么也相差达十几个百分点呢?是否在某些省、市、自治区也存在政府的高消费,而居民的低消费呢?

在居民消费中,又划分为农村居民消费与城镇居民消费。随着城市化发展以及农村人口向城镇的转移,农村居民消费所占比重必然呈下降趋势,而城镇居民消费所占比重必然出现上升趋势。2000年比1978年,农村居民消费所占的比重由62.1%下降到45.2%,而城镇居民消费的比重则由37.9%上升到54.8%。如上所述,这种升降有其合理的成分。但是,其中也隐藏着农民消费增长缓慢甚至下降的严重问题。据国家统计局的资料,1998年和1999年农村居民消费支出仅比上年分别增长19元和32元,或者说增长1%和1.7%。而有的文章指出,不仅没有上升,反而下降,分别下降26.8元和12.9元,或者说分别下降1.7%和0.8%。[①]

不管是微升,还是下降,相对于我国经济的高速发展,相对于畸高的资本形成率,不能不承认,这是低消费的再现。

二 低消费为什么再现?

低消费为什么再现?主要原因有以下几个。
(一)重生产、轻生活
在生产建设上,近十年来,超大型工程接连上马。像三峡工程、京九

---

① 参见《现代经济探讨》2002年第5期,第9页。

铁路、西电东送、西气东输、南水北调、三北防护林、青藏铁路、核电站，以及遍布全国的高速公路网等，哪一项不耗费巨资。这些举措从根本上、从长远上看，肯定有利于生活的改善。但从目前说，它们将占用巨额资金，且短期内又难以收回。因此，在资金一定的前提下，改善生活的钱就显得不足了，导致许多县乡发不出去工资，医疗费无着落，农村贫困人口还有一定比例等问题。上述的许多有益于子孙后代的大工程，不是不应搞，而是上马太集中，国力一时难以支撑，在一定程度上挤了生活。在生活与生产关系上，我们既不主张先生产、后生活，也不同意先生活、后生产，而必须将二者同时并举，放在同等重要的位置上，使生产发展与生活改善协调起来。

（二）重城市、轻农村

我国目前并没有出现一些国家的"城市繁荣、农村偏枯"的问题，但是，城镇发展快，而农业和农村发展慢，则是值得注意的，一定要防止出现"城市繁荣、农村偏枯"问题。近几年，县乡小型企业不太景气，农民从这些企业取得的收入相对减少。随着农业结构调整，经济作物、水果、蔬菜、水产品等增加很多，但供过于求，价格相对下降，农民获得的效益并不理想。农民外出到城市打工，又受到种种限制和歧视，收入增长不多。再加之屡禁不止的乱摊派、乱收费、乱罚款，以及农民教育、医疗等支出增加，使得农民收入与支出的关系似有愈加不协调之现象。在改善生活问题上，不能仅限于城市职工和城市人口，而必须同时关注农民问题。农民改善生活更难。为使城乡消费关系协调，必须实行城乡并举，使二者的增长速度大体同步，甚至农民消费增长速度稍高一点，以便将来消除城乡差别，达到全国城乡共同富裕的目标。

（三）重外需、轻内需

推动经济发展和人民生活水平提高，一靠内需，二靠外需。所谓外需者，是指国家的净出口，即满足国外的需求。我国的外贸出口额由1978年的97.5亿美元增长到2001年的2661.6亿美元，增长达26.3倍。真可谓高速度！即使在1997~1999年亚洲金融危机期间，我国在这三年的净出口（出口与进口的差额）也分别达到404.2亿美元、434.7亿美元、

292.3亿美元。这三年的净出口折合人民币计算达9300亿元以上。由此可见,外需对我国经济推动的作用多么巨大。这是值得高度重视的。但是,启动内需的政策则是1998年作为抵御亚洲金融危机冲击的措施而出台的。似乎有点晚!如上所述,在启动内需上,也是把更多的资金和项目用在生产建设,尤其是大型工程上,而对亿万居民消费需求的启动则不够有力。居民消费需求、投资需求、出口需求是拉动经济前进的三驾马车。其中最重要最根本者是居民消费需求。这个需求启动不力,是低消费再现的根本原因。

(四) 重收入、轻消费

以往经常有人将收入当成消费,认为收入增长很快,就是消费提高很多,收入膨胀就是消费膨胀,因而在报刊上连续几年痛斥所谓"消费膨胀"。其实,在我国改革开放二十多年间,始终不存在消费膨胀问题。[①] 当然,有些地区的有些行业有时确实存在收入增长过快的问题。根据收入=消费+储蓄,如果收入=消费,那么储蓄必然等于零。在我国,储蓄不仅不为零,反而以极高的速度增加。我国城乡居民储蓄存款年底余额由1978年的210.6亿元增加到2001年的73762.4亿元,增长349倍。这样的高速度在世界经济史上都是罕见的。储蓄不是现实消费,能否转换成未来消费尚需一定条件。条件不具备,它将永远是积累,而不是消费。储蓄在当前就是积累,转换成投资,用于生产建设上。近二十年的高储蓄是形成高积累、高投资、低消费的重要机理。这同世界上著名的高投资、低消费国(日本)有类似之处。在储蓄问题上,早有人研究如何将储蓄转化成投资,可惜至今未见如何将储蓄转化成消费的研究论著。如果一味鼓励储蓄而不研究如何将它转化成消费,则其结果必然是低消费的一现再现而已。对于收入也应当这样说,如果仅仅满足于收入增加,而不研究如何将收入转化成消费,也可能出现高收入、低消费的局面。不能仅重视收入、储蓄,而轻视消费,必须把三者放在同等重要的位置,使它们协调发展。

---

① 杨圣明:《"消费膨胀论"质疑》,《财贸经济》1989年第11期。

（五）重预期、轻现实

随着市场经济发展和经济体制改革的深化，尤其是消费体制改革的大力推进，住房、医疗、养老、教育等消费逐渐由供给型向自理型转化，这就迫使人们既要安排好当前的生活消费，更要谋划和筹备未来一生的生活消费。也就是说，人们必须加强收入预期和消费预期。因此，存钱防老、存钱防病、存钱买房以及供子女升学等必然促使储蓄迅速增加。即使利息一降再降，储蓄增势仍然不减。这说明消费预期多么强劲。宁肯眼前的生活差一点，甚至受点苦，也要为子女未来的升学、前途安排好，也要使自己老年生活有个着落。这既是储蓄猛增的动因，又是目前低消费再现的动因。

（六）重共性、轻差别

在由温饱向小康转变的过程中，居民生活也由雷同型向多样型转化。过去，大家的收入、生活都差不多，可谓雷同也！如今，差别扩大了，生活多样化了，主要差别有三种：一是城乡差别，二是地区差别，三是社会阶层的高低差别。目前，广大的乡村、贫困地区以及贫困的社会阶层收入太低，刚刚解决了温饱，甚至温饱尚未完全解决，对于更高的消费真是可望而不可即的。反之，高收入者，富裕者，即使有了大量收入，因其各项生活都已满足，也无须再把更多的钱用于目前的生活消费。真是，想消费者无收入，有收入者不愿消费，故低消费是必然的。

三　低消费治理

既然找出了低消费形成的种种原因，也就易于对症下药进行治理了。根本的措施或药方当然是解决上述的"六重"与"六轻"，正确处理生产建设与生活消费的关系、农村居民消费与城镇居民消费的关系、外需与内需的关系、收入与消费的关系、预期与现实的关系以及共性与差别的关系。除此之外，当前似应着力解决以下几个问题。

（一）千方百计增加农民收入，提高农村居民消费水平

农民消费问题已经成为我国消费领域中的主要矛盾和关键问题。这个

问题的严重性和紧迫性正在被越来越多的人认可。针对农民收入低、负担重的问题，既要多方增加农民收入，又要大力减轻农民负担。在增加收入方面，继续调整农业产业结构，大力发展绿色农业、创汇农业、特色农业；大力扶植县乡企业尤其是服务类企业，使之吸收更多的农村劳动力；国家和社会各方面大力组织和培训农村智能型劳动力，使之成为农村致富的带头人；积极推动小额扶贫贷款，帮助贫困户创业脱贫；组织好外出打工，保护他们的合法权益。在减轻负担方面，除了坚决刹住"三乱"之外，实行农用工业生产资料的退税制，即在购置时交税，年终凭发票向农民退还其中包含的各种税款，或者说，实行农用工业生产资料的零税制，以减轻农民的税负；九年制义务教育实行免减学费制度，尤其在边远贫困地区一律实行免费教育，其教育经费的不足部分由县、省、中央三级财政分担，以减轻农民的教育负担；在中西部地区，减免农业税，可先试行二三年，然后再决定是否推广；大力精简县乡村的机构，减少"官"，减少行政经费。

（二）切实解决城镇低收入家庭的生活困难问题

除了确保退休金按时发放和坚持最低生活保障线之外，在住房方面，实行低价廉租房。在城镇不同地区由政府出资盖一批供贫困生活家庭使用的住房。据德国的经验，这种房子要分散建造，不宜太集中，以免形成"贫民区"，最好与其他住房搭配组合，共同组成某个社区。在子女受教育方面，义务教育阶段实行减免费制度，高等教育阶段实行助学贷款和勤工俭学办法。在饮食方面，可实行低价食品券，在指定的商店中购买便宜的食品，而政府则给予这类商品一定补助。总之，在城镇居民消费方面，应实行"上不封顶，下要保底"的政策。对于社会底层的贫困人群的生活一定要切实解决，绝对不能出现"街头居民"，更不能形成"贫民区"或"赤贫群"。要不断进行反贫困斗争！

（三）加大区域间转移支付的力度，遏制地区差别扩大的势头

解决地区间收入、消费方面的差距，固然要从发展后进地区经济入手，但从宏观上通过国家财政政策进行适当的转移支付，先富帮后富，也不失为重要手段。在转移支付过程中，一定要提高效益，把资金用在刀刃上，坚决防止"跑冒滴漏"。

（四）运用税收杠杆调节社会分配关系

例如，扩大就业人数的投资，按比例抵扣所得税；向贫困地区的投资，按比例减免税收；银行存款的利息税专门用于扶贫解困，不准移作他用，等等。在调节分配关系方面，税收杠杆确有用武之地。

本文原载：《消费经济》2002年第6期

关于消费与投资的统筹问题

最近党中央提出了构建社会主义和谐社会的任务。如何才能完成这个历史任务呢？在经济领域里，这就要求以科学发展观为指导，构建协调的经济关系。消费与投资的关系是一种很重要的经济关系。它实质上是生产与生活的关系，是当前利益与长远利益的关系，关系着国民经济全局和构建和谐社会的顺利与否。

一 通货膨胀压力来自投资膨胀而非消费

当前，宏观经济上的问题，从经济结构上看，存在"三冷三热"，即农业冷、工业热；西部冷、东部热；消费冷、投资热。仅投资热、消费冷而言，它是我国经济建设中长期没有解决的顽症，也成为当前构建和谐经济关系的难点和热点问题之一。1958~1978年的20年间，平均积累率（资本形成率或投资率）为33%，而消费率为67%，这被经济学界称为高积累、低消费时期。从1978~2003年的25年间，平均积累率（资本形成率或投资率）上升至38%，而消费率仅为62%。比前20年，消费率下降5个百分点，而积累率上升5个百分点，这难道不是出现更高积累、更高投资、更低消费了吗？更值得关注的是，2003年的积累率（资本形成率或投资率）竟然高达42.9%，成为我国仅次于"大跃进"时期1959年的43.2%和1993年的43.5%的第三个高峰。东亚金融危机出现后，从1998年实施扩大内需的方针以来，消费率一直处于下降的趋势，从1978年的58.7%降至2003年的55.4%，下降3.3个百分点；而投资率（资本形成率）则由37.4%上升至42.9%，上升5.5个百分点。扩大内需实施的结果表明，仅仅扩大了投资，而压缩了消费。在这个意义上，可把扩大内需视同扩大投资。这就从根本上扭曲了消费与投资的关系。对这个问题国外专家也有所评论。英国的一位学者马丁·沃尔夫指出，中国的投资率显然高得出奇，超过了 GDP 的 40%。目前中国的人均 GDP（按购买力平价计算）相当于韩国 1982 年和日本 1961 年的水平，但在那些年份韩国的投资率低于 30%，而日本则为 32%。[1] 美国一位中国问题分析家贾森·金多普曾指出，"中国经济现在很不平衡，极大地依靠投资而不是消费，它可能是人类历史上经济最不平衡的国家。"[2] 消费中包括政府消费与居民消费二者。除政府消费外，单以我国居民消费与其他国家居民消费相比，更显出我国消费不足的严重性。据《世界银行发展报告》（2003 年）的资料，居民家庭消费占 GDP 的比重，2001 年美国为 68%，英国为 65%，法国为 55%，德国为 58%，日本为 56%，意大利为 60.5%，印度尼西亚为 67%，巴基斯坦为 78%，孟加拉国为 79%，尼日利亚为 67%，俄罗斯为 51%，而中国只有 48%，不仅明显低于发达国家，也低于许多发展中国家，比全世界平均数 61% 也低 13 个百分点。以上情况表明，我国确实存在着消费的严重不足问题。当然，消费不足的程度在不同地区、不同行业、不同社会阶层中大不相同。一般说，农村比城市更严重，西部比东部更严重，中低收入者比高收入者更严重。城乡的低收入者最为严重。这不是说人民生活水平没有提高，而是指相对于投资而言，消费的比重下降了。以上情况表明，我国的投资与消费关系已经失衡，非调整不可了。

二　低效益是高积累、低消费的根源

投资与消费的关系为什么会失调？主要原因有以下几点。

（一）重速度，轻效益

众所周知，改革开放以来我国经济高速增长，1979 年至 2003 年 GDP 年均增长 9.4%。但是，宏观经济效益，尤其是投资效益，并没有提高，反而

---

[1]《参考消息》2005 年 4 月 15 日。
[2]《参考消息》2004 年 12 月 16 日。

下降。2003年比1981年，百元投资取得的GDP下降39.7%，或者说，取得百元GDP所需要的投资上升64.3%。按国家统计局公布的固定资产投资效果系数计算，也由1990年的36.3降至2003年的21.6，降低40.5%。在投资效益没有提高甚至下降的情况下，要取得高速度，唯一的办法就是增加投资。而增加投资，在资金总额一定的前提下，必然挤占消费资金。可见，投资的低效益，是低消费的根源。

（二）重生产、轻生活

在生产建设上，近十年来，超大型工程接连上马。像三峡工程、京九铁路、西电东送、西气东输、南水北调、三北防护林、青藏铁路、核电站，以及遍布全国的高速公路网等，哪一项不耗费巨资。这些举措从根本上、从长远上看，肯定有利于生活的改善。但从目前说，它们将占用巨额资金，且短期内又难以收回。因此，在资金一定的前提下，改善生活的资金就显得不足了，导致许多县乡发不出去工资，医疗费无着落，城乡贫困人口还有一定数量等问题。上述的许多有益于子孙后代的大工程，不是不应搞，而是上马太集中，国力一时难以支撑，在一定程度上挤了生活。在生活与生产关系上，我们既不主张先生产、后生活，也不同意先生活、后生产，而必须将二者同时并举，放在同等重要的位置上，使生产发展与生活改善协调起来。

（三）重城市、轻农村

我国目前并没有出现一些非洲国家的"城市繁荣、农村偏枯"的问题，但是，城镇发展快，而农业和农村发展慢，则是值得注意的，一定要防止出现"城市繁荣、农村偏枯"问题。近几年，县乡小型企业不太景气，农民从这些企业取得的收入相对减少。随着农业结构调整，经济作物、水果、蔬菜、水产品等增加很多，但供过于求，价格相对下降，农民获得的效益并不理想。农民外出打工，又受到种种限制和歧视，收入增长不多。再加之屡禁不止的乱摊派、乱收费、乱罚款，以及农民教育、医疗等支出增加，使得农民收入与支出的关系似有愈加不协调之现象。在改善生活问题上，不能仅限于城市职工和城市人口，必须同时关注农民问题，而农民改善生活更难。今年，中央采取了许多政策，农民收入明显增长，开了好头，应继续下去。为使城乡消费关系协调，必须实行城乡并举，使二者的增长速度大体同步，甚至农民消费增长速度稍高一点，以便将来消除城乡差别，达到全国城乡共同富裕的目标。

（四）重外需、轻内需

推动经济发展和人民生活水平提高，一靠内需，二靠外需。所谓外需者，是指国家的净出口，即满足国外的需求。我国的外贸出口额由1978年的97.5亿美元增长到2004年的5000多亿美元，增长达50多倍。真可谓高速度！即使在1997～1999年亚洲金融危机期间，我国在这三年的净出口（出口与进口的差额）也分别达到404.2亿美元、434.7亿美元、292.3亿美元。这三年的净出口折合人民币计算达9300亿元以上。由此可见，外需对我国经济推动的作用多么巨大。这是值得高度重视的。但是，启动内需的政策则是1998年作为抵御亚洲金融危机冲击的措施而出台的。如上所述，在启动内需上，把更多的资金和项目用在生产建设，尤其是大型工程上，而对亿万居民消费需求启动不够有力。居民消费需求、投资需求、出口需求是拉动经济前进的三驾马车。其中最重要最根本者是居民消费需求。这个需求启动不力，是低消费的根本原因。

（五）重收入、轻消费

以往经常有人将收入当成消费，认为收入增长很快，就是消费提高很多，收入膨胀就是消费膨胀，因而在报刊上连续几年痛斥所谓"消费膨胀"。其实，在我国改革开放20多年间，始终不存在消费膨胀问题。[①] 当然，有些地区的有些行业有时确实存在收入增长过快的问题。根据收入＝消费＋储蓄，如果收入＝消费，那么储蓄必然等于零。在我国，储蓄不仅不为零，反而以极高的速度增加。我国城乡居民储蓄存款年底余额由1978年的210.6亿元增加到2003年的103618亿元，增长491倍，这样的高速度在世界经济史上都是罕见的。储蓄不是现实消费，能否转换成未来消费尚需一定条件。条件不具备，它将永远是积累，而不是消费。在严重通货膨胀下，它将几乎变成零。储蓄在当前就是积累，转换成投资，用于生产建

---

① 杨圣明：《"消费膨胀论"质疑》，《财贸经济》1989年第11期。

设上。近 20 年的高储蓄是形成高积累、高投资、低消费的重要机理。这同世界上著名的高投资、低消费国（日本）有类似之处。在储蓄问题上，早有人研究如何将储蓄转化成投资，可惜至今未见如何将储蓄转化成消费的研究论著。如果一味鼓励储蓄而不研究如何将它转化成消费，则其结果必然是低消费的一现再现而已。对于收入也应当这样说。如果仅仅满足于收入增加，而不研究如何将收入转化成消费，则也可能出现高收入、低消费的局面。不能仅重视收入、储蓄，而轻视消费，必须把三者放在同等重要的位置，使它们协调发展。

（六）重预期、轻现实

随着市场经济发展和经济体制改革的深化，尤其是消费体制改革的大力推进，住房、医疗、养老、教育等消费逐渐由供给型向自理型转化，这就迫使人们既要安排好当前的生活消费，更要谋划和筹备未来一生的生活消费。也就是说，人们必须加强收入预期和消费预期。因此，存钱防老、存钱防病、存钱买房以及供子女升学等必然促使储蓄迅速增加。即使利息一降再降，储蓄增势仍然不减。这说明消费预期多么强劲。宁肯眼前的生活差一点，甚至受点苦，也要为子女未来的升学、前途安排好，也要使自己老年生活有个着落。这既是储蓄猛增的动因，又是目前低消费的动因。

（七）重共性、轻差别

在由温饱向小康转变的过程中，居民生活也由雷同型向多样型转化。过去，大家的收入、生活都差不多，可谓雷同！如今，差别扩大了，生活多样化了，主要差别有三种：一是城乡差别，二是地区差别，三是社会阶层的高低差别。目前，广大的乡村、贫困地区以及贫困的社会阶层收入太低，刚刚解决了温饱，甚至温饱尚未完全解决，对于小康是可望而不可即的；反之，高收入者，富裕者，即使有了大量收入，因其目前的各项生活都已满足，也无须再把更多的钱用于目前的生活消费。真是，想消费者无收入，有收入者不愿消费。因此，如何协调高低消费关系也是个问题。

三 消费与投资的统筹应成为"第六个统筹"

既然找出了低消费形成的种种原因，也就易于对症下药进行治理了。

根本的措施是在科学发展观的指导下解决上述的"七重"与"七轻"问题。具体说来，主要有这样几点措施。

第一，坚持和落实科学发展观。科学发展观是对我国现代化建设实践经验的最新概括，也是对马克思主义、毛泽东思想和邓小平理论的最新发展。它的精髓是以人为本，实行五大统筹。这五个统筹对于解决前进中出现的问题具有重大的指导意义，必须长期坚持，毫不动摇。在经济发展中坚持以人为本，必须树立和坚持正确的经济工作目的和生产目的，为满足人民生活需要而生产，为满足人民生活需要而发展经济。在现实生活中，这方面还存在不少问题，为生产而生产，为 GDP 而生产，为乌纱帽而生产，屡见不鲜。针对为生产而生产的错误的认识，列宁曾指出："国内市场的扩大，在某种程度上并不依赖个人消费的增加，而更多地依靠生产消费。但是，如果把这种依赖性理解为生产消费完全脱离个人消费，那就错了。"[①] 马克思更深刻地指出："在不变资本与不变资本之间，会发生一种不断的流通。这种流通从来不会加入到个人的消费中，所以，在这个程度内，它本来不依个人的消费为转移，但它终究要受个人消费的限制，因为不变资本的生产，从来不是以它本身为目的的。"[②] 从消费与投资关系的重要性和复杂性看，只有在国民经济总体上从战略的高度进行全面统筹才能妥善解决好它们之间的关系。基于这种认识，笔者认为，在五大统筹之外，应再加上消费与投资的统筹，成为第六个统筹。这个统筹更具宏观性。以这个统筹的精神为指导，解决好生产建设与人民生活的关系，将有力地推动我国社会主义现代化建设事业的发展。

第二，一定要实现经济增长方式从粗放向集约的根本转变。党中央早就指出，我国的经济建设必须完成两个根本转变：在体制上完成由计划经济向市场经济的根本转变，在增长方式上完成由粗放型经济向集约型经济的根本转变。这两个转变不是孤立的，它们相互制约，又相互促进。体制转变的效果好坏要用增长方式转变的效果来衡量。因此，对待这两个根本转变都要高度重视，不能倚重倚轻，更不能偏废。从实际情况看，我国经

---

① 《列宁选集》第 2 卷，1972，第 176 页。
② 《资本论》第 3 卷，1966，第 339 页。

济体制转变程度显然高于增长方式转变程度。鉴于这种情况,对增长方式转变应有更大的力度。为此,今后在评比经济工作成绩大小时,不能仅仅看GDP的增长速度,更要着重经济效益指标,例如,资本利润率、产值利润率、劳动生产率、成本降低率等。这样,会促进效率提高、成本降低,实现少花钱、多办事、办好事。长期以来,我国生产建设领域中的高浪费,与人民生活中的低消费,形成鲜明的对照。这种二律背反的矛盾现象再也不能继续下去了。

第三,在宏观调控的操作层面规定出绝不允许超越的消费的最低界限。从我国50年实践经验看,这个最低界限随着情况变化而变动,但在一定条件下,则相对稳定。目前,消费率不低于58%,或者说投资率不高于42%,可能就是这个不能超越的最低界限。随着我国经济的进一步发展,消费率宜于再提高一个或两个百分点,达到消费与投资的60:40的关系也许更好。① 这是绝对应该遵守的界限,任何地区都不能超越。明确这个界限,将会防止头脑发胀,有助于头脑冷静一点。如果这个观点成立,那么我国的消费与投资关系目前已达到一个"拐点",即消费率由下降转为上升,而投资率则由上升转为下降。

第四,在调整投资与消费的关系时,一定要采取微调的方式。由于我国的GDP规模已经很大,超过13万亿元,无论投资率,还是消费率,每一个百分点的绝对值都很大,约在1300亿元左右,因此,消费率上升一个百分点,就意味着消费额增加1300亿元,而投资额相应地下降同等数额。鉴于这种情况,如果短期内大幅度调整投资率或消费率,则必然引起整个国民经济的巨大震动。笔者认为,每年最多调整一个百分点,争取五年左右时间使消费率进入合理区间。

第五,切实解决城乡低收入者的生活困难,使他们安居乐业。20多年来,随着市场经济的发展,居民收入差距迅速扩大,出现了两极分化的问题。目前,表明社会公平程度的基尼系数已超越了国际公认的0.4的警戒

---

① 在20世纪80年代初,不少学者曾根据我国1958~1978年20年间实际情况认为,消费与积累的关系以70:30为宜。当时,笔者也持这个观点。在我国,积累与消费的关系究竟是70:30,还是60:40,哪一个更正确?这仍有待于实践证明。

线。这种新情况值得高度关注，应采取有力措施解决。否则，将会影响社会稳定。改革初期，为了解决平均主义、大锅饭的问题，曾经提出过效率优先、兼顾公平的政策。这个政策的作用使中国出现了不少富翁，同时也出现了数量可观的困难户。现在的情况要求调整上述政策，将效率与公平置于同等地位，不能再过分强调效率。在就业方面，不能一味强调效率，而大量裁员，造成大量失业人员；在劳动报酬方面，必须规定出最低标准，不能允许难以糊口的极低报酬的存在；在社会保障方面，必须尽快全面建立失业、医疗、养老等保障，使劳动者老有所养、病有所医，失业或转岗也有最低生活保障，绝不能成为街头流浪者。在这些方面，社会主义制度的优越性应表现得更充分。

本文原载：《消费日报》2004 年 10 月 18 日

六
住房消费

新加坡解决住房问题的成功之举

新加坡过去是英国的殖民地。1959年实行自治时，人口虽然只有158万，但房荒是严重的社会问题，当时有40%的人居住在贫民窟和窝棚内。1965年独立时，人均居住面积只有6.9平方米。20多年来，新加坡居住条件发生了根本变化，人均居住面积在1989年达到21平方米，98%以上的人解决了住房问题。这标志着新加坡跨入先进的发达国家的居民住房行列。

新加坡成功地解决住房问题的经验：一是有一个符合国情的"居民有其屋"的政策；二是有一个高效能的规划和组织建房的机构——建屋发展局；三是有中央公积金局的雄厚的建房和买房资金。这三条经验密切相关，第一条指明了方向和目标，后两条则是达到目标的强有力手段。

一 实行"居者有其屋"的政策

新加坡执政的人民行动党和政府把解决人民的住房问题作为政纲和基本国策，始终不渝。1964年2月新加坡政府宣布实施"居者有其屋"的政策，鼓励中低收入阶层购买政府组屋，以拥有自己的住房。有人把这种政策称为"抓中间、带两头"的政策，着重说明这项政策集中解决大多数中等收入居民的住房问题。政策规定，上自政府部长，下至普通职工，除经济上十分困难买不起住房者外，一律必须购买房屋，以解决自己住的问题。为提供房源，新加坡政府的法定机构——建屋发展局进行了卓有成效的工作。政府除鼓励购买建屋发展局的住房外，还允许私人向建筑商购买住房，也允许私人建房。到1989年，全国88%的人口住在政府组屋内，全国79%的人购买了政府的组屋。加上私人建筑商提供和个人兴建的房屋，使全国公民（除个别外）都解决了住房问题。

在实施"居者有其屋"政策的过程中，遇到的主要障碍是居民缺乏购房资金。1964年2月政府推出"居者有其屋"政策时，尽管当时每套房价只有4000新加坡元~6000新加坡元，远远低于市场价格，但居民还是买不起，特别是交不起首次付款。新加坡政府当时规定，首次付款20%，其余由政府贷款，可在25年内分期还本付息，利率为6.26%。为解决首次付款的困难，新加坡政府1968年宣布公积金会员可以利用公积金的普通账户存款购买政府组屋，这就大大加快了个人购房的步伐。1968年当年就售出组屋1.41万套，比当年建成的1.3万套还多。目前，一般公积金会员，用大约3年的公积金存款就可以交付买房的"按柜金"，即房价20%的首次付款。

实行"居者有其屋"政策，会不会加重居民生活负担，影响居民的正常生活呢？事实上，不论购买哪种房屋，即使购买公寓式住房，每月为购屋而付出的款项，不过占其平均收入的13.5%~16.1%。这样的比例并不会影响每个家庭的正常生活。此外，还应看到，公积金除用于购买房屋外，每月还有不少剩余，可满足其他方面的需要。例如，购三房"A"型组屋者，每月的公积金为421新加坡元，购房只用150新加坡元，尚余271新加坡元，作为其他用途。这表明，居民购房不仅不会影响日常生活，也不会妨碍其他方面的需要。这从另一个角度反映了"居者有其屋"政策的成功。

二　建屋发展局的组织和规划效能

据考察，新加坡的建屋发展局在解决新加坡居民住房问题上起到了关键作用。

（一）建屋发展局的性质、任务和组成

新加坡1959年实行自治前，由改良的信托局负责公共建房任务。在其成立的32年中只提供了23万套住房。其中，1947~1959年的12年里，只建成2万套住房，加上私人建造的房屋共4万套。按同期人口计算，每增加16人，只增加一套住房。这说明，住房建设远远不能满足住房需要，必须

另辟新径。

1960年2月新加坡政府决定设立建屋发展局。它的任务是专门负责规划、组织和建造公共组屋，以解决广大中低收入阶层的住房困难问题。建屋发展局是隶属于国家发展部的一个半官方的法定机构，代表政府制定住房规划、标准、法规，并按商品经济原则组织实施。建屋计划一经批准，便具有法律效力，必须保证完成。建屋发展局作为法定机构，实施政府决定的建屋计划，但政府又不统包统揽，只向其提供贷款和津贴。该局按商品经济原则自主经营。

建屋发展局的主要任务有：①兴建价廉物美的公共组屋和附属设施，以满足组屋申请者和居民的合理要求；②实行合理的公共组屋政策，以支持国家的社会目标；③提供完善的组屋维修及有关的服务；④通过介绍建筑新技术，促进本地工业知识和技术的发展；⑤提高土地使用规划水平，改善居住环境。

（二）建屋发展局如何组织建房？

首先，需取得土地。建屋发展局取得建房用的土地主要有两个渠道：一是从律政部所属的国土局取得国家所有的土地；二是根据《征地法》，从私人征用的私有土地。前者约占1/3，后者约占2/3。两部分土地的使用不是无偿的，一般都是按商品经济原则购买的。新加坡的土地价格很低，1989年从国土局取得的土地，每平方米约600新加坡元~700新加坡元；从私人征用的土地，每平方米约200新加坡元~300新加坡元。由于实行国有和公有化政策，带有强制征用性质，故从私人征用的土地的价格较低，但对此，许多土地私有者不满，有90%以上的被征者因此而上诉。由于征用私人土地价格低，建屋发展局尽量征用私人的土地。需要指出的是，建屋发展局征用的私人土地，并不归国有，也不交给国土局，而归建屋发展局本身所有。这是一种公有土地，有别于国土局所有的国有土地。在新加坡的土地总面积中，国有土地占51%，公有土地占30%，私人土地不足20%。建屋发展局取得的土地，如果暂时用不上，可以短期出租。若长期不用，国土局将收回。由于土地价格上升速度快于住房价格上升速度，所以，地价在房价中的比重有上升的趋势。这个比重，在20世纪70年代为20%左右，

80年代上升到30%~40%,90年代估计可达到50%以上。

其次,建房需要大量资金。资金来源有两条主要渠道:一是从政府取得贷款;二是从出租、出售房屋取得收入。1960年建屋发展局成立时,政府拨给600万元开办费,政府经常给建屋发展局的贷款来自中央公积金局和邮政储蓄银行。建屋发展局将政府的贷款分别用在两方面:一方面借给购置者即居民,另一方面借给建屋的承包商。如果用在后者,则从政府取得贷款的利息与转手再借给承包商的利息都是一样的,年息为5.78%;若用于前者,则从政府取得贷款的年息为3.78%,转手再借给购屋者即居民时,年息为3.88%,加上0.1%的手续费。前者称为发展贷款,专用于建房;后者称为购房贷款,专用于居民购房。建屋发展局每6个月要偿还一次贷款本息,因为房屋售价和租金是由政府规定的,而它们往往低于市场价格,由此造成建屋发展局的一定损失。这部分损失由政府核定,每年给予一定的津贴,这种津贴1985~1986年度为11.7亿新元,1986~1987年度为10.5亿新元,1987~1988年度为9.5亿新元。这种津贴占政府预算的比重有上升的趋势,1975年为2.2%,1986年为9.3%。

有了土地和资金后,建屋发展局负责规划设计,并把施工任务承包给建筑商。建筑商多为泰国人,其次是马来西亚人和印度尼西亚人。建筑材料有的是由承包商组织和购买,有的则由建屋发展局供给,高级建材是从日本和香港采购的,而砖瓦沙石取自本地,水泥有一部分是中国供给的。

(三)建屋发展局如何出售、出租房屋?

新加坡政府根据居民收入多少,规定了不同的住房政策。从1982年起,凡月收入800新元以下的家庭可以租用公共组屋,购买首次付款可由20%降低为5%;月收入800新元~4000新元的家庭,应购买公共组屋,而不允许租用;月收入4000新元以上的高收入家庭,只能按市场价格向私人建筑商购买住房,而不准购买价格便宜的公共组屋。当然,这项政策随着居民收入的增加,在不同时期又有不少变化。

公共组屋的租金和房价由建屋发展局根据中低收入消费者的购买力水平制定方案,呈报政府,由内阁决定。

出租给低收入户的组屋租金显著低于市价房租。租金占家庭收入的比重：一室户平均为9%，二室户平均为15%，三室户平均为18%。为限制私人利用房地产投机，按政府规定，私人房屋的租金水平至今仍停留在1946年的水平上，所以公共组屋的租金也是很低的。

公共组屋的售价调过多次，1964年调价幅度较大，平均调高38%，市中心区调高78%。1964年以来，房价提高3倍，而平均工资提高8倍。公共组屋的售价不足市场价的一半。以相同的四室户为例，建屋发展局的售价为7万新元，大致相当于政府公务员5年的工资，而市场价格则为30万新元。由于政府的公共组屋售价低，因此目前98%的公民都买得起住房。

（四）优良的售后维修、管理和服务

建屋发展局在将建成的组屋租出和售出后，还把优良的售后维修、管理和服务作为自己的重要职责，为居民提供舒适、方便的生活环境。建屋发展局在全国设立41个区办事处，每个办事处内又设维修、租约、清理、园艺、停车场等7个组，负责居民住房的维修、管理和服务，其工作效率也很高。电梯实行24小时紧急修理，电梯如果有故障，则要在20分钟之内救出人来，否则作为没有尽到职责处理。

三　中央公积局拥有雄厚的资金

建屋发展局和居民购买住房的资金，主要来自中央公积金，其次是邮政储蓄银行。新加坡的中央公积金制度是1955年建立的，当时新加坡还是英国的殖民地，人民生活困苦，失去工作能力后更无社会保障。为解决这个问题，1955年7月新加坡成立了中央公积金局。中央公积金制度最初本来是一种通过强制储蓄实行社会保障的制度，30多年来，经过10次修改，不断完善，现在已成为解决住房、医疗、社会保障等方面的重要制度。它的成功不仅引起了发展中国家的重视，也受到发达国家的好评。

中央公积金制度初期规定，雇员和雇主须分别缴纳该雇员月薪的5%作为雇员的公积金。这个比例随经济情况的变化不断调整。20世纪70年代曾先后调整为各缴纳8%、10%和15%，最高是1984年，达到25%。1985年由于新加坡经济出现衰退，为帮助雇主恢复经济，这个比例从1986年4月起减为10%，1988年又调整为24%（雇员缴）和2.5%（雇主缴）。雇主若不缴纳，则公积金局首先通知会员，然后强制雇主缴纳；若迟缴纳，则必须另付迟缴利息罚款。公积金存款享有利息，按月计算，并计入公积金之内，规定利率不低于2.5%，实际执行利率一般为6.5%。1986年3月起，每隔6个月根据本地银行利率波动调整一次公积金利率，但不与通货膨胀率挂钩。所有私人企业的雇员都是公积金局的会员，政府公务员从1972年开始也成为中央公积金局的会员。政府准备让个体经营者也按个人收入的6%缴纳公积金。1989年底，公积金存款已达400亿新元。

中央公积金起初只用于雇员退休或丧失劳动能力后的社会保障，后来有了很大发展，主要用于会员购置房屋和建屋发展局建房。根据1989年12月起执行的制度计算，公积金的2/3用于购房，1/3用于医疗、社会保障等方面。到1988年底，全国79%的居民用公积金购买了自己的住房。

会员的公积金除鼓励购买政府的组屋外，还可以申请用于兴建高级私人住宅。中上层收入较多者，如需要购买更高级的住宅，而钱又不足时，可向邮政储蓄银行贷款。邮政储蓄银行是从邮局分离开来于1974年组建的，属于财政部管辖之下，与中央公积金局并列。它是法定机构，是新加坡两大储蓄机构之一，现有存款余额150亿新元。邮政储蓄银行负责两项住房贷款。一项是向中上层收入者贷款，购买私人建筑商兴建的高级住房。目前这类贷款余额10多亿新元，占该行住房贷款的1/4。另一项是受政府或法定机构的委托，设立公务员购屋贷款，对政府公务员和法定机构雇员发放住房贷款。贷款限额一般按申请人5年工资计算，最高可达房价款的100%。贷款利率略低于商业银行利率，贷款1～5年为5%，5～11年为5.25%，11～30年为5.5%，最长年限为30年。房价款超过60个月工资的部分，如果贷款，则利率按市场利率计算。

本文原载：《改革》1990年第5期

关于深化城镇住房制度改革的总体设想

我国城镇住房制度改革虽然一波三折，但仍取得了一定的实质性进展和成效。城镇住房制度，也已出现一些根本性变化。我国的社会主义市场经济体制的框架已基本确立，经济发展进入了一个新的历史阶段。现存的住房制度不仅拖了其他方面改革的后腿，而且严重阻碍住宅业成为新的经济增长点。正因如此，深化城镇住房制度改革从来没有像今天这样重要和紧迫。本文将就城镇住房制度改革的目标、原则、方式等最基本的问题，提出深化改革的总体设想。[①]

一 住房制度改革的目标

我国改革的实践表明，改革目标的正确选择是避免改革走弯路、加快改革进程、提高改革效率的关键。我国住房制度改革出现了推进不力、徘徊不前的局面与改革目标不明确或认识不同有着直接关系。在社会主义市场经济条件下，对我国的城镇居民应该实行什么样的住房制度？这是目前住房制度改革迫切需要明确的重要问题。1994年，国务院做出《关于深化城镇住房制度改革的决定》，将住房改革的目标确定为"建立与社会主义市场经济体制相适应的城镇住房制度，实现住房商品化、社会化；加快住房

---

① 本课题报告主持人：杨圣明、温桂芳；报告初稿执笔人：边勇壮。最后由杨圣明、温桂芳修改定稿，刘增录、汪丽娜、张少龙、陈晓伟参加了研究和讨论；建设部郑吉荣、柴强，国务院房改办张其光，国务院特区办刘福垣以及财贸所李扬等对报告的修改提出了宝贵意见。

建设，改善居住条件，满足城镇居民不断增长的住房需求"。我们认为，这个表述缺少模式概念，不够完整，也缺乏系统性。我国完整的住房制度改革目标模式，大体应包括以下几方面的内容。

1. 住房产权的私有化

住房制度改革的首要目标是建立以私有产权为主，其他产权形式并存的多元产权制度。其基本内涵是：①居民个人拥有住房的所有权，即住房的占有权、使用权、处置权、收益权，住房私有受法律的保护；②企业、事业单位、社会集体、慈善机构等具有法人资格的组织同样可以拥有住房的产权；③中央以及各级地方政府及其他国家权力机构提供给公务员使用的住房，其产权为政府所有，其中，第一类是私有产权，第二、三类是公有产权。在新的住房制度中，私房将是主要的形式。私人所拥有的住房既可以自行居住，又可以通过出租获利，还可以通过出售获得货币收入。法人拥有的住房是法人资产的一种形式，既可以通过出租给居民而获得收益，也可以作为解决法人内部成员居住问题的手段。政府所有的住房既可以用作解决贫困人口的福利，也可以提供给少数高级公务员居住。因此，政府所有的住房的使用对象将被严格地限制在特定的范围内。选择私有产权作为住房产权的主要形式，是由社会主义市场经济的本质特征决定的。首先，住房作为一种生活必需品与粮食的性质一样，前者解决"温"，后者解决"饱"。住房作为一种最耐用的消费品与汽车、彩电没有本质区别，只是消费期持续得更长罢了。在市场经济中，所有的消费品应首先归个人所有，然后才能进行消费。住房也不例外。更重要的是，住房所具有的能够长期使用和保值、增值的特点，使其还可以成为一种有价值的投资品和私人财产的重要形式。在市场经济高速发展的今天，私人财产迅速增长。私人投资已经成为极为普遍的现象。只是由于制度障碍，居民住房还难以吸引大量的私人投资，致使银行储蓄、股票、债券等金融资产成为大多数人选择的私人财产形式。在发达的市场经济国家，实物资产占居民家庭资产的70%，金融资产只占30%，不动产尤其是住房是私人财产的重要形式。住房的私有产权制度是住房成为私人财产的制度基础。住房产权私有制和社会主义的基本性质并不冲突。社会主义的基本特征之一是以生产资料公有制为主，同时存在多种所有制形式。而住房属于生活资料，而非生产资料，无论生活资料所有制性质如何变，都难以改变生产资料所有制的性质。所以住房作为生活资料和财产形式，一般不会演变为私人雇佣资本，从而不会动摇生产资料公有制在生产关系中的主体地位。马克思在《资本论》中否定生产资料私有制的同时，提出了"建立个人所有制"的历史任务。生产资料公有制与生活资料的私有制是社会主义经济制度相辅相成的两个方面。从分配制度方面看，对大多数人来说，拥有私人住房并不会改变劳动所得作为主要收入来源，也无损于按劳分配制度。根据我国的情况，把住房作为投资品的居民毕竟是极少数。而我国农民住房制度的历史和现实都有力地说明了，住房私有与生产资料公有并不矛盾，即使在实行集体所有制（生产资料公有制的一种）的人民公社的鼎盛时代，农民住房也是私有的。今天，农村居民住房的迅速发展，丝毫没有改变农村生产关系的性质，也充分证明了住房从总体上看是一种非资本性私人财产的本质。

2. 住房分配的货币化

城镇公房制度是旧的住房分配制度的结果。旧的住房分配与其说是福利性，倒不如更准确地说是实物性。无论是政府机关还是企事业单位的住房分配，几乎不考虑家庭人口，而是以职务、职称、工龄以及在本单位的工作年限等为主要标准。这些标准和制定工资标准的原则近乎一样。因此，这种住房分配制度是一种特殊形式的实物性收入分配制度，职工所分得的住房虽然不具有所有权，但具有使用权和继承性。产权制度决定分配制度，普遍的公房制度决定居民住房采取实物性供给制。当确定住房私有产权制度后，必须同时确立与之相适应的货币化分配制度。其要点为：①住房的私有产权必须通过货币支出来购买或通过货币支出来建造；②将住房的一次性实物分配转为多次性货币收入分配并体现在劳动收入分配中。具体来说，工资中应该包括住房消费支出。即相当于买房或租房的那部分国民收入（即原来集中在政府、企事业单位等机构组织中的住房基金）归回到国民收入的初次分配，纳入职工的工资，然后再通过居民的个人支出变为住房的消费资金，其中有公积金、住房储蓄、租金等。

3. 住房租金形成的市场化

在社会主义市场经济条件下，实行按劳分配的原则形成职工在货币收入上的差距，其结果将是一部分人有能力购买住房，一部分人无力购买住房，只能继续租用住房。加上有的住房特别是那些资产不能细分、权益分散的房屋，只能租，不能卖，因而租房将在居民住房中占有一定的比例。由于旧的住房制度中租金存在纯福利性，且由政府统一规定，难以补偿政府或单位为维护房屋所支付的费用，因此使住房的再生产难以进行，严重阻碍了住房产业的发展。加上无法展开竞争，更难以使住房租金合理化。市场化的住房租金形成制度，是实现住房租金合理化的必要途径。它与房屋私有化同样是住房商品化的重要内容。虽然提高住房租金、实现住房租金形成市场化有助于推动住房私有化的进程，但是绝不应仅仅把它当作促使个人购房、实行住房私有化的一项措施，而应把它作为城镇住房制度改革的一项重要内容。如果没有市场化的租金形成制度，那么住房私有化也就难以实行。实行新的住房制度，就要与货币化的分配制度相适应，与多种形式的住房产权制度相适应，改变福利性的租金办法，让住房租金在住房租赁市场中形成，并使居民所租赁的住房与其收入水平相适应。

4. 住房交易的规范化

住房私有产权制度和货币化分配制度的运作，要求与之相适应的市场化交易制度。完善的市场化交易制度应满足以下几点要求。首先，住房的一级市场和二级市场。一级市场是指新建住房的买卖市场，市场主体是住房开发商、营造商和居民。居民通过一级市场购得住房的产权，使住房的产权首先从法律上得到确认。二级市场是住房私有产权出售、出租和交易市场，市场的主体是住房产权的所有者和住房消费者。其次，在两级市场上均通行等价交换的市场原则。即交换自愿进行，对象自由选择，价格和租金由市场供求关系决定。最后，政府是市场的管理者，包括建立市场和依法管理市场。政府对住房市场的管理和政府对其他消费品和投资品的市场管理，在原则上应该一致。没有交换与转让的产权制度是不完整的制度。缺乏健全的市场体系，产权关系也无法实现。

5. 住房管理的社会化

城市住房和农村住房的明显区别之一是需要社会化的住房管理体制。农村住房一家一处，日常维护、环境保护均由住户自行完成。城市住房以楼宇为主，一幢楼宇的产权为众多的住户所分割。居民的产权不是局限在一个单元之内，而是和其他居民分享公共用地和设施。这就需要有专门的物业管理机构来负责日常维护和环境保护。拥有产权的业主将物业管理委托给这种专业化的物业管理公司。与现行住房管理制度不同的是，这些专业化的物业管理公司和独立经营企业，不再局限于或隶属于行政部门，而是与房地产开发商和营造商更紧密地相关，业主可以对物业公司进行选择。为此，应该将现行的住房企业或单位所有变为公司所有，即由房产公司对住房进行经营和管理。现有的房管部门将从行政隶属关系中脱离出来，逐步演变成独立经营的物业公司。实行这种专业化、社会化的住房管理制度，是与私有产权、货币化分配和市场化交易等住房的根本性制度相适应的。独立的物业管理公司，独立的房地产开发机构，独立的中介机构，共同组成社会化住房管理制度的主体。

6. 住房保障的多样化

住房的基本属性决定了即使在发达的市场经济国家也有其福利性的一面。社会主义经济的本质更决定了各级政府把解决居民住房问题作为社会发展的重要目标，作为社会保障的重要组成部分。社会主义市场经济下实行以私有产权为主体的住房制度，不仅排斥住房保障制度，而且为建立行之有效的多样化的住房保障制度创造了必要的制度基础。多样化的住房保障制度主要由三部分构成。其一，对低收入和贫困人口的住房保障。政府所拥有的社会保障用房以低于市场价格的租金出租给低收入或无收入的居民。用于建造和维护社会保障住房的支出和用以社会保障住房的租金补贴均由社会保障基金支付，而且应作为政府的一种经常性开支。其二，对政府高级公务员的住房保障。迄今为止，世界上各国的政府领导人和高级公务员的住房都有各种形式的保障制度。原因在于，这部分人的货币收入无法满足与之地位相适应的住房需要。国家领导人的住房保障是为了维护一个国家和政府的尊严；高级公务员的住房保障是为了维护政权的稳定性。但是，这种住房保障仅局限于任职期间，并且有较严格的范围控制。其三，其他住房保障。诸如企事业以及各类法人，为本单位的特殊目的，在特定条件下，对特殊人才提供住房保障。多样化的住房保障制度的作用就是最大限度避免出现社会性的问题,弥补私人产权制度所固有的缺陷,又不破坏这一制度的正常运行。

综上所述,住房产权的私有化、住房分配的货币化、住房租金形成的市场化、住房交易的规范化、住房管理的社会化、住房保障的多样化,共同构成城镇住房改革目标模式的基本框架。

二 住房制度改革应遵循的基本原则

从现有体制到目标模式的转变就是改革过程。改革的对象主要有两个方面,即对存量的制度变革和建立新的增量形成机制。前者是对现有利益格局的重新调整,后者是建立增量的利益形成机制。改革的难度在于,旧的利益格局难于调整,因为改革涉及政府与单位、单位与单位、单位与个人、个人与个人之间多种利益关系的调整;而新的机制的形成又受到旧的体制及其他重重障碍的制约。住房改革很难像价格改革那样通过"调""放"双轨并存的过程,渐进地由计划分配走向市场分配。也难以像所有制改革那样,在国有经济的旁边,依靠增量改革,生长出日益成为经济支柱之一的非国有经济。"摸着石头过河"这一行之有效的改革方式,在住房改革上需要进一步地明确。正是由于住房改革是重大的利益关系调整,因此在确定改革的道路、方式、步骤之前,有必要明确改革所应遵循的以下一些基本原则。

1. "向前看"的原则

旧的半实物性、半供给制和带有福利色彩的住房制度,制造出一个利益格局极不平衡的住房存量。而过去的改革又形成了极不相同的增量形成机制。尽管在中国大多数事业单位和国有企业,均被赋予一个与国家机关工作人员相类似的级别且每一级别所应享有的住房面积亦有相当明确的规定,但是在改革之前,同一级别的干部职工即使在同一个城市也会由于所在工作单位不同而拥有不同面积的住房。这种情况在经过近20年的改革之后不仅没有改变反而加剧了。自1978年的改革以来,中国最大的变化是资金使用权限、资金来源和资金分配制度的变化。国有企业职工住房的状况很大程度上取决于这个企业的经营状况。党、政部门干部的住房很大程度上取决于所在单位支配资源的权力和能力。更重要的是,现有的住房分配制很难严格执行统一的住房标准,其结果一方面是超标准的现象随处可见,另一方面则是达不到标准的情况普遍存在。于是在不同行业、部门、级别的企事业单位中,职工的居住水平在客观上存在很大的差异,即使是在同一单位,由于年龄、工龄、职务的不同,职工的住房也存在很大差异。这种住房分配制度所造成的住房占有、使用上的不公平,是几十年来历史的产物,也是推进房改所遇到的最大障碍。解决这一问题,必须贯彻"向前看"的原则,不能企图在原有制度框架内,按照某一原则调整好利益格局后再进行改革。贯彻"向前看"的原则要注意以下几点问题。①要承认旧的住房制度所造成的有人占便宜、有人吃亏的既定事实,不要纠缠于历史旧账。但又不等于承认现有的和传统的住房制度所造成的事实是合理的,而是要在建立新体制的改革中逐步解决。必须充分认识到,只有在新的住房制度下才能实现住房公平原则。②在处理利益冲突时宜粗不宜细,为此需要采取"一刀切"的做法。即在某一明确的时点,在某一方面对某一些人实行新的规则。③要使改革的重心牢牢地放在建立新体制、形成新机制的基本上。改革与调整的出发点是向目标模式前进。改革不能"向后看"。如果"向后看",那么几乎每一个人都会找出在传统体制和现存制度中受到不公平待遇的理由,从而产生对改革的抵触。

2. 政府、单位、个人三者分担改革成本的原则

中国近20年的改革有力地促进了经济的发展和社会的进步,但也为此付出了一定的代价。如价格改革曾付出物价上涨的代价,国有企业改革也正在付出诸如工人下岗待业等代价。广大群众获得了实惠,增加了收入,提高了生活水平,但同时也负担了一定的改革成本。住房制度改革也将同其他改革一样,建立新机制必须通过新的投入来启动,依靠新的投入打破原来的和现有的格局。这些新的投入便是改革的成本,而这些改革成本同样需要政府、单位、个人三方面共同分担。政府承担改革成本,就是要在一定时间内增加财政支出,用于提高公务员和经费来源于财政的事业单位职工的工资,用于增加离退休和社会贫困人口的补贴,用于支持建造廉价

商品住房。单位分担改革成本，就是要承担单位必须缴纳的住房公积金的一部分，必须承担提高职工工资所形成的产品成本上升的压力。个人分担改革成本，意味着居民必须用个人收入（无论是以往的储蓄还是新增加的收入）来购买公房，支付上涨的房租，必须接受压缩其他消费和个人支出的现实，重新安排家庭财务计划。住房改革所必须支付的成本，如果仅仅由政府或单位或个人单方来承担都是难以接受的。尽管在理论上增加工资的支出和提高租金的收入可以对冲，但是实际上，原有住房分配并未严格按照统一规则进行，提高工资的支出和提高租金的收入肯定在量上相差很大。而不增加收入，不进行适当的补贴，完全由个人来承担购买公房和提高房租的成本也会遭到大多数人的抵制。因此，坚持政府、单位、个人三者分担改革成本的原则，就会最大限度地调动三者的积极因素，弱化三者的消极因素，从而使改革能够迅速顺利推动。只有付出成本才有权获得收益。政府、单位、个人三者共同分担住房改革成本的同时，也获得了共同分享改革收益的权利。政府通过出售公房、提高租金，一定会增加收入；通过减少或取消对公房维护保养的补贴，减少对住房的直接投资，则一定会减少支出。待新的住房制度建立之后，政府不但会卸掉沉重的包袱，而且会通过住宅业的发展带动相关产业的发展和各种房地产契税形成新的财源。企业在住房改革中将解决职工住房这种社会职能通过收入分配渠道分离出去，这非常有助于国有企业走上现代企业制度的轨道。居民个人则会在房改中得到最为明显的收益。一旦住房成为个人财产之后，不仅个人消费、储蓄、投资行为会大大改变，而且在个人财产取得不动产的形式后，居民在通货膨胀中所遭受的损失将明显降低，居民个人的社会行为和动机会更稳定、更长远。

3. 上下结合，以大城市为重点和领导干部带头的原则

住房改革涉及面广，上至高级公务员下至普通职工都要参加。所谓上下结合的原则，就是在住房制度改革中要将自上而下和自下而上的方式相结合。我国有些改革是自下而上进行的，如农业，即先有了改革实践，再有改革的政策和方案。有些改革则是自上而下进行的，如价格改革。实践证明，凡是涉及全局性的改革，涉及多方位的利益调整，自上而下的改革

应该是主要方式。住房改革是涉及各个阶层切身利益的改革，其攀比性较强，改革的难点多集中在首都和特大城市，改革的阻力又主要集中在领导干部层。住房制度改革实行上下结合，包含两层意思：①指在大中小城市中，改革应先从大城市开始；②指领导干部和一般居民都要参加住房制度的改革，但领导干部必须带头。这样，改革先以大城市为突破口，取得成功，中小城市的住房改革问题将迎刃而解。同时，通过各级领导干部的层层带头，积极参与，就可以带动广大居民群众，使住房制度改革变成干部群众的自觉行动，则其就一定能顺利推进，取得成功。公务员的住房宜先福利房后商品房，即在职期间，住政府供给的低租金的福利房，离退休后购置商品房。为解决购房资金，可采取两种方式：①离退休时，一次性补助购房款；②提高公积金中由单位支付的比例。1949年以前参加革命的老同志，一律免费居住公房，或者象征性地交低租金。其子女不能继承住房，必须像其他居民一样参加住房改革。现职军人和职业军官的住房应在房改的范围之外。国外的经验表明，职业军人的住房和一般居民的住房有本质的区别。为维护军队的稳定性，为职业军人、高级军官提供住房是天经地义的。这部分开支应列入国防预算。需要解决的是，在国防预算中追加退役军官住房的一次性补贴的开支，从而增强退役军官到地方后自行购置住房的能力。士兵作为义务服役，军队没有义务承担其退役后的住房问题。

4. 属地化的原则

住房总是土地的附属物，而土地是不能移动的，因此住房表现出极强的地域性。中国地域广阔，生产力水平和收入水平在不同地区、不同城市差别很大，其住房价格也相差很大，致使住房改革的难度也存在很大差别，因而改革的步骤、方式可有不同的选择。中央提出的坚持统一政策下各地方可因地制宜、分散决策的原则是非常正确的。但是在贯彻分散决策原则的同时，还必须贯彻属地化的原则。这个问题在北京表现得尤为突出。属地化原则涉及的对象主要有：中央国家机关；中央直属机关及其在各省市的分支机构、可派出机构；中央在各省、自治区、直辖市的直属企业；省、市在各地市的直属企业，等等。其住房改革是单独行事，还是遵照所在地方的政府规定统一进行？对此，需要运用属地化的原则来解决这个问题。

所谓属地化原则，就是在同一城市内，改革不因职工所在单位不同而有所差别，而要按照同一标准和要求，统一改革，统一进度，统一安排。

三 住房制度改革的方式

1. 要实现既定的改革目标，不但必须要遵循改革的基本原则，更重要的是要选择改革的方式、明确改革的道路、制定改革的方案和措施

不很好地解决这三个问题，就难以实现改革的目标。住房改革的对象主要包括两方面，即公房的存量和增量。住房改革也就有存量改革方式和增量改革方式之分，即通过"出售"的方式推动存量公房的私有化，逐步取消无偿分配公房制度；通过建立住房公积金制度、住房储蓄制度、住房抵押贷款制度以及安居工程推动增量住房的货币化；逐步提高公房租金，改变公房租金低和不合理的状况，最终实现住房租金形成市场化。概言之，就是要通过渐进式、分步走、小配套的改革道路，完成建立新住房制度的历史任务。

2. 建立以私有产权为主体的住房产权制度的重要途径是全面地推动存量公房私有化，将大多数公房出售给居民个人

出售公房是政府已经明确并已实施的改革方式。在理论上，私有化确定有利于推动出售公房的进程。为了避免理论上争论，有些专家建议只提"自有化"而不要提"私有化"。无论是内涵还是外延，"私有化"都远远超出"自有化"。私有化不仅更符合产权制度的要求，更重要的是，其使住房不仅成为居民个人使用的消费品，而且成为居民可选择的投资品。这在居民金融资产规模庞大而实物资产比重过低的今天是非常有现实意义的。住房私有化意味着现有公房不仅可以出售给居住在内的使用者，而且可以出售给手持货币但住房困难的其他居民，从而解决旧制度所造成的分配不公的问题。

3. 迄今为止的住房存量改革主要采用了两种方式：出售公房和提高租金

无论当初采用这两种方式的目的是否与住房私有化有关，其今天已成为推动住房存量私有化的两种基本方式。需要明确，出售公房和提高公房租金对住房私有化的意义完全不同：出售公房是房改的一种重要方式，是实现住房私有化的必要途径；而提高公房租金既是住房制度改革的一项重

要内容和方式，又能起到促进公房出售的作用，其最终是要实现租金形成的市场化。但是，如果以为仅仅通过提高租金就可以改变住房制度，形成新的机制，那么这种看法是不正确的，至少是片面的。在出售公房过程中首先遇到并多次受挫的问题和难点是公房的出售价格。公房出售价格应主要考虑下列因素。①住房本身的状况。根据房屋的使用面积、新旧程度、建筑年限长短、距离市中心的远近、造价的高低，以及居室的设施、层次、朝向等的不同，在出售价格上要有差别。②当地住房市场出售的旧房市场价格。这涉及公房购买者得到的潜在利益和以后新房购买者的实际支出的差距。③成本价的计算要以重置成本为底价，减去折旧。④成本价必须包括土地成本，使住房产权包括土地使用权。⑤公房出售价格应由政府指定的专业的房地产评估机构进行，并报房地产交易管理部门核定批准。居民在购买公房时，已经确定的公房出售价格仍不是职工的购买价，而是在出售价的基础上做一个很大比例的扣除。决定扣除的主要因素是职工的工龄。扣除在理论上是成立的，因为职工在过去所获得的工资中，并不包括或不完全包括住房消费支出，现有住房相当一部分是职工应该所得的实物性收入，出售公房应该扣除这一部分。近10年来，职工收入尤其是非公务员的职工收入增长很快，增长的收入中已经包括部分住房消费支出。因此，工龄扣除应该逐步降低。

4. 提高公房租金，最终实现租金形成的市场化，是住房改革的一项重要内容

各城市均制定了提高租金的计划。目前的公房租金虽然较以前已有大幅的提高，但仍远远落后于通货膨胀率和市场房价的增长速度，结果租金仍然低于成本租金。实践证明，仅仅提高租金并不能改革旧的住房分配制度，不能从根本上改变住房形成机制。必须租售并举，以产权私有作为改革的首要目标。租售之间的关系取决于经济学早已定义的一些基本关系：租金＝房价×平均利率。据此，租金只是投资回报的一种形式。租金和房价的关系又可表达为：房价＝租金÷平均利率；平均利率＝租金÷房价。按照上述房价、租金与平均利率的关系，即使不考虑成本租金即维护保修的费用，只有当租金高于住房投资的平均利润水平时，居民才有动力去购

房。出售公房在某些大中城市推进缓慢，或出现低价出售公房的问题，都是由于公房租金过低。公房租金过低和大量公房的存在，导致市场租金也偏低，因而非国有经济成分投资居民普通住房，并且把住房作为一种物业出租而获利的可能性大大降低。反过来又影响公房的出售。因此，只有大幅度提高租金，公房出售才会顺利进行。

现在，多数城市制定了提高房租的进程表，并把租金支出占到工资收入的15%作为租金调整的近期目标。且不说租金占工资收入的15%这个比例是否合理，即使合理，现在的租金距离这个目标也存在相当大的距离。而房租迟迟不能提高的原因，主要是由于观念上的障碍。居民认为房改是政府的事，政府要提高租金就必须提高工资或给予相应补贴；政府认为提高房租会引起不安定因素，不利于社会稳定。尤其当提高租金不能有效减轻政府财政支出时，政府也缺乏提租的动力。当然，政府对大幅度提高租金的这种顾虑，并非没有根据。目前，全国城市居民尚有2000万处于贫困状态，加上当前的下岗职工，贫困人口远远超过这个数字。这部分职工已无承受提租的余力。而一些中等收入以上的城市职工，对提租的承受能力尚有很大余地。就北京而言，中等收入水平的三口之家的年收入超过1万元，支出2000元的房租不会改变居民的正常生活水平，只会降低居民的储蓄增长率而已。据统计，截至1996年底，全国城镇大约15%的住房为私人所有，浙江、广东、广西、江苏等售房进展较快的地区60%～70%的可出售公房已经售给个人；上海、安徽、陕西、宁夏、甘肃、新疆、云南等省、自治区、直辖市40%以上的可出售公房已向个人出售。这都说明公房出售具有很大的潜力。问题是现行的低房租阻碍了居民住房消费观念的转变。1996年度在35个大中城市，居民住房租金支出占双职工家庭收入的比重仅为3.64%。因此，相当一部分职工对是否购买公房犹豫不决。而房租比一般物业管理费还低的现象使大多数职工对买房之后还要交物业管理费很难理解，更觉得买自己有使用权的住房不合适。提高租金就是让实践来转变租房比买房合适的观念。从理论上分析，从改革的最终目标上看，公房租金不仅要提高到成本租金，而且要向市场租金靠拢。大幅提高租金是推进住房改革十分重要的一步。不提高租金，出售公房和建立新的住房分配制度的改革都会难以推进。但是，由于目前城镇职工收入差距拉大，承受提租能力不同，国家补贴能力有限，因此提高公房租金只能逐步实行，即所谓小步走、不停步、积少成多。实现租金形成的市场化，还需解决租赁产权的界定问题，加快相应法规的建设和加强执法的力度。现在，在住房租赁中存在租赁者权益大、租房者权益小、租房者的权益难以得到保障的问题。由此带来一系列的矛盾和问题，影响了租金市场化的进程和住房租赁市场的形成及健康发展。为此，需要尽快制定相应的法规，用法律形式明确房屋所有者应该有的权益，才有利于租金形成市场化改革的顺利进行。

5. 住房改革真正的更大的难点还不在于公房存量的私有化，而是如何实现增量住房的商品化，如何建立新建住房商品化的形成机制

现有公房出售了，若不建立新建住房商品化的形成机制，那么新建成的住房就会不断地采取旧的体制，形成新的低租金的公房，住房改革的目标就根本无法实现。过去 10 年，低租金公房的数量不是少了，而是增加了，也说明了这一事实。如果说过去 10 年的改革在提租和出售公房上都或多或少地迈出了几步的话，那么在建立住房新制度上却可以说作为不多。"新房新制度"是一个提出多年的改革思路，但在实践中进展不大。住房新制度难以推进是因为存量公房改革进展不快。在同一单位同时存在两种住房制度的情况下，两种租金同时并存必然会引起难以调和的矛盾。因此，建立新制度不仅要和旧体制的改革同步进行，而且在速度上必须相吻合。为了建立新的住房制度，关键是终止职工从所在单位分配住房。只要行政、事业、企业单位仍然承担分配一般职工住房的职责，旧体制就无法根除。终止单位分房，让职工到住房市场去购房或租房，则必须提高职工的货币收入水平和储蓄水平，并在体制上增加职工的住房储蓄动机，从而使职工的货币收入成为住房消费的基本来源和住房增量的原始动力。然而，提高职工收入水平，不是短期内所能实现的。我们决不能等到职工的收入水平能够买房的时候才搞房改，才去实行住房增量的商品化、市场化。应该逐步到位，限时到位。在一个城市甚至一个省、自治区、直辖市的范围内，统一确定一个时间表，即在统一的时限内所有行政和企事业单位都要终止住房低租福利实物分配办法，实行"新房新制度"。

6. 住房公积金制度是建立新住房商品化形成机制的重要措施，也是具有中国特色的住房制度改革道路

公积金是一种强制性的长期储蓄金。住房公积金制度作为住房商品化形成机制的重要组成部分，适合我国的具体情况。实行住房公积金制度，至少有如下作用：①形成专门用于建造居民住房的资金来源；②强制性地改变居民消费结构和储蓄目的；③强制性地积累居民实现住房私有的货币能力；④在停止单位买房分给职工的办法后，各单位就可以拿出较多的钱来提高住房公积金的比例，从而又会更有力地推动居民购买住房；⑤有利于建立新建住房商品化的形成机制。此外，这也有利于提高公房租金的改革。可以说，住房公积金制度是中国特色的住房制度改革的必由之路。只要我们坚定不移地实行这一制度，并在实践中不断加以完善，我国的住房制度改革就能够顺利推进。鉴于当前公积金实施的情况，需要提高公积金在收入中所占的比重，争取在近几年内使其达到收入的 15% ~ 20%，以使其更好地发挥作用。各地应该从本地的实际出发，在坚持属地化原则的前提下，有条件的地方应加快住房公积金制度改革的步伐，即提高公积金在收入中的比重。同时，在实践中逐步加以完善。在大力推行住房公积金制度的同时，还应努力实施合作建房的办法。

7. 建立住宅合作社

住宅合作社是城市居民在国家扶持下，以互相合作的方式解决自己住房的自发性组织，它不以营利为目的，其资金来源以自筹为主，以国家低息贷款为辅，并承担集资、设计、建造、养护、维修、管理等各项工作。合作建房在世界一些国家已有百余年的历史。目前，住宅合作社已遍布五大洲60多个国家，达9万多个，拥有3000多万个社员。现在，其发展呈三大趋势：一是入社的人越来越多；二是规模越来越大；三是合作社的住宅在住宅总存量中的比重越来越大。在发达国家，合作建设住宅已经成为一条推行住宅自有化、别墅化的得力工具；在发展中国家，它成了缓解住宅紧张状况的有效措施。据统计，1994年我国就已有105个城市组建了240多个住宅合作社，集资11.2亿元，986万平方米建筑面积的住宅竣工，约20万户社员迁入合作社建设的住宅。但从各地实行的情况看，需要解决好

几个问题：①通过国家立法，在法律上维护住宅合作社的权益；②在经济上给予优惠，如减免税费、提供低息贷款等；③加强对住宅合作社的管理，防止违法事件的发生。

8. 安居工程是一项福利工程

在实际运作中有些安居工程在住房增量方面已经开始发挥作用。在安居工程的试点城市中，这类住房开发成本较低，大都处于城乡接合部，土地成本也低，政府又承担了部分市政配套的费用。安居住房的售价也受到政府的控制，一般是开发成本加上10%的利润。开发商将安居住房出售给政府规定的购房对象或直接由政府收购，政府再以优惠的价格卖给购房对象。问题在于，真正由居民或职工全资直接购房的并不多。有些是住房贫困户的单位购买，然后再分配给职工，或者单位出一部分钱，职工出一部分钱。这种做法，尚未冲破传统分配制度的框架。加之安居住房数量有限，购买对象多属低收入家庭，购房支付能力有限，致使安居工程销售状况不佳，很难在改变住房增量性质上发挥明显的作用。应将安居住房明确定义为类似于新加坡"政府组屋"的低价商品房，将对象扩大到中等收入以下的工薪阶层，或许能充分发挥安居工程的作用。从有的地方的实施情况看，这种办法是可行的。政府负责组织开发"安居工程"，其资金来源于银行贷款、住房公积金及其他住房基金，也可由房地产开发企业直接投资。但政府必须承担市政配套的费用，并免除政府的有关税费，保证有效降低开发成本，再限制利润率或固定价格。一般工薪阶层均有权申请。当旧公房的价格提高并和安居住房的售价有了正常的比价关系后，安居住房就会逐渐畅销起来，原有的住房分配制度便会逐渐退出这一领域。

9. 改革旧体制，建立新制度，并实现新旧制度顺利转换，必须坚持走具有中国特色的住房改革道路

中国过去18年的经济改革走的是渐进式、小配套的改革道路，取得了举世瞩目的成就。住房制度改革也应沿着这样一条道路前进。首先，渐进式的住房私有化就是要逐步地提高公房出售的价格，使其逐步向市场价格靠拢。政府每年根据居民收入增长幅度和宏观经济环境的变化，公布一个当年有效的售房价格并同时公布公房租金的提高幅度。其次，渐进式的住

房商品化、市场化就是要逐步增加职工得到新住房时的一次性支出。如一开始仅支付新房价的20%，以后逐步提高这一比例，直至100%，那时就完全实现住房产权的转换。最后，渐进式的改革道路就是要先易后难。实现住房商品化在企业或企业性的事业单位推进的速度要快一些，公务员或行政开支的事业单位相对要慢一些，其住房商品化的速度取决于政府财政支出能力的增长。前者完全有可能很快取消实物性分配制度，取消或禁止住房性投资，将这部分投资顺理成章地改为住房补贴。应该改变企业的财务制度，允许在税前利润中提取一定比例住房基金，用于住房补贴的发放。而放在税前开支是为了减少和资产所有者的矛盾。为此，应该把住房制度改革纳入企业改革和收入分配制度改革的总体框架内统筹安排。

要实行区域推进，即住房制度改革可率先在条件具备的地区或城市先行。就全国来说，可先在东部沿海地区先行，由东向西，逐步梯次推进。而在一个省（区、市）内，则可选择几个城市进行试点，然后再全面铺开。像中国以往已经进行过的成功改革一样，住房制度改革也必须与其他方面的改革相配套才能顺利进行。但改革的历史也表明，企图全面配套、同时推进的方案往往是难以实施的。因此，因势利导的小配套应该是行之有效的选择。房改配套不仅包括有关方面的改革配套，而且包括政策性的配套，后者在改革的某些方面可能更重要。政策性配套更侧重于短期效用，以保证改革的平稳和新制度发挥作用。一旦新体制正常运转，配套政策将不再发挥作用。住房制度改革实质上也是一种收入分配的改革，因而首先要与收入分配制度相配套，相应发放职工工资补贴（即职工工资中应包含住房租金）也是一种配套。但是，补贴办法尤其是工资制度配套至今未出台，甚至未有明确的方案。因此，需要加快这方面的配套改革。与住房制度改革相配套的工资制度改革就是要将以往的福利性、实物性的住房分配转化为货币收入分配并体现在工资收入中。将实物性收入转为工资收入有两个可选择的方案。一个是一步到位，在取消单位分房的同时，按工资总额的一定比例增加职工的工资。这种做法将会大幅度增加财政支出和企业成本，甚至增加通货膨胀的压力。但如果不加快实物分配向住房商品化的转变，低租金实物分配还会刺激住宅消费需求，住房建设超标准、超国力，同样会导致成本推动的通货膨胀。另一个是分步提高工资标准，分几次到位。这种方式的问题是旧体制难以一下退出历史舞台。无论采用哪一种方式，都会遇到一个关键性的障碍：从理论到现实，能够包含住房支出的工资标准应该有多高？确定这一标准的依据是什么？确定的标准不应是各级财政支出或企业支出中的住房投资，而应是市场参照系和模拟市场的参照系。首先，劳动力市场所确定的工资水平。这个水平在国有经济之外已经出现了，由于受政府工资标准的制约，因此尚不能准确反映劳动力市场的供求关系。目前，相当多的非国有企业的工资水平高于国有企业和政府机构，原因是这些企业不承担解决职工住房的责任。因此，国有企业和不依靠财政支出的事业单位的工资水平应允许按照市场工资水平来确定工资。其次，政府的公务员以及依靠财政支出的事业单位应参考市场标准制定工资。在这种情况下，政府制定的工资标准就能够和国力相适应。住房制度改革必须与建立新的住房融资机构和融资渠道相结合。政府和经济界都普遍认识到这一问题的重要性和紧迫性。为消费者提供住房抵押贷款是实现住房私有化和推动更多的消费者自行购房的重要手段。目前需要解决的问题，一是广泛性，让更多的消费者能够接受贷款条件；二是法制性，让更多的人认识到，当贷款不能偿还时，住房将依法收回。我国现在完全具备广泛实行住房抵押贷款制度的条件。住房制度改革必须和土地制度改革配套。住房制度改革应该有相应的财税政策相配合。住房制度改革必须和社会保障制度相结合。住房制度改革应该和国有企业改革、国家公务员制度的建设同步进行。

四　当前住房制度改革的政策建议

1. 建议进行一次全国城镇住房情况普查

摸清我国城镇住房情况，有利于住房制度改革的顺利进行，并促进住宅建筑产业的健康发展，也是反腐倡廉、加强干部队伍建设的一项重要措施。因此，应该进行一次全国性的城镇住房情况普查。由于开展住房情况的全面普查，是新中国成立以来的第一次，因而需要认真规划，明确方向和内容。具体来说，大体需要普查以下几个方面：①不同所有制（公有、私有、合资、外商独资）拥有的住房情况；②按党政部门、事业单位、企业分类的公房分配使用情况；③公房改革情况（包括党政部门、事业单位、企业公有住房的出售价格以及出租情况等）；④与房改相关的金融问题：住房公积金实行情况（包括参加职工人数、公积金数量）、职工参加住房储蓄情况（参加人数、金额）、住房抵押贷款情况；⑤房改中出现的新情况、新问题；⑥其他情况：居民对房改的态度、意见，干部（大、中城市处级以上，小城市科级以上）对房改的态度、意见，外来人员在本地购房、租房情况，外籍人员在我国购房情况。为保证普查工作顺利进行，建议由国家统计局、全国总工会、城建部和国务院住房改革领导小组共同组成城镇住房普查领导小组，负责普查的组织领导。各省、市、区的领导小组由相应部门组成。普查的具体工作由国家统计局的城调队负责实施。各单位应指定一名负责人专门负责住房普查工作，具体工作由行政办公室负责。

2. 实行多元化的住房融资方式

住房公积金、住房储蓄、住房抵押贷款、出售公有住房、提高租金等融资方式同时并举。我国国情复杂，住房融资方式和渠道不能单打一，要多元化，并且要充分借鉴国外的成功经验。要通过改革创造一种机制，改变原来只顾住房建设和住房开发商而忽视住房消费的办法，把住房供应和住房消费结合起来，即住房融资既要支持住房的生产又要支持住房的消费；要终止单位作为居民住房主要来源的传统体制，促使居民直接进入市场购买或租赁住房，并以此作为建立新的住房融资体制的出发点。同时，要开办住房抵押贷款的二级市场，使住房抵押贷款能够顺畅流动。要把融资渠道的多元化和适当集中结合起来，建立一个由政府出资的政策性金融机构，如住房银行，负责管理各种方式的融资体系的运行。

3. 加快发展住房的二级市场

目前，由于各级政府采取了有力措施，房改取得了一定的进展。但是，住房市场尤其是二级市场的发展滞后，加上租赁市场规则不明确，行为不规范，管理不到位，法制不健全，使租赁市场出现不少问题，影响了房改的顺利进行。目前，无论是房改，还是整个房地产市场的发育，都需要加快发展住房的二级市场尤其是租赁市场。根据当前的情况，发展住房二级市场，首先，必须同整顿、规范一级市场结合起来。如果不认真清理、整顿，就无法发展二级市场，或者使国有资产大量流失。其次，要规范市场交易的主体，建立健全二级市场的监管办法和制度。应该明确，对于住房商品来说，无论其所有权还是其使用权都可以在市场上出售或转让。因而，不仅租赁私房的使用权可以转让，也应允许公房租赁的使用权（在租赁期内）进入市场交易或转让。但是，对于公房变私房的产权问题必须澄清。鉴于我国的具体情况，进入市场交易或转让租赁公房使用权的交易主体，其所拥有的公房的租赁使用权应该是合理和合法的。那些利用职权多占的公房租赁使用权就不能进入市场进行交易或转让。为此，对进入市场进行交易或转让的住房租赁使用权，对于其住房的来源、住房的所有者（即产权）以及是否在租赁期内等都要登记清楚，有关的手续要完备。如果转让公房租赁使用权，则应持有公房所有权单位的证明，即征得公房出租者的同意。同时加强监督检查，把清退干部多占住房作为反腐败的重点，为二级市场健康发展扫清障碍。最后，要创造相应的条件，推动二级市场的发育。①提高公房租金，逐步缩小福利性租金与市租金的差距。在提租的同时，还应简化税种，改革税制。目前房屋租赁中涉及的税费主要包括房产税、营业税、城市维护建设税、印花税、教育费附加及房屋租赁管理费等，不仅税种多而乱，而且税费偏高。因此，可参照国际惯例，如借鉴香港的做法，只保留所得税或物业税、印花税，同时把税费占租金的比重控制在25%以内为宜。②加快公房出售的速度。③启动住房金融，开办居民住房存款。④发展住房市场的中介服务组织机构，为居民进入市场购房或租房提供服务。

4. 积压商品房的处理问题

应采取如下对策。①从源头上控制新开工项目，即控制土地的供应量。当前应首先改变房地产审批中见项目给土地的习惯做法，实行以规划好的土地来审批项目的新模式，避免出现新的无效供应。②清理在建项目，对那些因配套不全，注定推出后会形成空置的必须限期配套。③把安居房、适用房建设同房地产存量消化相结合，在安排实施安居工程和经济适用房项目，以及拆迁改造时，通盘考虑市场供应现状，把符合条件的空置商品房转为安居工程房屋和经济适用房项目以及拆迁安置房。④金融配套政策应与国际惯例靠拢,通过发展按揭业务,开展二级抵押贷款和发行再抵押债券,扩大公积金上缴比例等办法,增强居民购买能力,消化部分空置商品房。⑤清理房地产流通环节中的各种不合理收费,实行商品房价格定位、评议、审批机制,通过中央让税、地方让费、银行让息、房产企业让利的办法降低房价,促进销售。⑥发展房地产租赁市场,通过加强房屋租赁的法制建设、规范房屋租赁行为、调整税收政策、建立合理的价格体系等培育和推动租赁市场的发育。同时充分发挥房地产交易中的中介服务作用,搞活流通。⑦完善新建住宅小区的公共设施,改善公共交通。

5. 加快住房法以及其他有关法规的制定

为使我国住房制度改革健康有序地进行,需要加快住房保障、房地产市场交易、房地产成本与价格形成、房地产业税费征收及其管理、物业管理等方面的相关法规的建设。

本文原载:《财贸经济》1997年第12期和1998年第1期

"三轨制"应成为城镇居民
住房价格的目标模式

一 城镇居民住房价格模式

当前，城镇居民住房价格名目繁多，极其混乱，鱼龙混杂的问题严重。要从根本上进行整顿、治理和规范，必须研究和讨论我国城镇居民住房价格目标模式问题。这个模式简单说就是"三轨制"。所谓"三轨制"是指按家庭收入高低不同将居民家庭及其住房价格划分成如下三类。

第一类，高收入类家庭住房实行市场价格。由市场价格调节住房供求关系，或者说，由住房供求关系决定市场价格，充分发挥市场机制的作用，自由买卖。当然，政府也要依法进行一定的管理。

第二类，中等收入类家庭住房实行半市场价格（亦称准市场价格）。其价格中的土地费由政府让渡50%左右，再适当降低一些房地产税，使住房的价格水平明显低于高收入人群住房的市场价格。如果这类住房经过一定时间转手卖出，则必须补足购买时政府减免的上述土地费和其他税。

第三类，低收入类家庭住房实行住房使用权的市场价格。这一类居民家庭住房（包括公房和私房），只租不卖，严格说来它已经不是商品，没有价格。但其租金（即住房使用权价格）最好由供求关系决定，实行市场化租金制度，或浮动租金制度。实行市场化租金的好处在于，适应住户对住房的地理位置、朝向、层次等各种不同的需求。

以上三类家庭住房的相互关系，并非固定不变。随着社会经济发展和居民收入提高，这些关系处于经常变化之中。政府的重要责任是要根据实际情况依法管理和调控这些关系。该由二类升一类的、三类升二类的，应该及时调升上去；反之，该由一类降为二类的、由二类降为三类的，也必须及时做出调整。为了保持社会稳定，应当使三类家庭及其住房的比例大体保持在 20∶60∶20 这样的状态，即三者形成"橄榄球型"或"鸭蛋型"。这将同社会结构大体相适应。

二　为什么要实行"三轨制"的价格制度？

为什么要实行"三轨制"的价格制度？主要原因有以下两点。

（一）历史经验使然

历史的经验值得注意和重视。从历史上考察，我国城镇居民家庭住房，在新中国成立后的整整 50 年间，除少量的原有的私人住房外，均是无偿分配的福利房。它们没有价格可言，仅仅有低微的房租，甚至难以称其为住房使用权的价格。1998 年国务院做出了《关于深化城镇居民住房体制改革的决定》，要求从 2000 年起，一律停止延续 50 年的福利住房制度，实行住房商品化、市场化改革。这项改革至今已经十多年了，其效果如何？香甜苦辣各味俱全。以 2007 年为界，之前，商品化、市场化的浪潮汹涌向前，一浪比一浪高；之后，又实行安居工程，大兴土木建造经济适用房、廉租房等半福利房，再不提住房的商品化、市场化了。这十多年的历史说明了什么呢？单纯依靠市场，或单纯依靠政府，都不能较好地解决居民住房问题，或者说，居民住房体制的目标模式尚不清楚。鉴于目前的情况，必须尽快确定居民住房体制目标模式。正是从这一点出发，本文提出了"三轨制"。再说几句美国的居民住房问题。2008 年爆发的金融危机是以美国的"次贷危机"为导火索的。而"次贷危机"的实质是穷人的住房问题谁来解决以及如何解决的问题。美国政府为了摆脱穷人住房问题这个长期背着的沉重包袱，21 世纪初，在全球市场化浪潮的高峰期，开始逐渐把穷人的住房问题交给市场去解决，由居民自己向银行申请贷款购买住房。可是，后来由于住房价格的剧烈波动，居民无力偿还银行的贷款，这就形成了众所周知的"次贷危机"。这个危机说明，穷人的住房问题交由市场去解决，即使在经济最发达的美国也是此路不通。由国家、市场和居民家庭三者共同出力形成所谓的"三轨制"，也许是一条可行之路。

（二）实际情况的要求

据有关部门统计，我国城镇居民家庭约2亿户。如此众多的住户经济实力不同，收入相差悬殊，对住房的要求更是千差万别。单纯的哪一种办法都不可能满足每个家庭的需要。因此，必须分类解决。如果分类太细，那就难以操作，只能大致划分三五类。这就是本文提出"三轨制"的初衷。正因分类较少，那就难免不公平、不合理问题的存在。每个类别的"边缘户"肯定会出现"获利"或"吃亏"的问题。这是市场经济中无法避免的。说到底，市场经济基础上的一切法权和利益观都是表面的平等、公平、合理，而事实上是不平等、不公正、不合理的；一切表面上的等价交换都是事实上的不等价交换，甚至等价交换掩盖着剥削。因此，公平、合理都是相对的。在市场经济条件下解决居民住房问题，只能尽可能公平、合理，不可能十全十美，对这一点要展开宣传，提倡顾全大局。

三 如何实行"三轨制"？

如何实行"三轨制"？建议有以下几点。

（一）全面准确地弄清每个家庭的收入

在西方发达国家，个别总统、总理或部长贪污受贿多少，可以准确查到小数点后几位；一般居民家庭收入多少也可以比较准确掌握住。因此，按收入而论，谁该住政府提供的福利房，一般不会有争议。但是，在我国，每个居民家庭收入多少，这个问题目前很难弄清。原因在哪里？主要原因是西方发达国家已有完备的社会核算体系，而我国暂时还缺乏科学的社会经济核算体系，或称国民经济核算体系。所谓国民经济核算体系，不仅要把国民经济各部门、各行业、各地区以及各企业的收入与支出纳入其中，同时也要把亿万家庭的收入与支出纳入其中。简言之，把全国的经济活动流量表编制出来，这不仅是国家宏观经济调控的基础，是清除贪污、受贿等腐败的根本措施，也是实行本文提倡的"三轨制"住房体制的前提条件。这是艰巨而复杂的工程，同时又是关系国家长治久安的大事，理应由财政部税务总局、中国人民银行、国家统计局等部门协同行动，共同完成。

（二）制定和执行居民家庭住房有关法律

解决居民家庭住房问题，会遇到许多法律问题，比如，隐瞒或虚报收入、伪造或涂改证件、不按期交房租、偷税漏税、破坏住房结构、占用公共设施、该搬出住房的不按期腾空房子等。解决这些问题，都要有法律依据。

（三）居民住房布局要合理，防止形成贫民区

20世纪90年代，我们访问西方国家谈到关于居民住房问题的经验教训时，在德国、英国都听到一种很好的意见。他们认为，绝不能集中建设大片的贫民住房，这样会形成贫民区。这种贫民区一旦形成，社会问题会很多。那里的年轻人，尤其他们的后代，上学、找工作、找对象等都不愿说清自己的住址，似乎低人一等，而且偷窃、抢劫等现象也多一些。我们一定要避免这个问题出现，把廉租房、经济适用房与高档房混合成区成片，难分彼此。

（四）进行一次全国性的居民住房普查

不仅应当搞清楚当年建房、售房、空房等基本情况，而且还应该查清家底，搞清楚住房的存量及其分布情况。我国进行过经济普查、工业普查、人口普查，为什么不进行住房普查呢？十多年前，笔者在国务院房改领导小组工作时，曾经正式提出过这项建议。时任总理的朱镕基同志曾批给有关部门，至今笔者也不知结果如何。笔者愿再次正式提出这个建议。这是住房体制改革必要的前提条件之一。

本文原载：《财经论坛》2011年5月24日

七 消费理论

社会主义生产目的探讨

一 社会主义生产目的的"质"

世间一切事物都有质的方面与量的方面。社会主义生产目的也不例外,它既有质的规定性,又有量的规定性。因此,可以从质与量两个角度对它进行考察。

我们先从质的方面对它进行分析。

就生产一般来说,人类生产劳动的社会目的是消费。社会再生产过程由生产、分配、交换与消费四个环节组成。生产表现为起点,消费表现为终点,分配和交换则处于中间地位。没有生产,就没有消费,但是,没有消费,生产就没有目的。在一般的生产中,消费不仅是终点,而且是生产的最后目的。

生产一般仅仅是个抽象。在社会生活中,生产总是具体的,它不仅有各种特殊的生产部门,还有各种类型的社会生产。任何的社会生产,都是在一定的社会关系中进行的。在社会生产中,生产关系的性质决定着生产目的,谁握有生产资料,谁在生产中处于支配者的地位,谁就使生产从属于自己的利益,达到自己的目的。所以,有什么样的生产关系,就有什么样的生产目的。

在资本主义制度下,生产资料归资本家私有,资本家是社会生产的支配者,这就决定了资本主义生产只能是为资产阶级谋利益,资本主义生产目的必然是追求剩余价值。

无产阶级革命推翻了资本主义制度,建立了社会主义制度,使生产关系的性质发生了根本变化,生产的目的也随之发生了根本变化。在社会主义制度下，劳动人民既是国家和社会的主人，又是生产的主人，生产资料归全体劳动人民共同占有，这就从根本上决定了社会主义生产只能为劳动人民谋利益，生产的目的只能是满足劳动人民的需要。

资本主义生产同劳动人民的消费之间存在着对抗性矛盾。资本家给工人发工资，办各种福利，不是为了改善劳动人民的生活，而是像给机器上油、给役畜喂饲料那样，使劳动人民的消费从属于他自己的生产，服务于他追求剩余价值的目的。在这以外，消费问题对于资本主义就失去意义，人的需要就从事业中消失。社会主义生产与劳动人民的消费在根本上是一致的。发展生产的目的是为了满足劳动人民的需要，而满足劳动人民的需要，又会调动广大人民群众的生产积极性，反过来推动生产更快地发展。在这里，社会生产与社会需要是互为条件、互相促进的。当然，它们之间也有一定的矛盾，表现为生产发展的速度和水平不能完全满足全体劳动人民不断增长的需要。这在当前尤为突出。不过，这同资本主义制度下生产与需要之间的矛盾相比性质根本不同。资本家对劳动人民的剥削，使资本主义生产与劳动人民的需要之间存在着一种对抗性的根本利益相对立的矛盾。这种矛盾只有推翻资本主义才能解决。社会主义制度下，由于生产资料公有制的实现，生产者与消费者在根本利益上是一致的，社会生产与社会需要之间的矛盾是非对抗性的人民内部矛盾，它可以通过国家计划加以调节。安排积累与消费的适当比例，使生产和需要之间达到平衡。在我们社会主义社会里，不会发生生产过剩的经济危机，更不会发生把小麦、棉花烧掉，把牛奶倒进大海的怪现象。我们苦于没有更多的生活资料去满足人民的需要，这经常激励我们去大力发展生产，向生产的深度和广度进军。

第二次世界大战后某些资本主义国家工人生活水平有些提高，但这对工人来说，"不会消除奴隶的从属关系和对他们的剥削。同样，也不会消除雇佣工人的从属关系和对他们的剥削。由于资本积累而提高的劳动价格，实际上不过表明，雇佣工人为自己铸造的金锁链已经够长够重，容许把它略微放松一点"。而"生产剩余价值或赚钱，是这个生产方式的绝对规律"。[①]

---

① 《马克思恩格斯全集》第 23 卷，第 677~679 页。

由此我们知道，观察资本主义生产目的，应首先更多地注重它的质的规定性，即资本主义生产目的所反映的资本主义生产关系，不要被资本家施展的小恩小惠迷住了眼睛。资本家给工人的福利再多，丝毫不能改变工人阶级的被剥削被奴役的地位。笼统地说资本主义国家的生活水平比我们的高，那是不准确的。人的生活有物质生活与精神生活两个方面。资本主义的精神生活是空虚的。我们的亿万人民有共同的利益、共同的理想、共同的奋斗目标、共同的道德标准，团结一致，努力奋斗，一方有难、八方支援，没有资本主义的各种后顾之忧，这是资本主义无法比拟的。有些资本主义国家的物质生活条件比我们目前的状况好一些，这是事实。但那是资本主义生产力几百年发展的结果。旧中国"一穷二白"，生活水平极端低下，在这样的基础上，要赶上和超过资本主义，那是需要时间的。我们的生活水平虽然还低于某些资本主义国家，但与旧中国相比，则有很大提高。只要我们坚持社会主义道路，充分发挥社会主义制度的优越性，把各项工作做得更好，我们不但能够创造出比资本主义更高的劳动生产率，也一定能够创造出比资本主义更高的生活水平。这是历史赋予我们的神圣职责，一定要实现，也一定能够实现。

二 社会主义生产的目的

下面从四个方面分析社会主义生产的目的。

斯大林写道："保证最大限度地满足整个社会经常增长的物质和文化的需要，就是社会主义生产的目的。"[①] 从斯大林的这个表述中，可以看出社会主义生产目的的量的规定性主要有以下几个方面。

第一，"最大限度"问题。

资本主义生产目的是追求最大限度的利润，而社会主义生产目的则是最大限度地满足劳动人民日益增长的物质和文化需要。这两个"最大限度"是根本对立的，反映着两种根本对立的生产关系。要不要最大限度地满足

---

① 斯大林：《苏联社会主义经济问题》，第59页。

人民生活的需要，是关系着社会主义制度的大问题。"最大限度"是社会主义生产关系的客观要求，不是可有可无的。有一种理论认为，人民生活的问题，不可不谋，也不可多谋，只要不死人，能健康地活着，那就可以了。在这种理论指导下，当然就没有"最大限度"问题。这种错误理论违背了社会主义生产关系的本质要求，不符合社会主义基本经济规律。

有的同志认为："我们现在还不可能普遍地在'高度技术基础'上来发展社会主义经济，也不可能'最大限度'地满足全国人民的生活需要。"[①]我们不同意这种说法。"最大限度"不是绝对的、静止的，它同任何事物一样都是发展变化的，是相对的。有生产力高水平时的"最大限度"，也有生产力低水平时的"最大限度"。在一定生产力水平下，如何满足人民生活需要，的确有个"最大限度"，这是不容否定的。目前，我们的生产力水平比较低，在这样的生产力水平下也能做到"最大限度"，这就要从当前既定的人力、物力、财力出发，统筹兼顾，适当安排。

社会主义每个历史阶段上的"最大限度"如何确定？在其他条件不变的情况下，保证生产领域中的在业劳动者和新增劳动力的生产基金装备程度不低于前期或略高于前期，能不能是这个"最大限度"？我们认为可以这样确定。之所以如此，就是因为只有这样才能够保证社会主义生产在高度技术基础上不断增长和不断完善，从而为将来更好地满足人民需要奠定物质基础。

从社会主义建设的实践经验来看，在生产与生活的关系上，虽然口头上经常说要兼顾两头，不挤不让，实际上往往是生产挤了生活，"骨头"太多，而"肉"极不相称。鉴于此种情况，不但应该规定一个"最大限度"，还有必要规定一个"最低限度"。这个最低限度应该是，在正常年景下，全国人口的平均消费额不低于前期或略高于前期（扣除物价变动的影响）。否则，人民生活水平就要下降。以1959年来说，积累率高达43.80%，这是突破了人民生活水平的最低界限达到的。1959年农村人口的平均消费额比1957年低14元，仅此一项，全国农民就拿出70多亿元用于积累。人民生

[①] 薛暮桥：《中国社会主义经济问题研究》，人民出版社，1979，第258页。

活的最低界限是防御性的，也是十分必要的。它能制约"头脑发胀"，提醒我们，不要靠牺牲人民的消费去盲目追求高速度。

第二，"经常增长"问题。

人民生活需要是经常增长的。这个"经常增长"并不坏，它体现着社会主义制度的优越性，是社会主义经济不断发展的强大动力。但人民生活"经常增长"的速度应当怎样，却是我们需要正确解决的问题。从生产与消费的关系上来说，应当在生产发展的基础上逐步改善人民生活，生活水平提高的速度不能超过生产发展的速度，居民货币收入增长的速度不能超过劳动生产率提高的速度。在这方面，我们在"一五"期间处理得比较好。"一五"时期，工业总产值平均每年递增18%，工业全员劳动生产率平均每年递增8.7%，而职工的平均工资每年平均递增7.4%。在1963~1965年，以及粉碎"四人帮"之后，我们也正确地处理了生产与生活的关系。可是，自1958年到1977年的20年间，工业总产值平均每年递增9.5%，工业全员劳动生产率平均每年递增2.7%，而职工的平均工资每年平均递减0.2%。这种情况说明，自从1958年以后，在相当长的时间里，生产与生活的比例关系失调，不符合在生产发展和劳动生产率提高的基础上逐步改善人民生活的方针。这是应当引以为训的。

第三，必须兼顾物质生活的需要与精神生活的需要。

在科学技术日新月异的今天，我们不但应当大力发展物质生产，以满足人民物质生活的需要，还需要注意发展精神生产，以满足人民精神生活的需要。物质生产与精神生产是互相制约、互相促进的，不相应地发展精神生产，物质生产是搞不上去的。发展科学、文化、艺术、教育等精神生产部门，大力培养科技人才和管理人才，提高全民族的文化科学技术水平，不仅是现代化大生产的要求，也是社会主义制度的要求，是社会主义优越性的表现。社会主义制度既能保证我们创造高度的物质文明，又能保证我们创造高度的精神文明。

旧中国百分之八十以上的人是文盲。新中国成立后，由于社会主义制度的优越性，广大劳动人民获得了受教育的机会，科学文化水平有很大提高。但和先进的国家比，还是相当落后，人民的科学文化生活水平还是很低的。

为了满足人民精神生活的需要，必须加快发展科学、文化、教育等事业。

第四，个人生活需要与社会集体生活的需要不可偏废。

斯大林在表述社会主义生产目的时，采用了两种方式，一是"人及其需要，即满足人的物质和文化的需要"，二是"满足整个社会经常增长的物质和文化的需要"。这两种说法并不矛盾，是辩证的统一。但是，有的同志却各执一端。争论的分歧点在于，社会集体需要是否应包含在生产目的之内。

马克思在《哥达纲领批判》中对于社会集体需要列出六个部分：第一，用来补偿消费掉的生产资料部分；第二，用来扩大生产的追加部分；第三，用来应付不幸事故、自然灾害等的后备基金或保险基金；第四，和生产没有直接关系的一般管理费用；第五，用来满足共同需要的部分，如学校、保健设施等；第六，为丧失劳动能力的人等设立的基金。前三项基本上属于生产消费的需要，后三项属于生活消费中的集体消费的需要。从现实情况看，还应该有国防需要和援外需要。这两项是阶级斗争的需要，应当单独列出。这样，社会集体需要就有三方面的内容：一是生产上的需要，二是集体消费的需要，三是阶级斗争的需要。这三项内容中，只有集体消费的需要，应包含在社会主义生产目的之内，因为人是生活在社会之中的，除了个人生活消费之外，集体消费是不可避免的。文化、教育、科学、卫生、体育等事业都是人民生活不可缺少的，因而它们应是社会主义生产目的的必要内容。而生产上的需要和阶级斗争上的需要则不是社会主义生产目的之内的东西。如果把生产上的需要也看作社会主义生产目的的内容，那就混淆了手段与目的的界限，的确成了"为生产而生产"。至于阶级斗争方面的需要，由于阶级斗争仅仅是社会主义一定阶段上的东西，不是社会主义生产方式本质固有的东西，因此阶级斗争上的需要不应包括在反映社会主义生产方式本质的社会主义生产目的之内。

划清社会主义生产目的的外部界限，弄清它的内涵，是有重大理论意义和现实意义的问题。通过上面的分析可以看出，只有生活消费，即马克思所说的"原来意义上的消费"，才是社会主义生产目的。过去，有人把本来不是生产目的之内的生产消费也视为社会主义生产目的的内容，这就犯了扩大化的错误。"为生产而生产"的说法，同这种理论上的错误不能说没有关系。

社会主义生产目的之内的个人消费与集体消费的比例关系，不是随意决定的，它要受社会生产力水平和人民消费水平的制约。在生产力水平和消费水平还比较低的现阶段，集体消费的比重不可能过大，它只能随着生产力的发展和人民消费水平的提高而逐步增大。在社会集体福利问题上，社会主义胜过资本主义，它一定能够创办出各种各样的社会福利设施，使人民的生活更加美好和舒适。

三 社会主义生产目的的"量"

社会主义生产目的，不论就质的方面，还是就量的方面，都比资本主义生产目的具有巨大的优越性。社会主义生产目的及其优越性，都是客观存在的。我们的任务是要尽可能正确地认识社会主义生产目的，并按照它的要求办事，发挥它的优越性，以实现社会主义生产目的。

正确地认识社会主义生产目的，要在马克思列宁主义、毛泽东思想的指导下，经过实践、认识、再实践、再认识的循环往复的过程。我国30年的实践证明，正确地认识社会主义生产目的是极其困难的。我们在社会主义生产目的问题上，至今没有真正完全弄清社会主义生产目的和实现社会主义生产目的的比较合适的经济体制。

我们为什么要发展生产？当前为什么要调整国民经济？以什么样的思想为指导进一步搞好国民经济的调整与改革？这些问题似乎早已解决了，其实不然。我们不少同志对这些问题还没有弄清楚，甚至完全不清楚。因此，为了搞好国民经济的调整与改革，为了加速实现四个现代化，很有必要认真学习革命导师关于社会主义生产目的的论述，认真检查一下我们在哪些方面离开了社会主义生产目的。这样，才能够进一步端正我们的生产目的，有利于发挥社会主义制度的优越性。

有的文章把我们在社会主义生产目的方面的问题归结为"为生产而生产"[1]。笔者觉得，这没有抓住问题的要害，问题并不是"为生产而生产"。

---

[1] 见1979年10月20日《人民日报》特约评论员文章：《要真正弄清社会主义生产的目的》。

任何的生产都是社会的生产，因而都有一定的社会目的，没有正确的目的，也没有错误的目的。我们并不是"生产是一切，而目的是没有的"。在生产目的的问题上，大体说来，有这样几个：一是为所谓的"革命"而生产，二是为速度而生产，三是为宣传而生产，四是为"乌纱帽"而生产。这些不正确的生产目的，不是虚构出来的，而是活生生的现实。这些生产目的如此之多，又如此明确，怎么能够说是"为生产而生产"呢？表面上看，似乎是"为生产而生产"，然而在"为生产而生产"的背后掩盖着各种各样的社会目的。为了正确解决社会主义生产目的上存在的问题，不能停留在批评所谓的"为生产而生产"上，而一定要深入下去，真正敢于揭示"为生产而生产"所掩盖的各种各样的社会目的。只有把这些不正确的所谓生产目的一一加以纠正，社会主义生产才能走上正轨。

应当指出，把生产发展的速度，尤其把少数重工业产品的增长速度，作为国家计划的出发点和归宿，这在很大程度上妨碍了人们正确认识社会主义生产目的。少数重工业产品的增长速度，并不能体现社会主义生产目的，相反，它可能使人更远离社会主义生产目的。似乎生产资料生产可以不为人民生活服务，可以"为生产而生产"。我国30年的实践证明，虽然消费资料生产的目的也有一定的问题，但更为严重的是生产资料生产的目的基本没有解决好。我们搞生产资料的目的是什么？是生产消费，还是生活消费？生产资料生产的成果用于生产消费，但是生产资料生产的目的不是生产消费，而是生活消费。我们现在和今后都还要大力发展生产资料生产，我们所以这样做，不是"为生产而生产"，而是为了改善人民生活。因此，一切生产资料部门，都必须从人民需要出发，端正生产目的。

为了使我们的国家计划体现出社会主义生产目的，应当从居民福利基金出发。现在不少同志主张从最终产品出发，但最终产品的概念是各不相同的：第一个概念是固定资产的基本折旧、积累基金与消费基金之和，这相当于西方所说的国民生产总值；第二个概念为积累基金与消费基金之和，即国民收入的实物量；第三个概念是消费基金与非生产性积累之和，叫作最终净产品；第四个概念叫作居民福利基金，它等于最终净产品减去一般管理费用。上述情况说明，只有把居民福利基金作为编制国民经济计划的出发点和归宿，才符合社会主义生产目的。具体办法是，根据前期居民的消费水平、人口增长速度等因素，确定计划期居民福利基金的水平，再考虑一般管理费用的需要，确定最终净产品。然后，应用相应的数学模型，计算出为生产最终净产品所需要的生产资料的消费与积累，最后确定各部门的生产量，再与资源条件进行反复平衡。

当然，社会主义生产目的实现的过程绝不是一帆风顺的，而是曲折的，往往还会出现反复。林彪、"四人帮"阻碍社会主义生产目的的实现，开历史的倒车，实行"禁欲"主义，不是被抛进历史的垃圾堆了吗？所谓"以钢为纲"使得社会主义生产目的不易实现，不也是被否定了吗？任何不顾社会主义生产目的，不顾人民生活的行为，终归要受到惩罚。我们一定要分清必然与偶然、主流与支流，绝不要被暂时的现象迷惑而看不清本质，更不能以生产目的实现过程中出现的暂时曲折，去否定社会主义制度的优越性。

实现社会主义生产目的的过程，首先是社会主义生产力发展的过程。生产是消费的前提，没有高度发展的生产，不可能有高水平的消费。低生产、高消费，仅仅是一种不切实际的幻想。只有实现"四化"，把生产搞上去，才能从根本上改善人民生活。所以，我们要同心同德、全力以赴、争分夺秒地投身到实现四个现代化的伟大事业中去。

实现社会主义生产目的的过程，又是社会主义生产关系不断完善的过程，是社会主义经济管理体制不断改革的过程。当前，正确解决全民所有制经济与集体所有制经济之间的关系，有助于社会主义生产目的的实现。大力发展集体所有制的企业，不仅能解决大量待业人员的就业问题，使他们的生活获得可靠的保证，还能够促进人民生活迫切需要的各种生产事业、商业和服务业的发展。扩大企业自主权的试点已经证明，经济管理体制的改革，既能促进生产的发展，又能为改善人民生活提供必要的条件，不少试点单位有了权力就去解决职工的住宅问题和各种福利问题。从实现社会主义生产目的的角度来看，经济管理体制的改革也是势在必行的。

实现社会主义生产目的的过程，还是一个思想理论斗争的过程，排除各种干扰的过程。斯大林曾经批判过的雅罗申柯的主张不会永远绝种。实践将表明,雅罗申柯的"理论",不但过去有,现在有,将来还会有。因此,同这种"理论"的斗争,将是长期的。只有把这个方面的斗争进行到底,社会主义生产目的才能最终实现。

本文原载:《社会科学报辑刊》1981年第1期

消费理论研究的几个前沿问题

一 关于消费是经济发展的目的和动力的理论

这是马克思早已阐明的理论。党的十七大进一步发展了这个理论。胡锦涛总书记指出,要"坚持扩大国内需求特别是消费需求的方针,促进经济由主要依靠投资、出口拉动向消费、投资、出口协调拉动转变"。这个指示切中要害,既指出了过去轻视消费的倾向,又强调了消费拉动经济增长的动力作用。因此一定要不折不扣地贯彻落实这个重要指示,使之变为行动的向导。我们既不是为生产而生产,为搞经济而搞经济,也不是为单纯增加 GDP 而搞生产,更不是为"乌纱帽"而搞经济。我们搞经济、发展生产,唯一的目的就是满足亿万群众的生活、消费需要,使他们过上美好的幸福生活。亿万群众的这种消费需要是强大无比的真正的生产发展的动力和经济前进的火车头。

在当代,一般说来,任何国家的经济增长(发展)都要依靠消费、投资和出口这三驾马车拉动。但由于国情不同,三驾马车的搭配状况各异。如果是个自给自足的自然经济型或封闭型国家,那么它的经济发展基本上由国内消费与投资这两驾马车拉动;如果是个市场经济的开放型小国或地区(如新加坡、荷兰、比利时和我国的香港),那么它的经济增长或发展主要由出口拉动,其外贸出口依存度可达 300% 甚至 400% 以上;如果是市场经济的开放型大国(如美国、日本、中国、印度等),那么它的经济发展应由三驾马车同时拉动,且以国内消费为主,投资和出口辅之。美国和日本虽然出口总额不小,但其外贸出口依存度也不过 10% 左右。我国是世界上人口最多的国家,其消费市场之大无与伦比。因此,我国必须确立并始终坚持以消费为主,以消费为第一驾马车拉动经济发展的基本国策。可是,近20年来,拉动我国GDP增长的居第一位的马车不是消费,却是投资。[①] 出口这驾马车的拉动作用2000年以来也相当突出,使外贸出口依存度达30%~35%,相当于美国和日本的2~3倍。由上述情况可知,党中央要求"形成消费、投资和出口协调拉动的增长格局"有多么重大的意义啊!

二 关于收入、消费和储蓄三者之间和谐关系的理论

按照传统消费理论(又称标准的确定性消费理论),居民收入=消费+储蓄,或者说,消费=收入-储蓄。这两个公式表明,不能将收入等同于消费,更不能将储蓄等同于消费。然而,这两种混同情况经常见诸报刊。实际上,即使收入增长了,并不见得用于改善生活,而是把它变成储蓄,形成高储蓄、低消费。2006年比1978年,以当年价格计算,城乡居民人均收入分别增长33.2倍和25.8倍,城乡人均消费额分别增长20.5倍和19.5倍,而城乡居民人均储蓄额增长高达560.3倍。这难道不是高储蓄、低消费吗?高储蓄又是高投资的根源(传统消费理论认为,储蓄=投资)。可以说,高储蓄、高投资、低消费成了我国经济中的一种顽症,非下功夫治理不可了。

在当今世界上,消费与储蓄的关系不外两大类型:以美国为代表的低储蓄、高消费类型与以日本为代表的高储蓄、低消费类型。在美国,今朝有酒今朝醉,收入几乎全部用于消费,很少储蓄,甚至"负债消费"[②]。与此相反,日本的储蓄之高,而消费之低,在发达国家中也是少见的。两种类型何者为佳?很值得探讨。现在看来,它们各有利弊,也各有存在的条件,我们不能照搬。美国没有储蓄但有大量投资支持经济发展,而投资从何而来呢?通过向全世界出售政府债券、企业债券、股票,在全球发行美钞以及巨额外贸逆差等方式,集中全世界的资本(有位美国经济学家说,通过上述方式美国每天向国外借债20亿美元)。这一点不适合我国,我国

[①] 详细数据请见国家统计局编《中国统计年鉴》(2007年),第75页。
[②] 据《参考消息》2006年1月30日报道,美国的家庭债务截至2005年第三季度已高达11.4万亿美元。

也做不到。发端于美国的全球金融危机已证明美国的模式不可取。我国的建设资金主要还要靠内部积累，即由储蓄转化而来。日本的低消费、高储蓄同以往我国30年的实际情况相类似，存在众多弊端。在我国，既要大量储蓄（投资）促进生产高速发展，又要在生产发展的基础上满足亿万群众的生活需要。因此，从我国国情出发，应使收入、消费、储蓄三者大体同步增长，或者说，三者之间的比例关系保持常数。这就是笔者经常提倡的适度消费理论。这个理论不同于消费倾向下降，而储蓄倾向上升的理论。

三 关于非确定性消费理论

人类历史进程表明，随着社会生产不断发展，人们的生活消费水平不断上升。在低级阶段，当期（或称即期、现期）收入决定当期消费，或者说，在既定的期限内，有多少收入就有多少消费，没有跨期选择问题。由于收入是既定的，因而消费也是确定的。这种环境中的消费理论被称为确定性消费理论或传统消费理论。随着生产力的发展，人们的生活水平也相应提高，进入更高阶段。在这个阶段，收入显著增多了，不仅可以满足当期消费需要，还有剩余，且剩余越来越多，又转化为储蓄和各种财产。在这种情况下，人们的消费不仅取决于当期的收入，更取决于一生的财产多少。即使当期没有任何收入，依靠过去积累的财产或财产收入也可以实现消费需求；即使当期没有财产或财产收入，只要未来有收入或财产，也可以通过消费信贷取得收入，以实现当期消费。这种消费取决于财产与收入的相互转化以及消费信贷，即取决于发达的资本市场，因而，其实现存在着很大的不确定性。所以，有关这种消费的理论称为非确定性消费理论，又称现代消费理论。[1]

胡锦涛总书记在党的十七大报告中把居民"家庭财产普遍增多"视为居民生活显著改善的重要标志，并号召全党要"创造条件让更多群众拥有财产

---

[1] 这种理论出现于20世纪50年代，其代表是莫迪科安尼与布伦贝二人1954年发表的《效用分析与消费函数——对横断面资料的一个解释》一文和密尔顿·弗里德曼1957年发表的《消费函数》一书。

性收入"。这个指示既是对邓小平同志的共同富裕理论的新发展，又是进一步解放思想的动员会，还是我国由传统消费转向现代消费的里程碑。

四 关于消费者主权理论

现代消费是以市场经济为基础的消费。与此不同，传统消费则是以自然经济或计划经济为基础的消费。在自然经济中，以家庭为生产和消费单位，生产什么就消费什么，生产多少就消费多少，封闭运行，不仅没有跨期选择问题，也没有跨国、跨地区选择问题，因而消费者没有什么权利。在计划经济时期，以产定销，生产什么就销售什么，就消费什么；生产多少就销售多少，就消费多少。出现供不应求时，就采取行政措施或实行票证制度，对消费加以限制。自然消费者没有什么选择的权利。在市场经济中，以销定产，市场上能够销售什么（居民购买什么），就生产什么；销售多少（居民购买多少），就生产多少。换言之，消费者需要什么，就生产什么，就销售什么；消费者需要多少，就生产多少，就销售多少。消费者的需要是生产和销售的出发点。将上述三种类型的经济形态进行比较之后不难发现，立足于自然经济和计划经济之上的传统消费理论是生产者主权理论，而立足于市场经济之上的现代消费理论是一种消费者主权理论。这种理论亦可简称为消费者是"上帝"的理论。

随着我国由计划经济向市场经济的转型，我国的传统消费正在向现代消费转变，传统消费理论正在向现代消费理论转变，生产者主权理论正在向消费者主权理论转变，消费者正在由无权向有权转变，正在由"奴隶"变为"上帝"。这是消费体制、消费思想的重大变革。消费确有体制问题，除进行生产体制、流通体制和分配体制改革之外，还必须进行消费体制改革。[①]

五 关于消费结构新趋势的理论

居民消费结构受多种社会经济因素和自然因素的制约，并随着社会生

---

① 杨圣明：《我国消费体制改革问题探讨》，《经济研究》1985年第3期。

产发展和科技进步而不断变化。当前，呈现出一些新趋势。其一，服务消费增强趋势。消费品有两大类：一是有形的实物消费品，二是无形的服务消费品。以后一类服务消费品为对象的消费称为服务消费。几千年来，人类生活都是以实物消费为主，服务消费为辅。现在达到了一个拐点，在发达国家已经出现以服务消费为主、实物消费为辅的新现象。消费结构变化的这个新趋势在我国的北京、上海、香港也初露端倪。这个新趋势的出现绝不是偶然的，它是社会产业结构演进的必然结果。在 GDP 的实物构成中，由农业（第一产业）和工业、建筑业（第二产业）提供的实物消费品所占的比重已降至 50% 以下，而由服务业（第三产业）提供的服务消费品所占的比重已上升至 50% 以上，在发达国家甚至达到 70% 以上。产业结构的这种新特征不能不在居民消费结构上反映和体现出来。其二，绿色消费增强趋势。从本源上考察，人类的生活消费自始就是绿色消费，即人类自始就依靠绿色有机物质生存和发展。可以说，绿色消费是人类的本源消费。然而，化学工业和转基因技术问世后，开始动摇人类绿色消费的原本基础。科学技术进步往往是双刃剑。"化学化"和"基因化"给人类带来的是利大于弊，还是弊大于利？尚需实践进一步证实。以转基因食品来说，欧洲人和日本人中反对者大有人在。英国王储查尔斯曾说，"人类企图插足某种神圣领域。我绝不打算让家人食用转基因食品"。鉴于对"化学化"和"基因化"的怀疑，人们自然转向重视绿色消费。这可谓返璞归真。因此，必然出现绿色消费增强的趋势。其三，文化消费增强趋势。人是社会的动物。人与其他动物的根本区别除制造和使用工具外，就是创造精神文明，并享受一切先进文化成果。我国已进入小康社会，主要任务是全面建设小康和全面实现小康。小康型生活不同于饥寒型生活和温饱型生活。后者主要解决生存问题，而前者则主要解决发展问题和享受问题。发展问题和享受问题的解决，固然离不开一定的物质条件，但更要依靠文化事业的发展和居民文化生活水平的提高。所以，文化消费增强趋势是我们迈向小康和富裕道路上必然出现的一种新趋势。其四，数字消费增强趋势。当今社会已进入数字化的信息时代。在硬件方面，计算机、照相机、电视机、VCD、DVD、寻呼机、显示器、网络服务器、信息平台、传呼机、扫描仪、投影仪、图像处理器、资料处理器等层出不穷，日新月异；在软件方面，移动通信网络、互联网络、卫星通信网络、数据交换网络、财务软件、商务软件、工程软件等不断创新，迅猛发展。尽管上述众多信息产品外观千奇百怪，功能各异，但有一点是共同的，即它们都依靠数码运行，依靠数码操作，故称为数字产品。这类产品既有生产过程，又有消费过程。数字产品的消费简称为数字消费。在信息化时代，数字消费的地位与作用是很突出的，并且呈现日益上升的趋势。对以上所讲的四种消费新趋势，政府决策部门应采取正确政策加以引导，促使其发展；企业家则应从这些趋势中寻找潜在的市场和现实的市场。

六　关于构建生态文明型的消费模式理论

胡锦涛总书记在十七大报告中指出，要"建设生态文明，基本形成节约能源资源和保护生态环境的产业结构、增长方式、消费模式"。这个指示太重要了，太及时了，一定要很好地贯彻和落实，不仅要把经济增长和产业结构打造成生态文明型的，而且要把我国的消费模式构建成生态文明型的。所谓生态文明是指在人、社会、自然三者和谐共生与发展的客观规律的基础上，实现良性循环、全面发展和持续繁荣。这种文明同工业文明、农业文明具有内在统一性，本来可以互相促进、共同繁荣。但是，它们在一定条件下也有矛盾的地方。这种矛盾当前尤其突出。在建设工业文明、农业文明的同时，有些部门、地方和企业忽视了生态文明，破坏了环境，消费了资源能源。不仅生产建设中有这种现象，生活消费中也有这类问题。我国人口众多，人均资源能源不多，环境污染已相当严重。当前，急需把工业文明、农业文明同生态文明真正统一起来，坚持走生产发展、生活富裕和生态良好的文明之路，把生态文明落实到每个部门、每个地区、每个企业和每个家庭。

本文原载：《光明日报》2009 年 8 月 18 日

努力创新中国特色社会主义消费理论

一 如何创新中国特色的消费经济学

(一) 深入实际调查研究

中国特色消费理论并不存在于书本中,也不存在于某些人的头脑中,而源自中国十几亿人的伟大的消费实践中,并为这个伟大的消费实践服务。毛泽东同志在《实践论》一文中指出:"辩证唯物论的认识论把实践提到第一的地位,认为人的认识一点也不能离开实践,……强调理论对于实践的依赖性,理论的基础是实践,又转过来为实践服务。"[①] 根据这个道理,我们研究消费问题,一定要深入实际进行调查研究。在微观方面,关注亿万人的吃、穿、用、住、行、医等各方面的问题,肯定成绩,找出不足,总结经验教训。在此基础上,再升华为理论,提出新概念、新理论。在宏观方面,要关注消费与生产、分配、交换之间的相互关系,消费与投资的关系,消费与进出口的关系,城乡居民消费关系,不同地区居民消费关系,等等。对这些关系的变动趋势,及其原因和对策进行理论分析,提出新的观点和新的理论。在这里应强调指出,中国消费体制改革问题既是宏观问题,又是微观问题,既是理论问题,又是实践问题,必须千方百计地推动消费体制改革。为此,要深入实际调查研究,找出这项体制改革滞后的原因,提出加快改革的对策建议。

---

① 《毛泽东选集》第1卷,人民出版社,1952,第273页。

（二）以马克思主义为理论指导

在阶级社会中，各种思想、理论、学说，无不打上阶级的烙印。在当今的中国，在当今的国际社会，各种思想、理论、学说都异常活跃。在消费领域也有种种思想、理论和学说。这就向我们提出一个问题，我们要学会以何种消费理论为指导？毛泽东同志在1954年全国人民代表大会第一次会议上的开幕词中指出："领导我们事业的核心力量是中国共产党。指导我们思想的理论基础是马克思列宁主义。"[①] 我国的几部宪法都写有毛泽东同志的这个指示。我们最好遵循着毛泽东同志的指示前进，应当提倡学习马克思主义的消费经济理论。笔者建议，组织有关力量编写《马恩列斯毛邓论消费》一书，以便于大家学习。

对于西方的各种消费理论应采取一分为二的科学分析态度，取其精华，去其糟粕，吸收其对我国有用之处。但是，不能任其占主导地位，当前消费理论中的"西化"现象值得注意。

二　关于几种重要的消费理论问题

（一）关于宏观消费理论问题

笔者认为，消费理论应有宏观消费理论与微观消费理论之分。所谓宏观消费理论是指有关整个国家（包括各级政府）的消费问题的理论；所谓微观消费理论是指有关家庭和个人的消费问题的理论。这两种消费理论既有区别，又有联系。我们在这里先简要地分析一下宏观消费理论。

我国某一年的国民收入（或国内生产总值）生产出来之后，经过分配、再分配过程，最终被用在生产建设与人民生活两个方面。用在生产建设方面的称为积累基金（又称投资基金），用在人民生活方面的称为消费基金。这两种基金各占多大比重？或者说，积累率有多高？消费率有多高？这是关系国家全局的重大问题，也是国民经济综合平衡的核心问题。各级政府的决策者对这两个问题都十分重视。"积累率"（或消费率）取决于多种因

---

① 《毛泽东选集》第5卷，人民出版社，1977，第133页。

素,直接受三个因素的制约:一是国民收入总额及其增长速度;二是积累(投资)效果,即单位投资(万元)取得的国民收入新增额(又称投资效果系数);三是消费基金总额及其增长速度。根据这三个因素,可组成计算投资率(积累率)的两个公式。

公式1:积累率=国民收入增长速度÷积累效果(投资效果)。

公式2:积累率=(国民收入总额-消费基金总额)÷国民收入总额。

以上两个公式的不同点在于:公式1侧重从生产领域表明积累率与国民收入总额及其增长速度、积累(投资)效果的关系;而公式2则侧重从分配领域表明积累率与国民收入总额、消费基金总额的关系。中国经济学界多年来讨论积累率问题时,多围绕第二个公式争论是非曲直,对第一个公式的关注较少。其实,我国积累率长期过高的根源恰恰在第一个公式里,即积累效果(投资效果)太差。[①]

积累率确定后,再研究消费率,那就易如反掌。消费率=100%-积累率。既然积累率过高,那么消费率必然很低。这是我国不断提倡扩大消费需求的重要根源。

(二) 关于微观消费理论问题

微观消费是指家庭和个人的消费。每个家庭或个人的消费是否科学、合理和适度,要以收入、消费和储蓄三者的关系来衡量。从静态上考量,收入大于消费,并有一定储蓄,此种状态的消费乃是合理的或适度的;从动态上考察,收入、消费、储蓄三者大体同步增长,或者说它们之间的比例关系保持着一种常数,这种状态的消费就是合理的、适度的。按这种标准衡量我国的消费,那就会发现,存在着严重的低消费和高储蓄问题。这种情况与美国的恰好相反,那里存在着严重的高消费和低储蓄问题。

关于收入、消费、储蓄三者的关系问题,英国著名经济学家凯恩斯在其著作《就业、利息和货币通论》中指出,随着收入的增长,将会出现边际消费倾向下降趋势和边际储蓄上升趋势。这种预测不符合美国的情况。当今世界,关于消费与储蓄的关系不外两大类型:一是以美国为代表的低

---

① 杨圣明:《加快建立扩大消费需求长效机制问题》,《财贸经济》2013年第3期。

储蓄、高消费类型，二是以日本为代表的高储蓄、低消费类型。本文认为，中国应成为收入、储蓄、消费三者同步增长、协调发展的第三种类型的国家。

（三）关于消费者主权理论问题

消费者主权理论问题是随着市场经济发展而出现的。

在自然经济中，以家庭为生产单位与消费单位，生产什么就消费什么，生产多少就消费多少，封闭运行，消费者没法跨期选择，也没法跨国、跨地区选择。因而，消费者没有什么权利。

在计划经济时期，以产定销，生产什么就消费什么，生产多少就消费多少。出现供不应求时，就采用票证制度加以限制。这样，消费者也没有什么权利。

在市场经济中，出现了以销定产，市场能够销售什么（居民购买什么），就生产什么；消费者需要多少，就生产多少。这样，消费者就有了选择权。

从上述分析可见，立足于自然经济和计划经济之上的是生产者主权理论，而立足于市场经济之上的则是消费者主权理论。随着市场经济的发展，消费者主权理论也在发展。消费者正在由"奴隶"变为"上帝"。

（四）关于消费体制理论问题

我国的经济体制改革，不仅包括生产领域、分配领域和流通领域的诸多改革，而且包括消费领域的体制改革。所谓消费体制是指消费领域中各种消费关系、消费权益、消费组织、消费安全、消费教育及其运行机制、调控手段、网络布局、信息传递的总称。消费体制是整个经济体制的重要组成部分，它同生产体制、流通体制、分配体制相互联系、相互制约、共同发展。任何一种消费都是在一定体制下完成的。消费不仅是个人生活问题，而且是在社会关系中进行的一种活动。它必然涉及与其他经济活动的关系。消费领域中的社会关系，即消费关系是相当复杂的，矛盾也是很多的。消费体制改革的任务是调整和完善各种消费关系，改进消费权利在不同层次上的配置，兼顾各方面的消费利益，以促进全面小康社会的实现。

（五）关于消费者组织理论问题

在市场经济中，一般都实行小政府、大社会的管理模式。大量的社会生活问题并不是由政府包办,而是由居民自主管理。千家万户的吃、穿、用、住、行、医等各种消费行为所涉及的具有共性的消费问题只能由居民民主协商解决。而居民是分散的,其生活消费又千差万别,只有组织起来,形成集体力量,才能去解决消费者面临的诸多困难问题。因此,要大力倡导和成立各种类型的消费者组织(在加拿大有鸡蛋协会、小麦协会;在美国有杏仁协会)。消费者组织有双重作用,一方面把政府的、社会的要求传达给消费者,使消费者理解政府的意图;另一方面又把消费者的要求反映给政府和有关部门,帮助消费者解决困难问题。这样,消费者组织的双重作用,将会化解矛盾,促进社会和谐。

(六)关于服务消费理论问题

千百年来,人类生活都是以实物消费为主,服务消费为辅。现在,达到了一个拐点。在发达国家已经出现以服务消费为主、实物消费为辅的新现象、新阶段。消费结构上的这种新趋势在我国的香港、上海、北京等地初露端倪。它的出现不是偶然的,而是社会产业结构演进的必然结果。不久,它将扩大到全社会。

(七)关于绿色消费理论问题

在本源上,人类的生活消费开始就是绿色消费,依靠绿色有机物质生存和发展。可以说,绿色消费是人类的本源消费。然而,随着碳石能源的采用,化学工业发展和转基因技术问世,人类绿色消费的原本基础开始动摇。科学技术进步往往是双刃剑。以转基因食品来说,日本和欧洲的反对者大有人在。鉴于人们对"化学化"和"基因化"的怀疑,人类消费又开始转向绿色消费。真可谓返璞归真。在我国要倡导文明、节约、绿色、低碳的消费模式。

(八)关于文化消费理论问题

人是社会动物。人与其他动物的根本区别除制造和使用工具外,就是创造精神文明,并享受人类的一切先进文化成果。我国已进入小康社会,不同于饥寒型和温饱型的社会,主要任务不再是解决生存问题,而是解决享受和发展问题。这固然要依靠一定的物质条件,但更主要依靠文化事业的发展和居民文化生活水平的提高。所以,文化消费增强是我们迈向全面小康和富裕道路上必然出现的新趋势。我们现在成立的是消费经济学会，可否再成立一个文化消费学会，这是值得研究和讨论的问题。

（九）关于信息消费理论问题

当今社会已进入数字化的信息时代。在硬件方面，计算机、电视机、照相机、DVD、显示器、网络服务器、信息平台、扫描仪、投影仪、图像处理器、资料处理器等层出不穷，日新月异。在软件方面，移动通信网络、互联网络、卫星通信网络、数据交换网络、财务软件、商务软件、工程软件等不断创新，迅猛发展。尽管上述众多产品外观千奇百怪、功能各异，但有一点是共同的，即它们都依靠数码运行、依靠数码操作，故称为数字产品。这类产品既有生产过程，又有消费过程。这些数字产品的消费简称为数字消费。如果从这些产品的最终用途上考察，它们都是传递信息的。这些产品的消费，又可称为信息消费。当前，信息消费已成为最为活跃的消费热点。2013年我国信息消费规模达到2.2万亿元，预计2015年将超过3.2万亿元。信息消费已经成为引领消费、扩大内需、提振经济的新动力。[①]

（十）关于消费指导理论问题

人类文明的内涵极其丰富，消费文明仅是其中之一。人人都应成为文明消费者。每一种消费行为都应文明。可是，现实世界中的不文明行为并不少。怎么办？应广泛开展消费教育，大力加强消费的科学指导，弘扬消费文明。当然，消费指导绝不是横加干涉和指责。一定要用群众喜闻乐见的方式，切实尊重消费者的自主权与决策权。国家应当制定一些有关消费的法规，以保护消费者的利益。在食品中掺杂使假，有毒食品满天飞，主要原因是执法不严。要充分彰显法律的威严，使违法者胆战心惊、望而却步。我们要为法制消费而奋斗。

以上所论不妥之处欢迎批评指正！

本文原载：《消费经济》2014年第5期

---

① 见《国际商报》2014年7月14日。

马克思主义消费理论的中国化问题

一 消费与生产的辩证关系理论

消费与生产的相互关系是矛盾对立统一的关系。它们既有矛盾的方面，又有统一（同一）的地方。对于它们之间的统一（同一）性，马克思有深刻的分析与精辟的阐述。他写道："消费同生产之间的同一性表现"在：

（1）直接的同一性：生产是消费，消费是生产。消费的生产。生产的消费。……

（2）每一方表现为对方的手段；以对方为中介；这表现为它们的相互依存；这是一个运动，它们通过这个运动彼此发生关系，表现为互不可缺，但又各自处于对方之外。生产为消费创造作为外在对象的材料；消费为生产创造作为内在对象，作为目的的需要。没有生产就没有消费；没有消费就没有生产。这一点在经济学中是以多种形式出现的。

（3）生产不仅直接是消费，消费不仅直接是生产；生产也不仅仅是消费的手段，消费也不仅是生产的目的，就是说，每一方都为对方提供对象；两者的每一方不仅直接就是对方，不仅中介着对方，而且，两者的每一方由于自己的实现才创造对方；每一方都把自己当作对方创造出来。消费完成生产行为，只是由于消费使产品最后完成其为产品，只是由于消费把它消灭，把它的独立的物体形式消耗掉；只是由于消费使得在最初生产行为中发展起来的素质通过反复的需要上升为熟练技巧；所以，消费不仅是使产品成为产品的终结行为，而且也是使生产者成为生产者的终结行为。另外，生产生产出消费，是由于生产创造出消费的一定方式，其次是由于生产把消费的动力、消费能力本身当作需要创造出来。这第三项所说的这个最后的同一性,在经济学中常常是以需求与供给、对象与需要、社会创造的需要和自然需要的关系来说明的。①

马克思的上述论述,显示了他的消费观的哲学基础。这是辩证唯物主义在消费领域的应用和具体化。这里的文字并不多,但理论涵养甚丰,可以增强理论工作者和消费者的素质,值得我们很好地学习。以此为指导,创造出中国特色社会主义的消费理论,是我们每个理论工作者义不容辞的责任。

二 消费的类型:生产消费与生活消费

生产消费与生活消费(又称生产消费与个人消费),是人类消费的两大基本类型。这两种类型并不彼此独立、互不相干,而有紧密的联系,甚至相互依存、相互促进。对于它们二者及其相互关系,马克思和恩格斯都有深刻的分析和论述。马克思写道:"生产消费与个人生活消费的区别在于:后者把产品当做活的个人的生活资料来消费,而前者则把产品当做劳动即活的个人发挥作用的劳动力的生活资料来消费。因此,个人消费的产物是消费者,生产消费的结果是与消费者不同的产品。"② 对于在资本主义社会的情况下生产消费与生活消费,马克思又写道:"工人的消费有两种。在生产本身中他通过自己的劳动消费生产资料,并把生产资料转化为价值高于预付资本价值的产品。这是他的生产消费。同时这也是购买他的劳动力的资本家对他的劳动力的消费。另一方面,工人把购买他的劳动力而支付给他的货币用于生活资料:这是他的个人消费。可见,工人的生产消费和个人消费是完全不同的。在前一种消费下,工人起资本动力的作用,属于资本家;在后一种消费下,他属于自己,在生产过程之外执行生活职能。前一种消费的结果是资本家的生存,后一种消费的结果是工人自己的生存。"③

---

① 马克思:《1857-1858年经济学手稿》,《马克思恩格斯文集》第8卷,人民出版社,2009,第17~18页。
② 《资本论》第一卷,《马克思恩格斯文集》第5卷,人民出版社,2009,第214页。
③ 《资本论》第一卷,《马克思恩格斯文集》第5卷,人民出版社,2009,第659~660页。

消费的两大类型是由生产的两大类型决定的。社会生产分成两大部类，即生产资料生产部类与消费资料生产部类。前者的产品用于生产消费，而后者的产品用于生活消费。这种情况不论在哪种社会中都是一样的，只是生产或消费的主体不同而已。

三 消费力的含义与种类

"社会消费力"（简称消费力）是马克思首先提出的。他把消费力看成是"一种个人才能的发展，一种生产力的发展"[1]。后来他又指出："进行直接剥削的条件和实现这种剥削的条件，不是一回事，二者不仅在时间和地点上是分开的，而且在概念上也是分开的。前者只受社会生产力的限制，后者受不同生产部门比例关系和社会消费力的限制。但是社会消费力既不是取决于绝对的生产力，也不是取决于绝对的消费力，而是取决于以对抗性的分配关系为基础的消费力；这种分配关系，使社会上大多数人的消费缩小到只能在相当狭小的界限以内变动的最低限度。其次，这个消费力还受到追求积累的欲望，扩大投资和扩大剩余价值生产规模的欲望的限制。……但是生产力越发展，它就越和消费关系的狭隘基础发生冲突。"[2]

列宁从俄国的实际情况出发，进一步发展了马克思关于社会消费力的理论。他写道："'社会消费力'和'不同生产部门的比例'——这决不是什么个别的、独立的、彼此没有联系的条件。相反，一定的消费状况是比例的要素之一。"[3]

在中国经济学界首先研究"消费力"问题的当属北京大学刘方棫教授。他在1984年秋出版了《消费经济学概论》这部著作。其中第三篇着重研究了"消费力及其合理组织"的问题。[4] 尹世杰教授在2002年出版的《尹世杰选集》第二卷中列出"消费力经济学"大纲（初稿）。其中列出：什么是

---

[1] 《马克思恩格斯全集》第46卷（下册），人民出版社，1980，第225页。
[2] 《资本论》第三卷，《马克思恩格斯文集》第7卷，人民出版社，2009，第272～273页。
[3] 《市场理论问题评述》，载《列宁全集》第4卷，人民出版社，1984，第44页。
[4] 刘方棫：《消费经济学概论》，贵州人民出版社，1984，第67～117页。

消费力、消费力的分类、消费力的运动规律、消费力经济学的研究对象和研究方法，以及消费力在商品经济运行中的作用等问题。①

消费力不同于生产力、购买力或支付力。它仅限于最终消费阶段的消费能力。大家知道，社会再生产过程是由生产、分配、流通、消费这样四个阶段组成的。没有前三个阶段，不可能出现第四个阶段。相反，如果没有第四个阶段的消费，其他阶段也就缺乏目的性。在一定意义上说，消费甚至起决定性作用。它关乎整个社会再生产能否顺利进行。有的人把消费力混同于购买力、支付力、投资力，那是不妥的。我们应当努力学习马克思、列宁的指示，把他们关于消费力的论述真正弄明白。

四 对资产阶级经济学家消费理论的批判与继承

对于资本主义社会的消费问题，西方经济学家从多视角、多层次进行了研究与探索。英国古典政治经济学创始人威廉·配第根据他所处时代的要求，主张节制消费，增加资本积累，甚至，一切为了积累，把资本积累放在首位。他认为，"人们由于吃得过多，他们连日常劳动也感到厌烦了。这种情况，显然不能令人乐观"。② 亚当·斯密说过："消费是一切生产的唯一目的，而生产者的利益，只能在促进消费者的利益时，才应当加以注意，这个原则是完全自明的，简直用不着证明。"③ 但是，另一方面，亚当·斯密也主张节制消费，把资本积累放在首位。他写道："若只有勤劳、无节俭，有所得而无所贮，资本决不能增大。节俭可增加维持生产性劳动者的基金，从而增加生产性劳动者的人数。"④ 大卫·李嘉图的经济学把重点放在分配问题上，强调生产问题，主张压缩消费，使生产超过消费，甚至"为生产而生产"。马克思曾指出："李嘉图和一切以后的经济学家追随亚当·斯密一再重复地说，加入资本的那部分收入，是由生产工人消费。这

---

① 尹世杰：《尹世杰选集》（第二卷），湖南师范大学出版社，2002，第63~78页。
② 威廉·配第：《政治算术》，商务印书馆，1978，第42页。
③ 亚当·斯密：《国民财富的性质和原因的研究》下卷，商务印书馆，1979，第227页。
④ 亚当·斯密：《国民财富的性质和原因的研究》下卷，商务印书馆，1979，第310页。

就是所谓的'斯密教条'。这个教条的根本错误在于不懂得劳动的二重性理论，把创造价值混同于转移价值。"

法国的资产阶级庸俗经济学的鼻祖萨伊完全背叛了古典经济学派的消费观。他认为，消费就是价值和效用的消灭、财富的消灭。他完全否定消费的地位与作用。他的名言是："激励生产是贤明的政策，鼓励消费是拙劣的政策。"[①] 英国著名的经济学家马歇尔在其代表作《经济学原理》（1890年初版）中写道，"经济学自始至终都是研究生产和消费的相互调节的"，"而一切需要的最终调节者是消费者的需要"。[②] 马歇尔的观点是建立在边际效用论的基础之上的。这种效用论同马克思的劳动价值论是对立的。

凯恩斯在1936年完成了经济学的一场革命，他的《就业、利息和货币通论》一书的出版，标志着宏观经济学的问世。在消费理论方面，他提出了"消费乃是一切经济活动之唯一目的，唯一对象"。他还认为，资本主义经济危机的根源在于有效需求不足，而有效需求不足又是由"消费倾向递减""资本边际效率递减"和"灵活偏好"三大心理规律造成的。此外，消费函数在凯恩斯的著作中也占有相当高的地位。大家知道，经济危机的根源在于资本主义社会的基本矛盾。而凯恩斯不承认这个矛盾，他用消费不足来解释经济危机不过是缘木求鱼而已。革命导师列宁深刻批判了凯恩斯的上述观点，他写道："凯恩斯是英国外交家，他奉本国政府之命参加凡尔赛和谈，从纯粹资产阶级的观点直接作了观察，……他作出的结论，比任何一个共产党人革命家的结论更有说服力，更引人注目，更发人深思，因为作出这个结论的人是一个人所共知的资产者，布尔什维主义的死敌，在这个英国市侩的想象中，布尔什维主义的样子是畸形的狰狞可怕的。"[③] 事实上，在布尔什维克党即苏联共产党的领导下，社会主义事业在20世纪30年代迅猛发展，国际共产主义运动朝气蓬勃，同资本主义世界的经济危机形成鲜明对照。

---

① 萨伊：《政治经济学概论》，商务印书馆，1963，第459页。
② 马歇尔：《经济学原理》上卷，商务印书馆，1964，第111页。
③ 列宁：《关于国际形势和共产国际基本任务的报告》，载《列宁专题文集》，人民出版社，2009，第262页。

20世纪60年代初,美国经济学家罗斯托在其著作《经济成长的阶段——非共产党宣言》中,根据各国的消费水平来确定其处在何种发展阶段上。他根据消费水平的变化,把历史发展分为五个阶段,即传统社会、为发展创造前提阶段、发展阶段、向成熟推进阶段、高额群众消费阶段。他写道:"当社会快要达到成熟阶段时,或达到成熟阶段之后,社会的主要注意力就从供给转到需要,从生产问题转到消费问题";"高额群众消费时代正在越来越有力量,绝对还没有达到终点。"罗斯托的经济成长阶段论是对马克思主义的挑战,企图否定历史唯物主义,否定社会生产力与生产关系、经济基础与上层建筑这个社会的基本矛盾。马克思十分明确地指出:"各种经济时代的区分,不在于生产什么,而在于怎样生产,用什么劳动资料生产。劳动资料不仅是人类劳动力发展的测量器,而且是劳动借以进行的社会关系的指示器。"[1]

从20世纪30年代起,在欧洲(主要是法国)出现了关于"消费社会""消费主义"等理论学说。其主要代表人物是让·波德里亚。他的著作颇多,主要有:《物体系》(1968年出版),《消费社会》(1970年出版),《符号政治经济学批判》(1972年出版)。波德里亚的早期作品尽管也有局限性,但在研究消费和消费社会方面也有一定的价值。可以说,波德里亚是法国后现代理论的主要领袖。涉及消费社会的理论大多是在20世纪40年代和50年代出现的。大众文化是消费社会不可或缺的组成部分。应当指出,波德里亚等人的理论缺乏政治经济学和经济史的基础。[2]

进入20世纪80年代,在西方出现了探讨消费与社会变革的一种思想、理论学派。它的代表人物有马尔库塞、鲍德里亚、列斐伏尔和阿格尔等人。他们以不同的方式、思路揭露和批判晚期资本主义社会的消费活动。布迪厄是法国当代著名的社会学家、思想家和文化理论批判家。他的思想兼具自由主义和结构主义的特点,对于当代资本主义社会的消费现象也有独特

---

[1] 《马克思恩格斯全集》第23卷,人民出版社,1972,第204页。
[2] 刘方喜:《消费主义批判的中国立场》;道格拉斯·凯尔纳:《消费社会:法兰克福学派与波德里亚的观点》;丁国旗:《文学在消费时代的突围》。以上均选自《中国社会科学院院报》2007年11月8日,第3版。

的思考和观察。他在1984年出版的《区隔：关于品味判断的社会批判》一书中，首先阐明了人的消费行为远不只是消费者运用消费理性所做出的判断和选择。资产阶级、小资产阶级和普罗大众，都有独特的消费品位和消费选择。时尚消费是权贵和名流们标榜自己高人一等的"利器"。资产阶级与工人阶级的消费取向正好位于相对立的两极。布迪厄对资产阶级、小资产阶级和工人阶级这三个阶级的"惯习"和消费趣味的区分，表明他重视文化消费。他认为，文化消费正日益取代物质消费，成为社会分化格局形成的关键因素。在一定意义上可以说，布迪厄的"象征斗争理论"既对西方马克思主义消费政治理论进行了反思，又对其进行了重要的拓展。[1]

五 资本主义消费的基本特征

根据马克思主义经典作家的论述，我们认为，资本主义消费具有以下几个重要特征。

1. 消费处于从属地位

在资本主义制度下，生产处于主导地位，而消费则处于从属地位。这是由资本主义生产关系的性质决定的。生产资料是资本家私有的，资本家当然是社会生产的支配者。马克思指出："生产剩余价值或榨取剩余劳动，是资本主义生产的特定内容和目的。"[2] 不论是资本家的生活消费，还是工人阶级和其他劳动者的消费，都只能从属于资本追求剩余价值的这个资本主义生产目的。

2. 消费与生产的矛盾具有对抗性

在资本主义社会，生产与消费之间的关系，一般受价值规律的调节。但价值规律在这方面的作用是有限的。它难以阻止生产超越消费。当生产严重超越消费时，二者达到对抗状态，经济危机就要到来了。对此，马克思指出："一切真正的危机的最根本的原因，总不外乎群众的贫困和他们的

---

[1] 高德胜：《消费与社会变革——布迪厄对西方马克思主义消费政治理论的反思与拓展》，《光明日报》2014年9月10日。
[2] 《马克思恩格斯全集》第23卷，人民出版社，1972，第330页。

有限的消费。"① 经过经济危机，生产与消费的矛盾暂时得到解决。但过不了多久，生产过剩又出现了，危机再度出现。只有废止资本主义制度，才能消除消费与生产的对抗性矛盾。

3. 消费领域中的对抗性矛盾

马克思在《资本论》第2卷中深入研究并揭示了资本主义消费领域中的对抗性矛盾。他从两个阶级的对立的消费出发，把消费资料划分为必要消费资料（生存资料）与只供资本家享用的奢侈品两种类型。正如恩格斯所说："资本主义生产方式的生产人为地使广大真正的生产者同享受资料和发展资料隔绝起来。"② 这样，享受资料和发展资料便成为资产阶级独自消费的对象。不论在消费对象、消费手段和消费方式上，还是在消费水平、消费结构、消费结果上，无产阶级与资产阶级在消费领域都处于对立状态。

六 社会主义消费的进步性

在中国建立了社会主义制度之后，生产关系的性质发生了根本变化，生产力水平显著上升，广大群众的生活消费水平不断提高，从中可以看出社会主义消费的历史进步性。

1. 消费成为社会经济活动的最终目标

前面已经指出，就生产来说，生产本来是为了消费，消费成为生产的目的和对象。从历史上看，原始社会、奴隶社会和封建社会的生产都是为了消费。只是由于资本主义生产关系的性质才使生产的目的发生了"异化"，变成了追求剩余价值。社会主义制度的建立，使被资本主义颠倒的生产目的再颠倒过来，即生产是为了消费。这是生产目的上的"复归"。

恩格斯指出："我们的目的是要建立社会主义制度，这种制度将给所有的人提供健康而有益的工作，给所有的人提供充裕的物质生活和闲暇时间，

---

① 《马克思恩格斯全集》第 25 卷，人民出版社，2001，第 548 页。
② 恩格斯：《致彼得·拉甫罗维奇·拉甫罗夫》（1875 年），《马克思恩格斯全集》第 34 卷，人民出版社，2003，第 163 页。

给所有的人提供真正的充分的自由。"①

列宁写道:"社会主义社会是一个为了消费而有计划组织生产的大消费合作社。"② 他又说:"只有社会主义才可能根据科学的见解来广泛推行和真正支配产品的社会生产和分配,也就是如何使全体劳动者过最美好、最幸福的生活。只有社会主义才能实现这一点。我们知道社会主义应该实现这一点,而马克思主义的全部困难和全部力量,也就在于了解这个真理。"③

中国共产党人更是把满足人民群众物质和文化生活需要作为发展经济的唯一目的。周恩来总理在第一届全国人民代表大会上所做的《政府工作报告》中指出:"社会主义经济的唯一目的,就在于满足人民的物质和文化的需要。"党的八大通过的党纲中明确规定:"党的一切工作的根本目的,是最大限度地满足人民的物质生活和文化生活的需要。"

2. 社会主义消费能够保证人的全面发展

人类为了维持生存、发展自己和延续后代,产生许多需要。这些需要大体分为三类:生理需要、精神需要和社会需要。这三类需要都是社会历史发展的产物,受社会生产关系的制约,在阶级社会无不打上阶级的烙印。只有社会主义制度才能保证人的全面发展。因为社会主义能够迅速发展生产力,不断创造雄厚的物质条件。

3. 消费与生产的矛盾具有非对抗性

这一点同资本主义的情形不同。在社会主义条件下,发展生产的目的是为了满足人民群众的生活需要,而群众生活需要获得满足,又会调动广大群众的生产积极性和创造性,反过来必然促进生产更快更好发展,为进一步改善劳动群众的生活创造更雄厚的物质基础。这样,后浪推前浪,一浪更比一浪高。这就是社会主义制度下,生产与消费关系的生动写照。当然,消费与生产之间也存在着矛盾。这些矛盾将长期存在,表现为生产的

---

① 恩格斯:《弗·恩格斯对英国北方社会主义联盟纲领的修正》,《马克思恩格斯全集》第21卷,人民出版社,2003,第570页。
② 《"火星报"策略的最新发明:滑稽的选举是推动起义的新因素》,《列宁全集》第9卷,人民出版社,1959,第356页。
③ 《在国民经济委员会第一次代表大会上的演说》,《列宁全集》第27卷,人民出版社,2003,第385页。

产品在数量、品种、质量等方面不适应群众生活的要求。这种矛盾有时还很突出。不过，它是非对抗性的，经过调整，尤其生产的迅速发展，可以解决。正如毛泽东同志指出的："在客观上将会长期存在的社会生产和社会需要的矛盾，就需要人们时常经过国家计划去调节。我国每年做一次经济计划，安排积累与消费的适当比例，求得生产和需要之间的平衡。"①

4. 社会主义消费增长具有持续性和最大限度性

社会主义消费的这个进步性反映着社会主义基本经济规律的要求。新中国成立后，60多年的实践证明，社会主义消费是持续增长的，而且达到了力所能及的最大限度。有的同志不同意这里所说的"最大限度"。他写道："我们现在还不可能普遍地在'高度技术基础上'来发展社会主义经济，也不可能'最大限度'地满足全国人民的生活需要。"② 本文不同意这种看法。"最大限度"不是绝对的，而是相对的。它同任何事物一样是发展变化的，既有生产力低水平时期的"最大限度"，又有生产力高水平时期的"最大限度"。一定要实事求是，从实际情况出发，根据既定的人力、物力和财力，统筹兼顾，适当安排。

5. 社会主义消费的新常态

以习近平为总书记的党中央高度关注13亿人民的生活消费问题，多次指示，要求各级党政领导认真解决群众的物质文化生活方面的问题。2014年7月29日召开的中央政治局会议要求"要努力扩大消费需求，发挥好消费的基础作用，顺应居民消费结构升级趋势，完善消费政策，改善消费环境，不断释放消费潜力"③。2014年10月29日，李克强主持召开国务院常务会议，部署推进消费扩大和升级，促进经济提质增效。会议要求重点推进六大领域消费：一是扩大移动互联网、物联网等信息消费，提升宽带速度，支持网购发展和农村电商配送，加快健康医疗、企业监管等大数据应用；二是促进绿色消费，推广节能产品，对建设城市停车、新能源汽车充

---

① 《关于正确处理人民内部矛盾的问题》，《毛泽东选集》第5卷，人民出版社，1977，第375页。
② 薛暮桥：《中国社会主义经济问题研究》，人民出版社，1979，第258页。
③ 见《光明日报》2014年7月29日。

电设施较多的给予奖励；三是稳定住房消费，加强保障房建设，放宽提取公积金支付房租条件；四是升级旅游休闲消费，落实职工带薪休假制度，实施乡村旅游富民等工程，建设自驾车、房车营地；五是提升教育文体消费，完善民办教育收费政策，扩大中外合作办学；六是鼓励养老与健康家政消费，探索建立产业基金等发展养老服务，制定支持民间资本投资养老服务的税收政策，民办医疗机构用水用电用热与公办机构同价。用更好的服务和产品，让人们放心消费，享受生活。会议强调指出，消费是经济增长的重要"引擎"，是我国巨大发展的潜力所在。在稳增长中，消费需求规模最大，和民生关系最直接。要瞄准群众多样化需求，改革创新，调动市场力量增加供给，促进消费扩大和升级，带动新产业、新业态发展。一要增加收入，让群众"能"消费；二要健全社保体系，让群众"敢"消费；三要改善消费环境，让群众"愿"消费。推进消费立法，严惩"黑心"食品、旅游"宰客"等不法行为。① 2014年12月5日，中央政治局召开会议，分析2015年经济工作。会议强调，我国进入经济发展新常态，为明年发展提供了有利条件。同时又要看到，经济发展新常态下也有不少困难和挑战，要高度重视，妥善应对。② 2014年12月9日至11日，在北京召开了中央经济工作会议。习近平总书记在会上发表重要讲话，分析国内外经济形势，总结2014年经济工作，提出2015年经济工作的总体要求和主要任务。会议认为，必须历史地、辩证地认识我国经济发展的阶段性特征，准确把握经济发展新常态。从消费需求看，过去我国消费具有明显的模仿型、排浪式特征。现在这个阶段基本结束，个性化、多样化消费渐成主流，保证产品质量安全，通过创新供给、激活需求的重要性上升。在这种情况下，必须采取正确的消费政策，释放消费潜力，使消费继续在推动经济发展中发挥基础作用。③

本文原载：《毛泽东邓小平理论研究》2015年第10期

---

① 《人民日报》2014年10月30日。
② 《光明日报》2014年12月6日。
③ 《光明日报》2014年12月12日。

八 附录

附录1

中国经济学界关于消费问题的讨论

一 消费经济学的性质和研究对象

对于是否存在消费经济学这个问题有不同的看法。有的意见认为,根本不存在消费经济学。也有的意见认为,目前条件还不成熟,消费经济学尚未形成,因此最好不提消费经济学,而可以先研究消费问题。多数同志不同意这些意见,认为消费经济学可以成为并且已经成为一门独立的科学。至于对这门学科的性质和对象却有不同看法,主要有三种观点。

持第一种观点的何炼成同志认为,消费经济学是一门综合性或带边缘性的学科。它既包括政治经济学的内容,也包括一些部门经济学的内容,还包括某些自然科学的内容。它的研究对象是消费关系及其发展规律;消费的对象和结构;消费和生产、分配、交换之间的关系及其运动的规律性。[1] 杨圣明、李学曾同志认为,"作为社会科学一个分支的消费经济学,与其他一些社会科学相比,具有一个显著的特点,那就是它具有更多的边缘性科学的素质。它从社会学、心理学、人类学、营养学、市场学、商品学、环境学等角度并用数学方法研究人们的生活消费。这种情况决定了消费经济学中可能具有更多的自然科学的成分""它是一门边缘性的包括自然科学和社会科学在内的科学""作为社会科学的消费经济学,要着重研究消费的社会属性和社会内容,这是毫无疑问的。但是,这种研究不能孤立进

---

[1] 何炼成:《应当重视消费经济学的研究》,《光明日报》1978年7月21日;何炼成:《试论社会主义消费经济学》,《西北大学学报》1980年第1期。

行，它必须密切联系消费的自然属性和自然内容"。①

持第二种观点的王美涵同志认为："消费经济学是一门独立的经济科学。它是以消费为主体，从考察消费与生产、分配、交换诸要素之间的内在联系和相互作用中，揭示消费的机制、方式及其活动规律性为内容的经济学科。""消费经济学的研究，必须从消费力和消费社会方式、关系的统一中，既研究消费的社会关系，又研究消费力的合理组织。离开了对消费力的研究，考察消费方式、关系，就如同经济学中脱离了生产力研究生产关系一样，是片面的。""合理地组织消费力，就是把作为消费力主体的人的因素和消费力的客体物的因素密切结合起来考察。"② 刘方棫同志认为："作为马列主义经济科学的一门分支科学——消费经济学，应以劳动者的个人消费为研究对象的主体，以政治经济学理论为研究的基础，以社会主义消费经济实践为研究依据，以辩证唯物主义和历史唯物主义为研究的主要方法。""在消费问题中，既包含有消费的社会关系方面的问题，也包含有消费力的合理组织方面的问题。"③

持第三种观点的尹世杰同志认为："社会主义消费经济学是一门独立的理论经济学科，是马克思列宁主义经济学科体系中的一个重要组成部分或分支。社会主义消费经济学的研究对象是：社会主义条件下，人们在生活消费过程中结成的整个经济关系，即消费关系。消费关系主要包括：①社会主义社会中不同阶层、不同社会集团以至不同劳动者，在消费实践中各自的地位及其相互关系；②社会主义社会中不同阶层、不同社会集团在消费水平、消费结构、消费方式等方面的区别和联系及其发展趋势；③从全社会来说，消费水平、消费结构、消费方式等方面各自的发展趋势和规律性，等等。""作为社会主义消费经济学的研究对象的消费关系，应该从纵、横两方面来分析。纵的方面指的是：把个人消费摆在社会再生产四个环节的总体联系中来考察。""横的方面指的是：在一定的社会生产基础上，以一定的生产、分配、交换诸环节中的社会关系为前提，研究消费环节本身

---

① 杨圣明、李学曾：《有关消费结构的几个问题》，《中国社会科学》1984年第5期。
② 王美涵：《关于消费经济学的几个理论问题》，《经济研究》1980年第3期。
③ 刘方棫：《消费经济学概论》，贵州人民出版社，1984，第7~8页。

内部各方面的联系，揭示社会主义社会消费关系自身发展变化的规律性。"①

此外，对于消费经济学研究对象与政治经济学研究对象之间的关系也存在不同的观点。尹世杰同志认为，"社会主义消费经济学的研究对象不同于政治经济学社会主义部分的研究对象。政治经济学社会主义部分是把社会主义生产关系作为一个整体，在生产、分配、交换和消费诸环节的内在联系和矛盾运动中，揭示社会主义生产关系运动发展的一般规律性。它并不是把生产、分配、交换或消费某个特定领域中的特殊矛盾和特殊规律作为自己的研究对象。社会主义消费经济学则是在政治经济学所揭示的社会主义生产关系整体运动的一般规律的基础上，进一步研究消费领域的特殊矛盾和特殊规律"。②李大明认为，"消费的具体内容本身，不能构成政治经济学的对象"。"消费是政治经济学所必须涉及的领域，而不能据此做出消费是政治经济学研究的对象的结论"，"政治经济学与消费经济学在性质上不能混淆。政治经济学研究物的社会属性，消费经济学则要研究物的自然属性，以及研究物的自然属性与物的社会属性的关系。政治经济学从和平与消费的联系上来研究消费，这只是从宏观的角度的一种涉及，并不是把消费作为研究的对象。把消费作为对象，并对消费进行具体的研究，这是消费经济学的任务"。③肖骥、李声华则认为，作为社会主义消费经济学研究对象的消费不属于政治经济学的研究范围，"马克思和恩格斯给政治经济学研究对象所下的定义中也没有提到消费"。④巢峰认为，消费既是消费经济学的对象，也是政治经济学的对象。不过消费经济学在研究消费关系时，以揭示消费的特殊规律为目的，不以整个经济关系为对象。而政治经济学则把消费关系作为经济关系的一部分，并从生产、分配、交换和消费的矛盾运动中，揭示经济关系的一般规律。⑤

---

① 尹世杰主编《社会主义消费经济学》，上海人民出版社，1983，第15页。
② 尹世杰主编《社会主义消费经济学》，上海人民出版社，1983，第21页。
③ 李大明：《生产关系中有"消费关系"吗?》，《财政研究》1981年第4期。
④ 肖骥、李声华：《试论消费关系在政治经济学研究对象中的地位和作用》、《社会主义政治经济学若干基本理论问题》，《经济研究》编辑部编，山东人民出版社，1980。
⑤ 巢峰：《再论消费是政治经济学的对象》，《财经研究》1983年第2期。

二 消费的作用与地位问题

1. 消费是不是社会主义再生产的主导因素

晓原指出:"与其他一切阶级社会相比,消费在社会主义再生产过程中的地位和作用,发生了根本性变化,这种变化集中表现为:消费已成为社会主义再生产的主导因素。"[1]

王美涵指出:"晓原以'消费是社会主义再生产的主导因素'来强调消费在社会再生产中的独特地位和作用的观点,是值得商榷的。第一,离开了社会主义生产,片面强调社会再生产以消费为主导因素,是本末倒置的,也不符合马克思揭示的生产决定消费、消费反作用于生产的基本原理;第二,离开了社会主义生产和消费的辩证统一,孤立地强调消费的主导因素,不能正确地阐明社会主义生产和消费关系是社会总生产过程中的主体性质,也不能辩证地、正确地把握政治经济学社会主义部分科学体系中生产—交换—分配—消费的逻辑顺序。"20世纪50年代初,斯大林批评雅罗申柯的错误时曾指出:问题的实质是"决不能说消费对生产占首要地位",因为即使在社会主义制度下,在生产和消费这两个不同领域的关系上,生产仍然是属于支配地位的要素。[2]

2. 消费在社会主义政治经济学中的地位

蒋学模认为:"作为政治经济学对象的生产关系,除了生产、分配和交换以外,还要加上一个消费。当然这里所说的消费,不是指个人的消费行为,如怎样吃、怎样穿之类,而是指消费领域中的社会关系,如不同阶级不同社会集团的消费水平、集体消费与个人消费的关系,以及消费对生产、分配、交换的关系等等。"[3]

谷书堂、杨长福等不同意蒋学模的观点。谷书堂认为,消费关系是生产关系中不可缺少的一个环节,"但是,由于它是受生产所决定,而且又为

---

[1] 晓原:《关于社会主义消费的几个理论问题》,《经济科学》1983年第3期。
[2] 王美涵:《论社会主义消费》,《经济科学》1984年第3期。
[3] 蒋学模:《关于劳动形态及其他》,《学术月刊》1962年第4期。

分配和交换进一步地予以确定,故一般说来,对生产、分配和交换的分析研究,也就同时包含着消费关系的问题在内;……正是从这个角度出发,不提消费关系倒是可以的,但这并不意味着研究生产可以忽视消费关系,例如积累与消费的关系,在政治经济学中,便是重要的问题之一"。① 杨长福也认为,在生产、分配、交换中已把消费作为"需要",作为"必需",作为会作用于出发点并重新引起整个过程的要素包含在内了,就没有必要再把消费单独列为一项来作为政治经济学的对象。②

董辅礽同志不同意谷书堂、杨长福等人的观点。他指出:"消费作为社会再生产的一个要素,同生产、分配和交换诸要素一样,具有相对的独立性,虽然消费最后是由生产决定的,分配和交换也对消费有重大的影响,但是也应当看到消费对生产、分配和交换的作用和影响,所以不能认为一般说来,对生产、分配和交换的分配研究,也就同时包括消费关系的问题在内。这样提出问题,实际上会取消在政治经济学中把消费问题作为一个相对独立的方面来研究。"③ 他认为,不能把消费方式问题,即所谓"人们拿到消费品以后如何消费"的问题,排除在政治经济学的研究范围之外。政治经济学除了研究积累与消费的关系问题外,还要对消费本身的问题进行研究。

三 消费模式问题

1. 何谓消费模式

一种意见认为:"消费模式是指一定社会在一定时期内消费的特征和量的规定,包括消费方式、消费结构、消费水平等的规范、数量和发展趋向。"④

另一种意见认为:"消费模式,就是阐明一定社会形态中,人们在消费

---

① 谷书堂:《政治经济学的对象和生产关系》,《新建设》1962年第8期。
② 杨长福:《关于政治经济学对象的两个问题》,《学术月刊》1962年第7期。
③ 董辅礽:《关于消费问题的探讨》,《新建设》1963年第1期。
④ 南方十六所大学政治经济学教材编写组:《政治经济学(社会主义部分)》(修订版),四川人民出版社,1982,第429页。

领域里应该遵循的规范和准则，它是指导人们的消费活动，并对人们的消费行为是'好'还是'不好'进行社会价值判断的依据和理论概括。"①

第三种意见认为："一个国家一定发展阶段上的消费模式（包括消费结构、消费方式的特点等），是它的生活方式的组成部分。"②

2. 社会主义社会有没有固定的消费模式

尹世杰同志认为，"同一种社会制度的不同国家，由于社会经济条件、自然条件和历史等原因，使人们的消费带有自己民族的特点"，但是，"不能将这种由于具体国情所决定的消费方面的特点，说成是消费模式的区别"，"因为，它们既属于同一社会形态，也就同属于同一类型的消费模式"，"凡社会主义国家，消费方面的基本原则和规范，或消费模式也基本上是一致的"。③

有些同志不同意上述意见。汪定国等同志指出："在不同的国度里有不同的模式，即使是同一国家的不同发展历史时期，其消费模式也不尽相同。"④ 马洪同志指出："各个社会主义国家由于国情不同，消费模式也会有自己的特点"，"一个国家的消费模式不仅受它的社会制度和经济发展水平的制约，而且受地理环境等的影响。因此，我们不仅不能照搬资本主义国家的消费模式，而且不能照搬其他社会主义国家的消费模式"，要"建立我国自己的消费模式"。⑤

3. 我国社会主义消费模式的特点

汪海波指出，我国社会主义消费模式有五个特征：第一，没有贫富的对立，但具有多元的、复杂的和某些幅度较大的差别；第二，摆脱了资本主义消费固有的寄生性、局限性和腐蚀性，具有生产性、全面性和健康性；第三，消费水平的运动形态是稳步上升的；第四，消费结构及其变化形态

---

① 尹世杰主编《社会主义消费经济学》，上海人民出版社，1983，第 301～302 页。
② 马洪：《只有社会主义才能使全体劳动者过最美好、最幸福的生活》，《经济学动态》1981 年第 8 期。
③ 尹世杰主编《社会主义消费经济学》，上海人民出版社，1983，第 302、304 页。
④ 汪定国、张碧晖：《浅谈经济结构与消费结构的协调发展》，《江西社会科学》1983 年第 1 期。
⑤ 马洪：《只有社会主义才能使全体劳动者过最美好、最幸福的生活》，《经济学动态》1981 年第 8 期。

具有复杂性;第五,与资本主义消费模式的浪费型相反,社会主义消费模式是节约型的。①

尹世杰同志指出:"社会主义消费模式具有以下主要特点:社会主义消费模式是以马克思主义世界观、价值观和幸福观为指导思想,以最大限度地满足人们物质和文化需要为始点和终点,并以此为贯穿于消费领域一切方面、一切过程的红线;在社会生产不断发展和人们收入水平不断提高的基础上,社会消费水平普遍提高;消费结构逐层次递进地发展变化,发展资料和劳务消费所占比重逐步上升,使日益增长的物质文化需要不断得到满足;消费方式的选择根据社会生产力状况,以利于消费资料本身使用价值最大限度地发挥和人的全面发展,使社会主义消费关系不断完善。"② 在另一方面,关于中国式消费模式的特色,他又指出:"我国有十亿人口,八亿农民,加之底子薄,原来消费水平低。这样,我们消费水平的提高,只能是逐步的,决不能脱离现有的生产力水平。我们资源比较丰富,但人口多,按人口平均的土地和其他自然资源却为数不多。这样,消费的发展,必须扬长避短,有利于利用优势资源,回避短缺资源;我们的消费活动,必须经济合理,讲求实惠,讲究舒适、方便,不能搞西方国家那种包含高浪费的高消费;我们一切消费活动,必须有利于人的身心健康,有利于人的全面发展,有利于共产主义一代新人的成长,等等。"③

汪定国、张碧晖同志指出:"我国的消费模式,既不能走资本主义国家高消费、高浪费的老路,没有必要像他们那样牙刷用一次就丢掉,衣服穿几次就甩掉,但也不能走我国以往所走的'高积累、低消费'的故道,而应该建立一个既保证人民日益增长的物质文化生活需要,又要适合中国国情的中国式的消费模式。"④

有的同志提出:"应当抵制剥削阶级思想的影响,倡导建立一种具有充实的物质生活和精神生活内容,舒适而不浪费,经济实惠而又丰富多彩的

---

① 汪海波:《我国社会主义消费模式的特点及其决定因素》,《经济研究》1982年第5期。
② 尹世杰主编《社会主义消费经济学》,上海人民出版社,1983,第317~318页。
③ 尹世杰:《努力开展对中国式消费模式的研究》,《文汇报》1984年1月4日。
④ 汪定国、张碧晖:《浅谈经济结构与消费结构的协调发展》,《江西社会科学》1983年第1期。

消费模式。"①

四 消费水平和生活水平

1. 消费水平和生活水平的含义

尹世杰认为:"消费水平,指按人口平均消费生活资料和劳动者的劳务数量。它从量的方面反映消费状况,反映人们消费需要满足的程度。"②

宋涛同志认为,所谓消费水平,就是消费高或低的问题。在社会净产品为一定量的条件下,就是积累和消费在净产品中所占的比例问题。③

刘方棫同志认为:"所谓消费水平,从宏观的角度考察,就是全体人民的物质与文化需要得到满足的程度;或者说,是社会提供给广大消费者用于生活消费的产品和服务的数量和质量。从微观的角度考察,就是某一消费者及其家庭的生活需要得到满足的程度;或者说,是消费者及其家庭得到的消费品和服务的数量和质量。""同时,消费水平问题,从物质文明和精神文明相统一的观点看,除物质生活的内容与丰度外,还应该考察精神生活的内容和丰度;从消费内容与效果相统一的观点看,除物质与精神生活的内容与丰度外,还应该考察物质与精神消费的最终结果——消费者全面发展的程度。如果这一认识能够成立,那么,我们对消费水平的考察,显然就不能满足于只从现象上探讨消费者主体对消费品客体的关系——消费品拥有量,还必须从更深的层次,即从物质文明与精神文明的统一和消费与效果的结合上,考察消费主体与客体的相互关系。"④

董辅礽同志认为:"消费水平则是指在一定时期内(比如一年),人们消费掉的非耐用消费资料的价值以及正在消费着的非耐用和耐用消费资料的全部残存价值之和,之所以把耐用消费资料的残存价值计入消费水平,这是因为虽然耐用消费资料的价值是逐步被消费掉的,但它们在每个时期

---

① 吴敬琏、杨长福、朱铁臻、杨圣明:《正确处理生产和消费的关系》,《经济研究》1983年第5期。
② 尹世杰主编《社会主义消费经济学》,上海人民出版社,1983,第76页。
③ 宋涛:《社会主义社会的消费和生产关系》,《求索》1982年第5期。
④ 刘方棫:《消费经济学概论》,贵州人民出版社,1984,第173~174页。

中却是以其全部使用价值来满足人们的需要的。"生活水平是一个比消费额和消费水平更为广泛的概念。"人们的生活水平首先并主要地取决于对消费资料和消费性劳务的消费",同时"也取决于其他一些因素"。①

于光远同志认为:"消费水平(这里所说的消费,既包括物质产品的消费,也包括劳务的消费)和人们生活水平、生活质量通常被看作是一回事。不过我认为仍有把它们加以区别的必要。因为这里有一个消费和消费后所产生的结果之间的关系问题。比如一个人总是吃山珍海味,他的消费水平可以说很高,但是他可能因此得营养过度的疾病,他的生活质量未必见得高,在消费水平与生活水平、生活质量之间,可能存在着某种差异。"②

有的同志在论述生活水平与生活方式的区别时指出,生活水平只表明生活方式的数量方面,反映一定历史阶段的人们需求的满足程度。生活方式的质量方面所揭示的是个人发展的社会条件、社会满足个人物质文化生活的途径、社会的民主程度等内容。生活方式是质量与数量的统一。③

2. 衡量消费水平和生活水平的标准(尺度)

陈玉芝认为,衡量消费水平的尺度,是消费资料的质量、数量及其构成。④

崔之庆、张庚秋主张,衡量生活水平的高低,可以从不同的角度,使用不同的统计指标。主要有三个指标:①居民的货币收入水平;②居民购买力;③实际消费的商品和劳务的数量,这个指标是上述两个指标的综合反映。此外,补充说明居民生活水平的指标还很多,例如:就业人数和平均工资;每一家庭平均就业人数和负担系数;各种为居民服务的机构数及其密度指标;等等。⑤

刘方棫同志认为:"用消费的产品和劳务的价值量、实物量以及消费结构的变动性质来衡量消费水平,还只是一种现象上的考察。""人们并不是

---

① 董辅礽:《消费额、消费水平和生活水平》,《福建论坛》1983年第6期。
② 于光远:《关于消费经济理论研究的一封信》,《求索》1982年第4期。
③ 王雅林、李稚岩:《社会主义的生活方式问题》,《江汉论坛》1982年第10期。
④ 陈玉芝:《关于合理消费的几个问题》,《山西大学学报》1980年第4期。
⑤ 崔之庆、张庚秋:《关于城镇居民生活水平统计问题》,《湖北财经学院学报》1980年第1期。

为了消费而消费,消费各种产品和服务,最终目的是要取得消费这些产品和服务的效果。"因此,要从消费的内容和效果的统一性上衡量消费水平。在宏观方面,要着眼于"通过消费而获得的健康程度";"通过消费而获得的文化、科学知识水平及其提高程度";"通过消费而获得的生活享受程度"。在微观方面,要从生活质量,即生活上的愉快程度、舒适程度、方便程度等考察。①

董辅礽同志认为,人民的生活水平不仅取决于消费额和消费水平,还取决于其他一些因素,这些因素主要是:第一,生活环境状况,例如,城市绿化面积、公园面积、环境污染情况等;第二,文化教育状况,例如,成人识字率,各类学校学生数占本年龄组别人口的百分比,观看电影、戏剧人次等;第三,卫生健康状况,例如,平均期望寿命、婴儿死亡率、儿童死亡率、每个医生和护理人员负担的人口数等;第四,可自由支配时间及其利用状况。对于决定人民生活水平的上述各个方面来说,重要的不仅是数量问题,还有一个质量问题。②

尹世杰同志认为:"目前国内外一些论述消费问题的著作中,常常把生活舒适程度、便利程度、环境污染与治理程度,以至人的健康状况、寿命长短等,都作为衡量消费水平的标志,把消费水平视为衡量消费状况的综合反映。这种见解值得讨论。""不能把消费水平视为衡量消费状况的综合反映。我们研究消费水平,是从消费者与消费对象的关系,也就是从量的方面考察消费状况的。""所以衡量消费水平的高低,也主要应以消费品的数量、品种和结构为依据。"③

五 消费结构问题

1. 消费结构的定义

消费结构的定义很多,大致可以划分为宽、中、窄三派。

---

① 刘方棫:《消费经济学概论》,贵州人民出版社,1984,第176~177页。
② 董辅礽:《消费额、消费水平和生活水平》,《福建论坛》1983年第6期。
③ 尹世杰主编《社会主义消费经济学》,上海人民出版社,1983,第77、78、80页。

持窄派观点的尹世杰同志认为:"人们在消费过程中所消费的不同类型的消费资料的比例关系,就是消费结构。"① 郭冬乐同志认为:"居民的消费结构就是消费资料(包括劳务资料)在种类和数量上的比例关系。"② 陈钢同志写道:"我们可以将消费结构定义为:在消费行为过程中,各类(种)消费品和劳务在数量上各自所占的百分比,及其相互之间的配合、替代、制约等比例关系。"③ 还有的同志认为,"消费结构的定义应该为:受一定社会经济关系所制约,在一定消费关系中人们实际消费的各种消费资料(包括劳务)之间的比例关系"。④ 这些关于消费结构的定义,在文字表述上尽管有些差别,但意思基本上是相同的,它们都是指消费资料(包括劳务)之间的比例关系。

持中派观点的于光远同志认为,社会消费结构是关于社会消费的总的规定性。社会消费结构不仅包括各类消费资料和劳务的数量比例,同时还包括各社会集团的消费的比例,社会公共分配的消费品的消费与个人分配的消费品的消费的比例,各种消费行为(如吃、穿、住,各式各样的用,等等)之间的比例,以及按消费目的消费为了生存的需要、享受的需要或发展的需要的消费之间的比例,等等。这许许多多消费的具体规定性,合成一个关于社会消费的总的规定性即社会消费结构。⑤ 这个定义侧重于消费的社会属性和消费的社会内容,定义域是"社会消费结构",而不是"消费结构"。

持宽派观点的杨圣明、李学曾同志认为:"应该给消费结构下这样的定义:人们生活消费过程中各种社会因素、自然因素之间以及社会因素与自然因素之间的相互关系和数量比例的总和。"⑥ 汪定国、张碧晖同志认为:"所谓消费结构,我们可否理解为下述内容,即满足人们物质生活和文化生活所需要的各种要素的量与质的构成,以及诸要素之间的比例关系。"⑦

---

① 尹世杰主编《社会主义消费经济学》,上海人民出版社,1983,第111页。
② 郭冬乐:《正确认识我国消费品市场的变化》,《经济学动态》1983年版。
③ 陈钢:《我国社会主义消费结构的初步研究》,《经济问题探索》1983年第7期。
④ 晓原:《消费经济理论讲座会综述》,《消费经济研究资料》1983年第2期。
⑤ 于光远:《关于消费经济理论研究的一封信》,《求索》1982年第4期。
⑥ 杨圣明、李学曾:《有关消费结构的几个问题》,《中国社会科学》1984年第5期。
⑦ 汪定国、张碧晖:《浅谈经济结构与消费结构的协调发展》,《江西社会科学》1983年第1期。

2. 消费结构的类型

有的同志认为，消费结构可以从不同角度分类。首先，按满足人们消费需要的不同层次分类，可以把消费资料分为生存资料、享受资料和发展资料。其次，按人们实际消费支出的不同方面分类，可以分为吃、穿、住、用等。消费支出还可概括为商品支出和劳务支出，物质消费支出和文化消费支出，等等。最后，按满足人们消费需要的不同方式，可以分为个体消费和集体消费。在商品经济条件下，无论何种分类法，都可以从实物量和价值量两方面去考察消费结构的变化。①

杨圣明、李学曾认为，消费结构首先区分为微观消费结构与宏观消费结构两大类。在广义的微观消费结构内包含着三个不同层次又互相制约的消费结构：一是家庭和个人消费结构；二是企业、机关、学校、医院、剧场、电影院等基层消费单位的消费结构；三是部门、地区的消费结构。对家庭和个人消费从不同侧面考察和研究，可以形成不同类型的家庭和个人消费结构。例如，从家庭和个人消费的不同形式考察，有吃、穿、用、住、行等形式，从而形成消费形式结构；从家庭和个人消费的对象不同考察，有消费品和劳务两大类（每类又划分为若干细类），从而形成消费对象结构；从消费品取得的途径不同考察，有自产自用的消费品与购进的消费品两大类，从而形成消费品来源结构；等等。这就是说，家庭和个人消费结构是多方面的集合体。在宏观消费结构方面，主要有消费资金中集体消费基金与个人消费基金的结构，按劳分配基金与非按劳分配基金的结构，社会各阶层的宏观消费结构，地区间的宏观消费结构，管理层次的宏观消费结构，等等。②

陈钢认为，消费结构分为三个层次：第一个层次是指生存资料、发展资料和享受资料在全部消费资料中各自占的百分比和相互关系；第二个层次是指各种消费对象（即吃、穿、用等等的消费品和劳动服务）在全部消费资料中各自占的百分比和相互关系；第三个层次是各种消费对象内部初、

---

① 尹世杰主编《社会主义消费经济学》，上海人民出版社，1983，第112~114页。
② 杨圣明、李学曾：《有关消费结构的几个问题》，《中国社会科学》1984年第5期。

中、高级消费品的比例关系。①

尹世杰认为,可以把我国当前居民各种不同的消费结构概括为几种不同的类型:①低层消费结构,或称为简朴型消费结构;②中层消费结构,或称为粗放型消费结构;③次高层消费结构,或称为集约型消费结构;④高层消费结构,或称为舒展型消费结构。②

3. 我国人民生活消费结构的特点

杨圣明、李学曾认为,我国居民家庭和个人消费结构将呈现出这样几个特点:从温饱型消费结构向小康型消费结构转变,由限制型消费结构向疏导型消费结构转变,从半供给型消费结构向自理型消费结构转变,由自给型消费结构向商品型消费结构转变,由雷同型消费结构向多样型消费结构转变。③

张泽厚、陈玉光指出,当前我国人民消费结构具有下列特点:其一,在以吃穿为主的基本型消费中,与经济发达国家相比,质量构成还十分落后;其二,人民的消费支出中以食品为主的自给性消费占有较大的比重;其三,对劳务性需求受到了严重压挤,人民的货币商品需求在很多方面不适当地代替了劳务需求;其四,城乡人民消费结构有明显差别,特别是日用工业和某些耐用消费品的需求,城乡之间的差别很大。④

刘方棫、刘星星、刘伟认为,我国消费结构应具备的特点是:第一,消费结构要同社会的人力构成、需求构成相适应,使消费需求获得最大限度的满足;第二,要充分借助消费对生产的反馈,使供给结构同内容不断丰富、水平不断提高的需求结构更加吻合;第三,要同自然资源的合理开发、利用和保持生态系统的平衡相适应;第四,既要反映出需要的多样性的物质文明,也要体现出需要的高尚性的精神文明;第五,消费结构本身不是固定不变的,它随着需求—供给的矛盾运动也在不断变化。⑤

---

① 陈钢:《我国社会主义消费结构的初步研究》,《经济问题探索》1983 年第 7 期。
② 尹世杰:《论宏观消费结构的类型》,《求索》1984 年第 2 期。
③ 杨圣明、李学曾:《有关消费结构的几个问题》,《中国社会科学》1984 年第 5 期。
④ 张泽厚、陈玉光:《论我国人民的消费结构》,《经济研究参考资料》1984 年第 27 期。
⑤ 刘方棫、刘星星、刘伟:《对 1980 年至 2000 年我国居民消费结构的考察和预测》,《消费经济研究资料》1983 年第 3 期。

陈钢认为，我国消费结构的特点主要是：①享受资料和发展资料的比重上升；②自由时间增加，劳务比重上升，消费逐步合理化；③中高档消费品比重上升；④消费结构比较稳定，没有大起大落；⑤符合自然资料结构和人口结构，符合社会主义道德规范。①

4. 消费结构合理化的标准

刘方棫等同志提出的消费结构合理化的标准有以下几点。①"考察生存资料的消费比重的升降情况。生存资料在消费结构中的比重逐步下降意味着发展资料和享受资料的比重逐步上升，这是结构上的良性变动；与此相反，则为逆性变动。"②"考察吃、穿、用、住、行、烧、劳务等消费结构中吃的比重的升降。吃的比重下降，穿、用的比重上升，则属良性。反之为逆性。"③"考察食物消费结构中主食的消费比重的升降。主食比重下降，副食比重上升则为良性；反之则为逆性。"④"考察穿、用消费结构中的中高档商品和耐用消费品的比重增长的快慢。中高档商品和耐用消费品比重上升为良性。反之则为逆性。"⑤"考察住房的消费结构中，新建扩建住房的快慢多少取决于投资的快慢多少，前者比重上升则为良性，反之则为逆性。"⑥"考察商品性消费与自给性消费在消费总量中比重的升降。前者比重上升则为良性。反之则为逆性。"⑦"考察消费支出上升部分中用于精神消费的比重是否增加。若用于精神消费的比重增加，用于物质消费的比重下降，则反映着物质消费已达到了一定的水平，开始转向更多的精神消费，这种状况属于良性变动。反之则为逆性变动。"②

对于上述标准有些同志提出了不同的看法。例如，杨圣明、李学曾认为，在一定时期内食品比重的上升并不是不合理的。新中国成立初期，当我国人民生活由饥寒向温饱转变时，食品比重出现过上升，这种升高是由于生活水平的提高，新中国成立后劳动人民收入多了，首先解决吃饱问题，穿、用放在第二、三位，所以表现出恩格尔系数的上升即食品比重的上升。近几年，人民生活水平提高的速度加快了。这种情况反映在消费结构上，

---

① 陈钢：《我国社会主义消费结构的初步研究》，《经济问题探索》1983 年第 7 期。
② 刘方棫、刘星星、刘伟：《1980－2000 年我国居民消费结构的考察和预测》，《预测》1983 年第 3 期。

并没有使恩格尔系数下降很多，反而有的年份还有上升。①

再如，凌宏城指出，恩格尔定律对我国当前情况基本适用，但不能绝对化。所谓基本适用是指：它是一种趋势，而这种趋势是有条件的，并非在任何情况下收入的增加都会引起食物比重的下降，更不会无限接近于"0"的递减。不能简单地把某一时期食物比重的上升说成是生活水平的下降。②

还如，易燃指出，认为吃的比重下降是不合理的这种观点值得研究。她列举了五条理由，说明食品费用的比重并不一定下降。①"因为人们普遍比过去吃得好了，吃得多了，副食品和营养食品的消费量大大增加"。②"今后一段时间（三五年），我国城市居民消费中穿、用的比重不会有很大的上升，不仅如此，甚至还有可能下降"。③城市房租很低，"居民住房条件得到改善，但其用于住的费用却增加不多，吃的比重仍然上升"。④"我国一部分农村富裕地区，建房高潮已过，农民消费结构中住的比重降下来，吃的比重却逐渐上升。江苏省常熟市就是如此"。⑤"从发达国家消费结构的变化来看，穿的比重也不是一直上升的。例如，在日本，与吃的比重下降相伴随的是穿、用比重的稳定（或略微下降）和杂用（用于娱乐、交际、医疗和服务等方面的费用）比重的大幅度上升。因此，不能笼统地把穿、用比重下降看作逆性变动"。③

5. 吃、穿、用消费序列问题

一种观点认为，吃、穿、用的消费序列已转变为用、穿、吃的序列。持这种观点的人认为，过去人们生活水平低，首先要解决吃的问题，然后才是穿、用。现在生活水平提高了，吃饱穿暖问题解决了，因而"用"摆到前面来了。

第二种观点认为，吃、穿、用的消费序列变为穿、吃、用了。穿的方面，不仅比重增加，而且购买力投向中、高档商品。

第三种观点认为，吃、穿、用，变成了穿、用、吃。人们在吃的有了

---

① 杨圣明、李学曾：《有关消费结构的几个问题》，《中国社会科学》1984年第5期。
② 凌宏城：《论恩格尔定律对我国的适用程度》，《湘潭大学学报》1982年第1期。
③ 易燃：《我国两种消费结构的比较》，《消费经济研究资料》1984年第3期。

保证之后，购买力先投在穿的方面，而接着是对用提出了新要求。

第四种观点认为，吃、穿、用的消费序列没有变化。近几年生活水平虽然提高较快，吃的比重有所下降，但仍然是大头。①

6. 消费结构的预测

20 世纪末我国小康生活的消费结构是怎样的？有各种不同的预测。

有的同志认为，1990 年我国人均消费支出将达到 349 元，恩格尔系数为 42.9%；2000 年人均消费支出将达到 564 元，恩格尔系数为 38.5%。②

有的同志根据国外人均国民生产总值 1000 美元时的消费结构，以及我国的情况，预测的结果是：2000 年食品的比重为 34.2%，衣物为 15.2%，居住为 15.4%，交通为 2.8%，其他为 32.4%。③

还有的同志认为，到 20 世纪末，食品支出的比重还可能在 40% 以上。因为：①决定食品支出比重的，应是居民能实现的收入水平和居民的食品支出应该保证达到的水平，对这二者分析表明，食品支出将在 40% 以上；②目前我国城镇居民一部分高收入家庭的消费构成中，食品支出的比重仍在 50% 以上；③从今后发展趋势看，20 年间食物支出的比重还会经过一个略有上升到逐渐下降的过程；④从工农业能够提供的消费品看，食品支出也可能在 40% 以上。④

也有些同志认为，20 世纪末我国居民的消费结构大致将是：食品占 51.4%，衣着占 14.6%，用品占 16.5%，住房占 7.6%，燃料占 3.4%，文化生活服务支出占 6.5%。这些同志还分别预测了职工家庭消费结构与农民家庭消费结构。在前者中，食品占 50.9%，衣着占 18.9%，燃料占 1.2%，用品占 21.7%，非商品（不包括房租）占 7.2%；在后者中，食品占 48.9%，衣着占 17.1%，燃料占 3.7%，住房占 12.9%，用品占 14.6%，

---

① 赵海珍：《关于吃穿用消费序列的争论》，《经济学周报》1982 年 11 月 15 日。
② 任新方：《2000 年我国居民消费水平及恩格尔系数预测》，《未来与发展》1983 年第 2 期。
③ 陈家海：《对 2000 年我国消费结构的探讨》，《经济研究参考资料》1983 年第 187 期。
④ 杨沐：《关于 2000 年我国居民消费结构的一些看法》，《经济研究参考资料》1983 年第 106 期。

文化生活服务占 2.7%。①

六 劳务（服务）消费问题

按生活消费的对象不同，消费可以划分为实物消费与劳务消费两类。对劳务消费近年来开始重视，这方面的研究也有明显进展。

1. 劳务的定义

尹世杰认为："服务（或劳务）是一个经济范畴，是通过人们的经济活动而生产的一种特殊的使用价值。"② 它有狭义与广义之分。"狭义的劳务，系指服务行业提供的劳务，包括饮食、理发、照相、旅社、沐浴、洗染、园艺、旅游服务性手工业、修理业以及其他生活服务。如果从广义上说，通常还包括文化、教育、艺术、出版、卫生、保健、体育、商业、金融、情报、咨询、运输、邮电等部门提供的劳务。"③ 他指出："有人认为，'劳务是一种非物质财富的实物形态'。这是不确切的。"像教师讲课、演员演戏，根本不创造什么实物形态。"有人说，'服务是无形的商品'这也是不确切的。有些劳务，也有一种实物形式，如把布缝成衣服，生肉制成菜肴；有些劳务直接形成一种可出卖的商品，如书、画等。"④

何小锋认为："劳务是服务部门的劳动者生产出来的、用来交换的一种特殊产品。服务部门包括教育、文化艺术、医疗卫生、体育、部分商业、旅游和个人服务（包括旅馆、浴室、照相、咨询、职业介绍、殡葬……），等等。这里把劳务与服务分开，服务是以人为劳动对象的劳动活动，劳务是服务劳动所生产的用于交换的特殊产品。"⑤

陆立军认为，劳务是指流动形态上的劳动，它除了包括何小锋指出的那些部门外，还包括交通运输、邮电、线性纯粹商业、物资供销和租赁业、

---

① 李学曾、杨圣明、贺荀煌：《关于我国城乡居民生活消费结构的若干分析和初步预测》（下），《经济研究参考资料》1984 年第 35 期。
② 尹世杰：《论消费服务》，《求索》1982 年第 4 期。
③ 尹世杰主编《社会主义消费经济学》，上海人民出版社，1983，第 245 页。
④ 尹世杰：《关于劳务消费的几个问题》，《湘潭大学学报》1984 年第 2 期。
⑤ 何小锋：《劳务价值论初探》，《经济研究》1981 年第 4 期。

金融、保险、信托业、园林、消防服务、新闻、出版、广告、社会簿记、住宅、市政公用事业等。①

智效和认为："服务有两个定义。服务的第一个定义，是从劳动的物质形式上讲的。""服务的第二个定义是从劳动的社会形式上讲的。"前一个定义"把服务规定为以活劳动的形式提供的使用价值"；后一个定义则称"服务是非生产劳动"②。

2. 劳务是否创造价值

主张劳务创造价值的同志多是以马克思的这样一段话作为根据："消费品的总额，任何时候都比没有可消费的服务存在时要大。其次，价值也大了，因为它等于维持这些服务的商品的价值和这些服务本身的价值。"③ 否定劳务创造价值的同志断言，劳务创造价值是资产阶级经济学的观点，马克思有时转述这样的观点是为了批判，所以不能误解马克思的原意。④

在主张劳务创造价值的同志中间，对于如何将劳务生产纳入马克思的再生产公式进行具体分析，又存在着不同的观点。何小锋指出："劳务价值要全部实现，劳务生产就必须同物质生产部门的生产相适应。为了探讨这二种生产之间的关系，我把服务部门称为第三部类"，"第一、二部类的发展要求有相应的第三部类的发展，否则，一部分生活资料的价值不能实现，扩大再生产不能正常进行；服务部门的发展必须与生活资料的生产相适应，否则，劳务的价值不能全部实现，影响劳务的扩大再生产。"⑤ 尹世杰同志不同意设第三部类。他指出："如果我们把社会生产两大部类的划分进一步具体化，可以把消费服务的产品加入第二部类中去。即把第二部类具体划分为两个副类，假设为Ⅱa（生产实物消费品）和Ⅱb（生产劳务消费品）。"他又说："两大部类的划分还是适用的，不必另列第三部类。"⑥

---

① 陆立军：《略论劳务生产》，《江海学刊》1982年第2期。
② 智效和：《论消费服务不创造价值》，《北京大学学报》1984年第2期。
③ 《剩余价值理论》第1册，第160页。
④ 徐金水：《劳务价值论质疑》，《经济问题探索》1983年第6期。
⑤ 何小锋：《劳务价值论初探》，《经济研究》1981年第4期。
⑥ 尹世杰：《论消费服务》，《求索》1982年第4期。《关于劳务消费的几个问题》，《湘潭大学学报》1984年第2期。

3. 劳务消费的分类

有的同志根据恩格斯把消费品划分为生存资料、享受资料和发展资料三个层次，相应地把劳务消费也划分为三类，即生活必要的劳务、享受性劳务和发展性劳务。①

李江帆认为："服务消费品就其使用价值而言，可分为五大类：①训练、保持劳动能力，使劳动能力改变形态，等等，总之，是使劳动能力具有专门性，或者仅仅使劳动能力保持下去（马克思《剩余价值理论》第1册，第159页）的服务消费品，如教师、医生及个人生活消费方面的服务；②为创造、扩大和积累科学知识，并把它变为高效能生产资料和现代化个人消费资料所提供的服务消费品，如科技部门的科研成果；③陶冶情操，开阔眼界，使人得到精神文化享受的服务消费品，如文化艺术界、旅游业、娱乐业等的服务；④为生产和消费提供的流通方面的服务消费品，如商业、金融、保险等行业的服务；⑤随着生产的社会化从物质生产部门分化出来的服务行业提供的服务消费品，如维修公司、代耕公司等的服务。"②

尹世杰指出："劳务，可以按需要的层次进行分类。马克思对劳务的消费，按人们不同的需要程度来说，分为'相当必要的''不太必要的''确实必要的''看来是必要的''提供享受的'（《剩余价值理论》第1册，第436页）。马克思对劳务的这种划分，和恩格斯把消费资料划分为生存资料，享受资料和发展资料，只是分析的出发点不同而已，基本观点是一致的。我们还可以按劳务的内容大致分为三类：第一类是通过服务，使它的价值物化或附加在原来的消费品中，如修理、缝纫等服务；第二类劳务，也可称为'纯粹的服务'，它的价值不物化或附加在一种消费品中，生产服务的过程，也就是消费服务的过程，这类服务，范围比较广，如科学、文化、艺术、教育、卫生、保健等，都包括在内；第三类是通过服务创造了有形产品，如书、画等艺术作品。"③

---

① 王慎之、肖永年：《试论劳务和劳务流通》，《经济研究参考资料》1981年第190期。
② 李江帆：《略论服务消费品》，《华南师范学院学报》1981年第3期。
③ 尹世杰：《关于劳务消费的几个问题》，《湘潭大学学报》1984年第2期。

4. 劳务消费的发展趋势

何小锋指出："随着生产力的发展和生活社会化的日益提高，对精神生活的需求会较快提高，即劳务与生活资料相比较，消费构成越来越高。因此，劳务生产的发展速度需要越来越快。这是社会发展的客观趋势。"[1]

卢国良认为，随着社会生产的发展，劳务消费在消费品中的比重不是增大，而是有所减小。因为劳务商品是社会化大生产的必然产物，在资本主义社会已经得到了充分发展。在社会主义条件下，虽然劳务还具有商品的性质，但其范围正在缩小。[2]

七 消费方式问题

1. 消费方式的定义

刘方棫认为："所谓消费方式，就是人们采用什么样的方法、形式和途径去消费消费资料，以满足生活需要。"[3]

于光远认为："人的消费行为的总和可以称之为社会消费方式。"[4]

尹世杰认为："消费方式，即人们消费产品的方法和形式"，"消费经济学研究消费方式，不是孤立地研究产品的消费方法，也不是孤立地研究消费形式，而是在两者的相互联系和统一中研究消费方式。"[5]

2. 决定消费方式的因素

朱玲认为，个体消费形式和集体消费形式的存在，与社会制度无关，而是人类生存和发展的客观需要，是社会生产力发展进程的产物。决定个体消费形式的因素，一是消费资料本身的技术性质、使用价值形式；二是人类传宗接代的本能所客观产生的生活单位；三是人类个性的差异。决定集体消费形式产生和存在的因素，一是人类出于节约人力物力即节约社会

---

[1] 何小锋：《劳务价值论初探》，《经济研究》1981 年第 4 期。
[2] 卢国良：《劳务商品的分析》，《求索》1982 年第 5 期。
[3] 刘方棫：《消费经济学概论》，贵州人民出版社，1984，第 150 页。
[4] 于光远：《关于消费经济理论研究的一封信》，《求索》1982 年第 4 期。
[5] 尹世杰：《社会主义消费经济学》，上海人民出版社，1983，第 224 页。

劳动的考虑；二是生产的社会化要求某些消费项目采取集体消费的形式。①

尹世杰认为："消费方式是生活方式的组成部分，除受生产力制约外，还受社会制度的影响。社会经济制度和政治制度不同，消费方式也有不同的特点。"②

于光远指出："社会消费方式的形成，有多种原因。生产力与生产水平、人口与地理环境、文化传统与风俗习惯、国内外政治形势（如处于和平建设时期、战争或备战时期）对于生产与消费的指导思想，等等，都会对社会消费结构和社会消费方式起决定作用。但是一国的社会制度对社会消费结构与社会消费方式的决定作用更是必须重视的。"他并且指出了社会制度对消费方式的决定作用表现在三个方面：①不同社会制度下有不同的社会集团、不同的消费品分配关系；②不同的社会制度下，对生产和消费有不同的指导思想；③在不同的社会制度下有不同的价值观和幸福观。③

3. 个人消费和社会集体消费的发展趋势

杨圣明认为："从整个社会主义历史时期看，社会集体消费基金的比重应有上升的趋势。但是，不能操之过急。过急了，反而阻碍经济的发展。"④

朱玲认为，个人消费基金的相对量缩小，绝对量增大；集体消费基金的相对量和绝对量都增大。在个人消费总量中，由国家和集体直接付费的部分所占比重将增大。⑤

尹世杰认为："公共消费基金比重逐步增大，只是就长远趋势来说的，不是说任何时候，公共消费基金的增长，都必须恰似于个人消费基金，更不是说公共消费基金增长越快越好。当生产力水平不高，国民收入总额有限，从而消费基金总额不多，人均消费水平还比较低的时候，公共消费基金的绝对量虽然也应逐年有所增加，但增长速度一般不应快于个人消费基金。"⑥

---

① 朱玲：《论消费的基本规定和消费形式》，《西北大学学报》1982年第1期。
② 尹世杰主编《社会主义消费经济学》，上海人民出版社，1983，第225页。
③ 于光远：《关于消费经济理论的一封信》，《求索》1982年第4期。
④ 杨圣明：《消费基金的分配与经济发展的关系》，《中州学刊》1984年第5期。
⑤ 朱玲：《自主劳动者消费论纲》，《贵州社会科学》1982年第3期。
⑥ 尹世杰主编《社会主义消费经济学》，上海人民出版社，1983，第235页。

八　其他消费问题

关于保护消费者权益问题，一种观点认为，保护消费者权益的口号是资本主义制度下消费者为了反对资本主义的剥削而提出来的。在社会主义制度下，用不着再提这个口号。[①] 另一种观点则认为，在社会主义条件下，保障消费者对消费品的选择权，仍有重大意义。[②]

关于消费信贷问题，刘方棫指出：事实证明，消费信贷是一种切实可行的能够促进消费服务社会化的措施。我们应当积极探索和启用适合我国国情的消费信贷方式。另外一些同志则反对消费信贷。他们指出，当前，搞消费信贷对国民经济调整是不利的。从生产上看，消费信贷起着掩盖矛盾、保护落后、排斥正常产品的消费的作用。从流通领域看，消费矛盾，市场压力，引起价格混乱的消极作用，对解决通货膨胀是不利的。从金融管理的角度看，消费信贷的盲目发展将加剧通货膨胀，消费信贷的扩大还会造成财政税收的虚假收入，影响财政收支的真正平衡。[③]

此外，对于消费应刺激，还是抑制，也存在着不同的看法。对消费效果、消费心理、消费行为以及消费费用、消费时间等问题，也都做了探讨，其中也有些分歧，限于篇幅，就不介绍了。

作者研究撰写，原载：《消费经济》2016 年第 2 期

[①] 凌宏城：《湖南省消费经济学讨论会若干理论问题综述》，《求索》1982 年第 4 期。
[②] 黄范章：《"消费者权力"刍议》，《经济管理》1979 年第 2 期。
[③] 商季光、黄培森、王续伟：《在调整国民经济中如何对待商业信用和消费信用》，《中央财政金融学院学报》1982 年第 1 期。

附录2

马克思、恩格斯、列宁、斯大林论消费

1. 生产消费与个人生活消费的区别在于：后者把产品当做活的个人的生活资料来消费，而前者把产品当作劳动即活的个人发挥作用的劳动力的生活资料来消费。因此，个人消费的产物是消费者本身，生产消费的结果是与消费者不同的产品。

——马克思：《资本论》第一卷。《马克思恩格斯文集》第5卷，第214页，人民出版社，2009年版。

2. 工人的消费有两种。在生产本身中他通过自己的劳动消费生产资料，并把生产资料转化为价值高于预付资本价值的产品。这是他的生产消费。同时这也是购买他的劳动力的资本家对他的劳动力的消费。另一方面，工人把购买他的劳动力而支付给他的货币用于生活资料：这是他的个人消费。可见，工人的生产消费和个人消费是完全不同的。在前一种消费下，工人起资本动力的作用，属于资本家；在后一种消费下，他属于自己，在生产过程以外执行生活职能。前一种消费的结果是资本家的生存，后一种消费的结果是工人自己的生存。

在考察"工作日"等等时，有些场合已经表明：工人往往被迫把自己的个人消费变成生产过程的纯粹附带的事情。在这种情况下，他给自己添加生活资料，是为了维持自己劳动力的运转，正像给蒸汽机添煤加水，给机轮上油一样。在这里，他的消费资料只是一种生产资料的消费资料，他的个人消费是直接生产的消费。

——马克思：《资本论》第一卷。《马克思恩格斯文集》第5卷，第659~660页，人民出版社，2009年版。

3. 在资本主义社会里,用来交换劳动力的资本转化为生活资料,这种生活资料的消费是为了再生产现有工人的肌肉、神经、骨骼、脑髓和生出新的工人。因此,工人阶级的个人消费,在绝对必要的限度内,只是把资本用来交换劳动力的生活资料再转化为可供资本重新剥削的劳动力。这种消费是资本家最不可少的生产资料即工人本身的生产和再生产。可见,工人的个人消费,不论在工场、工厂等以内或以外,在劳动过程以内或以外进行,总是资本生产和再生产的一个要素。

——马克思:《资本论》第一卷。《马克思恩格斯文集》。第5卷,第660页,人民出版社,2009年版。

4. 工人的消费对他自己来说是非生产的,因为这种消费仅仅是再生产贫困的人;而对资本家和国家来说是生产的,因为它生产了创造他人财富的力量。……工人阶级的个人消费,在一定限度内,也不过是资本再生产过程的一个要素。……个人消费一方面保证他们维持自己和再生产自己,另一方面通过生活资料的耗费来保证他们不断重新出现在劳动市场上。罗马的奴隶是由锁链,雇佣工人则由看不见的线系在自己所有者手里。

——马克思:《资本论》第一卷。《马克思恩格斯文集》第5卷,第661~662页,人民出版社,2009年版。

5. 如果这种收入(即资本收入)只是充当资本家的消费基金,或者说,它周期地获得,也周期地消费掉,那么,在其他条件不变的情况下,这就是简单再生产。……工人既生产了我们暂时只看作资本家的消费基金的剩余价值,也生产了付给他自己报酬的基金即可变资本。

——马克思:《资本论》第一卷。《马克思恩格斯文集》第5卷,第654页,人民出版社,2009年版。

6. 古典经济学强调指出,积累过程的特点是,剩余产品由生产工人消费,而不是由非生产工人消费,这一点是对的。但它的错误也正是从这里开始。亚·斯密使人形成一种流行的看法,把积累仅仅看成剩余产品由工人消费,或者说,把剩余价值的资本化仅仅看成剩余价值转变为劳动力……

附录2　马克思、恩格斯、列宁、斯大林论消费

李嘉图和一切以后的经济学家追随亚·斯密一再重复地说："加入资本的那部分收入，是由生产工人消费的，"这就大错特错了。根据这种看法，所有转化为资本的剩余价值都要成为可变资本了。其实，剩余价值和原预付价值一样，分成不变资本和可变资本，分成生产资料和劳动力。劳动力是可变资本在生产过程中存在的形式。在这个过程中，它本身被资本家消费了。……不言而喻，政治经济学不会不利用亚·斯密的所谓纯产品中转化为资本的部分完全由工人阶级消费这一论点，来为资本家阶级的利益服务。

——马克思：《资本论》第一卷。《马克思恩格斯文集》第5卷，第680~682页，人民出版社，2009年版。

7. 读者会注意到，收入（Revenue）一词有双重用法：第一是指剩余价值，即从资本周期地产生的果实；第二是指这一成果中被资本家周期地消费掉或加入他的消费基金的部分。我保留了这一双生意义，因为它同英法两国经济学家的用语相一致。

——马克思：《资本论》第一卷。《马克思恩格斯文集》第5卷，第682页，人民出版社，2009年版。

8. 我们把剩余价值或剩余产品只是看做资本家的个人消费基金，在这一章里，我们到现在为止把它只是看做积累基金。但是，剩余价值不仅仅是前者，也不仅仅是后者，而是二者兼而有之。剩余价值一部分由资本家作为收入消费，另一部分用做资本或积累起来。

——马克思：《资本论》第一卷。《马克思恩格斯文集》第5卷，第682~683页，人民出版社，2009年版。

9. 古典的资本家谴责个人消费是违背他的职能的罪恶，是对积累的"节制"，而现代的资本家却能把积累看作是对自己的享受冲动的"禁欲"。啊，他的脑中有两个灵魂，一个是要想同另一个分离！

在资本主义生产方式的历史初期，——而每个资本主义的暴发户都个别地经过这个历史阶段，——致富欲与贪欲作为绝对的欲望占统治地位。

但资本主义生产的进步不仅创立了一个享乐世界,随着投机和信用事业的发展,它还开辟了千百个突然致富的源泉。在一定阶段上,已经习以为常的挥霍,作为炫耀富有从而取得信贷的手段,甚至成了"不幸的"资本家营业上的一种必要。奢侈被列入资本的交际费用。此外,资本家财富的增长,不像货币贮藏者那样同自己的个人劳动和个人消费的节约成比例,而是同他榨取别人的劳动力的程度和强使工人放弃一切生活享受的程度成比例的。……资本家的挥霍仍然和各种积累同增加,一方决不会妨害另一方。

——马克思:《资本论》第一卷。《马克思恩格斯文集》第 5 卷,第 685 页,人民出版社,2009 年版。

10. 在剩余产品分为收入和追加资本的比例保持不变的情况下,资本家的消费可以增加,而积累基金并不减少。积累基金的相对量甚至可以靠牺牲消费基金而增加,而由于商品变得便宜,资本家享用的消费品仍和过去相等甚至比过去还多。

——马克思:《资本论》第一卷。《马克思恩格斯文集》第 5 卷,第 697 页,人民出版社,2009 年版。

11. 资本由于连续的积累而增加得越多,分为消费基金和积累基金的价值额也就增加得越多。因此,资本家既能过更优裕的生活,又能更加"禁欲"。

——马克思:《资本论》第一卷。《马克思恩格斯文集》第 5 卷,第 703 页,人民出版社,2009 年版。

12. 雇佣工人阶级是在 14 世纪下半叶产生的。……对雇佣劳动的需求随着资本积累而迅速增加,而雇佣劳动的供给只是缓慢地跟在后面。后来转化为资本积累基金的一部分国民产品,在当时还是工人的消费基金。

——马克思:《资本论》第一卷。《马克思恩格斯文集》第 5 卷,第 847 页,人民出版社,2009 年版。

13. 工人要不断作为可供资本家剥削的材料出现在市场上,他首先得活下去,就得通过个人的消费来维持自己。但是,在这里,把这种消费本身作为前提，……只是因为工人通过他的个人消费，把自己作为劳动力来维持和再生产。……人们的买商品，归根到底只是为了它的使用价值，以便使它进入消费过程（撇开转卖不说），——要么是个人消费，要么是生产消费，这要看所购物品的性质。

——马克思：《资本论》第二卷。《马克思恩格斯文集》第 6 卷，第 69 页，人民出版社，2009 年版。

14. W'从一开始作为商品资本出现的，而全部过程的目的，发财致富（价值增殖），决不排斥资本家的消费量随着剩余价值量（从而也随着资本量）而增大，倒是正好包含这种增大。

——马克思：《资本论》第二卷。《马克思恩格斯文集》第 6 卷，第 81 页，人民出版社，2009 年版。

15. 发财致富（价值增殖），决不排斥资本家的消费随着剩余价值量（从而也随着资本量）增大，倒是正好包含这种增大。……资本家的存在又以他消费剩余价值为条件。……商品量的最后进入消费，可以在时间和空间上同这个商品量作为资本家的商品资本执行职能时所经历的形态变化完全分离开来。……在 w—g—w 中，货币只执行铸币的职能；这个流通的目的是资本家的个人消费。庸俗经济学把不进入资本循环的流通，即价值产品中作为收入消费的那个部分的流通，说成是资本特有的循环，这就典型地说明他们是多么痴呆。

——马克思：《资本论》第二卷。《马克思恩格斯文集》第 6 卷，第 81~82 页，人民出版社，2009 年版。

16. 在 A—G—W 这一包含工人消费在内的工人流通中，只有作为 G—A 结果的第一个环节进入资本循环。……对于资本家阶级来说，工人阶级的经常存在是必要的。因此，以 G—W 为中介的工人的消费，也是必要的。

要使资本价值的循环继续下去，要使资本家消费剩余价值，W'—G'行为所要求的只是 W'转化为货币，被卖掉。当然，W'被购买，只是因为这种物品是一种使用价值，可供某种生产消费或个人消费。但是如果 W'

继续流通，……整个过程继续进行。与此同时，由此决定的资本家和工人的个人消费也继续进行。这一点，考察危机时很重要。

——马克思：《资本论》第二卷。《马克思恩格斯文集》第 6 卷，第 88 页，人民出版社，2009 年版。

17. 随着资本的这种再生产，工人的个人消费（需求）也可能扩大，因为这个过程是以生产消费为先导和中介的。这样，剩余价值的生产，从而资本家的个人消费，可以增长起来，整个再生产过程可以处在非常繁荣的状态中。但商品的一大部分只是表面上进入消费，实际上是堆积在转卖者的手中没有卖掉，事实上仍然停留在市场上。这时，商品的潮流一浪一浪涌来，最后终于发现，以前涌入的潮流只是表面上被消费吞没。……于是危机爆发了。它不是表现在消费需求，即个人消费需求的直接缩减上，而是表现在资本对资本的交换，即资本再生产过程的缩减上。

——马克思：《资本论》第二卷。《马克思恩格斯文集》第 6 卷，第 89 页，人民出版社，2009 年版。

18. 在 W…W' 形式中，全部商品产品的消费是资本本身循环正常进行的条件。全部个人消费包括工人的个人消费和剩余产品中非积累部分的个人消费。因此，消费是全部——个人的消费和生产的消费——作为条件进入 W' 的循环。生产消费（其实也包括工人的个人消费，因为在一定界限内，劳动力是工人个人消费的不断的产物）是由每个单个资本家自己进行的。个人消费——除了资本家个人生存所必需的消费——只是被看作社会的行为，而决不是作为单个资本家的行为。

——马克思：《资本论》第二卷。《马克思恩格斯文集》第 6 卷，第 108~109 页，人民出版社，2009 年版。

19. W'…W' 是唯一的这样的一个循环，……只要剩余价值作为收入花掉已包含在这个循环中，个人的消费也就包含在这个循环中了。其次，个人的消费包含在内，还由于起点的商品 W，是作为某种使用物品存在着；而每一种按资本主义方式生产的物品，不论它的使用形式决定它要用于生产的消费，还是要用于个人消费，还是要用于二者，都是商品资本。……W'…W'既然在它的始极上已经表明是资本主义商品生产的形态，所以一开始就把生产消费和个人消费包括在内。

——马克思：《资本论》第二卷。《马克思恩格斯文集》第 6 卷，第 113 页，人民出版社，2009 年版。

20. 储备有三种形式：生产资本的形式、个人消费基金的形式、商品储备或商品资本的形式。虽然就绝对量来说，三种形式的储备可以同时增加，但是一种形式的储备在另一种形式的储备增加时相对地减少。不言而喻，在生产是直接为了满足自身需要，只有很小一部分是为了交换或出售的地方，商品形式的储备或商品储备只是财富的很小的、微小的部分。但是，消费基金，特别是真正的生活资料的消费基金，在这里相对地说却是很大的。

——马克思：《资本论》第二卷。《马克思恩格斯文集》第 6 卷，第 158 页，人民出版社，2009 年版。

21. 运输工具在它执行生产职能，从而停留在生产领域时产生的那种有用效果即场所变更，同时可以进入个人消费，例如旅客的个人消费。这时，旅客使用运输工具就像使用其他消费资料一样，也要支付报酬。

——马克思：《资本论》第二卷。《马克思恩格斯文集》第 6 卷，第 178 页，人民出版社，2009 年版。

22. 信用制度只有在不仅加速生产、而且加速消费的情况下，才会使周转发生变化。

——马克思：《资本论》第二卷。《马克思恩格斯文集》第 6 卷，第 203、357、210 页，人民出版社，2009 年版。

23. 斯密的一个大错误，是把全部社会财富分成：1. 直接消费基金；2. 固定资本；3. 流动资本。按照这种分法，财富就得分成：1. 消费基金，它不构成执行职能的社会资本的部分，虽然它的某些部分能够不断执行资本职能；和 2. 资本。按照这种分法，财富的一部分执行资本职能，另一部分则执行非资本或消费基金的职能。

……所以,很清楚,从商品资本取出的,既有生产资本的固定要素和流动要素,又有消费基金的一切要素。这实际上无非是说,在资本主义生产的基础上,生产资料和消费资料首先是作为商品资本出现的。

——马克思:《资本论》第二卷。《马克思恩格斯文集》第6卷,第231~232页,人民出版社,2009年版。

24. 资本主义生产方式中,……商品的出售,商品资本的实现,从而剩余价值的实现,不是受一般社会的消费要求的限制,而是受大多数人总是处于贫困状态,而且必然是处于贫困状态的那种社会的消费需求的限制。

——马克思:《资本论》第二卷。《马克思恩格斯文集》第6卷,第350页,人民出版社,2009年版。

25. 社会资本运动的总过程,既包含生产消费(直接的生产过程)和作为其中介的转化形式(从物质方面考察,就是交换),也包含个人消费和作为其中介的形式转化或交换。……商品资本的流通,还包含剩余价值流通,从而也包含对资本家的个人消费,即对剩余价值的消费起中介作用的买与卖。……进入个人消费的商品的循环,也就是工人用工资、资本家用剩余价值(或其中的一部分)购买的那些商品的循环。

——马克思:《资本论》第二卷。《马克思恩格斯文集》第6卷,第390页,人民出版社,2009年版。

26. 年产品既包括补偿资本的那部分社会产品,即社会再生产,也包括归入消费基金的,由工人和资本家消费的那部分社会产品,就是说,既包括生产消费,也包括个人消费。这种消费包括资本家阶级和工人阶级的再生产(即维持)。……在这里,消费必然会起作用;因为起点 $W' = W + w$,即商品资本,既包含不变资本价值和可变资本价值,也包含剩余价值。所以,它的运动既包括生产消费,也包括个人消费。在 $G—W\cdots P\cdots W_1—G_1$ 循环和 $P\cdots W_1—G_1—W\cdots$ 循环中,资本的运动是起点和终点:这一运动自然也包括消费，因为商品，即产品，必须出售。

——马克思：《资本论》第二卷。《马克思恩格斯文集》第 6 卷，第 435~436 页，人民出版社，2009 年版。

27. 工人用工资和资本家用剩余价值所消费的那部分社会商品产品的运动，不仅是总产品运动的一个不可缺少的环节，而且同各单个资本的运动交织在一起。……直接摆在我们面前的问题是：生产上消费掉的资本，就它的价值来说，怎样由年产品得到补偿？这种补偿的运动怎样同资本家对剩余价值的消费和工人对工资的消费交织在一起？因此，首先要研究原有规模的再生产。

——马克思：《资本论》第二卷。《马克思恩格斯文集》第 6 卷，第 436 页，人民出版社，2009 年版。

28. 社会的总产品，从而社会的总生产，分成两大部类：

Ⅰ. 生产资料：具有必须进入或至少能够进入生产消费的形式的商品。

Ⅱ. 消费资料：具有进入资本家阶级和工人阶级的个人消费的形式的商品。

——马克思：《资本论》第二卷。《马克思恩格斯文集》第 6 卷，第 438~439 页，人民出版社，2009 年版。

29. 认为危机是由于缺少有支付能力的消费或缺少有支付能力的消费者引起的。这纯粹是同义反复。除了需要救济的贫民的消费或"盗贼"的消费外，资本主义制度只知道进行支付的消费。商品卖不出去，无非是找不到有支付能力的买者，也就是找不到消费者（因为购买商品归根结底是为了生产消费或个人消费）。

——马克思：《资本论》第二卷。《马克思恩格斯文集》第 6 卷，第 456~457 页，人民出版社，2009 年版。

30. 简单再生产实质上是以消费为目的，虽然攫取剩余价值表现为单个资本家的动机；但是，剩余价值——不管它的比例量如何——在这里最终只是用于资本家的个人消费。

既然简单再生产是每个规模扩大的年再生产的一部分，并且还是它最重要的一部分，所以，这种个人消费的动机总是和发财致富的动机本身相伴而生，同时不和它对立。实际上，问题表现得更复杂，因为掠夺物——资本家的剩余价值——的分享者、会作为独立于资本家以外的消费者出现。

——马克思：《资本论》第二卷。《马克思恩格斯文集》第 6 卷，第 457~458 页，人民出版社，2009 年版。

31. 事实上，剩余价值的一部分作为收入花掉，另一部分则转化为资本。只有在这个前提下，才有实际的积累。积累是靠牺牲消费来进行的这种一般的说法，不过是和资本主义生产的本质相矛盾的一种幻想，因为这种幻想假定，资本主义生产的目的和动机是消费，而不是剩余价值的攫取和资本化，即积累。

——马克思：《资本论》第二卷。《马克思恩格斯文集》第 6 卷，第 566 页，人民出版社，2009 年版。

32. 资本家生产商品，不是为了商品本身，不是为了商品的使用价值或他的个人消费。资本家实际关心的产品，不是可以摸得着的产品本身，而是产品的价值超过在产品上消费的资本的价值的余额。

——马克思：《资本论》第三卷。《马克思恩格斯文集》第 7 卷，第 49 页，人民出版社，2009 年版。

33. 说到供给和需求，那么供给等于某种商品的卖者或生产者的总和，需求等于这同一种商品的买者或消费者（包括个人消费和生产消费）的总和。……作为总体的一个原子来发生作用，并且也就是在这个形式上，竞争显示出生产和消费的社会性质。

——马克思：《资本论》第三卷。《马克思恩格斯文集》第 7 卷，第 215 页，人民出版社，2009 年版。

34. 在某一个看不见的点上，商品堆积起来卖不出去了；或者是一切生产者和中间商人的存货逐渐变得过多了。消费通常正好在这个时候兴旺到了极点。

——马克思：《资本论》第三卷。《马克思恩格斯文集》

第 7 卷，第 239～240 页，人民出版社，2009 年版。

35. 剩余产品的所有者只有在这种产品对他来说再转化为资本的时候，才能让这种产品由消费去支配。最后，如果有人说资本家只需要在他们之间互相交换和消费商品，那么这就忘记了资本主义生产的全部性质，忘记了这里的问题是资本的增殖，而不是资本的消费。

——马克思：《资本论》第三卷。《马克思恩格斯文集》第 7 卷，第 286 页，人民出版社，2009 年版。

36. 商品被买来当做生产资料或生活资料，以便进入生产消费或个人消费，——即使有些种类商品能达到这两个目的，也不会引起任何变化。因此，生产者和消费者都对商品有需求。

——马克思：《资本论》第三卷。《马克思恩格斯文集》第 7 卷，第 209 页，人民出版社，2009 年版。

37. 进行直接剥削的条件和实现这种剥削的条件，并不是一回事。二者不仅在时间和地点上是分开的，而且在概念上也是分开的。前者只受社会生产力的限制，后者受不同生产部门的比例关系和社会消费力的限制。但是社会消费力既不是取决于绝对的生产力，也不是取决于绝对的消费力，而是取决于以对抗性的分配关系为基础的消费力；这种分配关系，使社会与绝大多数人的消费缩小到只能在相当狭小的界限以内变动。其次，这个消费力还受到追求积累的欲望，扩大投资和扩大剩余价值生产规模的欲望的限制。……但是生产力越发展，它就越和消费关系的狭隘基础发生冲突。在这个充满矛盾的基础上，资本过剩和日益增加的人口过剩结合在一起是完全不矛盾的。

——马克思：《资本论》第三卷。《马克思恩格斯文集》第 7 卷，第 272～273 页，人民出版社，2009 年版。

38. 商品经营资本的反复周转，始终只是表示买和卖的反复；而产业资本的反复周转，则表示总再生产过程（其中包括消费过程）的周期性和更新。……把再生产消费所造成的限制撇开不说，商人资本的周转最终要受全部个人消费的速度和规模的限制，因为商品资本中加入消费基金的整个部分，取决于这种速度和规模。……在危机中发生这样的现象：危机最初不是在和直接消费有关的零售业中暴露和爆发的，而是在批发商业和向它提供社会货币资本的银行业中暴露和爆发的。

——马克思：《资本论》第三卷。《马克思恩格斯文集》第 7 卷，第 338~339 页，人民出版社，2009 年版。

39. 这种流通就它从来不会加入个人的消费来说，首先不以个人消费为转移，但是它最终要受个人消费的限制，因为不变资本的生产，从来不是为了不变资本本身而进行的，而只是因为那些生产个人消费品的生产部门需要更多的不变资本。

——马克思：《资本论》第三卷。《马克思恩格斯文集》第 7 卷，第 340 页，人民出版社，2009 年版。

40. 我们把全部资本分成两大部类：第 I 部类生产生产资料；第 II 部类生产个人消费资料。某些产品（例如马、谷物等）既可以供个人消费又可以用做生产资料的事实，丝毫也不会排除这种分类的绝对正确性。这种分类实际上不假说，而只是事实的表现。我们拿一个国家的年产品来说。这个产品的一部分，尽管能够充当生产资料，却进入个人消费。……第 II 部类的全部产品，即进入个人消费的全部产品，从而收入借以花费出去的全部产品，……是只投在消费资料生产上的资本的产品。……构成不变资本的绝大部分产品，从物质方面看也是处在不能进入个人消费的形式上。即使它能够进入个人消费，例如，农民可以吃掉他的谷物，可以杀掉他的役畜，可是在经济上的限制给农民带来的感觉和这个部分好像处在不能消费的形式上完全一样。

——马克思：《资本论》第三卷。《马克思恩格斯文集》第 7 卷，第 948 页，人民出版社，2009 年版。

41. 待花费的收入的量表示消费的规模。

——马克思：《资本论》第三卷。《马克思恩格斯文集》

第 7 卷，第 506 页，人民出版社，2009 年版。

42. 商业信用中的……这种支付取决于再生产的顺畅进行，也就是说，取决于生产过程和消费过程的顺畅进行。

——马克思：《资本论》第三卷。《马克思恩格斯文集》第 7 卷，第 543 页，人民出版社，2009 年版。

43. 在这里，信用的最大限度，等于产业资本的最充分的利用，也就是等于产业资本的再生产能力不顾消费界限而达到紧张。这些消费界限也会因再生产过程本身的紧张而扩大：一方面这种紧张会增加工人和资本家对收入的消费，另一方面这种紧张和生产消费的紧张是一回事。

——马克思：《资本论》第三卷。《马克思恩格斯文集》第 7 卷，第 546 页，人民出版社，2009 年版。

44. 一切现实的危机的最终原因，总是群众的贫困和他们的消费受到限制，而与此相对比的是，资本主义生产竭力发展生产力，好像只有社会的绝对的消费能力才是生产力发展的界限。

——马克思：《资本论》第三卷。《马克思恩格斯文集》第 7 卷，第 548 页，人民出版社，2009 年版。

45. 非生产阶级和靠固定收入为生的人的收入和，在同生产过剩和投机过度同时发生的价格猛涨期间，绝大部分还是保持不变。所以，他们的消费能力会相对下降，同时他们对再生产总额中平常应归他们消费的那部分的补偿能力也会相对下降。他们的需求即使名义上保持不变，实际上也在减少。

——马克思：《资本论》第三卷。《马克思恩格斯文集》第 7 卷，第 556 页，人民出版社，2009 年版。

46. 要作为收入来花费的部分，是会逐渐消费掉的，但在消费之前的那段时间内，它会作为存款，构成银行家的借贷资本。……随着信用事业及其组织的发展，甚至收入的增加，即产业资本家和商业资本家消费的增加，也表现为借贷资本的积累。并且，一切逐渐消费的收入，例如地租、高级工资、非生产阶级的收入等等，也是这样。……一切收入，不论是预定用于消费还是用于积累的，……都是实现积累的表现和结果。

——马克思：《资本论》第三卷。《马克思恩格斯文集》第 7 卷，第 570 页，人民出版社，2009 年版。

47. 英国向印度签发的汇票过多，会使印度对英国商品需求增加。它间接增加印度对欧洲商品的消费能力。……不管这些商品是供输出还是供国内消费，货币市场所受的影响都是一样的。

——马克思：《资本论》第三卷。《马克思恩格斯文集》第 7 卷，第 654 页，人民出版社，2009 年版。

48. 认为必要生活资料的消费不会随着生活资料变得便宜而增长，是错误的。……如果价格的暂时的突然降低来不及对扩大消费发生充分的影响，那么，在价格降低是由于起调节作用的生产价格本身的下降引起，因而带有持久性质的场合，就会出现相反的情况。第三，一部分谷物可以以白兰地酒或啤酒的形式消费。并且，这两种商品的增长的消费，决不会局限于狭窄的界限内。……一个出口谷物的国家（到 18 世纪中叶为止英国就是这样的国家），以致需要不单纯是由国内消费的界限来调节。

——马克思：《资本论》第三卷。《马克思恩格斯文集》第 7 卷，第 741 页，人民出版社，2009 年版。

50. 如果在那些产品可供工人消费的生产部门内，由于节约等等，不变资本的支出减少了，那么，这就会和所使用的劳动本身的生产率直接提高一样，由于使工人的生活资料便宜，引起工资的减少，从而引起剩余价值的增加。

——马克思：《资本论》第三卷。《马克思恩格斯文集》第 7 卷，第 972 页，人民出版社，2009 年版。

51. 如果我们把工资归结为它的一般基础，也就是说，归结为工人本人劳动产品中加入工人个人消费的部分；如果我们把这个部分从资本主义限制下解放出来，把它扩大到一方面为社会现有的生产力（也就是工人自己的劳动作为现实的社会劳动所具有的社会生产力）所许可，另一方面为个性的充分发展所必要的消费的范围；……如果我们把工资和剩余价值，必要劳动和剩余劳动的独特的资本主义性质去掉，——那么，剩下的就不再是这几种形式，而只是它们的为一切生产方式的共有的基础。

——马克思：《资本论》第三卷。《马克思恩格斯文集》第7卷，第992页，人民出版社，2009年版。

52. 在低于价值出售的商品作为个人消费品加入作为收入来消费的那部分价值时，利润和地租会表现为更多的产品。

——马克思：《资本论》第三卷。《马克思恩格斯文集》第7卷，第943页，人民出版社，2009年版。

53. 在任何一种社会生产（例如自然发生的印度公社的社会生产，或秘鲁人的多半是人为发展起来的共产主义的社会生产）中，总是能区分出劳动的两部分，一部分的产品直接由生产者及其家属用于个人的消费，另一部分即始终是剩余劳动的那部分的产品，总是用于满足一般的社会需求。

——马克思：《资本论》第三卷。《马克思恩格斯文集》第7卷，第993~994页，人民出版社，2009年版。

54. 一种消费品形式的收入同另一种消费品形式的收入交换，事实上也就是消费品同消费品交换。它们的交换过程不决定于它们两者都是收入，而是决定于它们两者都是消费品。从形式上来说它们都是收入，这种情况在这里是毫无关系的。诚然，这种情况在相互交换的商品的使用价值上，在它们两者都加入个人消费这一点上会显露出来，但这也无非说明，一部分消费品同另一部分消费品交换。

……消费品的一部分在这些消费品的生产者本身之间转手。这些生产者每人都不以自己的产品形式，而是以别人的产品形式消费自己收入（利润和工资）的一部分。他所以能够这样做，只是因为别人也不消费自己的产品，而是消费他人的可消费的产品。这就好比每个人都把自己的可消费的产品中代表自己收入的那部分消费掉一样。

——马克思：《马克思恩格斯全集》第 26 卷（一），第 236~238 页，人民出版社，1974 年版。

55. 年产品总量就分为两部分：一部分作为收入被消费，另一部分以实物形式补偿已消费的不变资本。

——马克思：《马克思恩格斯全集》第 26 卷（一），第 233 页，人民出版社，1974 年版。

56. 某一生产部门（生产可供个人消费的商品的生产部门）的一部分收入以另一生产部门的收入的形式被消费，关于这一部分收入，可以说，需求同它本身的供给相等（在生产按照应有的比例进行的情况下）。这就好比这些生产部门各自消费了自己的这一部分收入。这里只有形式上的商品形态变，W—G—W'。

——马克思：《马克思恩格斯全集》第 26 卷（一），第 236 页，人民出版社，1974 年版。

57. 第三，直到现在我们所找到的解决办法是：为生产最终加入个人消费的产品提供原料和劳动工具的一切生产者，都不是以自己产品的形式来消费自己的收入，即代表新加劳动的利润和工资。他们只能以这里所说的可直接消费的产品形式，或者同样可以说，以交换来的、具有同等价值、其他生产者的可直接消费的产品形式，来消费他们的产品中归结为收入的那部分价值。

……

总之，如果把这一点撇开不谈，那末加进的（例如一年内加进的）新劳动的总额——等于利润和工资总额，即年收入总额——就统统花在那些加入个人消费的产品如食物、衣服、燃料、住宅、家具等等上面。

这些加入消费的产品总额，按其价值来说，等于一年新增加劳动的总额（收入的价值总额）。

——马克思：《马克思恩格斯全集》第 26 卷（一），第 129~130 页，人民出版社，1972 年版。

58. 我们在这里不谈再转化为资本的那部分利润，……只能以直接为个人消费而进行生产的那些部门的产品的形式来消费。其余一切生产部门的产品只能作为资本来消费，只能加入生产消费。

……

到现在为止，在12码中，（1）4码被织布业者消费；（2）2码被纺纱业者消费；（3）2/3码被机器制造业者消费。

——马克思：《马克思恩格斯全集》第26卷（一），第122~123页，人民出版社，1974年版。

59. 总之，麻布这一成品的价值分为两部分，一部分用来重新购买这个时期生产出来的不变资本的各个要素，另一部分则用在消费品上。……我们假定，工资加利润，即加到不变资本上的全部劳动量，都作为收入被消费掉。……经过整整二十个商人的手，经过二十次买而再卖，那末，在第二十次，麻布终究还是要被商人卖给实际消费者。因此，实际消费者事实上或者支付给生产者，或者支付给最后一个即第二十个商人，而这个商人对消费者来说，是代表第一个商人即实际生产者。

——马克思：《马克思恩格斯全集》第26卷（一），第96~97页，人民出版社，1974年版。

60. 这8码麻布本身包含了、吸收了整个不变资本的价值，——这个价值在12小时的织布劳动期间，转移到产品中，加入到产品的生产过程中，而现在以供直接的个人消费（不是生产消费）的产品形式存在，——这8码麻布本身又将怎样呢？

这8码属于资本家。如果资本家想自己把这8码消费掉，就象他把代表他的利润的2/3码消费掉一样，那他就不能把加入12小时织布过程的不变资本再生产出来了。

——马克思：《马克思恩格斯全集》第26卷（一），第95页，人民出版社，1972年版。

61. 在这里，亚·斯密又避开了他应该回答的问题——关于商品全部价格的第四个部分,即不归结为工资、利润、地租的那一部分的问题。……那些从性质上说不用于个人消费而用于生产消费的产品并不加入直接消费基金,这一点,是与问题毫无关系的。例如种子(播种用的那部分小麦),从性质来说也可以加入消费基金,但是从经济上说必须加入生产基金。其次,说用于个人消费的产品的全部价格同产品一起都加入消费基金,是完全错误的。例如麻布,如果不是用来作帆或用于别的生产目的,它就作为产品全部加入消费。

——马克思:《马克思恩格斯全集》第 26 卷(一),第 83~84 页,人民出版社,1974 年版。

62. 但是,我们且往前走,先看看斯密是否始终贯彻了自己的观点:一切商品的价值都可以归结为某一收入源泉或全部收入源泉——工资、利润、地租,也就是说,一切商品都可以作为供消费用的产品来消费掉,或者说,无论如何都可以这样或那样地用于个人需要(而不是用于生产消费)。

……

按照这种说法,一切商品的全部价值都可以分解为各种收入,并且作为消费基金而归于依靠这种收入过活的这个或那个阶级。……商品的总额——劳动的年产品,即总收入,也就能够在一年内以这种形式消费掉。

——马克思:《马克思恩格斯全集》第 26 卷(一),第 80~81 页,人民出版社,1974 年版。

63. 如果有第三部类 C,它的产品既能用于生产消费,又能用于个人消费,例如谷物可以充当人的食物或牲畜的饲料,也可以用来做种子或烤面包,又如大车、马、牲畜等等;这丝毫也不会使问题有所改变。就这些产品加入个人消费的那部分来说,它们必须是它们自己的生产者,或者由它们所包含的那部分不变资本的(直接的或间接的)生产者,作为收入直接或间接地消费掉。因而在这种情况下,它们属于 A 部类。就这些产品不加入个人消费的那部分来说,它们属于 B 部类。

——马克思:《马克思恩格斯全集》第 26 卷(一),第 244 页,人民出版社,1974 年版。

64. 凡是只用于个人消费的产品，或者说，凡是加入个人消费的产品，在它加入这种消费的范围内，都只能同回收入交换。它不能用于生产消费，这一点正好说明，它只能作为收入来消费，即只能用于个人消费。

……各种消费品中代表自己的生产者的收入的那一部分，或者直接地由生产者消费，或者间接地，通过生产者所需要的消费品的相互交换，由生产者消费。

——马克思：《马克思恩格斯全集》第 26 卷（一），第 242 页，人民出版社，1974 年版。

65. 这样，我们就把整个 A 部类的产品和 B 部类的一部分产品处理了。产品 A 全部被消费：1/3 由它们自己的生产者消费；2/3 由 B 的生产者消费，B 的生产者不能以自己的产品形式消费自己的收入。B 的生产者以 2/3 的产品 A 形式消费自己产品中代表收入的那部分价值，这 2/3 同时以实物形式补偿 A 的生产者的不变资本，即为他们提供用于生产消费的那些商品。……除了他们以自己的产品形式消费的这种劳动外，他们没有进行任何其他的劳动。A 的其余 2/3，即由 B 部类的产品补偿并由产品 B 的生产者消费的部分，代表 B 的生产者加到自己的不变资本上的全部劳动时间。他们没有加入任何更多的劳动，他们也没有更多的东西可消费。

——马克思：《马克思恩格斯全集》第 26 卷（一），第 248～249 页，人民出版社，1974 年版。

66. 大多数反驳斯密关于生产劳动和非生产劳动的区分的著作家，都把消费看作对生产的必要刺激。因此，在他们看来，那些靠收入来生活的雇用劳动者即非生产劳动者（对他们的雇佣并不生产财富，而雇佣本身却是财富的新的消费），甚至从创造物质财富的意义来说，也和生产工人一样是生产劳动者，因为他们扩大物质消费的范围，从而扩大生产的范围。可见，这种看法大部分是从资产阶级经济学观点出发，一方面为有闲的富人和提供服务给富人消费的"非生产劳动者"辩护，另一方面为开支庞大的"强大政府"辩护，为国债的增加，为占有教会和国家的肥缺的人，各种领干薪的人等等辩护。……

另一些政治经济学家，例如马尔萨斯，……说生产和消费是等同的，或者说，消费是一切生产的目的或生产是一切消费的前提，都毫无用处。……

生产和消费是内在地不可分离的。由此可以得出结论：因为它们在资本主义生产体系内实际上是分离的，所以它们的统一要通过它们的对立来恢复，就是说，如果 A 必须为 B 生产，B 就必须为 A 消费。……这里始终是这样的观念：一方是为生产而生产，因此另一方就是消费别国的产品。这种重商主义体系的观念在佩利博士的《道德哲学》一书第二卷第十一章中也表现出来："节俭而勤劳的民族，用自己的活动去满足沉淀于奢侈的富有国家的需要。……加尔涅等人提出这样的总原则：消费是生产的原因，因而消费愈多愈好。"在贫国，人民是安乐的，在富国，人民通常是贫苦的"。

——马克思：《马克思恩格斯全集》第 26 卷（一），第 291～294 页，人民出版社，1972 年版。

67. 资本主义生产条件下生产和消费的矛盾。主要消费品生产过剩转化为普遍生产过剩。……说生产者和消费者是一回事，那是最可笑不过的了，因为对于很大数量的生产部门——所有不生产直接消费品的部门——来说，大多数参加生产的人是绝对被排斥购买他们自己的产品之外的。……在这里也可以看出，"消费者"这个词是模糊不清的，把"消费者"这个词同"买者"这个词等同起来是错误的。……主张把资本主义生产中的消费者（买者）和生产者（卖者）等同起来，从而否定危机，是再荒谬不过的了。这两者是完全不一样的。……反过来，说消费者就是生产者，也同样是错误的。土地所有者（收取地租的人）不生产，可是他消费。

——马克思：《马克思恩格斯全集》第 26 卷（二），第 591～593 页，人民出版社，1973 年版。

68. 因此，在社会中消费者和生产者不是等同的：第一个范畴即消费者范畴（消费者的收入有一部分不是第一性的，而是第二性的，是从利润和派生的）比第二个范畴（即生产者范畴）广得多，因而，消费者花费自己收入的方式以及收入的多少，会使经济生活过程，特别是资本的流通和再生产过程发生极大的变化。

——马克思：《马克思恩格斯全集》第 26 卷（二），第 562 页，人民出版社，1973 年版。

69. 李嘉图关于资本积累与消费的理论可图示如下：

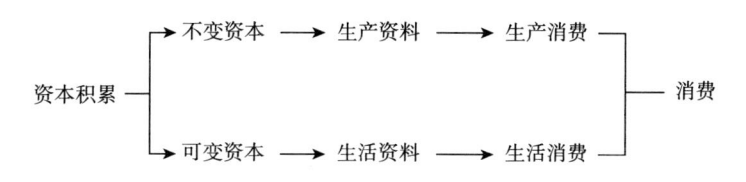

$$
\text{资本积累}\begin{cases} \text{不变资本} \longrightarrow \text{生产资料} \longrightarrow \text{生产消费} \\ \text{可变资本} \longrightarrow \text{生活资料} \longrightarrow \text{生活消费} \end{cases} \text{消费}
$$

——马克思：《马克思恩格斯全集》第 26 卷（二），第 537～541 页，人民出版社，1973 年版。

70. 资本愈多，劳动生产率愈高，总之，资本主义生产的规模愈大，存在于从生产到消费（个人消费和生产消费）的过渡阶段，存在于流通中，存在于市场上的商品量就愈多，每一笔资本在市场上现成地找到自己再生产条件的把握也就愈大。

——马克思：《马克思恩格斯全集》第 26 卷（二），第 552 页，人民出版社，1973 年版。

71. 消费者范畴……比生产者范畴广得多，因而消费者花费自己收入的方式以及收入的多少，会使经济生活过程，特别是资本的流通和再生产过程发生极大的变化。"

——马克思：《剩余价值理论》第二册，第 562 页，人民出版社，1975 年版。

72. 在古代，尽管处在那样狭隘的民族、宗教、政治境界里，毕竟还是把人看作生产的目的；这种看法就显出比现代世界高明得多，因为现代世界总是把生产看成人的目的，又把财富看成生产的目的。

——马克思：《政治经济学批判大纲》第 3 分册，第 104 页，人民出版社，1963 年版。

73. 这里也可以看出,"消费者"这个词是模糊不清的,把"消费者"这个词同"买者"这个词等同起来是错误的……

因此,为了否定危机而断言资本主义生产中的消费者(买者)和生产者(卖者)是一回事,这是再荒谬不过了。这两者是完全不一样的……

工人实际上生产的是剩余价值。只要他们生产剩余价值,他们就有东西消费。一旦剩余价值的生产停止了,他们的消费也就因他们的生产停止而停止。但是,他们有东西消费,决不是因为他们自己的消费生产了等价物……

因上如果把关系简单地归结为消费者和生产者的关系,那就忘记了从事生产的雇佣劳动(者)和从事生产的资本家是两类完全不同的生产者,更不用说那些根本不从事生产活动的消费者了。

——马克思:《政治经济学批判(1861-1863年手稿)》,《马克思恩格斯文集》第8集,第257~258页,人民出版社,1975年版。

74. 李嘉图是大工业的经济学家,他从大资产者的角度来看事物。为生产而生产,再生产最大可能地增长,特别是劳动生产率(力)的增长,是最终的和决定的目的。但是,李嘉图认为,为了这个目的没有必要宣传节约。既然资本主义生产方式对他来说是自然的和绝对的社会生产形式,因而消费是一切生产的自然目的,那么,生产的自由发展必然包括一切形式的消费的发展。因此同资本一样,分为奢侈品的消费和其他产品的消费,是由资本主义生产性质决定的。……说到奢侈品的消费,他甚至证明,对工人来说,地主消费这些奢侈品比资本家消费这些奢侈品更为有利,因为这些商品的消费会推动许多的工人,因为地主消费这些商品需要更多的食客、仆役等等,而头脑清醒的资本家却宁愿获得长久的奢侈品。

——马克思:《1863-1865年经济学手稿》,《马克思恩格斯文集》第8集,第582~583页,人民出版社,2009年版。

75. 西斯蒙第感觉到了大工业的矛盾,坚决反对为生产而生产,反对生产力在这样一种生产方式的基础上绝对发展。在这种生产方式中,现有资本的价值增殖从另外一方面来说是最终目的。因此，他希望使一定条件下的消费成为生产的调节者。因此，他特别关心资本（从而生产消费）和收入的比例，虽然他在任何地方都没有对这个问题做出经济学上多少有些意义的发现。但是……不断扩大机器和固定资本的使用，也就伴随有工人阶级状况的不断恶化。

——马克思：《1863－1865年经济学手稿》，《马克思恩格斯文集》第8集，第584页，人民出版社，2009年版。

76. 马尔萨斯一方面追随西斯蒙第，一方面在他那里又冒出重农主义传统，这种传统认为，非劳动者阶级的消费基金实际上是与生产基金完全不同的基金，为了使它的再生产不致停顿，它必须被消费掉……也就是说，在资本家的胸月日中积累欲和消费欲并存。这两种欲望是规模不断扩大的再生产所必须的。但是，这两种结合在一个人身上的欲望会互相损害。如果积累欲压倒了消费欲，这时会出现生产过剩。如果消费欲压倒了积累欲，这时资本主义生产的精神和火焰就会熄灭。因此，这两种欲望必须分开，而在这种情况下，地主、教会和国家的消费欲越是迅速地得到它的满足手段，资本家的积累欲就越会得到热心的支持。不过，因为剩余生产在这个基础上必然同剩余消费结合在一起。所以在马尔萨斯的这种奇谈怪论中也有某种正确的东西。……然而，积累欲压倒消费欲是必要的，并且是同资本主义生产方式相适应的。

——马克思：《1863－1865年经济学手稿》，《马克思恩格斯文集》第8集，第584~588页，人民出版社，2009年版。

77. 生活资料是资本在工人通过出卖自身劳动能力来取得生活资料之前就同工人相对立的特殊物质存在形式。但是，只要生产过程一开始，劳动能力就已经卖出，生活资料就转变成了工人的消费基金，至少在法律上是如此……在资本主义生产中，工人所支配的全部时间实际上都被资本所吸收，从而生活资料的消费实际上表现为劳动过程本身单纯的附属事项，正像蒸汽机消费煤、轮子消费油或马消费草一样，正像劳动着的奴隶的全部私人消费一样。

——马克思:《1863-1865年经济学手稿》,《马克思恩格斯文集》第8集,第483~484页,人民出版社,2009年版。

78. 虽然个人消费是再生产过程的必要和内在的环节,消费和生产决不是一个东西,个人消费决不是资本主义生产方式的决定性动机。后面这种情况只能出现在生产者就是消费者的场合,而资本主义生产方式恰恰建立在这样的基础上:直接生产者、生产者大众、工人的消费和生产彼此完全不成比例;相反,它们随着资本主义生产方式的发展而越离越远。另一方面,这些环节的相互异化和它们的内在联系,或者说,它们的相互依赖,会在它们被强制地达到一致即在危机中表现出来。因此,反对危机的论据,即认为生产和消费处于一定的内在均衡中并且相互之间有一定的比例,而且生产量最终总是必然受消费量调节……

消费过程直接进入再生产过程指的是:消费过程的废料以不同的形式构成新生产的要素。但是,消费的发生并不是为了生产出它的这些废料。

——马克思:《1863-1865年经济学手稿》,《马克思恩格斯文集》第8集,第577页,人民出版社,2009年版。

79. 为了研究这些剩余产品的哪种消费方式适合于资本主义生产方式的本质,我们先假定积累基金等于零,从而剩余产品完全不进入积累基金……如果没有这种基金,不仅简单再生产会受到威胁,而且连作为价值增殖过程本身的动因和动机,从而作为为生产而生产(在一定限度内)的动因和动机的资本主义生产精神也熄灭了。代之而起的是享受本身被看做最终目的。因此,这样消耗剩余产品是与资本主义生产方式的条件和精神矛盾的……但是,在重商主义者和重农主义者这些资本主义生产方式的最初解释者那里,我们可以看到对这种消费的赞扬。

——马克思:《1863-1865年经济学手稿》,《马克思恩格斯文集》第8集,第580页,人民出版社,2009年版。

80. 首先说重商主义者。资本家阶级当时力量还弱,尚未成年……在重商主义者那里产生了在当时是正确的本能。在基督教国家,特别是在英国和荷兰,整个民族充满了商业精神,经济的繁荣建立在新形成的世界市场上,发财致富被看成是目的本身,重商主义者宣传节欲、俭省,愤怒地反对挥霍,只愿意当帮手去推动别的国家消费,而自己则想成为财宝贮藏者。特别宣传挥霍的是法国重商主义者,而这是同资本家阶级在法国的发展联系在一起的。

——马克思:《1863-1865年经济学手稿》,《马克思恩格斯文集》第8集,第580~581页,人民出版社,2009年版。

81. 重农主义者的情况完全不同。按照他们的学说,全部剩余产品掌握在土地所有者手中,而不是掌握在资本家手中。土地所有者得到的剩余产品最初是在货币形式上的预付。如果他们没有把它全部消费掉,那么租地农场主等等的一部分商品资本就卖不出去,从而年再生产就会发生困难……在重农主义体系中,土地所有者手中所掌握的剩余产品:(1)必须补偿全部国家支出;(2)补偿宗教(学校)方面的支出;(3)土地所有者的职能是,他们必须把自己的一部分剩余产品花费在农业较长期的固定投资上;(4)租地农场立脚点在利息形式上从他们那里取走一部分剩余产品。

只有在热·加尔涅(督政府和波拿巴的人)和加尼耳那里,重商主义者和重农主义者关于(非生产)消费的观点才接近进来。

——马克思:《1863-1865年经济学手稿》,《马克思恩格斯文集》第8集,第581页,人民出版社,2009年版。

82. 亚·斯密表现出资本主义生产的真正精神,他宣布积累(规模不断扩大的再生产)是最高规律……亚·斯密宣传节约。他对国家的挥霍浪费表示不满。他把生产工人人数最大限度的增长看作是所有健康的经济的最终目的。这样,他描绘了他对生产工人的善意,这种善意在他那里一直延伸到公牛身上,把公牛看成生产工人。而且他相信(这一点对当时的发展水平来说在某种程度上也是正确的),随着剩余产品转化成生产资本,因而随着积累,对劳动的需求会增长,从而工资会提高,生产工人的状况会得到改善。

——马克思:《1863-1865年经济学手稿》,《马克思恩格斯文集》第 8 集，第 581～582 页，人民出版社，2009 年版。

83. 关于生态消费的问题，马克思曾指出，"人类的本性"，"人的本质的新的充实"，反映"人的复归、反映人和自然之间，人和人之间的矛盾的真正解决"。"对人的本质的真正占有"，实现"人的复归"。

——《马克思恩格斯全集》第 42 卷，第 120 页，人民出版社，1979 年版

马克思指出，社会发展的高级阶段，是"建立在个人全面发展和他们的共同社会生产能力成为他们的社会财富这一基础上的自由个性"。

——《马克思恩格斯全集》第 46 卷（上册），第 104 页，人民出版社，1979 年版

84. 在消费中，产品变成享受的对象，个人占有的对象……最后，在消费中，产品脱离这种社会运动，直接变成个人需要的对象和仆役，供个人享受而满足个人需要。因此，生产表现为起点，消费表现为终点，分配和交换表现为中间环节……在消费中，物立体化；在分配中，社会以一般的，占统治地位的规定的形式，担任生产和消费之间的中介；在交换中，生产和消费由个人的偶然的规定性来中介。

生产、分配、交换、消费因此形成一个正规的三段论法：生产是一般，分配和交换是特殊，消费是个别，全体由此结合在一起……消费这个不仅被看成终而且被看成最后目的的结束行为，除了反过来作用于起点并重新引起整个过程之外，本来不属于经济学范围。

——马克思：《1857－1858 年经济学手稿》，《马克思恩格斯文集》第 8 集，第 12～13 页，人民出版社，2009 年版。

85. 消费直接也是生产，正如在自然界中元素和化学物质的消费是植物的生产一样。例如，在吃喝这种消费形式中，人生产自己的身体，这是明显的事。而对于以这种或那种方式从某一方面来生产人的其他任何消费方式也都可以这样说。消费的生产。可是，经济学却说，这种与消费同一的生产是第二种生产，是靠消灭第一种生产的产品引起的。在第一种生产中，

生产者物化；在第二种生产中，生产者所创造的物人化。因此，这种消费的生产——虽然它是生产同消费的直接统一——是与原来意义上的生产根本对立的。生产同消费合一和消费同生产合一的这种直接统一，并不排斥它们直接是两个东西。

可见，生产直接是消费，消费直接是生产。每一方直接是它的对方。可是同时在两者之间存在着一种中介运动。生产中介着消费，它创造出消费的材料，没有生产，消费就没有对象。但是消费也中介着生产，因为正是消费替产品创造了主体，产品对这个主体才是产品。产品在消费中才得到最后完成。一条铁路，如果没有通车，不被磨损，不被消费，它只是可能性的铁路，不是现实的铁路。没有生产，就没有消费；但是，没有消费，也就没有生产，因为如果没有消费，生产就没有目的。消费从两个方面生产着生产：

（1）因为产品只是在消费中才成为现实的产品，例如，一件衣服由于穿的行为才现实地成为衣服；一间房屋无人居住，事实上就不成其为现实的房屋；因此，产品不同于单纯的自然对象，它在消费中才证实自己是产品，才成为产品。消费是在把产品消灭的时候才使产品最后完成，因为产品之所以是产品，不在于它是物化了的活动，而只是在于它是活动着的主体的对象。

（2）因为消费创造出新的生产的需要，也就是创造出生产的观念上的内在动机，后者是生产的前提。消费创造出生产的动力；它也创造出在生产中作为决定目的的东西而生的作用的对象。如果说，生产在外部提供消费的对象是显而易见的，那么，同样显而易见的是，消费在观念上提出生产的对象，把它作为内心的图象，作为需要、作为动力和目的提出来。消费创造出还是在主观形式上的生产对象。没有需要，就没有生产。而消费则把需要再生产出来。

——马克思：《1857-1858年经济学手稿》，《马克思恩格斯文集》第8集，第14~15页，人民出版社，2009年版。

86. 因此，生产生产着消费：（1）是由于生产为消费创造材料；92）是由于生产决定消费的方式；（3）是由于生产通过它起初当作对象生产出来的产品在消费者身上引起需要。因而,它生产出消费的对象、消费的方式、消费的动力。同样,消费生产出生产者的素质,因为它在生产者身上引起追求一定目的需要。

——马克思:《1857-1858年经济学手稿》,《马克思恩格斯文集》第8集,第16页,人民出版社,2009年版。

87. 生产为消费创造的不只是对象。它也给予消费以消费的规定性,消费的性质,使消费得以完成……饥饿总是饥饿,但是用刀叉吃熟肉来解除的饥饿不同于用手、指甲和牙齿啃生肉来解除的饥饿。因此,不仅消费的对象,而且消费的方式,不仅在客体方面,而且在主体方面,都是生产所生产的。所以,生产创造消费者。

——马克思:《1857-1858年经济学手稿》,《马克思恩格斯文集》第8集,第16页,人民出版社,2009年版。

88. 消费同生产之间的同一性表现在三个方面:

(1) 直接的同一性:生产是消费;消费是生产。消费的生产。生产的消费。国民经学家把两者都称为生产的消费,可是还作了一个区别。前者表现为再生产;后者表现为生产的消费。关于前者的一切研究是关于生产的劳动或非生产的劳动的研究;关于后者的研究是关于生产的消费或非生产的消费的研究。

(2) 每一方表现为对方的手段;以对方为中介;这表现为它们的相互依存;这是一个运动,它们通过这个运动彼此发生关系,表现为互不可缺,但又各自处于对方之外。生产为消费创造作为外在对象的材料;消费为生产创造作为内在对象,作为目的的需要。没有生产就没有消费;没有消费就没有生产。这一点在经济学中是以多种形式出现的。

(3) 生产不仅直接是消费,消费不仅直接是生产;生产也不仅是消费的手段,消费也不仅是生产的目的,就是说,每一方都为双方提供对象;两者的每一方不仅直接就是对方,不仅中介着对方,而且,两者的每一方由于自己的实现才创造对方;每一方都把自己当作对方创造出来。消费完成生产行为,只是由于消费使产品最后完成其为产品,只是由于消费把它消灭，把它的独立的物体形式消耗掉；只是由于消费使得在最初生产行为中发展起来的素质通过反复的需要上升为熟练技巧；所以，消费不仅是使产品成为产品的终结行为，而且也是使生产者成为生产者的终结行为。另一方面，生产生产出消费，是由于生产创造出消费的一定方式，其次是由于生产把消费的动力，消费能力本身当作需要创造出来。这第三项所说的这个最后的同一性，在经济学中常常是以需求与供给、对象与需要、社会创造的需要和自然需要的关系来说明的。

这样看来，对一个黑格尔主义者来说，把生产和消费等同起来，是最简单不过的事……萨伊说，就一个民族来说，它的生产就是它的消费。或者被人类一般说来也是如此。

——马克思：《1857－1858年经济学手稿》，《马克思恩格斯文集》第8集，第17~18页，人民出版社，2009年版。

89. 无论我们把生产和消费看做一个主体的活动或者许多个人的活动，它们总是表现为一个过程的两个要素，在这个过程中，生产是实际的起点因而也是起支配作用的要素。消费，作为必要，作为需要，本身就是生产活动的一个内在要素。但是生产活动是实现的起点因而也是实现的起支配作用的要素，是整个过程借以重新进行的行为。个人生产出一个对象和通过消费这个对象返回自身，然而，他是作为生产的个人和自我再生产的一个人。所以，消费表现为生产的要素。

……在生产者和产品之间出现了分配，分配借社会规律决定生产者在产品世界中的份额，因而出现在生产和消费之间。

——马克思：《1857－1858年经济学手稿》，《马克思恩格斯文集》第8集，第18页，人民出版社，2009年版。

90. 一定的生产决定一定的消费、分配、交换和这些不同要素相互间的一定关系。当然，生产就其单方面形式来说也决定于其他要素。……最后，消费的需要决定着生产。……

当我们从政治经济学的角度考察某个国家的时候，我们从该国的人口，人口的阶级划分，人口在城乡、海洋、在不同生产部门的颁、输出和输入，全年的生产和消费、商品价格等等开始。

——马克思：《1857-1858年经济学手稿》，《马克思恩格斯文集》第8集，第23～24页，人民出版社，2009年版。

91. 因为世界市场（其中包括每一单个人的活动）的独立化（如果可以这样说的话），随着货币关系（交换价值0的发展而增长，以及后者随着前者的发展而增长，所以生产和消费的普遍联系和全面依赖随着消费者和生产者的相互独立和漠不关心而一同增长；因为这种矛盾导致经济危机等等。

——马克思：《1857-1858年经济学手稿》，《马克思恩格斯文集》第8集，第55页，人民出版社，2009年版。

92. 人们说，从社会的观点看，生产和消费是一回事，因此绝不会出现过剩，或两者之间发生不协调。在这里，社会的观点是指这样一种抽象，它恰恰抽掉了一定的社会结构和社会关系，因而也抽掉了由它们所产生的各种矛盾。例如，施托希尔当时在反驳萨伊时就正确地指出，很大一部分消费不是供人们直接使用的消费，而是生产过程中的消费，例如机器、煤、油、必要的建筑物等等的消费。这种消费同这里所说的消费决不是一回事。马尔萨斯和西斯蒙第也正确地指出，例如工人的消费本身对资本家来说决不是充分的消费。在把生产和消费说成一回事的情况下，是把价值增殖这个要素完全抛弃了，并把生产和消费简单地加以对比……

最后，按比例生产（这一点李嘉图等人早已提到过）只不过表示，如果说有按照正确比例来分配自己的趋势，那么，由于资本主义无限度地追求超额劳动、超额生产率、超额消费等等，它同样有超过这种比例的必然趋势。

——马克思：《1857-1858年经济学手稿》，《马克思恩格斯文集》第8集，第93～94页，人民出版社，2009年版。

93. 在投入消费储备的各种物品中，有些物品由于是很缓慢地被消费的，并且能够被许多个人输流消费，因而被规定为固定资本……

真正的经济——节约——是劳动时间的节约（生产费用的最低限度——和降到最低限度）。而这种节约就等于发展生产力。可见，决不是禁欲，而是发展生产力，发展生产的能力。因而既是发展消费的能力，又是发展消费的资料。消费能力是消费的条件，因而是消费的首要手段，而这种能力是一种个人才能的发展，生产力的发展。

——马克思：《1857-1858 年经济学手稿》，《马克思恩格斯文集》第 8 集，第 203 页，人民出版社，2009 年版。

94. 至于个人消费，那么乍一看来它并不包括在单个商品的再生产过程中。如果商品按实物形式来说预定要进入个人消费，那么 W—G，即商品形态变化的第一部分，实际上最终等同于商品进入消费过程，从而以消费过程为前提。但是，商品不一定必须是被消费的物品，或者说，如果它是这样的物品，它可以重新作为生产资料进入另一生产过程；另一方面，如果它进入个人消费，它不一定要进入自己生产者的个人消费……

如果考察再生产的整体，那么消费就是它的一个内在环节。

——马克思：《1857-1858 年经济学手稿》，《马克思恩格斯文集》第 8 集，第 576 页，人民出版社，2009 年版。

95. 资本和劳动的关系在这里就像货币和商品的关系一样；如果说一方是财富的一般形式，那么，另一方就只是以直接消费为目的的实体。

……

他们不再是奴隶了，但并没有成为雇佣工人，而是成为自给自足的、为自己有限消费而劳动的农民。

——马克思：《政治经济学批判（1857-1858 年手稿）》，《马克思恩格斯文集》第 8 集，第 69~70 页，人民出版社，2009 年版。

96. 原始的生产条件当然包括不经劳动而直接可以消费的物品，如果实、动物等等，所以说消费储备本身就是原始生产储备的一个组成部分。

——马克思：《政治经济学批判（1857-1858 年手稿）》，

《马克思恩格斯文集》第 8 集,第 143 页,人民出版社,2009 年版。

97. 古代的观点和现代世界相比,就显得崇高得多。根据古代的观点,人,不管是处在怎样狭隘的民族的、宗教的、政治的规定性上,总是表现为生产的目的。在现代民办,生产表现为为人的目的,而财富则表现为生产的目的。

——马克思:《政治经济学批判(1857 – 1858 年手稿)》,《马克思恩格斯文集》第 8 集,第 137 页,人民出版社,2009 年版。

98. 正像达尔文发现有机界的发展规律一样,马克思发现了人类历史的发展规律,即历来为繁茂芜杂的意识形态所掩盖着的一个简单事实:人们首先必须吃、喝、住、穿,然后才能从事政治、科学、艺术、宗教等等;所以,直接的物质的生活资料的生产,因而一个民族或一个时代的经济发展阶段,便构成基础,人们的国家制度、法的观点、艺术以至宗教观念,就是从这个基础上发展起来的,因而,也必须由这个基础来解释,而不是像过去那样做得相反。

——恩格斯:《在马克思墓前的讲话》,《马克思恩格斯选集》第 3 卷,第 574 页,人民出版社,1972 年版。

99. 艾利生在上面引用过的著作中动摇了马尔萨斯的理论,他诉诸土地的生产力,并用以下的事实来反对马尔萨斯的原理:每一个成年人能够生产出多于他本人消费所需的东西。如果不存在这个事实,人类就不可能繁衍,甚至不可能生存。

——恩格斯:《国民经济学批判大纲》,载《马克思恩格斯选集》第 1 卷,第 79 页,人民出版社,2009 年版。

100. 竞争关系的真谛就是消费对生产力的关系。在一种与人类相称的状态下,不会有除这种竞争之外别的竞争。社会应当考虑,靠它所支配的资料能够生产些什么,并根据生产力和广大消费者之间的这种关系来确定,应该把生产提高多少和缩减多少,应该允许生产或限制生产多少奢侈品。

——恩格斯:《国民经济学批判大纲》,《马克思恩格斯选集》第 1 卷,第 76 页,人民出版社,2009 年版。

101. 在竞争的波动不大,需求和供给、消费和生产几乎都彼此相等的时候,在生产发展过程中必定会出现这样一个阶段,在这个阶段上,生产力大大过剩,结果,广大人民群众无以为生、人们纯粹由于过剩而饿死。长期以来,英国就处于这种荒诞的状态中。

——恩格斯:《国民经济学批判大纲》,《马克思恩格斯选集》第 1 卷,第 77 页,人民出版社,2009 年版。

102. 我们的目的是要建立社会主义制度,这种制度将给所有的人提供健康而有益的工作,给所有的人提供充裕的物质生活和闲暇时间,给所有的人提供真正的充分的自由。

——恩格斯:《弗·恩格斯对英国北方社会主义聪明纲领的修正》,《马克思恩格斯选集》第 21 卷,第 570 页。人民出版社,2009 年版。

103. 资本主义生产方式的生产人为地使广大真正的生产者同享受资料和发展资料隔绝起来。

——恩格斯:《恩格斯致彼得·拉甫洛维奇·拉甫罗夫》(1875),《马克思恩格斯全集》第 34 卷,第 163 页。人民出版社,1972 年版。

104. 垄断至少具有使消费者不受欺骗的意图,虽然它不可能实现这种意图。消灭垄断,就会为欺骗敞开大门。

——恩格斯:《国民经济学批判大纲》,《马克思恩格斯文集》第 1 卷,第 84 页,人民出版社,2009 年版式。

105. 遗憾的是,群众的消费水平低,他们的消费仅仅限于维持生活和延续后代所必需的东西,这并不是什么新的现象。自从有了剥削阶级和被剥削阶级以来,这种现象就存在着。即使在群众的状况特别好的时期,例如 15 世纪的英国,群众的消费仍然是不足的。他们远没有能支配自己的全部年产品来用于消费。因此,如果说消费不足是数千年来的经常的历史现象,而是由生产过剩所引起的,爆发于危机中的普遍的商品滞销,只是最近 50 年来才变得明显,那么,只有具备杜林先生的庸俗经济学的全部浅薄见解,才能够不是用生产过剩这种新现象,而是用存在了几千年的消费不足这一老现象来解释新的冲突……群众的消费不足,是一切建立在剥削基础上的社会形式的一个必然条件,因而也是资本主义社会形式的一个必然条件;但是,只有资本主义的生产形式才造成危机。因此,群众的消费不足,也是危机的一个先决条件,而且在危机中起着一种早已被承认的作用;但是,群众消费不足既没有向我们说明过去不存在危机的原因,也没有向我们说明现时存在危机的原因。

——恩格斯:《反杜林论》,《马克思恩格斯文集》第 9 集,第 302 页,人民出版社,2009 年版。

106. 用消费不足来解释危机,起源于西斯蒙第,在他那里,这种解释还有一定的意义。洛贝尔图期从西斯蒙第那里借用了这种解释,而杜林先生又以他惯有的肤浅方式从洛贝尔图斯那里把它抄袭过来。

——恩格斯:《反杜林论》,《马克思恩格斯文集》第 9 集,第 303 页,人民出版社,2009 年版。

107. 在中世纪的社会里,特别是在最初几个世纪,生产基本上是为了供自己消费。它主要只是满足生产者及其家属的需要。在那些有人身依附关系的地方,例如在农村中,生产还满足封建地主的需要。因此,在这里没有交换,产品也不具有商品的性质。

——恩格斯:《社会主义从空想到科学的发展》,《马克思恩格斯文集》第 3 卷,第 429~430 页,人民出版社,2009 年版。

108. 恩格斯在谈到人类社会发展到较高阶段时指出:"能够不仅生产生

活必需品，而且生产奢侈品……这样，生存斗争就变成为享受而斗争，不再是单纯为生存资料而斗争，而且也是为发展资料、为社会地生产发展资料而斗争。"

——《马克思恩格斯全集》第 34 卷，第 163 页，人民出版社，1972 年版。

109. 恩格斯精辟地描绘出未来社会消费质量提高的远景。他说："通过社会生产，不仅可能保证一切社会成员有富足的和一天比一天充裕的物质生活，而且还可能保证他们的体力和智力获得充分的自由的发展和运用。"

——《马克思恩格斯全集》第 3 卷，第 322 页，人民出版社，1972 年版。

110. 增长最快的制造生产资料的生产资料生产，其次是制造消费资料的生产资料生产，最慢的是消费资料生产。即使没有马克思在《资本论》第二卷中所做的研究，根据不变资本有比可变资本增长得更快的趋势的规律也能够得出上面的结论，因为所谓生产资料增长最快，不过是把这个规律运用于社会总生产时的另一种说法而已。

……

生产资料增长最快这个规律的全部意义和作用就在于：机器劳动的代替手工劳动（一般指机器时代的技术进步）要求加紧发展煤、铁这种真正制造生产资料的生产资料"生产"。

——列宁：《论所谓市场问题》（1893 年秋），《列宁全集》第 1 卷，第 71、88 页，人民出版社，1984 年版。

111. 西斯蒙第的危机理论（也是洛贝尔图斯所抄袭的）在经济学上是很出名的，它是用消费不足来说明危机的理论的典型。

——列宁：《评经济浪漫主义》，《列宁全集》第 2 卷，第 117 页，人民出版社，1984 年版。

112. 积累确实是生产超过收入（消费品）。为了扩大生产（绝对意义上的"积累"），必须首先生产生产资料，而要做到这一点，就必须扩大制造生产资料的社会生产部门，就必须把工人吸收到那一部门中去，这些工人也就对消费口若悬河提出需要。因而，"消费"是跟着"积累"或者跟着"生产"而发展的——不管这看起来多么奇怪，但是在资本主义社会中也只能是这样。……因而，个人消费品在资本主义生产总额中所占的地位日益缩小。这是完全符合资本主义的历史"使命"及其特殊的社会结构的：前者正是在于发展社会的生产力（为生产而生产），后者则使居民群众不能利用生产力。

——列宁：《评经济浪漫主义》（1897年春），《列宁全集》第2卷，第122页，人民出版社，1984年版。

113. 这里的问题正在于如何实现，即社会产品的各个部分是如何补偿的。因此，把社会产品分为截然不同的两类即生产资料和消费品，应该是谈论社会资本和社会收入（也就是谈论资本主义社会的产品实现）的出发点。前者只能用于生产消费，后者只能用于个人消费。

——列宁：《评经济浪漫主义》（1897年春），《列宁全集》第2卷，第110页，人民出版社，1984年版。

114. 只有采取这样一种手段才能终止资本对劳动的剥削，那就是消灭劳动工具的私有制，所有工厂和矿山以及所有大地产等等都归整个社会所有，实行工人自己进行的、共同的社会主义生产。那时，共同劳动的产品将由劳动者自己来享用，超出他们需要的剩余产品，将用来满足工人自己的各种需要，用来充分发展他们的各种才能，来平等地享受科研和艺术的一切成果。

——列宁：《社会民主党纲领草案及其说明》（1895 - 1896年），《列宁全集》第2卷，第81页，人民出版社，1984年版。

115. 从西斯蒙第的时代起……他们认为应该把"消费"当作特殊的科学部门而同"生产"分开；他们说生产是以自然规律为转移，而消费决定于以人们的意志为转移的分配，如此而已等等……

如果我们一贯把"生产"看作生产中的社会关系,那么无论"分配"或"消费"都会丧失任何独立的意义。如果生产中的关系阐明了,各阶级获得的产品份额也就清楚了,因而"分配"和"消费"也就清楚了。相反地,如果生产关系没有阐明(例如,不了解整个社会总资本的生产过程),关于消费和分配的任何论断都会变成废话,或者变成天真的浪漫主义的原诊。

——列宁:《评经济浪漫主义》(1897年春),《列宁全集》第2卷,第166~167页,人民出版社,1984年版。

116. 马克思的实现论对我们所关心的国内市场问题做出的主要结论如下:资本主义生产的扩大,因而也就是国内市场的扩大,与其说是靠消费品,不如说靠生产资料,换句话说,生产资料的增长超过消费品的增长。我们看到,事实上消费品(第二部类)中的不变资本是在同生产资料(第一部类)中的可变资本+额外,价值进行交换。而按资本主义生产的一般规律来看,不变资本比可变资本增长得快些。因而,消费品中的不变资本应该比消费品中的可变资本和额外价值增长得快些,而生产资料中的不变资本应该增长得最快,它既要超过生产资料中的可变资本(+额外价值)的增长,也要超过消费品中的不变资本的增长。因此,制造生产资料的社会生产部类应该比制造消费品的部类增长得快些。可见,资本主义国内市场的扩大,在某种程度上并"不依赖"个人消费的增长,而更多地靠生产的消费。但是如果把这种"不依赖性"理解为生产消费完全脱离个人消费,那就错了……生产消费归根到底总是同个人消费相关联的。

——列宁:《俄国资本主义的发展》(1896-1899年),《列宁全集》第3卷,第33-34页,人民出版社,1984年版。

117. "社会消费能力"和"不同生产部门的比例"——这决不是什么个别的、独立的、彼此没有联系的条件。相反地,一定的消费状况乃是比例的要素之一。实际上,对现实的分析表明,资本主义国内市场的形成,与其说是靠消费品,不如说是靠生产资料。因此,社会产品的第一部类(生产资料的制造)能够而且应当比第二部类产品的生产(消费品制造)发展得快。但是决不能由此得出结论说,生产资料的生产可以完全不依赖消费品的生产而发展，也不能说二者毫无联系。关于这一点，马克思写道："我们看到（第二卷第三篇），在不变资本与不变资本之间，产生了一种不断的流通，这种流通从来不加入个人消费的领域，就这个意义而言，它是不以个人消费为转移的，但是归根到底它还是受个消费的限制，因为不变资本的生产并不是为了本身的需要而进行的，这仅仅是由于生产个人消费的部门需要更多的不变资本。由此可见，生产消费（生产资料的消费）归根到底总是同个人消费联系着，总是以个人消费为转移的。

——列宁：《市场理论问题评述》（1898 年底），《列宁全集》第 4 卷，第 44 页，人民出版社，1984 年版。

118. 政治经济学决不研究"生产"，而是研究人们在生产上的社会关系、生产社会制度。如果这种社会关系一经阐明和彻底分析，各个阶级在生产中的地位也就决定了。因而，他们获得的国民消费份额也决定了。

——列宁：《俄国资本主义的发展》（1896－1899 年），《列宁全集》第 3 卷，第 42 页，人民出版社，1984 年版。

119. 为了更清楚地说明我们的思想，我们举个例子。假定讲的不是民主主义革命，而是社会主义变革。危机日益成熟，无产阶级专政的时代日益临近。这时，机会主义者把消费合作社的口号提到了第一位，而革命者把无产阶级夺取政权的口号提到第一位。机会主义者争辩道：消费合作社是无产阶级的现实力量，是争取来的现实的经济阵地、是真正的社会主义的一部分……

革命者当然回答说：认为消费合作社在一定意义上是社会主义的一部分，我们是同意的。第一，社会主义社会是一个为了消费而有计划组织起来的大消费合作社；第二，没有强有力的多方面的工人运动，社会主义就不能实现，而消费合作社就是这许多方面的一个方面。但问题并不在这里。只要政权还掌握在资产阶级手里，消费合作社就是可怜的一小部分，它保证不了任何的变动，引不起任何有决定意义的变化，有时反倒使人脱离争取变革的严重斗争。工人在消费合作中获得的本领非常有用，这是无可争辩的。但是，只有政权转入无产阶级手中以后，才能充分利用这些技能。

那时，剩余价值敢将由消费合作社体系支配，而现在运用这个有益机构的范围，由于工资微薄而被限制得很狭窄。那时，这将是真正自由的工作人员的消费组织，而现在，这是受资本压榨折磨的雇佣奴隶的组织。总之，消费合作社是社会主义的一部分。

——列宁：《"火星派"策略的最新发明：滑稽的选举是推动起义的新因素》（1905年10月17日），《列宁全集》第9卷，第356~357页，人民出版社，1959年版。

120. 社会主义社会是一个为了消费而有计划组织生产的大消费合作社。

——《列宁全集》第9卷，第356页，人民出版社，1959年版。

121. 只有社会主义才可能根据科学的见解来广泛推行和真正支配产品的生产和分配，也就是如何使全体劳动者过最美好、最幸福的生活。只有社会主义才能实现这一点。我们知道社会主义应该实现这一点，而马克思主义的全部困难和全部力量，也就在于了解这个真理。

——《列宁全集》第27卷，第385页，人民出版社，1959年版。

122. 既然在消费品的分配方面存在着资产阶级的法权，那当然一定要有资产阶级的国家，因为如果没有一个能够迫使人们遵守法规的机关，权利也就等于零。

——列宁：《国家与革命》（1917年8-9月），《列宁全集》第25卷，第458页，人民出版社，1959年版。

123. 将全体居民强制地联合到生产消费公社里来。

不要废除（暂时地）货币和禁止单干户个别地签订买卖合同，我们应该首先通过生产消费公社依法实现所有这些合同。

……

对所有富人（每月收入在500卢布以上的人，雇佣工人的企业主和雇有佣人的家庭等）实行（必须的）劳动消费（收入）登记制。

买卖可以不通过公社（在运输、市场及其他等等方面），但是假若买卖超过一定限额，必须把这笔买卖记入劳动消费登记簿。

……

为了逐步拉平各行业间的一切报酬，必须在国内各个不同的（所有的）生产消费公社之间组织竞赛。

——列宁：《俄共（布）第七次代表大会》（1918年3月6－8日），《列宁全集》第27卷，第143~144页，人民出版社，1959年版。

124. 社会主义国家只能在这种情况下产生：它已经成为一个由许多生产消费公社构成的体系，而这些公社都能诚实地计算自己的生产和消费，节省劳动，不断提高劳动生产率，因而能够把每日劳动时间减少到七小时或六小时，以至于更少。在这里，如果不搞好对粮食和粮食生产（然后，再对一切其他必需品）的最严格的、无所不包的全民计算和监督，是不行的。

——列宁：《苏维埃政权的当前任务》（1918年3－4月），《列宁全集》第27卷，第232~233页，人民出版社，1959年版。

125. 1921年春天形成了这样的政治形势：要求必须立刻采取迅速的、最坚决的、最紧急的办法来改善农民的生活状况和提高他们的生产力。

为什么不是改善工人的生活状况，而是改善农民的生活状况呢？

因为要改善工人生活状况，就需要粮食和燃料。从整个国家经济的角度看，现在最大的"阻碍"正是从这里产生的。要增加粮食的生产和收成，增加燃料的收购和运输，非得改善农民生活状况，提高他们的生产力不可。应该从农民方面开始。谁若不明白这一点，谁若认为把农民提到第一位就等于"放弃"或者类似于放弃无产阶级专政，那他科是不去认真思考问题，而陷入空谈……现在，最迫切的就是采取那种能够立刻提高农民经济生产力的办法。只有经过这种办法才能做到既改善工人生活状况，又巩固工农联盟，巩固无产阶级专政。那些想不经过这种办法来改善工人生活状况的无产者或无前阶级代表，实际上只会是白党和资本家的帮凶。

  ——列宁：《论粮食税》（1921年4月21日），《列宁全集》第32卷，第331~332页，人民出版社，1958年版。

126. 全俄苏维埃第九次代表大会……要求中央和地方的各级苏维埃机关贯彻下列指示：

1. 苏维埃代表大会认为一切经济机关的主要而迫切的任务是：供给农民大量商品以提高农业生产，改善劳动农民生活，并且必须在最短期间取得实际成绩。

2. 一切工业管理机关都不应忽视这一主要目的，当然也不允许丝毫消弱充分供应红军的任务，为了保持苏维埃共和国的国防力量，应当把这项任务放在第一位。

3. 工人生活的改善应当服从同一目的；一切工人组织（首先是工会）都责任关心如何组织工业生产，使工业能够声速而充分地满足农民的需要，同时应当随着这方面所获得的成绩大小，增加产业工人工资，改善他们的生活。

4. 财政人民委员部的工作也必须服从这一目的……

5. 所有管理国内贸易和对外贸易的机关，如中央消费合作总社，对外贸易人民委员部等等，都应当把这个目的放在首位。

  ——列宁：《全俄苏维埃第九次代表大会》（1921年12月23-28日），《列宁全集》第33卷，第150~151页，人民出版社，1957年版。

127. 资本主义生产的目的是取得利润，至于消费，只有在保证取得利润这一任务的了限度内，才是资本主义所需要的。在这以外，消费问题对于资本主义就失去意义。人及其需要就从视野中消失了。

  ——斯大林：《苏联社会主义经济问题》，《斯大林文选》第633页，人民出版社，1962年版。

128. 现代资本主义基本经济规律的主要特点和要求，可以大致表述如下：用剥削本国土多数居民并使他们破产和贫困的办法，用奴役和不断掠夺其他国家人民，特别是落后国家人民的办法，以及用旨在保证最高利润的战争和国民经济军事化的办法，来保证最大限度的资本主义利润。

——斯大林：《苏联社会主义经济问题》，《斯大林文选》第 601 页，人民出版社，1962 年版。

129. 社会主义的基本经济规律的主要特点和要求，可以大致表述如下：用在高度技术基础上使社会主义生产不断增长和不断完善的办法，来保证最大限度地满足整个社会经常增长的物质和文化需要。

——斯大林：《苏联社会主义经济问题》，《斯大林文选》第 602 页，人民出版社，1962 年版。

130. 决不能说消费对生产占首要地位，或生产对消费占首要地位。如果这样说，那是不正确的。因为生产和消费是两个完全不同的领域。诚然，这是两个互相联系着，但毕竟各不相同的领域。

——斯大林：《苏联社会主义经济问题》，《斯大林文选》第 632 页，人民出版社，1962 年版。

131. 科罗申柯同志想保持生产对消费的所谓"占首要地位"，于是断定说："社会主义的基本经济规律"就是社会的物质和文化条件的生产不断增长和日益完善。这是完全不对的。

——斯大林：《苏联社会主义经济问题》，《斯大林文选》第 634 页，人民出版社，1962 年版。

附录 3

杨圣明：消费问题研究成果目录

1. 《倡议编制生活消费计划》（与庄静合写），《人民日报》1979 年 12 月 21 日。

2. 《谈谈消费的"生产"作用》，《经济研究》1979 年第 11 期。

3. 《关于我国人民生活情况的一些资料》，《经济研究资料》1980 年第 18 期。

4. 《论居民购买力与消费品可供量平衡》（与张之君合写），载刘国光主编《国民经济综合平衡的若干理论问题》，中国社会科学院出版社，1981。

5. 《两种根本对立的生产目的》，载《社会主义经济制度及其优越性》，北京出版社，1981。

6. 《社会主义生产目的探索》，《社会科学辑刊》1981 年第 1 期。

7. 《我国人民生活消费结构》，载马洪、孙尚清主编《中国消费结构问题研究》，人民出版社，1981。

8. 《经济发展战略与人民生活》（与梁文森合写），《经济研究》1982 年第 10 期。

9. 《收入·物价·生活》，《人民日报》1982 年 4 月 16 日。

10. 《正确处理人民生活和社会主义建设的关系》（与杨坚白合写），《人民日报》1982 年 10 月 5 日。

11. 《论人民生活和生产建设》（与杨坚白合写），《经济研究》1983 年第 1 期。

12. 《谈谈我国生活消费与价格的关系》，《财贸经济》1982 年第 8 期。

13. 《做好为生产和消费服务的各项工作》，《人民日报》1983 年 11 月

2 日。

14.《消费基金的性质、形成、动态及其内部结构的比例关系》，载杨坚白主编《社会主义社会国民收入的若干理论问题》，社会科学出版社，1983。

15.《正确处理生产和消费的关系》（与吴敬琏、杨长福、朱铁臻合写），《经济研究》1983 年第 5 期。

16.《怎样认识消费在国民经济中的作用》，载《社会主义经济理论问题百题释疑》，中国社会科学出版社，1983。

17.《我国消费结构复杂的趋势如何》，载《社会主义经济理论问题百题释疑》，中国社会科学出版社，1983。

18.《关于我国城乡居民生活消费结构的若干分析和预测》（上）（同李学曾、贺菊煌合写），《经济研究参考资料》第 182 期，1983 年 11 月 26 日。

19.《关于我国城乡居民生活消费结构的若干分析和预测》（下），（同李学曾、贺菊煌合写），《经济研究参考资料》第 35 期，1984 年 3 月 5 日。

20.《关于我国消费结构的几个理论问题》（与李学曾合写），《经济研究参考资料》第 164 期，1984 年。

21.《有关消费结构的几个问题》（与李学曾合写），《中国社会科学》1984 年第 5 期。

22.《消费基金的分配与经济发展的关系》，《中州学刊》1984 年第 5 期。

23.《我国消费结构的特点》，《经济学周报》1984 年 8 月 18 日。

24.《收入·储蓄·消费》，《经济研究》1984 年第 5 期。

25.《中国消费基金和个人收入分配问题》，载刘国光主编《中国经济发展战略研究》，上海人民出版社，1984。

26.《水平·结构·对策——小康生活的若干预测》，《河南经济》1984 年第 5 期。

27.《社会主义消费问题的讨论》，《经济研究参考资料》1985 年第 125 期。

28.《适度消费与消费体制改革问题》，《平原大学学报》1985 年第

2 期。

29.《消费基金膨胀及其对策》,《经济学动态》1985 年第 7 期。

30.《我国消费体制改革问题探讨》,《经济研究》1985 年第 3 期。

31.《社会主义消费》,载《建国以来社会主义经济问题争鸣》,中国财经出版社,1985。

32.《论生活消费的科学指导问题》,《经济工作者学习资料》1985 年第 23 期。

33.《关于我国消费战略的几个问题》,载《当前中国经济问题探索》,中国人民解放军政治学院出版社,1985。

34.《我国的消费问题》,载刘国光主编《社会主义建设若干理论问题》,江苏人民出版社,1986。

35.《住房消费:国民经济新的增长点》,《光明日报》1986 年 9 月 26 日。

36.《消费基金结构性膨胀与解决途径》(与陈炳才合写),《财贸经济》1986 年第 1 期。

37.《中国消费结构研究》(独著),中国社会科学出版社、山西人民出版社,1986。

38.《中国人民生活水平的显著提高》,载马洪主编《当代中国经济》,中国社会出版社,1986。

39.《论中国式的饮食模式》,《轻工业经济研究》1986 年第 3 期。

40.《充分发挥消费在国民经济中的作用》,《经济科学》1986 年第 5 期。

41.《"六五"期间我国城乡人民生活的新变化》,《财贸经济资料》1986 年第 12 期。

42.《关于完善消费结构问题》,载马洪等主编《当代中国经济》,中国社会科学出版社,1987。

43.《略论适度消费》,《经济研究》1988 年第 3 期。

44.《消费模式转换中的问题与对策》,《消费经济》1988 年第 1 期。

45.《应建立适度的消费模式》,《工人日报》1988 年 1 月 21 日。

46. 《物价改革需要消费者的理解和支持》，《中国消费者报》1988年1月25日。

47. 《消费模式转换中的若干理论问题》，《经济工作者学习资料》1988年第28期。

48. 《消费：要适度·科学·合理》，《市场报》1988年4月11日。

49. 《当前我国消费存在的问题及对策》，载新华社《内参清样》1988年12月26日。

50. 《论我国消费模式的转换》，《消费经济》1988年第3期。

51. 《"消费膨胀"论质疑》，《财贸经济》1989年第1期。

52. 《中国式消费模式选择》（独著），中国社会科学出版社，1989。

53. 《九十年代的消费战略与决策》，国家计委长期规划编《长期规划研究资料》总第51期，1990年10月24日。

54. 《新加坡解决住房问题的成功之举》，《改革》1990年第5期。

55. 《居民收入、消费和储蓄问题》，载杨坚白主编《社会主义宏观经济论》，东北财经大学出版社，1990。

56. 《提倡适度消费甩掉积压包袱》，《人民日报》1991年7月8日。

57. 《小康议》，《人民日报》1991年4月14日。

58. 《九十年代中国人民的消费问题》，《经济科学》1991年第6期。

59. 《90年代中国居民消费何者为主导?》，《中国商报》1991年7月2日。

60. 《国民收入与消费》，载杨坚白主编《国民收入实证分析》，经济管理出版社，1992。

61. 《加速创立市场消费体制》，《经济学消息报》1992年11月5日。

62. 《我国粮食市场的现状及其发展前景》，《经济研究资料》1992年第5期。

63. 《我国的市场消费体制及其改革》，《上海社会科学》1993年第11期。

64. 《收入应更多地转化为消费》，《中国消费者报》1992年8月13日。

65. 《充分发挥消费的动力作用》，《经济学消息报》1993年1月28日。

66. 《论我国的市场消费体制问题》，《经济研究》1993年第4期。

67.《我国的市场消费体制及其改革》,《社会科学》1993 年第 11 期。

68.《浅谈我国市场体制的有关问题》,《中国消费者报》1993 年 11 月 22 日。

69.《提倡科学的适度消费》,《市场经济导报》1994 年第 11 期。

70.《九十年代要提倡适度消费》,《石家庄经济日报》1994 年 12 月 10 日。

71.《论邓小平同志的消费经济理论》(与张少龙合写),《财贸经济》1994 年第 9 期。

72.《适度消费:经济高速增长的保证》,《科技日报》1994 年 12 月 30 日。

73.《政府应提倡科学的适度消费》,载中国社会科学院《要报》第 99 期,1994 年 11 月 16 日。

74.《论消费的适度增长》(与张少龙合写),《光明日报》1994 年 10 月 14 日。

75.《适度消费与高消费》,《消费时报》1995 年 8 月 4 日。

76.《住房消费:国民经济新的增长点》,《光明日报》1996 年 9 月 26 日。

77.《关于住房体制改革的几点建议》,载中国社会科学院《信息专报》第 102 期,1996 年 12 月 2 日。

78.《建议对我国城镇住房情况进行一次全面普查》,载中国社会科学院《信息专报》第 59 期,1997 年 7 月 14 日。

79.《房改目标是什么?》,《消费指南》1997 年第 7 期。

80.《关于深化城镇住房制度改革的总体设想》(上)(与温桂方等同志合写),《财贸经济》1997 年第 12 期。

81.《关于深化城镇住房制度改革的总体设想》(下)(与温桂芳等同志合写),《财贸经济》1998 年第 1 期。

82.《吃食重在质量》,《市场报》1998 年 4 月 3 日。

83.《结构失衡当调整·不断创新是出路》,《中国消费者报》1998 年 3 月 18 日。

84. 《21世纪中国农村居民消费》，《宁夏党校学报》1999年第5期。

85. 《一九九九年我国城市住房制度改革的进展情况》，《中国城市年鉴》2000年第3期。

86. 《改善城乡人民蓝图》，载《"十五"计划建议学习读本》，学习出版社，2000。

87. 《消费经济理论的回顾与展望》，《消费经济》2001年第3期。

88. 《德国、英国住房制度考察研究》，载《世界复杂考察与研究》，经济管理出版社，2001。

89. 《消费理论的新发展》，《财贸经济》2001年第10期。

90. 《加入WTO后增加农民收入的八项建议》，载中国社会科学院《要报》第43期，2002年7月2日。

91. 《重视消费在经济社会发展中的地位和作用》，《消费日报》2004年3月16日。

92. 《提倡家家有车，不提倡人人开车》，《消费日报》2004年6月10日。

93. 《我国低消费根源探讨及其治理》，《消费经济》2002年第6期。

94. 《低消费再现及其治理》，《南方经济》2002年第10期。

95. 《我国居民消费结构发展的新趋势》，《上海商业》2002年第5期。

96. 《为什么要保护合法的非劳动收入》，《中国青年报》2003年5月11日。

97. 《关于消费与投资的统筹问题》，《消费日报》2004年10月18日。

97. 《如何调整消费与投资的关系》，《经济与管理研究》2005年第1期。

98. 《要"补血"更要"造血"》，《消费日报》2006年3月14日。

99. 《让消费焕发无穷的"生产"作用》，《消费日报》2006年3月29日。

100. 《关于全面小康社会消费模式的几点思考》，《南京审计学院学报》2008年第1期。

101. 《关于我国消费理论中的几个前沿问题》，载王伟光主编《改革开放与中国特色社会主义》，社会科学文献出版社，2009。

102.《消费理论研究的几个前沿问题》，《光明日报》2009 年 8 月 18 日。

103.《当前居民消费的新趋势》，《浙江日报》2009 年 4 月 20 日。

104.《促进潜在消费市场的发展》，《消费日报》2009 年 3 月 5 日。

105.《打破一种不依赖消费的封闭经济循环》，《人民日报》2010 年 7 月 23 日。

106.《畸形消费与投资结构形成的症结》，《中国流通经济》2010 年第 9 期。

107.《我党对消费问题的新认识——兼谈消费理论的几个前沿问题》，《北京日报》2010 年 11 月 29 日。

108.《"三轨制"应成为城镇居民住房价格模式》，《领导参阅》2011 年第 23 期。

109.《关于城镇居民住房问题——在十届人大 29 次常委会议小组会上的发言》，《会议简报》第 47 期，2007 年 8 月 29 日。

110.《提倡科学的适度消费》，《经济日报》1995 年 2 月 17 日。

111.《住房消费：国民经济新的增长点》，《光明日报》1996 年 9 月 26 日。

112.《如何应对买方市场》，《中国消费者报》1998 年 3 月 18 日。

113.《"消费直接也是生产"》，《人民日报》2013 年 2 月 8 日。

114.《当前怎样深化消费体制改革?》，《北京日报》2013 年 7 月 29 日。

115.《让市场引领中国消费革命》，《消费经济》2013 年第 6 期。

116.《加快建立扩大消费需求长效机制》，《财贸经济》2013 年第 3 期。

117.《消费体制改革问题再探讨》，《北京日报》2013 年 8 月 16 日。

118.《努力创新中国特色社会主义消费理论——在消费经济学会成立大会上的发言》，《消费经济》2014 年第 5 期。

图书在版编目(CIP)数据

中国特色消费经济理论与实证研究/杨圣明著.--北京：社会科学文献出版社，2017.6
ISBN 978-7-5201-0599-6

Ⅰ.①中… Ⅱ.①杨… Ⅲ.①消费经济学-研究-中国 Ⅳ.①F126.1

中国版本图书馆CIP数据核字(2017)第070842号

中国特色消费经济理论与实证研究

著　　者 / 杨圣明

出 版 人 / 谢寿光
项目统筹 / 恽　薇
责任编辑 / 陈　欣　汪　涛

出　　版 / 社会科学文献出版社·经济与管理分社(010)59367226
　　　　　　地址：北京市北三环中路甲29号院华龙大厦　邮编：100029
　　　　　　网址：www.ssap.com.cn

发　　行 / 市场营销中心(010)59367081　59367018

印　　装 / 北京季蜂印刷有限公司

规　　格 / 开本：787mm×1092mm　1/16
　　　　　　印　张：26.25　字　数：389千字

版　　次 / 2017年6月第1版　2017年6月第1次印刷

书　　号 / ISBN 978-7-5201-0599-6

定　　价 / 118.00元

本书如有印装质量问题，请与读者服务中心(010-59367028)联系

▲ 版权所有 翻印必究